WITHDRAWN

ADOLESCENTES:
Guía de Educación para la Salud

© Rosa María Ruiz Saro
© Ediciones Aljibe, S.L., 2012
 Tlf.: 952 71 43 95
 Fax: 952 71 43 42
 Canteros, 3 y 5 - 29300-Archidona (Málaga)
 e-mail: aljibe@edicionesaljibe.com
 www.edicionesaljibe.com

I.S.B.N.: 978-84-9700-726-9
Depósito legal: MA 838-2012

Maquetación: Daniel Gómez Aguilar (Equipo de Ediciones Aljibe)
Cubierta: Nuria Barea López (Equipo de Ediciones Aljibe)
Ilustración de portada: © elanur us
Fotografía de contraportada: Jesús Diez

Imprime: Imagraf. Málaga.

Cualquier forma de reproducción, distribución, comunicación pública o transformación de esta obra solo puede ser realizada con la autorización de sus titulares, salvo excepción prevista por la ley. Diríjase a CEDRO (Centro Español de Derechos Reprográficos) si necesita fotocopiar o escanear algún fragmento de esta obra (www.conlicencia.com; 91 702 19 70 / 93 272 04 47)

Rosa María
Ruiz Saro

ADOLESCENTES:
Guía de Educación para la Salud

EDICIONES
ALJIBE

Quiero dedicar este libro a mi hija María, a mi marido, a mi padre, pero sobre todo a mi madre, una persona especial y maravillosa que sin duda se sentiría muy orgullosa de este trabajo.

Doy las gracias a los autores de los siguientes trabajos: Actuar es posible, Sexualitat i Afectivitat, Prevención de consumo de alcohol y tabaco. Nuevos adolescentes, aprender a vivir. Construyendo Salud. A la Asociación Protégeles, a la Sociedad Española de Medicina de la Adolescencia, a Proyecto Hombre, a mi profesora de nutrición durante la universidad María José Roselló y al resto de autores citados en la bibliografía. Sin su experiencia, su buen hacer y su ejemplo, no se hubiera enriquecido tanto esta guía de Educación para la Salud.

La autora

ÍNDICE

00 INTRODUCCIÓN — 19

1_	Estudio de realidad y propuesta de futuro	22
2_	Objetivo general	25
3_	Planificación	25

01 EDUCACIÓN NUTRICIONAL. ALIMENTACIÓN, VIDA Y SALUD — 27

1_	El desayuno, la comida más importante del día	30
	1.1_ Beneficios del desayuno	31
	1.2_ Los cereales para el desayuno, una opción saludable	32
2_	El Bogalusa Heart Study	33
	2.1_ La arteriosclerosis	34
3_	Prevención de la obesidad	35
	3.1_ La Estrategia NAOS	36
4_	La organización de los menús	36
5_	¿Cómo evitar el estreñimiento?	41
6_	¿Cómo evitar las anemias?	43
7_	La alimentación en el cuidado de la piel, el cabello y las uñas	45
	7.1_ La alimentación como ayuda ante los problemas de la piel	46
8_	Bases de la dieta para reforzar el sistema inmunitario	47
	8.1_ Bases de la dieta	47
9_	La nutrición como factor de prevención de enfermedades	48
	9.1_ Los antioxidantes, nuestros grandes aliados	51
10_	La dieta mediterránea	52
	10.1_ La pirámide de alimentación	53
	10.2_ La tabla de alimentación	54
	10.3_ Los ingredientes de la dieta mediterránea	55
	10.4_ Precauciones a tener en cuenta a la hora de elegir y cocinar los alimentos	59
11_	Pon color en tu plato con "5 al día"	64
	11.1_ Origen	65

	11.2_	Consejos para que los niños y adolescentes sigan el "5 al día"	66
12_	Cuida tus huesos		66
	12.1_	Principales micronutrientes que alimentan nuestros huesos	68
	12.2_	La osteoporosis	69
13_	¿Cómo prevenir intoxicaciones y toxiinfecciones alimentarias de origen microbiano?		70
	13.1_	Recomendaciones generales	71
	13.2_	La salmonella	74
	13.3_	El anisakis	75
14_	Nutrición y verano. Disfruta de un verano saludable		76
	14.1_	La dieta	76
	14.2_	El agua	77
	14.3_	El sol	77
	14.4_	Los rayos UVA	77
	14.5_	El ejercicio físico	77
	14.6_	Prevención de las intoxicaciones y toxiinfecciones alimentarias microbianas	78
15_	Los probióticos y la salud		78
16_	Los prebióticos		82
17_	Reglas para aumentar de peso de forma saludable		83
18_	Recomendaciones del Código Europeo contra el Cáncer		83
	18.1_	Código Europeo contra el Cáncer	85
19_	Resolución del Parlamento Europeo sobre el Libro Blanco "Estrategia europea sobre problemas de salud relacionadas con la alimentación, el sobrepeso y la obesidad"		86
20_	Esquema de trabajo con los adolescentes en sus IES		88

02 TRASTORNO DE LA CONDUCTA ALIMENTARIA. ANOREXIA Y BULIMIA — 93

1_	Criterios para el diagnóstico de la Anorexia Nerviosa según el DSM-IV-TR		93
2_	Criterios para el diagnóstico de la Bulimia Nerviosa según el DSM-IV-TR		94
3_	Sintomatología de estos trastornos de la conducta alimentaria		95
	3.1_	Manifestaciones biológicas	95
	3.2-	Manifestaciones conductuales	97
	3.3_	Manifestaciones psicológicas	97
	3.4_	Manifestaciones emocionales	97
	3.5_	Pensamientos erróneos más frecuentes	97
4_	Situación actual		98
	4.1_	Causas explicativas de los trastornos en la conducta alimentaria	99
	4.2_	¿Dónde pedir ayuda?	100
	4.3_	Enfoque terapéutico cognitivo-conductual	100

	4.4_	Indicadores de gravedad de estos trastornos de la conducta alimentaria contrastados por los comités de expertos. Necesidad de una prevención eficaz con los adolescentes y sus familias	101
5_		Los trastornos de la conducta alimentaria	101
	5.1_	El trastorno mental y del comportamiento más frecuente entre los jóvenes	101
6_		Los beneficios de comer en familia	103
7_		La anorexia y la bulimia, a un "clic". Los peligros de la Red	104
8_		Prevención desde el aula	106
	8.1_	Señales de alerta ante posibles casos de trastorno de la conducta alimentaria en el centro educativo	106
9_		Cuestionario SCOFF	110
10_		Esquema de trabajo con los adolescentes en sus IES	110

03 EL DESARROLLO AFECTIVO Y EVOLUTIVO DE LOS SENTIMIENTOS   113

04 EDUCACIÓN AFECTIVO-SEXUAL   115

1_		Situación actual	115
2_		Ley de salud sexual y reproductiva y de interrupción voluntaria del embarazo	119
	2.1_	Conclusiones de las condiciones de la interrupción voluntaria del embarazo. La ley de plazos	120
	2.2_	La objeción de conciencia de los profesionales sanitarios	121
3_		El ciclo menstrual ¿armonía o desequilibrio?	122
	3.1_	¿Cómo se contabiliza el ciclo menstrual?	123
4_		Problemas ginecológicos más frecuentes	123
	4.1_	La dismenorrea (menstruación dolorosa)	124
5_		Anticoncepción y prevención	125
6_		Tratamiento post-coital con levonorgestrel	126
	6.1_	Dudas más frecuentes	126
7_		Tratamiento post-coital con acetato de ulipristal	130
	7.1_	Dudas más frecuentes	131
8_		Métodos anticonceptivos	134
	8.1_	Métodos mal llamados anticonceptivos	134
	8.2_	Métodos poco seguros	134
	8.3_	Métodos más seguros en la actualidad	135
	8.4_	Métodos definitivos	141
9_		La infección por VIH y el SIDA	142
	9.1_	¿Qué es el SIDA y el sistema inmunitario?	142

9.2_	¿Qué es el VIH?		143
9.3_	¿Cómo actua el VIH?		143
9.4_	Diferencia entre portador y enfermo de SIDA		144
9.5_	La persona "seropositiva"		144
9.6_	Transmisión, no transmisión y formas de prevenir el contagio del VIH		145
9.7_	La prueba de detección del VIH		146
9.8_	La vacuna un gran reto por conseguir		147
10_	Las enfermedades de transmisión sexual (ETS)		147
	10.1_	¿Cómo protegerse de las ETS?	151
	10.2_	ETS más frecuentes	151
11_	Conozca sus pechos. Autoexamen		159
	11.1_	¿Cómo examinar sus pechos?	159
12_	Datos a destacar de la bibliografía científica		161
	12.1_	La inmunidad natural al VIH del gen HLA B57 podría ayudar a la creación de una vacuna	161
	12.2_	El virus de inmunodeficiencia humana tipo 2 (VIH-2)	162
	12.3_	Las infecciones por VIH	163
	12.4_	Vacuna experimental contra el VIH	164
	12.5_	La terapia génica y el virus de inmunodeficiencia en simios (SIV)	165
	12.6_	Se identifican anticuerpos naturales que hacen que el VIH progrese más lentamente	166
	12.7_	Universalidad del virus del VIH	167
	12.8_	Los individuos que están expuestos al virus VIH pueden ser ayudados o dificultados por su tipo de sangre en la lucha contra la infección	167
	12.9_	La pandemia de VIH/SIDA comenzó alrededor del año 1900 según un estudio coordinado por la Universidad de Arizona en Tucson	168
13_	Esquema de trabajo con los adolescentes en sus IES		169

05
DESARROLLO COGNITIVO-INTELECTUAL   175

06
EDUCACIÓN EN PREVENCIÓN DE LAS DROGODEPENDENCIAS   179

1_	La situación actual de las drogas		179
	1.1_	3 seminarios para trabajar con los adolescentes por la importancia de los temas	181
	1.2_	Las drogas más consumidas por nuestros jóvenes	184
2_	A destacar		219
3_	Lecciones aprendidas y enfoques eficaces		219
4_	Datos a destacar de la bibliografía científica		222
	4.1_	El tabaco y las enfermedades oculares	222

	4.2_	Fumar incrementa el riesgo de padecer uveítis y ceguera	223
	4.3_	Una variación genética predispone a los humanos a la adicción a la cocaína	224
5_		Esquema de trabajo con los adolescentes en sus IES	225

TEMAS VARIOS — 229

1_		Las infecciones	229
	1.1_	La gripe	229
2_		Los fármacos	234
3_		Las vacunas	234
4_		El sol y las quemaduras solares	242
5_		Cánceres cutáneos	247
	5.1_	El epitelioma basocelular y el espinocelular	249
	5.2_	El melanoma	253
6_		Otras alteraciones pigmentarias	260
	6.1_	Angiomas adquiridos	261
	6.2_	Léntigos solares	261
	6.3_	Queratosis seborreica	261
	6.4_	Acrocordones	261
	6.5_	Queratosis actínica	262
7_		Vocabulario solar	262
8_		Acné	263
	8.1_	Cuidados y tratamientos actuales	265
9_		La higiene personal y la higiene postural	266
	9.1_	Postura y ergonomía	267
10_		El descanso	270
	10.1_	La higiene del sueño	270
11_		Los accidentes	272
	11.1_	Los accidentes de tráfico	272
	11.2_	Otros accidentes relacionados con la imprudencia	272
12_		Las alergias	274
	12.1_	Las alergias respiratorias	274
	12.2_	Las alergias alimentarias	277
13_		La intolerancia alimentaria	282
	13.1_	La intolerancia a la lactosa	282
	13.2_	La intolerancia al gluten	285
14_		El asma	287
	14.1_	Puntos a destacar	288
	14.2_	Diagnóstico	290
	14.3_	Tratamiento	290
15_		La diabetes mellitus, la hipertensión arterial y las hiperlipemias	291

	15.1_	La diabetes mellitus	292
	15.2_	La hipertensión arterial (HTA)	297
	15.3_	Las hiperlipemias	300
16_	Alertas sanitarias de interés para los adolescentes		306
	16.1_	Pérdida de audición por el MP3	306
	16.2_	Maquillaje permanente y tatuajes	307
	16.3_	La henna negra	308
17_	Datos a destacar de la bibliografía científica		309
	17.1_	Una vacuna como terapia para el alzheimer	309
	17.2_	Vacuna en fase de investigación contra el meningococo B	309
	17.3_	Gripe A/H1 N1	310
	17.4_	Los 5 factores de riesgo que provocan más muertes en el mundo	311
	17.5_	Las cabinas bronceadoras	312
	17.6_	Altas tasas de resistencia a los antibióticos en España	312

PRIMEROS AUXILIOS — 315

1_	Soporte vital básico		315
	1.1_	Reanimación cardiopulmonar básica (RCP básica)	315
	1.2_	Ahogamiento por inmersión	317
	1.3_	Las picaduras	319
	1.4_	Botiquín de primeros auxilios casero	322
2_	Esquema de trabajo con los adolescentes en sus IES		323

TOLERANCIA, SOLIDARIDAD Y CONVIVENCIA — 325

FACTORES DE RIESGO SOBRE LOS QUE HAY QUE TRABAJAR. RECOMENDACIONES DE LOS EXPERTOS — 327

1_	Factores de riesgo en el medio educativo		327
2_	Factores de riesgo individuales		329
	2.1_	Baja autoestima	329
	2.2_	Poca tolerancia a la frustración	329
	2.3_	Falta de autonomía	330
	2.4_	Falta de responsabilidad	330
	2.5_	Dificultad para manejar la ansiedad	330
	2.6_	Escaso sentido crítico	331
	2.7_	Determinado sistema de valores y actitudes	331
	2.8_	Dificultades para resolver conflictos	332
	2.9_	Dificultades en la toma de decisiones	332
3_	Factores de riesgo propios de la relación del individuo con el grupo		332
	3.1_	Debilidad frente a la presión del grupo	332
	3.2_	Excesiva dependencia del grupo	333

4_	Factores de riesgo familiares	333
5_	Factores de riesgo socioculturales	334

11. AUTOESTIMA, PERSUASIÓN, DERECHOS, ASERTIVIDAD Y RELAJACIÓN — 335

1_	Reflexionar acerca de la autoestima y desarrollar estrategias para su mejora	335
	1.1_ La autoestima no es innata, se aprende y se mejora	337
	1.2_ Propuestas de actividades para mejorar la autoestima	338
2_	Identificar las tácticas persuasivas habitualmente empleadas	339
3_	Derechos básicos que toda persona tiene a la hora de relacionarse con los demás y que siempre deben de ser respetados	340
4_	La asertividad	341
	4.1_ Propuestas de actividades para mejorar la asertividad	342
5_	Ante los agentes estresores, la relajación	342

12. LOS PADRES Y LA EDUCACIÓN PARA LA SALUD. TRABAJO CON LAS FAMILIAS — 347

1_	Objetivos con las familias	347
2_	Familias y adolescentes	348
3_	¿Cómo fomentar la comunicación y la comprensión entre padres y adolescentes?	349
	3.1_ Escuchar reflexivamente a nuestro hijo/a	351
	3.2_ Educar en igualdad	352
	3.3_ El alcohol	352
4_	Conductas de riesgo en la adolescencia	356
5_	Prevención de la drogadicción en adolescentes	359
6_	El perfil del adolescente de alto riesgo	360
7_	Hablando de sexo con nuestros hijos	360
8_	La familia ante los trastornos de la conducta alimentaria	362
	8.1_ Consejos para la prevención desde la familia	362
	8.2_ ¿Qué hacer cuando se ha descubierto?	363
9_	Los peligros de Internet. Como podemos proteger a nuestros menores	364

13. BASES PARA LA IMPLEMENTACIÓN DEL PROGRAMA DE EDUCACIÓN PARA LA SALUD. INSTITUTOS DE EDUCACIÓN SECUNDARIA — 367

1_	Espacio en el que se desempeña la actividad	367
2_	Temporalización del programa	367
3_	Metodología	368
	3.1_ Clase Magistral	368
	3.2_ Discusión o trabajo en grupo	369

	3.3_	Aprendizaje individual	372
4_		Recursos materiales y grupos de población especifica a la que se dirige la actividad	372
5_		Evaluación	372

PROPUESTAS DE ACTIVIDADES DE TRABAJO EN GRUPO A REALIZAR CON LOS/AS ADOLESCENTES — 375

1_		Normas básicas para organizar los menús	375
	1.1_	Actividad: diseñar un menú saludable al gusto del adolescente	377
2_		El placer de comer	377
	2.1_	Actividades	378
3_		Higiene personal	379
	3.1_	Actividad: el cuestionario anónimo	379
4_		Seminarios	380
5_		Valorar la individualidad	381
6_		El significado de la amistad	381
7_		Analizamos situaciones	382
8_		La lista de palabras	383
9_		Conductas de riesgo de contagio del VIH	383
10_		Conocimiento del SIDA en personas cercanas	383
11_		Análisis de un programa de TV	383
12_		Entrevista. La experiencia maravillosa de ser madre	384
13_		La afectividad en la sexualidad	384
	13.1_	Los casos hipotéticos	384
14_		Planteamiento de un caso	385
15_		Conocer los métodos anticonceptivos no basta	385
	15.1_	Causas	385
	15.2_	Soluciones	386
16_		Conductas de riesgo reforzantes	386
17_		Aprender a plantear prácticas sexuales sin riesgo	386
18_		Sin preservativo ¡no gracias! Role-playing	387
19_		Desarrollar habilidades asertivas. Role-playing	387
20_		Métodos anticonceptivos	387
21_		Cuestionario de fotografías	387
22_		Campaña de prevención del VIH/SIDA	388
23_		La aceptación de los riesgo	388
24_		Criterios para valorar las actividades de ocio	389
25_		Ayuda mutua	390
	25.1_	Caso hipotético 1	391
	25.2_	Caso hipotético 2	391
26_		Alcohol y tabaco como ritual de ingreso en la sociedad adulta, la presión del grupo	392
27_		¿Cuánto alcohol consume un bebedor?	394

28_		Bebedor pasivo	394
29_		Los efectos del alcohol	394
30_		El titular de prensa	395
31_		El eslogan publicitario. Plan Nacional sobre Drogas	395
32_		¿Cómo rechazar una droga?	396
33_		Algo fundamental: el miedo	396
34_		Razones y riesgos	399
	34.1_	Las razones del consumo de drogas	399
	34.2_	Los riesgos del consumo de drogas	399
35_		Anorexia y bulimia	400
	35.1_	Anorexia: caso hipotético	400
	35.2_	Bulimia: caso hipotético	401
36_		Recomendaciones para una vida saludable	402
37_		Estrategias publicitarias	403

15 PROPUESTAS PARA EL DESARROLLO DEL PROGRAMA DE ALUMNOS — 405

16 PROPUESTAS PARA EL DESARROLLO DEL PROGRAMA FAMILIAR — 407

ANEXOS — 409

Anexo I — 409

1_	Evaluación-memoria	409
2_	Evaluación de horas para consultas individualizadas	409
3_	Casos con los alumnos	410
	3.1_ Caso 1	410
	3.2_ Caso 2	410
	3.3_ Caso 3	411
4_	Evaluación de la opinión personal de los adolescentes	411
5_	Preguntas/dudas muy frecuentes	413
6_	Evaluación de las sesiones informativas a padres	414

Anexo II — 417

1_	Resultados gráficos	417

Anexo III — 423

1_	Hablar en público. Algunas claves para el éxito	423
2_	Elementos físicos en la comunicación oral: manos y cuerpo	425
3_	Diez consejos para convencer a la audiencia	426
4_	Las cinco reglas de la buena comunicación	427
5_	Puntos básicos a tener en cuenta para realizar una presentación eficaz	427

BIBLIOGRAFÍA — 429

1_	Obras de referencia	429
2_	Webs de referencia	433

«Quien quiere hacer algo encuentra un medio; quien no quiere hacer nada encuentra una excusa».

(Proverbio chino)

···INTRODUCCIÓN

Comencé a interesarme por la Educación para la Salud en los adolescentes, durante la carrera, gracias a unas prácticas que realicé en un centro de planificación familiar.

En la consulta, a parte de revisiones ginecológicas y seguimiento del método anticonceptivo, se atendía a adolescentes que venían en busca del tratamiento postcoital tras haber mantenido relaciones sexuales coitales sin protección. Me sorprendió que durante el espacio de tiempo que estuve en la consulta, tuviéramos que dispensar este tratamiento en varias ocasiones a las mismas chicas, pese a todo lo que hablábamos con ellas y les explicábamos los riesgos a los que se exponían. Era muy frustrante para todos.

Acompañaba también a la enfermera del centro de planificación familiar a los Institutos de Educación Secundaria (IES) de la zona, donde impartía unas clases de Educación Afectivo-Sexual. Me fascinó y me asustó, dos sentimientos que muchas veces se mezclan en nuestra vida y que nos ayudan a conseguir cosas importantes. Me fascinó la acogida de los alumnos y de los profesores, lo receptivos que eran éstos a la información y a los mensajes que esta enfermera les proporcionaba y... me asustaron las preguntas comprometidas y serenas que este tema incitaba en ellos. Este trabajo resultaba muy enriquecedor para todos.

Terminé estas prácticas con una idea clara y un objetivo definido, la Educación para la Salud no podía seguir siendo clases aisladas, sino que debía existir una asignatura de Educación para la Salud.

Asignatura en la cual pudiéramos trabajar con los alumnos y sus familias la prevención de problemas de salud pública tan importantes como los embarazos no deseados en los adolescentes, enfermedades de transmisión sexual, obesidad infantil/juvenil, trastornos de la conducta alimentaria, drogodependencias... problemas que preocupan de una forma especial a toda la sociedad y que más esfuerzos exige a las administraciones públicas.

Todos los expertos coincidimos que en esta asignatura se deben trabajar conocimientos, ofrecer información rigurosa, científica y desprovista de lastres supuestamente morales, pues la información es una herramienta imprescindible para lograr actitudes inteligentes. Pero no nos podemos quedar sólo en eso, también es imprescindible trabajar la baja percepción de riesgo que tienen los adolescentes, la sensación de invulnerabilidad, la falta de habilidades para una efectiva comunicación y negociación, la influencia del grupo de iguales, la autoestima, la autosuperación, la toma de decisiones, el pensamiento crítico, la asertividad, la tolerancia y la cooperación, sin olvidarnos de estimular y reforzar al adolescente para que pueda hablar de sus propios sentimientos y emociones, pues hablar nos ayuda a ser emocionalmente sanos.

Asimismo, se hace esencial que el adolescente desarrolle 4 factores de protección muy importantes frente a las situaciones de riesgo: que se sienta seguro, independiente, que asuma sus responsabilidades y que sepa tolerar sus frustraciones.

En conclusión, una asignatura que trabaje la salud en todas sus dimensiones, una asignatura que trabaje con los alumnos y sus familias para que adquieran conocimientos, habilidades, valores, actitudes y hábitos básicos para la defensa y formación de la salud individual y colectiva, ya que la meta final de la educación es el desarrollo integral de la persona.

A pesar de que en los últimos años se han generado abundantes materiales educativos en materia de promoción y prevención de la salud, es muy evidente la escasez de experiencias que trabajen con los adolescentes y sus familias mediante un programa continuado durante toda su estancia en el IES y permita evaluar su funcionamiento en las aulas. El programa que en esta obra se propone pretende llenar este vacío; es un programa continuado, estructurado, planificado y evaluado, con todos los ingredientes que debe tener la ansiada asignatura de Educación para la Salud, que demuestra su eficacia y genera un alto interés en los adolescentes y sus familias.

No son precisamente los adolescentes el colectivo más manejable para un educador, es una etapa dura y difícil pero tiene también una importante interpretación positiva: es una etapa de descubrimiento, de formación para la persona y están hambrientos y necesitados de información rigurosa en los temas que les preocupan. Es una etapa clave en la vida que marcará las actitudes de los futuros adultos.

La adolescencia es un periodo de transición entre la infancia y la madurez, que sirve como preparación e iniciación a la edad adulta. Se trata de un periodo en el que se producen cambios corporales, afectivos, cognitivos, de valores y de relaciones sociales, cambios que provocan en el adolescente desconcierto, resistencia y tensión en este camino de adaptación a su nuevo contexto, a su nuevo escenario, a su nueva situación.

0 Introducción

Los adolescentes sufren una gran transformación psicológica, comienzan la búsqueda de sí mismos y de sus identidades e independencia. Se producen contradicciones en las manifestaciones de su estado de ánimo, se hacen más analíticos llegando a conclusiones propias, elaborando una escala de valores según su imagen del mundo[1].

La adolescencia se considera hoy día una etapa fundamental en la adquisición de hábitos, ya sean saludables o peligrosos para la salud, cuyas consecuencias positivas o negativas se expresarán en el presente y en la edad adulta. Las principales causas de mortalidad en el adulto se relacionan con hábitos nocivos aprendidos en la infancia o adolescencia[2].

Los adolescentes, por el ciclo vital en el que se encuentran, donde la infancia va quedando atrás y es un tiempo confuso y de búsqueda, son especialmente vulnerables a problemas como el consumo de drogas, los embarazos no deseados, enfermedades de transmisión sexual (como el SIDA), los trastornos de la conducta alimentaria. Los adolescentes se sienten inmunes y por tanto no son conscientes del peligro que corren con ciertas prácticas de riesgo[3,4,5]. Si a este sentimiento de invulnerabilidad le sumamos la curiosidad propia de la edad, la dificultad para resolver los conflictos, la dificultad en la toma de decisiones y en ocasiones un escaso sentido crítico, obtenemos una mezcla explosiva que no siempre son capaces de desactivar.

Este programa pretende dar un paso más en este complicado mundo de la formación durante la adolescencia, pero debemos ser conscientes de que unas clases aisladas, sin la colaboración de otros profesionales y sobre todos de los padres, no resuelven definitivamente el problema. Se necesitan programas continuados, se necesita una asignatura de Educación para la Salud.

En la adolescencia el vínculo con los padres se debilita y el grupo de amigos crea gran importancia. Debemos reforzar los lazos de unión con la familia para que la influencia de ésta no pierda peso en la vida del adolescente. Trabajar con las familias para implicarlas aún más en el rol educativo, trabajar con ellos en el centro escolar, en el propio instituto, pues tiene más poder de convocatoria y retención de los padres que aquellos que se realizan en otro contextos[2].

Por lo tanto, el otro punto vertebral de este programa continuado son las familias. La familia es determinante en la construcción de la personalidad e identidad de sus hijos, influye notablemente en la adquisición de las pautas de relación que van a mantener con sus iguales y con el mundo adulto y tiene un papel relevante en la adquisición de valores y hábitos. La participación de los padres en el desarrollo del programa es fundamental para conseguir los objetivos fijados. En la actualidad muchas familias han delegado en los institutos la educación de sus hijos en ciertos temas, y esto se tiene que acabar, debemos ser tajantes en ello. Por ejemplo, en el tema de la Educación Afectivo-Sexual y en el tema de las drogodependencias, los padres deben ser los primeros y principales responsables de la Educación para la Salud de sus hijos. No hay que esperar a que los adolescentes pregunten, primero porque en muchas ocasiones no se atreven y en segundo lugar porque las edades de inicio son cada vez más tempranas, y a veces por esperar... los padres llegan en muchas ocasiones demasiado tarde. Siempre ven a sus hijos demasiado pequeños para hablar de estos temas.

Los encuentros con las familias en los IES el primer año siempre evidencian la escasa implicación de las familias en la educación de los adolescentes en estos temas, no por que no quieran, muchos no pueden y otros no saben. Son temas complicados para ellos y se sienten muy perdidos, necesitan conocimientos, ayuda, apoyo y motivación. A partir del primer año de trabajo continuado con las familias, estas comienzan a sentir los resultados del programa, se comienza a abrir vías de comunicación con sus hijos al tener formación en estos temas, y se forma un grupo de apoyo entre ellos donde pueden intercambiar experiencias, miedos, preocupaciones, éxitos y fracasos, por lo que otras muchas familias acaban siempre uniéndose al trabajo en grupo, reafirmando que hay un vacío importante en este ámbito y que los temas a tratar son de gran interés para ellos.

Los amigos son muy importantes en la adolescencia, por lo que es necesario intensificar las acciones preventivas trabajando la relación entre el grupo de iguales. Un punto importante a destacar es que la educación por iguales es muy efectiva, debemos sacar provecho de ello y formar a los adolescentes como agentes de salud, para que estos mensajes de promoción y prevención de la salud puedan llegar fuera de las fronteras de nuestro alcance.

Existe coincidencia plena entre los expertos, en que los centros de Educación Primaria y el de Educación Secundaria, son los lugares idóneos para la prevención de conductas de riesgo. El medio educativo es el espacio ideal para detectar precozmente posibles factores de riesgo y poder intervenir, y se podría decir que el único lugar donde pueden converger alumnos, padres, profesores y profesionales sanitarios. Enfermería, por sus conocimientos y cercanía a la población, le hace ser el profesional sanitario indicado para dirigir y titular la Educación para la Salud en los centros educativos.

No debemos olvidar también que el éxito de estas intervenciones aumenta, si van acompañadas de acciones complementarias en la comunidad o a través de los medios de comunicación, reforzando así los mensajes del programa[6,7,8,9,10,11,12].

Esta **Guía de Educación para la Salud** se pone a disposición de todas las personas interesadas, esperando que sea útil como herramienta de conocimiento y de trabajo, con el convencimiento de que la colaboración y el trabajo conjunto entre los profesionales sanitarios y el centro educativo, es una buena estrategia para asegurar el éxito de la Educación para la Salud.

1_ Estudio de realidad y propuesta de futuro

> «En esta etapa de gran aprendizaje, que es la adolescencia, es fundamental acercarse a la naturaleza, aceptarla y comprender que tiene unas leyes inamovibles y reales, leyes afines a ellos y que son sencillas de aprender[13]».

Introducción

Ya en 1978 se confirmó tanto en la **Conferencia Internacional sobre Atención Primaria de Salud** en la URRS (la declaración de Alma Ata), como en 1994 en la **Conferencia Internacional sobre la Población y el Desarrollo** celebrada en el Cairo y la **IV Conferencia Mundial sobre la Mujer** en Beijing en septiembre de 1995, la necesidad de considerar a los jóvenes como un grupo al que hay que dedicar una atención especial, por el ciclo vital en el que se encuentran. Han pasado 33 años, mucho se ha hecho, pero mucho aún nos queda por hacer.

La Organización Mundial de la Salud (OMS) es la salvaguardia mundial del derecho de todos los habitantes del planeta al más alto nivel de salud alcanzable; define la salud como un estado de completo bienestar físico, mental y social, y no solamente la ausencia de enfermedad. Este concepto de salud incorpora, tanto la percepción subjetiva de bienestar como la capacidad de funcionamiento y adaptación al medio social.

Nuestros adolescentes están aprendiendo a vivir. A vivir se aprende, a hacerlo de una forma saludable también.

Actualmente la OMS insiste en la necesidad de trabajar rápidamente para promover la salud y el desarrollo de los adolescentes, destacando que ha llegado el momento de ampliar las intervenciones seguras, eficaces y efectivas que, con la participación de los adolescentes, les proporcionen a estos y a sus padres los conocimientos y las capacidades adecuadas para hacer frente a los riesgos potenciales y les permita acceder a los servicios y el apoyo apropiado[14].

Nuestra realidad en todo el territorio nacional es que existe una carencia de organización en la atención al adolescente. En España no existe un modelo que indique cuál debería ser la estructura de atención que pueda resultar más efectiva y eficiente en el cuidado de estos. Desde diferentes ámbitos se defiende que debe integrarse en el quehacer cotidiano de los profesionales sanitarios, fundamentalmente de atención primaria, los profesionales del centro de salud[2,15]. Pero el trabajo en los IES exige un tiempo que los profesionales de atención primaria no disponen; se necesita que esta labor la pueda desarrollar una enfermera, donde su jornada laboral completa sea trabajo en la comunidad, en este caso en el lugar donde se encuentran los adolescentes: su centro de estudios. Esta enfermera podría llevar más IES de la zona y su labor iría dirigida a los alumnos y a sus familias.

Tendríamos dos ámbitos de trabajo:

- *Trabajo en la comunidad*, en los lugares donde se encuentran los adolescentes (sus IES). Aquí se trabajaría con los adolescentes y sus familias mediante una asignatura de Educación para la Salud continuada durante toda la estancia del adolescente en el centro de estudios, e incluso se podría dar un paso más y trabajar la Educación para la Salud también en los lugares de ocio.
- *Trabajo en los centros de salud*, donde se debería crear un marco de atención lo más adecuado posible a los adolescentes (modificación y adaptación de los horarios, consulta del adolescente), garantizar la

confidencialidad de las visitas y crear entornos en los que pueda asegurarse el anonimato[2,15].

La realidad de nuestros centros de salud es que no disponen de un marco de atención adecuado para atraer a los adolescentes, por lo que resulta casi imposible conseguir que éste acuda por su propia voluntad y confíe sus dudas en sexualidad, drogodependencias... a su enfermera o a su médico.

En el estudio de la realidad también se comprueba que, tanto en los colegios de primaria como en los IES, pese a que todo el mundo (políticos, educadores, padres y adolescentes), consideran la Educación para la Salud un tema importante y necesario, a la hora de la verdad, ni se le da espacio ni financiación suficiente para que se pueda desarrollar adecuadamente. La Educación para la Salud se contempla como materia transversal (se puede dar en cualquier asignatura) en el currículo escolar. No está asignada a ningún profesor, con lo cual es de todos y de nadie, quedándose habitualmente sólo en clases aisladas.

Mientras tanto, hasta que la asignatura se consiga, los programas en los IES deben ser programas continuados, planificados cuidadosamente, implementados sistemáticamente, adaptados a la realidad escolar y siempre evaluados; no valen las clases puntuales[16].

Los padres y profesores son el apoyo social más importante que tienen los adolescentes y debemos fomentar la comunicación y la comprensión entre ellos. Pero los estudios de realidad demuestran que no son en ellos donde buscan asesoramiento; necesitan la imagen de un profesional sanitario que les garantice la confidencialidad deseada, pues es la confidencialidad el pilar básico sobre el que se asienta la atención al adolescente. Se debe establecer por lo tanto, desde la primera entrevista con el alumno, una relación de atención y confidencialidad, a la vez que se le debe informar tanto a él como a sus padres los límites de esa confidencialidad: no se podrá mantener una confidencialidad absoluta si se considera que las acciones del adolescente suponen un peligro inmediato y grave para su vida (por ejemplo un posible suicidio), para los demás (por ejemplo un posible homicidio) o cuando la situación exija la obligación de notificar el caso a instituciones sanitarias (casos de abuso, abandono). En cualquier otra circunstancia, no se compartirá información con los padres ni con otras personas sin el permiso del paciente[17].

En el trabajo con los adolescentes en sus IES, se hace imprescindible atender consultas individualizadas en despacho. Hay preguntas "demasiado" personales que el adolescente no va a realizar en clase delante de sus compañeros, por lo que los límites de la confidencialidad deben estar muy claros.

La necesidad de una asignatura de Educación para la Salud en los IES es un tema importante de actualidad tras los últimos acontecimientos de alta difusión en medios: obesidad infantil/juvenil, trastornos de la conducta alimentaria, intoxicaciones por alcohol asociadas al botellón, cifras elevadísimas de embarazos no deseados y por lo tanto de interrupciones voluntarias del embarazo, sin olvidarnos que las infecciones de transmisión sexual han aumentado en España en los últimos años y que España sigue en la cabeza de la UE en consumo de cannabis y cocaína. Datos que muestran la necesidad de dar un paso importante y definitivo en la Educación para la Salud.

Esta asignatura de Educación para la Salud sería muy bien recibida por toda nuestra sociedad, pues es la opción mejor valorada por la opinión pública para resolver el problema de las drogas, los embarazos no deseados, las enfermedades de transmisión sexual y los trastornos de la conducta alimentaria.

2_ Objetivo general

Incrementar conocimientos y modificar actitudes inadecuadas en los adolescentes, mediante actuaciones presididas por criterios científicos y objetivos.

> «La Educación para la Salud pretende fomentar todas las actividades que estimulen a la población a desear, saber, hacer y buscar ayuda para estar sanos».

3_ Planificación

El programa pretende educar en la prevención a los adolescentes. Es un programa preventivo con un conjunto de actuaciones con el objetivo específico de impedir la aparición del problema al que se dirige. Se fundamenta en los siguientes pilares:

- *Educación Nutricional*. La alimentación fuente de vida y salud. Trabajar para que los jóvenes no cometan errores que puedan dañar su futuro. Hay enfermedades propias de las personas mayores que se empiezan a gestar y producir en los años jóvenes.
- *Anorexia Nerviosa y Bulimia Nerviosa*. Los trastornos de la conducta alimentaria han incrementado su incidencia en la población en los últimos años. La mayoría de las personas que se ven afectadas por estos trastornos son mujeres adolescentes, pero cada vez es mayor la prevalencia en varones adolescentes y adultos.
- *Educación Afectivo-Sexual*. Proceso cuyo objetivo básico es posibilitar que cada persona viva su sexualidad de forma sana, feliz y responsable.
- *Educación en la Prevención de las Drogodependencias*. Las adicciones constituyen un problema social y sanitario de primera magnitud, de manera que en referencia a ellas, se puede hablar en la actualidad de un nuevo modelo de enfermedad.
- *Temas Varios*. Las infecciones, los fármacos, las vacunas, las quemaduras solares, el cáncer de piel y otras alteraciones pigmentarias, el acné, la higiene personal, la higiene postural y ergonomía, el descanso, el sueño, los accidentes relacionados con la imprudencia, las alergias, la

intolerancia alimentaria, el asma, la diabetes, la hipertensión arterial y las hiperlipemias.
- *Primeros Auxilios*.
    - Que los alumnos y sus familias puedan aplicar técnicas básicas de primeros auxilios en los pequeños percances de la vida cotidiana.
    - Que los alumnos y sus familias puedan proporcionar cuidados básicos necesarios a un accidentado, en ausencia de personal sanitario.
- *Tolerancia, solidaridad y convivencia*. Educación en valores.
- *Factores de riesgo* sobre los que hay que trabajar. Factores de riesgo en el medio educativo, individuales, de la relación del individuo con el grupo, familiares y socioculturales.
- *Autoestima y asertividad*. Las relaciones sociales.
- *Los padres y la Educación para la Salud*. Trabajar con las familias para implicarlas aún más en el rol educativo. Ofrecer conocimientos, ayuda, apoyo y motivación.

/01 EDUCACIÓN NUTRICIONAL.
Alimentación, vida y salud

Comer es ingerir alimentos, pero comer bien va un paso más allá. Significa llevar una dieta sana, equilibrada y variada. Todos sabemos que si queremos cuidar nuestra salud y sentirnos bien, debemos tener una dieta variada aprovechando los alimentos de temporada y en cantidades adecuadas, pero el estresante ritmo de vida, la obsesión por adelgazar o los excesos indebidos, hacen que muchas veces no llevemos una alimentación saludable.

En los niños y adolescentes la adquisición de buenos hábitos alimentarios marcará su salud en la edad adulta, por ello debemos sustentar nuestra intervención con los adolescentes en Educación Nutricional en los pilares de la dieta mediterránea, dieta abalada, reconocida y acreditada como la dieta especialmente indicada por los beneficios que aporta a la salud. Es un modelo consolidado científicamente. España, junto con otros países de la cuenca mediterránea (Italia, Grecia y Marruecos), presentó una candidatura transnacional para que la dieta mediterránea fuese inscrita en la lista representativa del Patrimonio Cultural Inmaterial de la Humanidad de la UNESCO. El Comité Intergubernamental para la Salvaguardia del Patrimonio Cultural Inmaterial tomó la decisión de aceptar la inscripción el 16 de noviembre del 2010.

La dieta mediterránea se define como un *modelo alimentario*, pero también es un *estilo de vida saludable*. Su concepto va más allá de los alimentos que la componen, es también la forma de cocinarlos y de compartirlos. Comer significa compartir la mesa como lugar de intercambio social, no nos sentamos a la mesa sólo para comer, sino para comer juntos y disfrutar.

Conseguir la declaración de la dieta mediterránea como Patrimonio Cultural Inmaterial de la Humanidad tiene valiosísimas repercusiones: permite un conocimiento y una divulgación de ésta mucho más extendida por todo el mundo, y un impulso muy importante a su prestigio internacional y a su promoción. Es una oportunidad extraordinaria de transmitir al mundo el amplio y rico concepto de dieta mediterránea, de compartirla y de promoverla y salvaguardarla para las generaciones futuras.

El Ministerio de Medio Ambiente y Medio Rural y Marino (MARM) viene realizando desde hace más de veinte años el Panel de Consumo Alimentario, con el fin de realizar un seguimiento integral de la alimentación española. Representa una de las la fuentes más fiables para poder valorar la alimentación de nuestro país, pues se trata de una radiografía exacta de la alimentación española. Proporciona información fiable sobre el estado nutricional, identifica patrones dietéticos, estudia la evolución de la alimentación y los puntos fuertes y débiles de la misma.

De este panel podemos deducir que la dieta de los españoles se ha ido modificando paulatinamente en los últimos 20 años alejándose del modelo tradicional de la dieta mediterránea, lo cual pone en peligro los valores y la transmisión de la misma a las generaciones futuras. Entre las causas que han hecho que el modelo alimentario vaya cambiando están, las fuertes transformaciones socioculturales de la sociedad en las últimas décadas con la incorporación de la mujer al mercado laboral, la entrada de nuevas costumbres y alimentos y la reducción de los miembros de la familia.

La dieta mediterránea se caracteriza por el consumo de cereales, frutas, verduras, hortalizas, legumbres, pescado, huevos, lácteos y un moderado consumo de carnes y grasas de origen animal. El aporte de grasas se realiza fundamentalmente por el aceite de oliva.

Frutas, verduras y hortalizas

Al trabajar con los adolescentes, no podemos olvidar que las frutas, verduras y hortalizas son uno de los pilares fundamentales de la dieta mediterránea y también donde ellos ponen más rechazo. Una alimentación pobre en frutas, verduras y hortalizas está asociada con un mayor riesgo de padecer enfermedades. Son indispensables en una alimentación equilibrada. Tienen un bajo aporte calórico y son ricas en fibra, vitaminas, minerales, agua y tienen capacidad antioxidante que nos ayuda a mantener la vitalidad y la salud de nuestro cuerpo. Se hace imprescindible por lo tanto trabajar, tanto con los adolescentes como con sus familias, consejos y soluciones que faciliten su consumo:

- Poner frutas al alcance y bien visibles en nuestra cocina invita a su consumo, así como cambiar frecuentemente su forma de preparación: macedonias, batidos, frutas frescas con yogur, puré de frutas. Hay tantas frutas, verduras y hortalizas que las combinaciones en la cocina resultan infinitas. Es fácil componer platos atractivos, coloristas y variados para estimular su consumo.

- Otros ejemplos de platos atractivos y apetecibles para nuestros jóvenes sería: brochetas de frutas, bañar la fruta en chocolate y preparar pizzas de vegetales.
- Nuestros jóvenes comen con mayor agrado las verduras y hortalizas en puré. Una dosis generosa de zanahorias y guisantes a este puré aportará mayor dulzor.

El agua

Se debe incidir en el consumo de agua como el nutriente más necesario para la vida y la única bebida indispensable. La recomendación general es de 1,5 litros a 2 litros de agua al día (entre 6 y 8 vasos de agua al día), pero todo depende de cada persona, de la edad y la actividad que realice. No es lo mismo la cantidad que deberá consumir una persona que realiza ejercicio físico a diario, que otra que tiene una actividad más pasiva. Depende también de los alimentos que la persona consuma, una alimentación con gran cantidad de frutas y verduras/hortalizas frescas, aporta más cantidad de agua que otra dieta pobre en estos saludables alimentos. Es muy fácil darnos cuenta de si estamos consumiendo el líquido suficiente: si la orina es clara, o sea diluida, estamos consumiendo suficiente agua, si es oscura y concentrada, significa que debemos aumentar de forma inmediata la ingesta de agua.

Cuando se hace ejercicio físico intenso, como en el caso de los niños y adolescentes, es fundamental que beban agua de forma abundante para el buen funcionamiento del organismo, ya que por la transpiración se pierden abundantes líquidos. Se recomienda hidratarse antes, durante y después de la actividad física.

El agua es fuente de vida, es esencial y vital para nuestro organismo. Entre otras muchas funciones, regula el buen funcionamiento de las células, favorece el transporte de nutrientes y de las sustancias orgánicas en el sistema circulatorio, preserva el buen estado de la piel, su elasticidad y la protege de agresiones externas, mantiene el buen funcionamiento de los riñones y del corazón, regula la temperatura corporal, incide en la función cerebral y la capacidad de concentración, ayuda a la amortiguación de las articulaciones y el buen funcionamiento de los músculos, elimina toxinas, desechos metabólicos y otras sustancias tóxicas que puede haber en nuestro organismo, ayuda al funcionamiento del sistema digestivo y previene el estreñimiento.

Debemos recomendar a nuestros jóvenes que tengan siempre una pequeña botella de agua en su mochila, para que puedan beber de forma frecuente cuando están fuera de casa.

El chocolate, frutos secos, frutas secas dulces y palomitas de maíz, alternativas saludables ante golosinas y bollería

El chocolate, o mejor dicho el cacao, es uno de los productos naturales más ricos en minerales, principalmente hierro, magnesio y potasio. Es un alimento con propiedades antioxidantes gracias a los flavonoides y otras sustancias antioxidantes que posee. Es un alimento saludable y recomendado para los jóvenes, sin olvidarnos que debido a la manteca de cacao es un alimento muy calórico, la recomendación irá dirigida a consumos moderados y sobre todo a chocolate con un alto porcentaje de cacao (70-80% de cacao), lo que se denomina popularmente "chocolate negro". La adición de leche le aporta al chocolate calcio, pero disminuye la concentración de antioxidantes.

El chocolate en niños, jóvenes y mayores despierta pasiones y nunca es olvidado en fiestas y celebraciones. En el cacao se han aislado sustancias que poseen efectos psicoestimulantes y antidepresivas, como por ejemplo la feniletilamina, y también triptófano, un aminoácido esencial que estimula la producción de serotonina (neurotransmisor que incide directamente en el estado de ánimo). Por esto unos bombones o unas pocas onzas de chocolate nos producen bienestar y, como comentan muchas personas, "levanta el ánimo".

El chocolate junto, con los frutos secos (avellanas, almendras, nueces, pipas...), las palomitas de maíz y las frutas secas dulces (dátiles, uvas pasas, higos secos...) son fuente importante de nutrientes saludables y están libres de colorantes y conservantes. Cuentan con una magnífica aceptación entre la población adolescente y, presentados con argumentos, se convertirán en un hábito sólido y serán una alternativa aceptada por nuestros jóvenes ante las golosinas y bollería.

El gran valor calórico que tiene el chocolate es necesario y ventajoso en ciertas situaciones en las que se requiere un gasto calórico elevado, como es el caso de la práctica intensa de ejercicio físico en deportes como el fútbol, ciclismo, montañismo, etc. muy frecuentes en los adolescentes. Una barrita de chocolate les ayuda a recuperar fuerzas en estas situaciones.

Como con todos los alimentos, siempre habrá personas a las que no les resulte conveniente comer chocolate, como por ejemplo las personas con sobrepeso, con estreñimiento, gastritis (inflamación de la mucosa del estómago que produce indigestión, ardor, dolor y, dependiendo del tipo de gastritis, incluso náuseas y mareos) o migrañas (dolor de cabeza muy intenso y en ocasiones incapacitante para la persona que lo sufre).

1_ El desayuno, la comida más importante del día

El desayuno significa literalmente "romper el ayuno" y debemos considerarlo la comida más importante del día. Nos ayuda a recargar nuestro organismo con los nutrientes necesarios después de una noche de descanso. Realizar un desayuno equilibrado contribuye a mantener la salud física y mental de toda la familia. Un desayuno saludable favorece el desarrollo y el crecimiento de niños y jóvenes, pero desafortunadamente es la comida a la que menos atención se presta, entre otras excusas, por falta de tiempo o de apetito.

Más del 50% de los varones y mujeres entre 10 y 24 años de edad, realiza un desayuno de mala o insuficiente calidad. La importancia del desayuno es un pilar básico en Educación Nutricional en nuestros adolescentes. Es necesario que los niños y adolescentes lo conciban como una actividad divertida que requiere su tiempo (mínimo 10 minutos), en la que pueden consumir productos variados y atractivos, generando en ellos un hábito importante y necesario para comenzar el día. Es importante insistir en la conveniencia de un desayuno con los tres componentes principales: producto lácteo, cereales y fruta.

Los olores y sabores del desayuno son capaces de acabar de despertarnos por la mañana, mejora el ambiente familiar y puede traernos uno de los pocos momentos de calma que vamos a tener en nuestro ajetreado día.

Al levantarnos, nuestro cuerpo lleva entre 8 y 12 horas sin recibir ningún alimento. La falta de glucosa que produce el ayuno, nuestro principal combustible energético, hace que nuestro cuerpo queme otras reservas energéticas (grasa, proteínas) que causan múltiples alteraciones en el normal funcionamiento orgánico. En edades escolares, el no desayunar condiciona el aprendizaje y produce un descenso del rendimiento por el decaimiento y la falta de concentración que se produce.

Los niños y adolescentes que omiten el desayuno no son tan eficaces en la resolución de problemas y tienen una disminución en la capacidad de recordar, usar información adquirida además de la fluidez verbal y la concentración. Está comprobado que las personas que desayunan obtienen mejores resultados en tests de memoria y resolución de problemas.

1.1_Beneficios del desayuno

Los estudios realizados confirman que las personas que realizan un buen desayuno suelen seguir una dieta más saludable durante todo el día, más rica en fibra, vitaminas y minerales y menos grasa, contribuyendo a que la persona mantenga un peso saludable. Al reducir el consumo de grasa total, se contribuye a reducir los niveles de colesterol en sangre. Todos los datos confirman que los niños y adultos que desayunan tienen un peso más saludable que los que se saltan el desayuno, se hace un reparto de las calorías durante el día más equilibrado y contribuye a evitar "picar entre horas". Las personas que no desayunan, tienen hasta cuatro veces más riesgo de ser obesas que aquellas personas que realizan un desayuno saludable y equilibrado todas las mañanas.

Entre todos los estudios realizados destaca el **Bogalusa Heart Study.** Este estudio demostró mediante 20 años de seguimiento, que un alto porcentaje de los niños que desayunaban cubrían al menos el 66% de las cantidades diarias recomendadas de vitaminas y minerales, tales como calcio, fósforo, magnesio, tiamina (vitamina B1), vitamina B12 y ácido fólico. Además, su perfil nutricional era mucho más saludable a lo largo del día, en términos de una menor ingesta de calorías en forma de grasa. Si desayunaban cereales, al aumentar la ingesta de hidratos de carbono, se desplazaba el consumo de otros alimentos de mayor contenido graso, consiguiendo una reducción del 40% del colesterol de la dieta, con un consumo de un 20% más de vitaminas y minerales esenciales.

Desayunar ayuda a controlar el hambre a lo largo de la mañana, un desayuno saludable es aquel que te permite no sentir hambre en 3 ó 4 horas. Cuando se siente hambre 1 ó 2 horas después de haber desayunado, es indicativo indiscutible de que el desayuno ha sido insuficiente.

Los tres componentes principales del desayuno deben ser un producto lácteo, cereales y fruta. También puede completarse con otros alimentos como embutidos poco grasos, mermeladas, miel o una rebanada de pan con aceite de oliva.

Incluyendo en el desayuno alimentos ricos en hidratos de carbono de absorción lenta, se consigue mantener un aporte de glucosa al cerebro y se mejora la concentración y la memoria. Son alimentos ricos en hidratos de carbono de absorción lenta los cereales (arroz, trigo, avena, cebada y centeno) y sus derivados como son los cereales para el desayuno, las galletas y el pan (otras fuentes importantes hidratos de carbono de absorción lenta son las legumbres y las patatas).

La persona que desayuna tiene un mejor rendimiento físico e intelectual, pero también está demostrado que previene la fatiga, la somnolencia, el dolor de cabeza, disminuye la depresión, la hiperactividad, el estrés y mejora la motivación y el humor. La depresión y el estrés pueden provocar unas ganas irrefrenables de comer. Por todo esto y mucho más, debemos convertir el desayuno en un hábito saludable, pues condiciona el estado físico y psíquico en todas las personas, independientemente de su edad.

1.2_Los cereales para el desayuno, una opción saludable

Entre las excusas más mencionadas por nuestros niños y adolescentes que no desayunan, es la falta de tiempo o de apetito. Ante la falta de tiempo se deberán levantar un poco antes, no hay ninguna otra solución posible, debiendo acostarse a la hora adecuada para poder dormir las horas necesarias para un buen descanso. Ante la falta de apetito hay tres recomendaciones importantes: la cena no debe estar muy próxima a la hora de acostarse, debiendo ser una cena proporcionada, no escasa (pues con hambre no podemos dormir) pero tampoco demasiado abundante; en el desayuno conviene comenzar con un vaso de zumo de frutas y esperar unos minutos (mientras el niño o el adolescente puede ir al servicio, vestirse...) a continuación, completar el desayuno con un producto lácteo y cereales.

El zumo de frutas ayuda a la secreción de jugos gástricos, que favorecen el apetito y que se realice adecuadamente la digestión. La persona tendrá hambre, podrá seguir desayunando y no le resultará pesado el desayuno. Los cereales por su comodidad y rico sabor ayudan también a superar estos dos impedimentos y son una opción saludable por ser:
- Bajos en grasas totales y grasas saturadas.
- Altos en hidratos de carbono de absorción lenta.
- Una buena fuente de fibra alimentaria.
- Están enriquecidos con vitaminas y minerales, como vitamina C, vitaminas del grupo B, calcio y hierro.

- Proporcionan menos calorías, con menos grasas y azúcares, que la mayoría de los demás alimentos alternativos para desayunar.
- Gracias a la gran variedad existente, contribuyen a que los jóvenes cambien, mezclen y disfruten del desayuno.

La mayoría de los cereales para el desayuno tienen un contenido muy bajo en grasas, siendo principalmente insaturadas y procedentes de las que contiene el cereal de forma natural. Está demostrado que los consumidores habituales de cereales ingieren menos grasa y colesterol en su dieta. Los ácidos grasos monoinsaturados y poliinsaturados reducen el riesgo de enfermedades cardiovasculares y las grasas que se encuentran en la gran mayoría de estos cereales son naturalmente altas en ácidos grasos poliinsaturados. Se puede afirmar que la contribución de los cereales para el desayuno a la ingesta global de grasas, es insignificante desde un punto de vista nutricional.

Son una fuente fundamental de nutrientes esenciales (se consideran imprescindibles para el organismo ya que no los puede sintetizar por sí mismo, siendo necesarios para el funcionamiento normal de éste) en las dietas infantiles y juveniles. Los estudios han demostrado que los jóvenes que desayunan regularmente cereales para el desayuno, tienen más probabilidades de alcanzar las cantidades diarias recomendadas de calcio, vitamina C, hierro, ácido fólico y zinc.

Muchos cereales para el desayuno contienen cereales integrales (contienen el salvado, el germen y el endospermo del cereal) y contribuyen de forma clave en la ingesta de fibra en los jóvenes. Los estudios epidemiológicos señalan que los cereales integrales protegen contra las enfermedades cardiovasculares, la diabetes, la obesidad y el cáncer. Nos aportan una mezcla muy rica de fitonutrientes, antioxidantes, hidratos de carbono de absorción lenta, fibra alimentaria, vitaminas y minerales.

2_ El Bogalusa Heart Study

Durante más de tres décadas, el renombrado cardiólogo Gerald Berenson y su equipo de investigadores han llevado a cabo el **Bogalusa Heart Study**, un estudio epidemiológico a largo plazo, con base comunitaria, que empieza en la niñez y se realiza en personas de dos razas (blancos y negros) sobre los factores de riesgo cardiovascular en niños, niñas, adolescentes y adultos jóvenes.

Desde su inicio en 1973, Berenson y su grupo han evaluado a más de 16.000 adultos y niños en la comunidad de Bogalusa (Luisiana), en un intento por entender los factores de riesgo de la enfermedad cardiovascular a lo largo de la vida. Los niños que empezaron el estudio en los años 70 cuando estaban en la escuela de Educación Infantil son ahora adultos que continúan participando en el proceso de evaluación. Los investigadores han pasado de un estudio pediátrico a una investigación del envejecimiento.

Los resultados del **Bogalusa Heart Study** han documentado claramente que la génesis de la aterosclerosis tiene su base en la infancia, y que la prevención puede y debe comenzar en las primeras edades. Este estudio ha dado y dará aún muchos conocimientos sobre la historia natural de las enfermedades del corazón, hipertensión, hiperlipémias (exceso de colesterol y/o triglicéridos), diabetes, obesidad, etc.

2.1_La arteriosclerosis

Arteriosclerosis es un término general que designa varias enfermedades en las que se produce engrosamiento y pérdida de elasticidad de la pared arterial. La más importante y la más frecuente de estas enfermedades es la aterosclerosis, que se produce por la acumulación de sustancias lipídicas en las paredes de las arterias, (engrosamientos que se denominan "placas de ateroma"). Las arterias afectadas por la aterosclerosis pierden su elasticidad y a medida que los ateromas crecen se hacen más estrechas, por lo que la zona del organismo que esta arteria irriga no puede recibir suficiente sangre y, en consecuencia, no recibe el suficiente oxígeno necesario.

La aterosclerosis afecta a las arterias del cerebro, el corazón, los riñones y otros órganos vitales, así como también a los brazos y las piernas. Cuando la aterosclerosis se desarrolla en las arterias que irrigan el cerebro (arterias carótidas), se puede producir un ictus, cuando se desarrolla en las arterias que irrigan el corazón (arterias coronarias), se puede producir un infarto de miocardio.

Con el tiempo los ateromas acumulan depósitos de calcio que pueden volverse frágiles y romperse. Un ateroma roto puede derramar su contenido graso y desencadenar la formación de un coágulo sanguíneo (trombo). Este coágulo estrecha aún más la arteria e incluso puede ocluirla, o bien también se desprende y pasa a la sangre hasta llegar a una arteria más pequeña, donde causará lo que se denomina una embolia, produciéndose una obstrucción parcial o total de esta arteria, lo que provocará una falta parcial o total de irrigación sanguínea.

El mejor tratamiento para la aterosclerosis es la prevención, y para poder prevenirla nuestros jóvenes y sus familias deben conocer esta patología y sus factores de riesgo. La aterosclerosis es una de las patologías más frecuentes en nuestra sociedad y provoca mucho sufrimiento en las familias.

Los factores de riesgo que debemos evitar son: la hipercolesterolemia (valores elevados de colesterol en la sangre), la hipertensión (tensión arterial alta), el consumo de tabaco, la obesidad y la falta de ejercicio físico.

Afortunadamente cuando una persona toma medidas para prevenir dos factores de riesgo importantes como son la falta de ejercicio físico y el tabaco, indirectamente también está haciendo una prevención para los otros factores de riesgo. Hacer ejercicio físico no sólo ayuda a perder peso, sino que también ayuda a disminuir los niveles altos del colesterol y de tensión arterial, y dejar de fumar igualmente también ayuda a bajar los niveles altos de colesterol y de tensión arterial.

Por lo general, la aterosclerosis no produce síntomas hasta que no se estrecha gravemente una arteria o se produce una obstrucción súbita y estos síntomas dependen del lugar donde se desarrolla la aterosclerosis (el corazón, el cerebro, una pierna...), siendo el dolor el primer síntoma del estrechamiento de una arteria. El dolor es el signo de alarma que nuestro cuerpo nos manda en el momento en que el flujo de sangre es insuficiente para satisfacer las necesidades de oxígeno.

Una correcta Educación para la Salud es imprescindible en nuestros jóvenes y sus familias. La creciente esperanza de vida de nuestra sociedad debemos poder llenarla de calidad de vida.

3_ Prevención de la obesidad

La prevención de la obesidad es un punto muy importante a trabajar con los adolescentes y sus familias. Según la **Encuesta Nacional de Salud**, uno de cada dos adultos está obeso o tiene sobrepeso. Respecto a los niños y adolescentes, el 9,1% tiene obesidad y el 18,5%, sobrepeso; lo que significa, que uno de cada cuatro niños españoles tiene exceso de peso. La obesidad se ha triplicado entre los niños en los últimos veinte años. Y nuestra dieta mediterránea es una excelente ayuda en la prevención de la obesidad.

La obesidad constituye un importante problema de salud pública en el ámbito mundial, no sólo por su frecuencia sino también por sus repercusiones en la salud. La prevalencia de la obesidad se correlaciona cada vez más con las principales enfermedades crónicas de nuestro tiempo, como enfermedades cardiovasculares, hipertensión, hiperlipémias, diabetes y ciertos tipos de cáncer.

En la infancia y la adolescencia el exceso de peso produce sobrecarga del aparato locomotor, repercute en el aparato digestivo, se observa un incremento de hiperlipémias, hipertensión, apnea del sueño y, sobre todo, en el desarrollo psicológico y la adaptación social: pobre imagen de sí mismo y sensación de rechazo. Además la obesidad infantil constituye un importante precursor de la obesidad en la edad adulta.

El aumento de la prevalencia de la obesidad en la infancia y la adolescencia se debe en un 99% de los casos a factores relacionados con los estilos de vida, exceso de calorías en la dieta y aumento del sedentarismo (videoconsola, ordenador...). El abandono o la disminución en el tiempo de lactancia materna exclusiva tiene también un papel importante en el incremento de obesidad. Sólo un 1% de la obesidad infantil y adolescente se debe a motivos genéticos y endocrinometabólicos, por lo que se hace imprescindible que en nuestra estrategia se aborde conjuntamente dieta y sedentarismo.

El mensaje que debe recibir nuestra población es que los malos hábitos alimentarios y la escasa actividad física, son los dos ejes centrales sobre los que se sustenta el sobrepeso y la obesidad de los niños y adolescentes, y sobre los que se tienen que centrar todos los esfuerzos para poder poner freno a esta pandemia de la obesidad.

3.1_La Estrategia NAOS

En 2005 se inicia la Estrategia NAOS (Estrategia para la Nutrición, Actividad Física y Prevención de la Obesidad) desde el Ministerio de Sanidad y Consumo, a través de la Agencia Española de Seguridad Alimentaria y Nutrición (AESAN). El fin de este proyecto es sensibilizar a la población del problema que la obesidad representa para la salud, y de impulsar todas las iniciativas que contribuyan a lograr que los ciudadanos, y especialmente los niños y los jóvenes, adopten hábitos de vida saludables, principalmente a través de una alimentación saludable y de la práctica regular de actividad física.

Las recomendaciones y acciones propuestas abarcan medidas concretas en el ámbito familiar, comunitario, escolar, empresario y sanitario.

Hay mucha más información en internet sobre el Observatorio de la Obesidad que está dentro de la Estrategia NAOS, la valoración de la dieta española de acuerdo al panel de consumo alimentario del Ministerio de Medio Ambiente y Medio Rural y Marino (MARM) y la Fundación Española de la Nutrición (FEN). Así como Estudios realizados en España para evaluar los hábitos alimentarios, el estado nutricional y la práctica de actividad física de la población infantil y juvenil española (estudio ENKID, AVENA y EVASYON) y finalmente el Programa PERSEO, un plan diseñado por el Ministerio de Sanidad y Política Social para mejorar la salud de los escolares.

4_ La organización de los menús[1]

La adolescencia es uno de los momentos de la vida en el que el organismo necesita más cantidad de energía, es un periodo de gran crecimiento; la edad de los grandes estirones. Los adolescentes suelen tener hambre a todas horas (las necesidades nutritivas son muy elevadas y esto conlleva el aumento del hambre), al igual que sueño y cansancio mezclado con episodios de gran hiperactividad. Se acelera su crecimiento y aumentan las necesidades de todos los nutrientes. Se debe conseguir una dieta sana, equilibrada y llena de energía.

De la compra de un solo día a veces depende en gran parte la alimentación de la semana, por lo que se deben programar todos los menús de la semana y no dejarlo a la improvisación.

A la hora de planificar los menús se tiene que tener en cuenta las siguientes recomendaciones:

- *La comida es un momento de armonía*, por lo que es recomendable hablar amigablemente mientras se realiza. Es un buen momento para hablar con el adolescente y preocuparse por sus cosas. La comida familiar debe poder alimentar nuestro cuerpo y nuestra alma, puesto que estamos rodeados de las personas más importantes de nuestra vida.

---

1. Véanse las normas básicas para organizar los menús. Se encuentran en el apartado "Propuesta de actividades de trabajo en grupo a realizar con los adolescentes".

- *5 comidas al día.* No debemos olvidarnos de la necesidad de que el adolescente tome algo a media mañana y meriende, para poder conseguir el aporte nutricional que necesita. El bocadillo es la alternativa más saludable junto con una fruta y/o producto lácteo.
- *La ingesta adecuada de calcio* es fundamental en esta etapa de la vida para alcanzar un buen pico de masa ósea. El hueso se alarga y luego sigue mineralizándose. Estudios indican que hasta aproximadamente los 30 años se tiene mucha capacidad de fijar calcio en los huesos y después esta capacidad disminuye, por lo que el resto de nuestra vida quedará condicionada en gran parte por la reserva que hemos hecho hasta esta edad. Asegurar una buena reserva de este mineral constituirá la mejor prevención contra la osteoporosis.

  Organizar a lo largo del día la toma de leche, queso, yogur u otros preparados lácteos asegurará la ingesta adecuada de calcio. El calcio también lo encontramos en el calamar, gambas y langostinos, los cítricos (naranjas, mandarinas y limones), moras, fresas, fresones, las aceitunas y algunos verduras y hortalizas como las espinacas, brécol, endibias, perejil y zanahorias.

  La presencia en la dieta de lactosa (el azúcar de la leche), de ácido cítrico (ácido abundante en las frutas) y de proteínas, son también factores que favorecen el buen aprovechamiento del calcio.

  La leche y sus derivados son los alimentos que proporcionan la mayor parte del calcio a la dieta. En éstos la absorción del calcio se realiza con mucha facilidad gracias a la vitamina D, la lactosa y las proteínas que contiene.
- *Vitamina D para favorecer la absorción y fijación del calcio.* Debemos tener presente que la deficiencia de esta vitamina disminuye la absorción de calcio, mientras que su presencia en el intestino favorece y aumenta el paso de calcio a través de la mucosa intestinal a la sangre. Esta vitamina la obtenemos de nuestra dieta y también la sintetizamos en la piel en respuesta a la luz solar. Los alimentos más ricos en vitamina D son los aceites de pescado, el pescado (sobre todo el azul), la grasa de la leche (la vitamina D es una vitamina liposoluble, por lo tanto hay que ingerir productos lácteos enteros, no desnatados), la mantequilla, los huevos y el polen.
- *El magnesio* es un importantísimo mineral, pues está implicado en muchas de las reacciones orgánicas que se llevan a cabo en nuestro organismo. Es necesario para la síntesis de enzimas, anticuerpos y hormonas. Una parte importante del magnesio de los huesos se deposita en los años de formación ósea, pues el magnesio regula y estabiliza su estructura mineral. Las necesidades de magnesio en la adolescencia se sitúan alrededor de los 400 mg al día. Un consumo habitual de los alimentos que nos aportan mayor cantidad de magnesio como son los frutos secos, las legumbres, el cacao (como el chocolate), el arroz integral, pan integral,

germen de trigo, acelgas, guisantes, perejil..., nos ayudará a conseguir la dosis correcta.

El estrés tanto físico como intelectual provoca una pérdida importante de magnesio y, por lo tanto, el organismo sufre una gran demanda de este mineral en épocas de gran crecimiento como es la adolescencia, durante el embarazo, en la lactancia, durante el proceso de muchas enfermedades o en competiciones deportivas. Cuando hay una carencia de magnesio aparecen espasmos y contracturas musculares, debilidad y caída del cabello, etc. El magnesio es un mineral muy importante en la estructura de los huesos y también en los dientes, es imprescindible para mantener los dientes fuertes y un buen esmalte dental.

- *El hierro* contribuye al transporte del oxígeno en la sangre e interviene en la formación de la hemoglobina y por lo tanto de los glóbulos rojos. También participa en el sistema inmunológico, en el funcionamiento normal del sistema nervioso central (participa en la producción de neurotransmisores, en funciones encefálicas relacionadas con el aprendizaje y la memoria...). A través de múltiples interacciones posibilita el crecimiento y desarrollo normal durante la infancia y la adolescencia.

A partir de la primera menstruación las chicas deben aumentar el consumo de alimentos ricos en hierro. La dosis recomendada a esta edad en la mujer está alrededor de los 18 mg al día y en el hombre 12 mg día. La presencia de la vitamina C se hace imprescindible para la buena asimilación del hierro.

Alimentos ricos en hierro son el cacao, el hígado, la yema de huevo, legumbres, verduras frescas como el perejil y las espinacas, carnes, marisco, pescado y frutos secos.

- *La vitamina C* se encuentra en todas las verduras/hortalizas y en todas las frutas.
- *El yodo* es muy importante en la adolescencia por ser un periodo de maduración hormonal y de gran desarrollo intelectual. Es importante consumir pescados y mariscos, estos pueden ser frescos, congelados o en conserva, afortunadamente siempre mantienen su dosis de yodo.

El yodo es necesario para el buen desarrollo físico e intelectual y es un elemento indispensable en la síntesis de las hormonas tiroideas. La utilización de la sal yodada, extendida en muchos países, ha sido una práctica con excelentes resultados, que ha conseguido disminuir la carencia de este importante elemento en la población.

- *El zinc* es esencial para el crecimiento (pues está directamente relacionado con la síntesis de proteínas y por lo tanto con la formación de tejidos) y para asegurar un buen funcionamiento del sistema inmunitario. El zinc más fácilmente aprovechable para el organismo, es el que aportan los huevos, el marisco (ostras, gambas, langostinos) y las carnes. También son alimentos ricos en zinc las legumbres, los frutos secos, el germen de los cereales (como el germen de trigo) y el queso.

Su deficiencia produce falta de crecimiento, retraso en la cicatrización de las heridas, caída del cabello, fragilidad en las uñas, etc. El déficit crónico puede causar retraso en la maduración sexual.

- *Las proteínas* son imprescindibles para la síntesis de nuevos tejidos y estructuras orgánicas, importantes en esta etapa de la vida para conseguir el desarrollo de una buena masa muscular. Cuando se detenga el crecimiento, el cuerpo dejará de fabricar células musculares. A partir de entonces, lo importante será no perderlas, para ello será necesario un aporte correcto de proteínas y hacer ejercicio físico. Es necesario también informar a nuestros jóvenes de que si no se consumen suficientes proteínas falla la capacidad intelectual. Las proteínas son imprescindibles para ambas cosas, para el crecimiento físico y para el crecimiento intelectual. No debemos olvidar que una ingesta correcta de proteínas también nos ayuda a mantener el sistema inmunológico fuerte.

  Alimentos ricos en proteínas: legumbres, carne, pescado, huevos (en la clara), lácteos, frutos secos y cereales. Una forma de conseguir una buena calidad proteica en la dieta de cada día, es que la mitad de las proteínas las aporten los alimentos de origen animal y la otra mitad los vegetales. Debemos motivar a nuestros jóvenes y a la población en general a consumir mayor cantidad de productos que aporten buena proteína vegetal, como son las legumbres y los cereales.

  La relación entre calcio y crecimiento debe ser complementada con el concepto de que se necesita además proteínas, para que se alarguen los huesos antes de que se realice la calcificación.

- *Las grasas*: debemos prevenir la obesidad y el aumento de colesterol en la población infantil y juvenil. Debemos controlar las grasas de origen animal y la bollería. La mejor fuente de grasa saludable es el aceite de oliva.

- *Ácido fólico* o *vitamina B9*: es una vitamina hidrosoluble. El ácido fólico interviene en la síntesis del ADN, es imprescindible para la formación de las células. Es necesario para la multiplicación y la división celular. Es un nutriente necesario para combatir las anemias. La deficiencia de ácido fólico produce graves trastornos en el organismo, como interrupción del crecimiento, anemias y debilidad del sistema inmunológico.

  Tiene una especial importancia en situaciones de aumento de replicación celular, como en la etapa del embarazo y la lactancia. Es importante resaltar que el ácido fólico actúa desde el inicio de la gestación. Una grave consecuencia de la falta de ácido fólico durante la gestación es la malformación del tubo neural del feto, lo que se conoce como espina bífida. Una situación muy comprometida en relación a las necesidades de ácido fólico es el embarazo durante la adolescencia. En esta situación, aumenta enormemente la tasa de replicación celular, debido a que hay que hacer frente al crecimiento del feto y al crecimiento de los tejidos de la adolescente.

Las fuentes dietéticas más importantes en ácido fólico son los vegetales de color verde intenso (brécol, perejil, espinacas, endibias...), legumbres, cereales integrales y frutos secos.

En la actualidad, preocupan los bajos niveles de folato en sangre que presentan muchas personas, en especial las mujeres jóvenes. Como prevención de estados carenciales en mujeres en edad fértil que hayan planificado un embarazo, se recomienda la toma de un suplemento diario de ácido fólico durante un mes antes de la concepción y tres meses después de la misma, como profilaxis de defectos del tubo neural.

- Todas las vitaminas son necesarias para crecer son salud:
  - Vitamina C interviene en la constitución de los tejidos de sostén y del tejido conjuntivo y es imprescindible para la buena asimilación del hierro. Vitamina E interviene en la protección de las membranas celulares por su acción antioxidante. Vitaminas B1, B2, B3 y B6 permiten el aprovechamiento de los nutrientes y su metabolización energética. Vitamina A interviene en los procesos de crecimiento, diferenciación, proliferación y reproducción celular, etc. Como podemos comprobar las vitaminas son indispensables para el funcionammiento normal de todas las células.

La recomendación general ante las vitaminas es potenciar el consumo de frutas, verduras y hortalizas. Para elevar el nivel vitamínico en nuestra dieta es necesario introducir diariamente frutas, verduras y hortalizas crudas en cada comida (ensaladas, macedonias...).

- *Evitar el alcohol*: el adolescente debe comprender que el alcohol es un verdadero veneno en la época de crecimiento. El consumo de alcohol en la adolescencia debe ser cero. El hígado de un adolescente no está capacitado para metabolizar el alcohol como lo estará cuando sea adulto, por lo que es un verdadero veneno para su hígado y también para su cerebro. Hace que disminuya la absorción por parte del organismo de muchos nutrientes como las vitaminas C y A, el ácido fólico y otras vitaminas del grupo B. El alcohol también hace aumentar la pérdida de minerales tan importantes como el zinc y el calcio por la orina[13].

Planteadas todas las recomendaciones para planificar los menús, pasamos a exponer las leyes fundamentales de la alimentación, para poder alcanzar todos los objetivos:

- *Energética*: la dieta debe aportar las calorías necesarias para llevar a cabo los procesos metabólicos y el trabajo físico necesario.
- *Completa*: con todos los nutrientes (hidratos de carbono, lípidos, proteínas, vitaminas, minerales y sin olvidarnos del agua).
- *Armónica*: que las cantidades de cada uno de los nutrientes estén equilibrados entre sí.
- *Adecuada*: una dieta debe ser adecuada a la situación particular de cada persona.

- *Apetitosa*: en función de sus características organolépticas.
- *Aceptable*: la dieta debe ser aceptada por parte del individuo al que va destinada.

5_ ¿Cómo evitar el estreñimiento?

El estreñimiento es un motivo frecuente de malestar y preocupación. Alrededor de un 20% de la población se define como estreñida. Se podría definir como la evacuación infrecuente y dificultosa de heces escasas y secas. En la población general sana, la frecuencia normal de defecación oscilaría entre 3 veces al día y 3 veces por semana, realizando la defecación de forma indolora, sin gran esfuerzo en la mayoría de las ocasiones y con una sensación de evacuación completa al finalizar.

Hay múltiples causas que provocan estreñimiento, entre ellas estaría una dieta inadecuada, beber poco líquido, la falta de ejercicio físico, tener malos hábitos intestinales como no evacuar cuando el organismo lo pide, cambiar los hábitos y horarios debido a viajes, la toma de determinados fármacos, algunas enfermedades del sistema digestivo, etc.

El estreñimiento crónico puede tener consecuencias importantes para la salud, como fisuras anales o hemorroides. Respecto al cáncer colorectal (colon y recto), el estreñimiento crónico puede influir en el sentido de que si existieran o se produjeran sustancias potencialmente carcinogénicas, éstas estarían más tiempo en contacto con la mucosa colorectal.

Un punto importante a destacar es que siempre se debe evitar el uso o abuso de los laxantes. Utilizar laxantes por periodos prolongados puede causar dependencia y daños graves al organismo, además de que puede disminuir el movimiento normal del intestino.

Unas recomendaciones para evitar el estreñimiento son[2]:
- Dieta alta en fibra.
- Comer despacio y masticar bien los alimentos.
- Beber 2 litros de agua al día[3] (agua, infusiones...) con las comidas y fuera de las comidas, para estar bien hidratados. Es aconsejable beber 1 ó 2 vasos de agua durante las comidas. Nos ayuda en el proceso digestivo y a disfrutar de todos los sabores, pues se limpian las papilas gustativas permitiéndonos apreciar mejor el sabor de los alimentos.
- Tomar aceite de oliva en la dieta diaria. Cómo mínimo deben tomarse 3 cucharadas soperas al día. El aceite de oliva suaviza, lubrica e hidrata el intestino.

---

2. Es necesario comprender que no se erradicará el problema siguiendo una sola pauta, sino cumpliendo todas.
3. Para poder beber 2 litros de agua al día (aproximadamente 8 vasos), una buena estrategia es aprovechar cada toma de alimentos para tomar un vaso de agua. Si al levantarnos y al acostarnos tomamos otros 2, sólo nos queda 1 vaso más, que podemos tomarlo estando fuera de casa. Ya tenemos los vasos necesarios, que se deberán complementar tomando alimentos ricos en agua como frutas y verduras/hortalizas.

- Consumir diariamente 2 ó 3 yogures con bacterias lácticas bífidas.
- Hacer ejercicio físico diariamente: caminar, nadar, bicicleta, bailar...
- Fijar un tiempo cada día que sea tranquilo e ininterrumpido para ir al baño con el objetivo de crear un hábito intestinal. Se debe tratar de evacuar cuando se siente la necesidad, evitando siempre los esfuerzos excesivos en la evacuación.

Se debe tener en cuenta que estas medidas no son inmediatas y que hace falta entre 3 y 4 semanas para que el intestino se regule. Pasado este tiempo, si no se aprecia mejoría, estaría recomendado un estudio minucioso del aparato digestivo por un especialista. Alimentos que no debemos olvidar para evitar el estreñimiento:

- Cereales integrales: pan integral, arroz integral, cereales de desayuno integrales, galletas integrales, etc.
- Legumbres.
- Verduras.
- Fruta: especialmente ciruelas, naranjas y kiwi.
- Frutas secas dulces: higos secos y uvas pasas.
- Frutos secos.
- Aceite de oliva.
- Yogures con bacterias lácticas bífidas.
- Miel.
- Semillas de lino (añadir una cucharada a cada yogur).

Los beneficios de la fibra dietética van más allá de evitar el estreñimiento. La fibra de la dieta no se puede digerir ni absorver en el intestino, la fibra recorre todo el tracto intestinal hasta ser eliminada con las heces. Pero en este largo recorrido por el aparato digestivo, la fibra desempeña funciones importantes. No todas las fibras que aportan los alimentos tienen la misma composición: la fibra soluble, que está constituida por pectinas, gomas y mucílagos, se encuentra en abundancia en legumbres, frutas y verduras; y la fibra insoluble, que está constituida por celulosa, hemicelulosa y lignina, forma parte de las paredes de las células vegetales. La celulosa es abundante en la harina de trigo entera, salvado, alcachofas, espinacas, judías verdes. La hemicelulosa es abundante en los cereales integrales.

Funciones importantes de la fibra dietética:

- *Evita el estreñimiento*: la fibra absorbe agua y aumenta el volumen de las heces adquiriendo un aspecto viscoso; estimula el movimiento peristáltico del intestino, acelerando el tránsito intestinal.
- *Ralentiza la absorción de los hidratos de carbono y las grasas*: por lo tanto ayuda en la prevención y el tratamiento de diversas enfermedades, como son la diabetes y las hiperlipemias.
- *Disminuye la absorción de colesterol*: la fibra es como una esponja que absorbe bilis (la bilis contiene colesterol), con la fibra aumenta el tránsito intestinal y se elimina colesterol por vía rectal.
- *Aumenta la sensación de saciedad*.

○ *Factor de prevención de problemas intestinales, incluso del cáncer*: algunas fibras tienen efecto prebiótico; estos ingredientes no digeribles de los alimentos alcanzan intactos el colon y promueven la proliferación selectiva de las bacterias intestinales beneficiosas.

6_ ¿Cómo evitar las anemias?

Un ritmo de vida acelerado, una inadecuada alimentación y el poco descanso que a veces tienen los niños y adolescentes, provoca que en muchas ocasiones el organismo se deteriore. Debemos evitar que se produzcan las anemias con una buena organización de los menús para conseguir una dieta equilibrada, que les proporcione todos los nutrientes y la vitalidad que necesitan.

Existen varios tipos de anemia, con unas características y con unas causas diferentes. No se pueden dar soluciones genéricas para las anemias, su solución sólo puede hacerse cuando se conoce de qué tipo es y cuál es su causa, por lo que un estudio médico se hace imprescindible.

¿Cuándo podemos sospechar de una anemia? Aunque ningún síntoma o signo en concreto nos puede dar la seguridad de tener anemia, cuando se tienen simultáneamente varios de ellos, es necesario acudir al médico para conseguir un diagnóstico fiable, pues muy probablemente se padece anemia y se debe realizar un estudio para determinar de qué tipo se trata. Estos síntomas son: cansancio y sensación de debilidad, caída del pelo, mareos, palidez en piel y mucosas, dolores de cabeza, palpitaciones y zumbidos de oídos.

Los nutrientes necesarios para combatir las anemias son:
○ *Vitamina B6*: los alimentos que la aportan en mayor cantidad son el germen de trigo, los pescados (sobre todo azules), las carnes especialmente cerdo, caballo, conejo y aves, el hígado, los frutos secos y los cereales integrales[13]. Su falta produce principalmente depresión y malestar general.
○ *Vitamina B12*: esta vitamina es exclusiva de los alimentos de origen animal, por lo que la encontramos principalmente en la leche y sus derivados, huevos, carne y pescado.
○ *Ácido fólico*: las fuentes dietéticas más importantes son los vegetales de color verde intenso (brécol, perejil, espinacas, endibias...), las legumbres, los cereales integrales y los frutos secos.
○ *Vitamina C*: esta vitamina favorece la asimilación del hierro. Se encuentra en todas las verduras/hortalizas y frutas.
○ *El hierro*: lo encontramos en el cacao, el hígado, la yema de huevo, las legumbres, las verduras frescas como el perejil y las espinacas, las carnes, el marisco, el pescado y los frutos secos.
○ *El cobre*: la deficiencia de cobre se manifiesta por una incapacidad de absorber hierro a través del intestino, lo que desencadena anemias. Un exceso de fibra puede provocar deficiencias de cobre, al igual que el uso continuado de laxantes, que disminuyen la absorción de cobre y hierro.

Son fuentes importantes de cobre el germen de los cereales, los cereales integrales, las legumbres, los mariscos y los frutos secos[13].

La anemia más frecuente es la anemia ferropénica y surge en especial en la población femenina. El organismo necesita recibir hierro diariamente, como se ha comentado anteriormente; el hombre necesita 12 mg al día y la mujer alrededor de 18 mg al día con el fin de contrarrestar las pérdidas durante la menstruación.

El hierro se encuentra de forma variable en distintos alimentos, pero sólo una parte del hierro aportado por la dieta se absorbe y se utiliza. El hierro de los alimentos de origen animal se encuentra en forma orgánica, se denomina hierro "hemo" y tiene la propiedad de asimilarse mejor. Los alimentos de origen vegetal tienen hierro mineral o "no hemo" y se absorbe en menor proporción que el hierro "hemo" de los alimentos de origen animal. Tiene una especial importancia el hierro de las carnes ya que su absorción es superior al de los otros alimentos.

Las carnes con más contenido en hierro son:
- La carne de caballo con 3 mg por cada 100 gr de alimento.
- La carne de cordero con 2,7 mg por cada 100 gr de alimento.
- La carne de cerdo con 2,6 mg por cada 100 gr de alimento.
- La carne de ternera con 2,5 mg por cada 100 gr de alimento.

La vitamina C es el facilitador más potente que se conoce para el buen aprovechamiento del hierro. La ingestión de 100 ml de zumo de naranja triplica la absorción del hierro en una comida. También favorecen la absorción del hierro las proteínas y la fructosa. Asimismo, debemos tener en cuenta que hay sustancias contenidas en los mismos alimentos que se combinan con el hierro e impiden su absorción. Como por ejemplo los oxalatos de algunos vegetales, los taninos presentes en el té, el café, el vino tinto y algunos minerales, entre ellos el calcio.

Sin embargo, uno de los principales reguladores es el propio estado de hierro en el organismo, ya que cuando existe anemia ferropénica aumenta la absorción del hierro ingerido.

Otro punto importante a tener en cuenta es que el consumo de antiácidos como el bicarbonato, disminuye de forma importante la absorción del hierro. Una de las causas que pueden impedir una buena asimilación del hierro son la insuficiente secreción ácida del estómago o un exceso de alcalinidad en el intestino[13].

Si hay falta de hierro no se soluciona el tema de la celulitis que tanto preocupa a nuestras adolescentes. La celulitis (acumulo de grasa y líquido en los tejidos) no está necesariamente relacionada con el sobrepeso, también se da en personas delgadas.

Para eliminar y evitar la celulitis es preciso:
- *Combatir la carencia de hierro*, sin una buena oxigenación la grasa no se puede quemar y queda acumulada.
- *No abusar de los hidratos de carbono de absorción rápida* (azúcar, miel, frutas y leche): los azúcares que contienen estos alimentos se absorben rápidamente y entran bruscamente la sangre. Cuando los ingerimos en gran cantidad, el organismo no puede utilizarlos todos a la vez como fuen-

te de energía y se ve forzado a convertir una parte en grasa, que la transporta al tejido adiposo.
- *No abusar de las grasas*: moderar el consumo de salsas, bollería, dulces (ricos en azúcar y grasas), embutidos y evitar la grasa de la carne.
- *Moderar el consumo de sal*: pues una ingesta elevada de sal produce retención de líquido.
- *Dieta alta en fibra*: pues ralentiza la absorción de los hidratos de carbono y las grasas.
- *Ingesta adecuada de agua*: entre 6 y 8 vasos de agua al día (1,5 litros a 2 litros). Con el objetivo de favorece el transporte de nutrientes y elimina toxinas y desechos metabólicos.
- *Practicar ejercicio físico de forma regular y los masajes* (masaje de drenaje linfático, masaje subdérmico) también ayudan a combatirla y evitarla.

7_ La alimentación en el cuidado de la piel, cabello y uñas

Una alimentación sana y equilibrada se refleja en el estado de la piel, el cabello y las uñas. Por el contrario, una alimentación inadecuada, junto con un ritmo de vida estresante, el consumo de alcohol, tabaco, etc., hacen que el cabello se vuelva frágil y sin brillo, las uñas reblandezcan y la piel pierda tersura, brillo y puede que se descame. Nuestros jóvenes deben saber que un pelo bonito y brillante, del mismo modo que una piel sana y bella, depende fundamentalmente de la comida y de hábitos saludables (no fumar, no beber alcohol, adecuada higiene personal) y no tanto de champús y cremas. Resultan interesantes para los jóvenes las siguientes curiosidades:
- Cada 28 días renovamos nuestra piel.
- Cada mes el pelo crece aproximadamente entre 1 y 2 cm.
- Cada semana las uñas crecen un milímetro.
- La velocidad de renovación de las células epiteliales del tracto gastrointestinal es muy rápida: cada 5 a 7 días se descaman y son remplazadas por células nuevas.

Para esta renovación celular nuestro organismo requiere principalmente de proteínas, zinc, hierro, magnesio, vitaminas del grupo B, vitaminas A y C, ácidos grasos esenciales y agua.

A partir de estos ejemplos los jóvenes pueden comprender y reflexionar sobre la necesidad imperiosa que tiene nuestro organismo de recibir cada día una adecuada alimentación para conservar la salud y el bienestar. Las células crecen y se dividen para producir más células según las necesidades del cuerpo para mantenerlo sano. Cuando envejecen o se dañan, mueren y son reemplazadas por células nuevas. Esta renovación constante de la piel, el cabello y las uñas, así como la renovación celular del intestino, del páncreas, del hígado, etc., requiere un aporte constante de nutrientes para la formación de las nuevas células. Nuestro organismo necesita una renovación celular perseverante con la finalidad de mantenernos sanos y fuertes.

7.1_La alimentación como ayuda ante los problemas de la piel

La alimentación nos puede ayudar ante problemas de la piel (piel debilitada y agredida por tratamientos agresivos, enfermedades agudas o crónicas como la psoriasis...). En estos casos en los que nos encontramos con inflamación, prurito (picor), sequedad y enrojecimiento, la alimentación también puede ser en estos momentos nuestra gran aliada para aliviar estos síntomas y mejorar nuestra piel.

La psoriasis es una patología crónica y frecuente de la piel con un componente inflamatorio. Se produce enrojecimiento, sequedad, descamación y prurito. La psoriasis se caracteriza por la presencia de placas rojas, cubiertas de escamas secas, plateadas y adherentes secundarias al excesivo desarrollo de las células epiteliales. Algunas recomendaciones para combatir la psoriasis son:

- La clave es evitar los alimentos que promueven la inflamación y aumentar la ingesta de los alimentos que poseen poder antiinflamatorio. Para ello se deben suprimir las grasas saturadas (la grasa de la carne, mantequilla, margarina, bollería) y se debe potenciar el consumo de alimentos ricos en ácidos grasos poliinsaturados Omega 3 y ácidos grasos poliinsaturados Omega 6, pues tienen un gran poder antiinflamatorio.
  - Omega 3: es la familia del ácido alfalinolénico. Todo el producto del mar (pescado y marisco) es una fuente importante de estas sustancias. Debemos potenciar el consumo de pescado.
  - Omega 6: es la familia del ácido cislinoleico.
  - Alimentos ricos en Omega 6: legumbres, frutos secos, aceite de oliva, aceite de maíz, aceite de girasol, etc.
  - El aceite de oliva debe ser la única grasa para cocinar y aliñar todas las comidas.
- No debemos olvidar alimentos importantes incluidos en la llamada dieta Ovolactovegetariana[4] muy baja en purinas (ácido úrico) como son: frutas, verduras y hortalizas (destacando la patata y la zanahoria), huevos y cereales.
- Poca sal, nada de cafeína y nunca tabaco y alcohol.
- Evitar el estreñimiento y favorecer la función renal: una función importante de la piel es la eliminación de desechos y toxinas. Podríamos decir que lo que no se elimina por el intestino o el riñón, el organismo intenta eliminarlo por la piel. Favorecer el movimiento intestinal con alimentos ricos en fibra y una ingesta adecuada de agua, así como también infusiones o zumos, es imprescindible en el cuidado de nuestra piel.
- Como suplemento el germen de trigo: fuente importante de vitaminas y minerales (hierro, zinc, magnesio y ácido fólico), ácidos grasos insaturados, lecitina y proteínas. Es un excelente suplemento nutricional que ayuda a equilibrar todos los nutrientes que necesita nuestra piel. El germen

---

4. Incluye huevos, lácteos y todos los vegetales (verduras, hortalizas, frutas, cereales, legumbres, frutos secos, aceites como el de oliva, girasol, maíz, soja, etc.).

de trigo se encuentra en el mercado en forma de finos copos de agradable sabor y fácil consumo. Se pueden mezclar en purés, leche, yogur, añadirlos en pastas, ensaladas, etc.

8_ Bases de la dieta para reforzar el sistema inmunitario

Ante enfermedades como el cáncer, donde las personas reciben tratamientos agresivos como la quimioterapia, enfermos del virus del SIDA e incluso durante y después de cualquier proceso infeccioso como una fuerte gripe o una gastroenteritis, se hace necesario seguir unas pautas de alimentación que ayuden a la recuperación de la persona. Para ello debemos evitar:

- La *pérdida de peso*. Por poner un ejemplo, los enfermos del virus del SIDA tienen tendencia a adelgazar, se acelera el metabolismo basal, el organismo consume más calorías. Al acelerarse el metabolismo basal, se produce un aumento del peristaltismo que, junto con una mala absorción intestinal, provoca diarreas que pueden desencadenar una anemia.
- Las *diarreas* (controlar las deposiciones). Las diarreas también se pueden presentar por la agresión de fármacos que se hayan tomado ante un proceso infeccioso (como los antibióticos).

Es muy importante estar bien nutrido e hidratado pues la desnutrición provoca una bajada de la inmunidad, lo que conduce al desarrollo de enfermedades. La desnutrición favorece la infección y ésta a su vez la desnutrición. Es un círculo cerrado que se debe evitar.

8.1_Bases de la dieta

- Alta en proteínas: para conseguir un buen equilibrio en la inmunidad. La proteína es necesaria para fabricar defensas y la encontramos principalmente en legumbres, cereales, carne, pescado, huevos, lácteos y frutos secos. Se recomienda proteína de soja en polvo cuando no se tiene apetito, se puede añadir a un yogur, puré... evitando así la desnutrición.
- Baja en grasa: pues una dieta rica en grasa es laxante por la mayor segregación de bilis. Debemos prevenir las diarreas.
- Alta en hidratos de carbono: para llegar al aporte calórico necesario. Se recomienda tomar arroz, pasta, patata, fruta, azúcar y miel, sobre todo esta última supone una defensa natural adicional.
- Alta en vitamina B: para evitar anemias por falta principalmente de vitamina B12. Se recomienda tomar: lácteos, huevos, carne y pescado.
- Añadir a la dieta un suplemento de levadura de cerveza seca. Por su alta concentración de nutrientes su consumo está recomendado en convalecencias o situaciones carenciales.
- Alta en vitamina A antiinfecciosa, mantiene la integridad de piel y mucosas. La encontramos en productos lácteos no desnatados (la vitamina A

es una vitamina liposoluble), pescado (sobre todo azul), huevo, zanahorias, perejil y espinacas.
- Alta en vitamina C. Se recomienda tomar licuados de frutas, pero no frutas laxantes como la naranja, por lo que el zumo de naranja no de forma habitual.
- Evitar la leche en caso de diarreas, pues es el primer alimento contraindicado.
- Se recomienda el consumo de yogur diariamente y de manera especial leche fermentada con probióticos en forma de yogur. A esta leche fermentada con probióticos se le atribuyen múltiples beneficios para la salud, principalmente para la salud intestinal.
- Utilizar aceite de oliva virgen. Rico en vitamina E antioxidante, tiene efecto antiinflamatorio, es protector de las mucosas y rico en ácidos grasos esenciales. Se recomienda sobre todo aumentar el consumo de aceite de oliva virgen crudo (en aliños, pan con aceite...).
- Se recomienda una ingesta de líquidos (agua o zumo de frutas) adecuada (litro y medio) para mantener todos los tejidos bien hidratados.

Además de seguir las bases anteriores para conseguir una dieta en la que se refuerce el sistema inmunitario, también sería aconsejable seguir las siguientes recomendaciones:
- Hacer ingestas ligeras de poca cantidad pero frecuentes y con variación de alimentos.
- Comer en un ambiente tranquilo y evitar las prisas.
- Tener precaución en la toma de alimentos crudos (ensaladas, ostras...) pues son posibles fuentes de microorganismos patógenos.
- Mantener una buena higiene oral (cepillo de dientes, dentífrico y enjuagues bucales).
- Después de cada ingesta descansar una media hora para favorecer la digestión y prevenir nauseas u otras molestias intestinales.
- Realizar ejercicio moderado (como pasear) estimula el apetito y cuida nuestros huesos, evitando la descalcificación.

9_ La nutrición como factor de prevención de enfermedades

Una correcta alimentación estimula la acción del sistema inmunitario y refuerza su funcionamiento. La ciencia nos aporta cada día nuevos datos que nos demuestran que existe una relación entre lo que comemos y nuestro riesgo a desarrollar ciertas enfermedades, entre ellas cáncer.
- El yogur: el poder del yogur contra las enfermedades es legendario y su reputación en el mundo científico crece día tras día. El yogur es más que leche, es un alimento funcional que provee al organismo de bacterias lácticas vivas que ayudan al intestino a evitar ciertas enfermedades, ofreciendo efectos beneficiosos y protectores. Se recomienda tomar dia-

riamente leche fermentada en forma de yogur con probióticos (bacterias lácticas probióticas[5]: Lactobacillus johnsonii, Lactobacillus casei, etc.).
- El ajo: debemos contar con el ajo para estimular el funcionamiento de nuestro sistema inmunitario. Es un gran enemigo de las bacterias, los virus y el cáncer. Se le atribuyen propiedades saludables al sulfuro de alilo de los ajos. Concretamente el disulfuro de alilo es un agente anticancerígeno, pues inhibe las histonas desacetilasas (una clase de enzimas) y con ello disminuye el riesgo de cáncer.
- La cebolla: se le atribuyen propiedades antibióticas y antivirales. Contiene gran cantidad de agentes anticancerígenos, entre ellos destaca el sulfuro alílico. Alivia la sintomatología del asma. Es preferible tomarla cruda para salvaguardar todas sus propiedades.
- Los beta-carotenos y otras sustancias presentes en los vegetales. Son fuente importante de beta-carotenos: frutas, verduras y hortalizas. Se encuentran principalmente en los vegetales de hoja verde (repollo, lechuga, berro, espinacas...), así como los de color rojo, amarillo y naranja (melocotón, zanahoria, calabaza...). Cuanto más intenso sea el color de la fruta o de la verdura u hortaliza, mayor es el contenido en betacarotenos.

  Los beta-carotenos son precursores de la vitamina A, es decir, se transforman en vitamina A en el organismo. Además de tener efectos positivos en la visión y la piel, poseen propiedades antioxidantes, anticancerígenas y estimuladoras del sistema inmunológico. También previenen la aparición de enfermedades cardiovasculares y hay numerosos estudios que les atribuyen la virtud de favorecer la circulación e impedir la formación de trombos. El cuerpo regula la conversión del beta-caroteno en vitamina A, basándose en sus necesidades.

  En general todas las frutas, verduras y hortalizas poseen sustancias que ayudan a proteger nuestra salud. Otros ejemplos más de ello son el sulforafano de las coles, el resveratrol de las uvas y el sulforafano del brécol, todos ellos con propiedades anticancerígenas. El sulforafano del brécol y de las coles, es un compuesto con azufre que causa el olor y el sabor tan peculiar. El brécol contiene oligoelemento cromo que podría contribuir a prevenir la diabetes mellitus tipo 2 en adultos. Los isotiocianatos presentes en las coles de bruselas y las lombardas estimulan enzimas, como por ejemplo la glutatión S-transferasa, que cuando actúan inactivan compuestos potencialmente cancerígenos. La granada es muy rica en antioxidantes, es considerada uno de los alimentos más preventivos del cáncer. La piña contiene una enzima, la bromelina, que facilita la digestión de las proteínas. Esta enzima tiene una acción proteolítica, rompe las moléculas proteicas para una mejor asimilación de los aminoácidos que las componen. Tomar piña como postre después de una comida rica en proteínas, ayuda en el proceso de digestión.
- El licopeno es uno de los carotenos con mayor capacidad antioxidante y un potente neutralizador de radicales libres. Este pigmento de color rojo

---

5. Véase explicación más detallada en el apartado Los Probióticos y la Salud.

está presente principalmente en tomates y sandías, también en papayas y albaricoques. Es un factor de prevención de enfermedades cardiovasculares y su consumo también está asociado a una menor incidencia de cáncer de estómago, pulmón y próstata[13]. Recientemente se ha demostrado que mejora la actividad de los sistemas de reparación del ADN que tiene nuestro organismo, muy importante para prevenir el cáncer.
- El selenio: este oligoelemento también aumenta la capacidad de reparación del ADN. Una buena fuente de selenio es la leche materna, hay de 13 a 15 microgramos de selenio por cada 750 mililitros de leche. Otras buenas fuentes de selenio son los huevos, las setas y los mariscos. Los niveles de selenio en los cereales dependerán del suelo en el que hayan sido cultivados[13].
- Alimentos ricos en zinc: ostras, gambas, langostinos, legumbres, carne, frutos secos, queso, huevos, germen de trigo. El zinc es imprescindible para asegurar un buen funcionamiento del sistema inmunitario. Es un componente fundamental de múltiples enzimas y proteínas. También es parte del proceso de regulación de la expresión de los genes.
- Vitaminas A, C y E antioxidantes. Son el trío de las vitaminas anticancerígenas.
  - Vitamina A: productos lácteos no desnatados, pescado, huevo, verduras/hortalizas y frutas.
  - Vitamina C: en todas las frutas y verduras/hortalizas.
  - Vitamina E: aceites vegetales (el aceite de oliva es muy rico en vitamina E), frutos secos, el germen de los cereales y los vegetales de hojas verdes.
- El té: esta bebida tan consumida en el mundo es muy rica en antioxidantes. Entre todas las clases de té, el que obtiene una mejor valoración es el té verde. Contiene sustancias antioxidantes muy importantes como los polifenoles; entre ellos destaca una sustancia, la epigalocatecina-3-galato, a la que se le atribuye un gran efecto anticancerígeno.
- La cúrcuma: es un pigmento amarillo que se utiliza como especia, se extrae de la raíz de una planta, la Curcuma longa. Está reconocida por múltiples estudios como una sustancia importante en la prevención de muchos cánceres. La cúrcuma es uno de los ingredientes principales del curry, también se añade para dar sabor y color por ejemplo a algunas mostazas y algunos quesos.
- La genisteína: es otra sustancia que los últimos estudios indican que podría reducir el riesgo de cáncer de mama, endometrio y próstata. La genisteína es un fitoestrógeno abundante en la soja, también se encuentra en los pistachos.
- La miel contiene hidratos de carbono de absorción rápida, sustancias minerales y ácidos orgánicos. Posee propiedades protectoras importantes, tiene efecto cicatrizante e incluso hay autores que le atribuyen propiedades antibióticas. Mezclada con leche produce un efecto relajante.

- Los frutos secos tienen sustancias antioxidantes, aceites saludables y son ricos en esteroles vegetales[6], vitaminas y minerales como hierro, magnesio, zinc, cobre, potasio, fósforo, calcio, vitamina E, ácido fólico y otras vitaminas del grupo B. Se les atribuyen propiedades anticancerígenas, antioxidantes y protectoras del aparato cardiovascular. Reducen el colesterol total y aumentan el nivel de la lipoproteína protectora HDL (colesterol bueno).

  Un estudio elaborado en la Universidad de Texas[7] (Estados Unidos) afirma que el consumo de nueces podría ayudar a prevenir el cáncer y enfermedades relacionadas con el envejecimiento celular como el Parkinson y el Alzheimer. La investigación ha sido realizada por especialistas en Neuroendocrinología.

  Este estudio avala que las nueces son una fuente natural de melatonina[8]. El estudio señala que aunque no es la primera vez que se descubre melatonina en alimentos, pues el maíz, los tomates, las patatas etc, son otros productos naturales que la contienen, sí es novedoso la cantidad de melatonina que presentan las nueces, al ser muy superior a la encontrada en el resto de alimentos. La melatonina y el Omega 3 contenidos en este fruto seco actúan conjuntamente para prevenir el cáncer, puesto que evitan el crecimiento de las células cancerosas.

9.1_Los antioxidantes, nuestros grandes aliados

En la actualidad se consumen menos frutas, verduras y hortalizas frescas, por lo tanto hay una disminución de antioxidantes[9] en la dieta. Los antioxidantes ayudan a nuestro cuerpo a controlar los radicales libres[10], que son potentes sustancia químicas que causan deterioros orgánicos. Los radicales libres provocan oxidación celular acelerando los procesos de envejecimiento de los tejidos y la aparición de

---
6.   Los esteroles vegetales se encuentran de forma natural en aceites vegetales (oliva, girasol, maíz), legumbres, cereales, frutas, verduras/hortalizas y frutos secos. El efecto beneficioso más reconocido es su efecto hipocolesterolemiante, es decir, disminuyen las concentraciones de colesterol plasmático. Este efecto se produce porque los esteroles vegetales reducen la absorción del colesterol a nivel intestinal.
7.   El estudio ha sido publicado en el número de septiembre del 2007 de la revista **Nutrition: The Internacional Journal of Applied and Basic Nutricional Sciences** (Diario Internacional de Ciencias Aplicadas y Básicas en Nutrición).
8.   La melatonina es una hormona (neurohormona). Es sintetizada a partir del neurotransmisor serotonina. Entre otras muchas funciones, tiene altos efectos antioxidantes, posee una acción moduladora del sistema inmunológico, es capaz de elevar el tono vital y mejora la calidad del sueño. Esta hormona natural que segrega rítmicamente la glándula pineal situada en el cerebro, esta muy relacionada con la regulación de los ciclos de vigilia y sueño. Ha sido llamada "la hormona de la oscuridad", pues la glándula pineal segrega mayores cantidades de melatonina por la noche durante el sueño, alcanzando su pico en la mitad de la noche. Las mayores concentraciones se originan en la oscuridad y las menores en las horas de luz. La producción de esta hormona disminuye con la edad.
9.   Los antioxidantes son sustancias que contrarrestan el exceso de radicales libres.
10.   Los radicales libres son moléculas que se derivan del oxígeno, están en continua formación en las células del organismo y en pequeñas cantidades no producen efectos tóxicos.

enfermedades tales como patologías respiratorias, cardiovasculares o el cáncer. Los antioxidantes nos protegen del daño oxidativo celular.

En situación normal, la producción de radicales libres es constante en una concentración determinada y son neutralizados por las defensas antioxidantes. Éstas pueden ser sustancias propias del organismo (las enzimas antioxidantes) o pueden ser sustancias antioxidantes que nos aportan los alimentos (la vitamina A, C, E, carotenos, selenio, zinc, flavonoides, etc.). El problema se presenta cuando hay un exceso de radicales libres, de modo que los antioxidantes naturales presentes en el cuerpo no pueden contrarrestar su acción, lo que causa el envejecimiento de los tejidos y la aparición de enfermedades.

Los radicales libres se producen durante los procesos normales del organismo, como el metabolismo de los alimentos, la respiración y el ejercicio físico, pero también producen radicales libres, las radiaciones (la radiación del ordenador, la televisión, las radiografías, etc.), las sustancias tóxicas que se encuentran en el aire, en el agua, en los alimentos, en el tabaco y en el medio ambiente, y cualquier situación de estrés ya sea éste físico o emocional. El estrés siempre tiene como resultado un aumento de radicales libres, no importa si es causado por una infección, por un descanso insuficiente, por fuertes emociones, por un trauma físico, etc.

En los últimos años, nuestra sociedad está perdiendo buenos hábitos en alimentación y esto conlleva daños para la salud, no se debe olvidar que nuestra dieta mediterránea es la mejor alternativa para preservar nuestra salud. Entre sus grandes beneficios está aumentar la capacidad antioxidante de nuestro organismo a través de una dieta rica en antioxidantes, para proteger y revitalizar las células de nuestro cuerpo.

10_ La dieta mediterránea

La dieta mediterránea no es un régimen, ni un programa dietético, es una filosofía de vida basada en costumbres milenarias de los habitantes de la cuenca mediterránea. Una alimentación que combina ingredientes tradicionales, formas de cocinar, estilos de vida y práctica regular de actividad física.

Las 12 reglas para practicar correctamente la dieta mediterránea y llevar un estilo de vida saludable y equilibrado son:
- Utilizar el aceite de oliva como principal grasa de adición.
- Consumir cada día, frutas, verduras, hortalizas y frutos secos.
- Consumir a diario pan y otros alimentos procedentes de cereales.
- Los alimentos poco procesados, frescos y de temporada son los más adecuados, tanto a nivel nutricional (contienen más nutrientes y sustancias protectoras), como por su aroma y sabor.
- Consumir diariamente productos lácteos.
- Consumir con moderación la carne roja y las carnes procesadas.

- Consumir regularmente pescado y huevos, sin olvidar las legumbres.
- Ingerir fruta fresca como postre habitual y, ocasionalmente, dulces, pasteles y postres lácteos.
- El agua es la bebida por excelencia, imprescindible para la vida.
- Cocinar de forma relajada para poder disfrutar en la elaboración de los platos.
- Sentarnos alrededor de la mesa en compañía de la familia y de amigos para comer juntos y disfrutar.
- Realizar actividad física todos los días (siempre que sea posible al aire libre y en compañía). Tener un descanso reparador es tan importante como comer adecuadamente.

Diferentes estudios demuestran el efecto protector de la dieta mediterránea ante diferentes enfermedades:

- Propiedades antioxidantes: aumenta la capacidad antioxidante de nuestro organismo al elevar los niveles de vitamina C, E, beta-caroteno, polifenoles y otros antioxidantes.
- Protección ante algunos tipos de cáncer. Por ejemplo, reduce los niveles de estrógenos endógenos, el aumento de los cuales indica un alto riesgo de cáncer de mama.
- Disminuye el colesterol total y el colesterol LDL (colesterol malo) y aumenta el colesterol HDL (bueno).
- Refuerza el sistema inmunitario. Mantiene un equilibrio de los mecanismos de defensa del individuo y disminuye reacciones inflamatorias.
- Propiedades digestivas: la fibra de cereales, legumbres, verduras, hortalizas y frutas previene el estreñimiento y la enfermedad diverticular.
- Protección ante cardiopatías: el aporte de aceite de oliva y de frutos secos se asocia claramente a un efecto cardioprotector.
- Reduce los niveles de presión arterial debido al aporte moderado de sodio y al aporte abundante de potasio y fibra, los cuales ayudan a disminuirla.

En definitiva, la dieta mediterránea aumenta la esperanza de vida, ayuda a prevenir enfermedades crónicas, reduce el riesgo cardiovascular, es fundamental en la prevención del sobrepeso y junto con la práctica regular de ejercicio físico, es la fórmula ideal para combatir la obesidad.

10.1_La pirámide de alimentación

Nos indica de forma sencilla qué alimentos son necesarios para llevar una alimentación equilibrada y su frecuencia de consumo más recomendable. Es una pauta para la alimentación de la población adulta sana y debe ser adaptada a las necesidades de los niños, adolescentes, mujeres embarazadas y otros grupos poblacionales con necesidades específicas.

Pirámide de la dieta mediterránea: un estilo de vida actual, realizado por Fundación Dieta Mediterránea.

10.2_La tabla de alimentación

La tabla de alimentación es una representación gráfica que indica cómo repartir durante el día las ingestas y en qué proporción[11], así como los grupos de productos más adecuados para cada momento del día.

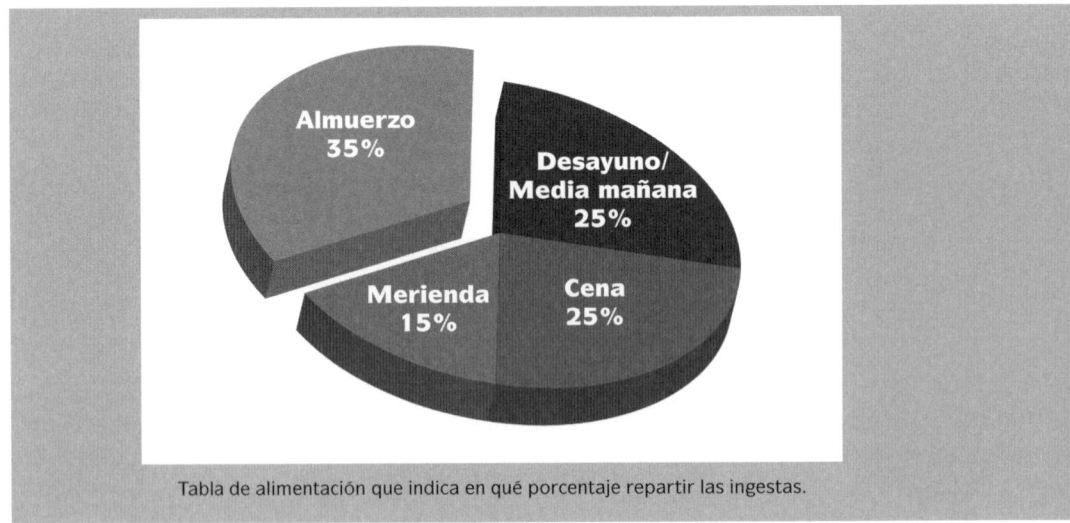

Tabla de alimentación que indica en qué porcentaje repartir las ingestas.

---

11. El estilo de vida sedentario de las sociedades urbanas actuales conlleva una baja necesidad energética. Debemos olvidar la idea preconcebida de que comer mucho significa comer bien.

- *Desayuno*: es la primera inyección de energía que recibe el cuerpo para comenzar el día, después de varias horas de ayuno, de ahí que esta comida sea fundamental e imprescindible. Los grupos de alimentos adecuados: cereales (pan, cereales para el desayuno), lácteos (leche, yogur, queso), fruta fresca o zumo natural, agua. Hay que ingerir de forma moderada alimentos proteicos (como el jamón), dulces (mermelada, miel), frutos secos.
- *Media mañana*: muy importante para llegar a la comida sin problemas. El bocadillo (de queso, jamón, tortilla) y agua, es una buena alternativa para los adolescentes. También fruta, lácteos, frutos secos, cereales, vegetales crudos (zanahorias, tomate).
- *Almuerzo*: es la que aporta la mayor cantidad de energía para recuperar lo gastado durante la mañana. Los grupos de alimentos adecuados: cereales y tubérculos (pan, arroz, pasta y patata), vegetales crudos y cocidos, aceite de oliva, alimentos proteicos (pescado, huevos, legumbres, carnes magras y frutos secos), fruta, lácteos, agua.
- *Merienda*: la merienda ayuda a continuar la jornada y a llegar sin problemas a la cena. El bocadillo y agua, es una buena alternativa para los adolescentes. También fruta, lácteos, frutos secos, cereales, vegetales crudos (zanahorias, tomate, etc.).
- *La cena*: debe ser más ligera que la comida y sirve para recargar el cuerpo de energía y nutrientes, permitiendo que éste se regenere durante las horas de sueño. Los grupos de alimentos adecuados: cereales y tubérculos (pan, arroz, pasta, patata), vegetales crudos y cocidos, aceite de oliva, alimentos proteicos (pescado, huevos, legumbres, carnes magras y frutos secos), fruta, lácteos y agua.

Añadir especias, cebolla y ajo a los platos aporta variedad de aromas y sabores y es una buena estrategia para no abusar de la sal.

10.3_Los ingredientes de la dieta mediterránea

- *Aceite de oliva*: es el denominador común de la gastronomía mediterránea. Constituye una fuente rica en ácido oleico (ácido graso monoinsaturado), esteroles vegetales, antioxidantes como la vitamina E, energía (una cucharada sopera de aceite tiene aproximadamente 90 kilocalorías), compuestos fenólicos, etc. Todo esto y mucho más lo hacen imprescindible para conseguir una dieta protectora de diversas enfermedades. En la dieta mediterránea el aceite de oliva se utiliza para preparar platos de verdura, salsa de tomate, ensaladas, para freír pescado, carne, huevos y en la conserva de alimentos. Otorga a los platos un sabor y aroma únicos.

    Cuando se habla de aceite de oliva virgen se refiere al aceite de oliva en el que para su obtención no se ha empleado ningún proceso químico, se ha empleado únicamente el procedimiento mecánico de prensado de la aceituna. Este aceite no sufre ninguna manipulación que pueda alterar sus componentes, por lo que se convierte en el aceite más saludable. En la actualidad no tiene sentido recomendar otro aceite si puede consumirse el de oliva virgen.

No debemos olvidar que las grasas son imprescindibles para la vida (son el vehículo de las vitaminas liposolubles, son indispensables para la salud de todo nuestro organismo en especial del sistema nervioso). Realizar dietas extremadamente bajas en grasa perjudica seriamente la salud. Ninguna dieta de adelgazamiento debiera retirar por completo el aceite de oliva.

- *El pescado*: en particular el pescado azul (como las sardinas) es especialmente saludable. El pescado, englobando en este grupo de alimentos también el marisco, es una fuente importantísima de yodo, imprescindible en el desarrollo y buen funcionamiento del cerebro. Nos aporta también otros minerales (fósforo, zinc y selenio), vitaminas (A, D, B12 y B6) y también proteínas. Las proteínas del pescado tienen el mismo valor biológico que las de las carnes. El pescado es una fuente muy importante de ácidos grasos omega 3, especialmente beneficiosos para la salud cardiovascular.
- *Frutas, verduras, hortalizas*: el consumo elevado de frutas, verduras y hortalizas protege de enfermedades cardiovasculares y de cáncer, debido principalmente a los antioxidantes que contienen. Asimismo son fuente importante de vitaminas, minerales, fibra y agua.
- *Legumbres*: las legumbres son un pilar muy importante de la dieta mediterránea. Son ricas en fibra, vitaminas (B1, B2, B3 y ácido fólico), minerales (potasio, magnesio, zinc, hierro y fósforo), lecitina y esteroles vegetales, también nos aportan hidratos de carbono de absorción lenta (almidón), proteínas vegetales y son bajas en grasa.

    Combinando en un mismo plato legumbres y cereales (por ejemplo garbanzos o lentejas con arroz) se obtienen platos altamente saludables. Las proteínas vegetales de las legumbres tienen contenidos relativamente bajos en dos aminoácidos (metionina y cistina), en cambio los cereales son ricos en estos aminoácidos. Al combinar legumbres y cereales en un mismo plato obtenemos una proteína de excelente calidad.
- *Harina*: normalmente de trigo, es muy común en la gastronomía mediterránea. Se utiliza en la preparación del pan, alimento básico de consumo ampliamente extendido. También se usa en la elaboración de pastas italianas (macarrones y espaguetis), cuscús, etc.
- *Pan, arroz, pasta*: son bajos en grasa, nos aportan hidratos de carbono de absorción lenta, vitaminas, minerales y proteínas, además si son integrales nos aportarán más fibra a la dieta.
- *La patata*: entre las hortalizas de la dieta mediterránea destaca este tubérculo. Es uno de los alimentos más consumidos en todo el mundo, se puede degustar de múltiples formas, ya sea como ingrediente principal de muchos platos o como guarnición (tortilla española, en guisos, con legumbres y en ensalada). Es rica en hidratos de carbono de absorción

lenta ya que contiene un 20% de almidón, también tiene un 2% de proteínas, es rica en vitamina C y en potasio y es baja en sodio.
- *Los frutos secos*: representan un elemento muy importante en la dieta mediterránea. Este alimento tan saludable forma parte de guisos, ensaladas, postres y es ideal como aperitivo.
- *Los productos lácteos* (la leche de vaca y sus derivados): son uno de los alimentos más completos y equilibrados, aportan una rica variedad de nutrientes esenciales por lo que son un alimento básico en todas las edades. Los productos lácteos son una excelente fuente de proteínas. La proteína de la leche es muy rica en aminoácidos, conteniendo todos los esenciales. También contienen lactosa (el azúcar de la leche) que está formada por glucosa y galactosa y aportan energía, siendo la galactosa también muy importante en el desarrollo del cerebro. También poseen una gran riqueza de minerales (calcio, fósforo, potasio, magnesio, zinc y yodo), vitaminas (A, D, B1, B2 y B12), factores de crecimiento y otros componentes bioactivos alimentarios.

La leche es una parte importante de la alimentación para el crecimiento y el desarrollo del niño y del adolescente. Su asociación con el crecimiento lineal es sólida y procede de estudios de observación y de intervención en países tanto con rentas bajas como elevadas. Estos estudios demuestran una asociación entre la ingesta de leche y el crecimiento, aunque los mecanismos no se han aclarado todavía por completo. Parece probable que el mecanismo que subyace a un posible efecto estimulador del crecimiento de la leche, se basa en una estimulación del factor de crecimiento de tipo insulínico FCI-1. Otros estudios realizados también han observado 2 puntos muy importantes a destacar: que la proteína del suero de leche tiene efectos positivos sobre el incremento de masa muscular (la mayoría de estos estudios proceden del ámbito de la medicina deportiva) y que los constituyentes del suero de leche en la leche de vaca poseen también funciones beneficiosas como la estimulación inmunitaria.

Las evidencias científicas actuales permiten entrever que las grasas de los productos lácteos contienen una gama de lípidos que pueden tener propiedades potenciadoras de la salud. La grasa de la leche está formada por una mezcla compleja de lípidos. Los ácidos grasos están presentes fundamentalmente en forma saturada (esteárico, palmítico y mirístico), también ácidos grasos insaturados (oleico) y una menor proporción (4%) de ácidos grasos poliinsaturados (linoleico y alfa-linolénico). Contiene también fosfolípidos (como lecitinas, cefalinas y esfingomielinas), colesterol, ésteres de colesterol, lanosterol y β-sitosterol. Por último, también hay que señalar que la grasa de la leche contiene una serie de compuestos que parecen ejercer efectos beneficiosos para la salud, como las ceramidas, los cerebrósidos y los gangliósidos.

Las grasas saturadas de la leche han sido diana en muchas ocasiones por la comunidad científica por ser relacionadas con riesgo de enfermedad cardiovascular, debido al aumento de los niveles plasmáticos de colesterol. Pero los estudios actuales demuestran que no todos sus ácidos grasos saturados son de naturaleza hipercolesterolémica. Los estudios también exponen que el colesterol presente en la leche materna podría desempeñar un papel positivo en el crecimiento y el desarrollo de los lactantes. Los investigadores además indican que, aunque la grasa de la leche es pobre en ácidos grasos poliinsaturados, el equilibrio de ácidos grasos esenciales linoleico y alfa-linolénico en la relación 2:1 se considera muy deseable. Como se puede vislumbrar, ante la grasa de la leche y sus implicaciones para la salud, en la actualidad existe un importante debate científico. Sin ninguna duda, la aclaración de los beneficios relativos para la salud de los constituyentes lipídicos de la leche se desvelarán en los próximos años. Todo parece indicar que los productos lácteos enteros (sin desnatar) tomarán más protagonismo en nuestras vidas.

En estudios transversales basados en la observación, se halló una menor frecuencia de caries en niños y adultos que consumían leche en comparación con los que no consumían. En los estudios realizados se ha observado que la leche carece de propiedades cariógenas y se ha dejado entrever que la leche puede tener un efecto protector frente al azúcar cuando se consume conjuntamente. En estudio in vitro (en laboratorio, sobre cultivos celulares o sobre órganos aislados), se ha observado que la presencia de componentes bioactivos en los productos lácteos bloquea la adherencia de Streptococcus mutans cariógenos, reduce la producción de glucanos extracelulares (polisacáridos que constituyen una fuente nutricional para las bacterias), facilita la remineralización de la hidroxiapatita (mineral formado por fosfato de calcio cristalino que forma parte del esmalte que cubre los dientes), reduce la producción de ácido y ejerce una actividad amortiguadora en presencia de un pH bajo. En los últimos años también se ha observado, que las caseínas y los péptidos son importantes en esta función preventiva frente a las caries.

- *La carne*: se recomienda preferentemente carnes magras y formando parte de platos a base de verduras/hortalizas y cereales. La grasa de la carne tiene un alto porcentaje de ácidos grasos saturados y muchos de estos ácidos grasos aumentan el índice de colesterol. Las carnes nos aportan buena proteína, también minerales (fósforo, azufre, hierro, potasio y zinc). Tienen un contenido muy bueno en vitaminas B12 y B3 y un contenido más moderado pero también importante de vitaminas B1, B2 y B6. Se debe recordar que sólo los alimentos de origen animal proporcionan vitamina B12, imprescindible para la formación de los glóbulos rojos.
- *Los huevos*: se consumen huevos de varios tipos de aves, pero los más habituales son los de gallina. En la dieta mediterránea se combinan y se preparan de múltiples formas. Los huevos de gallina contienen en su clara proteínas del más alto valor biológico, llamadas proteínas completas, por contener los aminoácidos esenciales en las cantidades apropiadas. En su yema se encuentra la grasa, donde predominan los ácidos grasos monoinsaturados y poliinsaturados sobre los saturados y un constituyente muy importante los fosfolípidos (lecitinas y cardiolipinas). También

nos aportan colesterol y el ácido graso esencial linoleico. Los huevos son una fuente importante de hierro, zinc, selenio, vitaminas (B12, B1, B2, B3, A y D), antioxidantes (vitamina A, luteína y otros carotenos), por lo que se convierte en un alimento muy rico. Pueden ser una buena alternativa en la mesa a la carne y el pescado.

Numerosos estudios realizados demuestran que la alta dosis de fosfolípidos que poseen los huevos en su yema, tiene un importante efecto de inhibición de la absorción intestinal de colesterol que aporta este alimento. La cáscara del huevo es muy porosa, con el paso de los días el huevo pierde contenido acuoso con lo que se vuelve menos denso y pesa menos. Para saber si un huevo está fresco lo podemos sumergir en agua: si se queda en el fondo del recipiente es fresco, en cambio no lo es si flota.

En cada comida mezclamos varios alimentos, por lo que utilizamos el conjunto de aminoácidos procedentes de todos ellos para la reposición de proteínas y síntesis de tejidos. Las proteínas de un alimento se pueden complementar con la del otro y aumentar su calidad, es decir, aumentar su valor biológico[12]. Con la combinación de legumbres y cereales obtenemos una proteína de excelente calidad, como ya se ha dicho, pero también debemos saber que la combinación de cereales con leche y la combinación de arroz con pescado, nos permite obtener un aporte proteico completo.

- *Los azúcares y los productos dulces*: como muestra la pirámide de alimentación no debemos suprimirlos por completo. El sabor del azúcar nos agrada, nos relaja y nos recuerda el sabor y el olor de nuestra madre, pues la leche materna es dulce. Los receptores para el sabor dulce situados preferentemente en nuestra lengua son muy numerosos y son los primeros en aparecer en el feto cuando está dentro del vientre de su madre.

10.4_Precauciones a tener en cuenta a la hora de elegir y cocinar los alimentos

En nuestro planeta podemos encontrar todos los alimentos necesarios para comer de forma saludable, pero llevamos demasiados años contaminando. En la actualidad nos encontramos ante un importante problema que se muestra ante nuestros ojos: la contaminación se acumula en nuestros alimentos. Debemos reaccionar cuanto antes y aprender a vivir en armonía con nuestro planeta, pues el daño que le hacemos nos lo hacemos a nosotros mismos.

- *El pescado*: llevamos décadas contaminando los mares, nuestros peces están contaminados y nosotros al comerlos también nos contaminamos.

---

12. El método denominado "valor biológico", es el más empleado para medir el valor nutricional o calidad de una proteína. Sólo la proteína de la leche materna y la del huevo alcanzan un valor biológico de 100, por tener las cantidades apropiadas de aminoácidos esenciales (aminoácidos que no pueden ser sintetizados por nuestro organismo y deben ser adquiridos a través de la dieta para cubrir las necesidades de construcción diaria de proteínas).

El grado de contaminación del pescado y del marisco varía mucho de unas zonas a otras. El riesgo de contaminación depende del caladero y de la especie de pez.

Los contaminantes presentes en muchos productos del mar son metales pesados y contaminantes orgánicos persistentes. Son llamados así porque se acumulan en nuestro cuerpo (hígado, cerebro, sangre, tejidos grasos) y tardan mucho (estamos hablando de años) en desaparecer. Los principales contaminantes que se encuentran en los productos del mar son: mercurio, cadmio, plomo, dioxinas, policlorobifenoles (PCB), arsénico, etc.

La OMS y las Agencias Nacionales de Seguridad Alimentaria han realizado estudios cuyos resultados indican que la mayor parte del metilmercurio (el derivado más tóxico del mercurio) que la población absorbe a diario procede de la alimentación, sobre todo a través del consumo de los productos del mar.

En España la Agencia Española de Seguridad Alimentaria y Nutrición (AESAN) junto con el Ministerio de Sanidad han hecho públicas las siguientes recomendaciones para el consumo de pez espada, tiburón, atún rojo y lucio a los grupos más vulnerables de la población:

- Mujeres en edad fértil, embarazadas o en periodo de lactancia. Evitar el consumo.
- Niños menores de 3 años. Evitar el consumo.
- Niños entre 3 y 12 años. Limitar el consumo a 50 gr/semana o 100 gr/2 semanas. No consumir ningún otro de los pescados de esta categoría en la misma semana.

Tal y como explican estos expertos:

«La toxicidad del mercurio (Hg) depende de su forma química, tipo y dosis de exposición y edad del consumidor. Su forma orgánica (metilmercurio) posee una elevada toxicidad, se disuelve fácilmente en la grasa y atraviesa la barrera hematoencefálica y la placenta pudiendo provocar alteraciones en el desarrollo neuronal del feto y en niños de corta edad. (...) El metilmercurio se encuentra mayoritariamente en pescados y mariscos, donde puede llegar a representar más del 90% del mercurio total. Derivado de la contaminación medioambiental, los peces acumulan mercurio en su organismo a lo largo de su vida y esto ocurre especialmente en aquellas especies de gran tamaño como los grandes depredadores. El hecho de que estos grandes depredadores suelen ser migratorios hace que no sea posible excluir los pescados de las aguas menos contaminadas».

En términos de beneficio-riesgo, la AESAN considera que el pescado es, dentro de una alimentación saludable, una parte importante de la dieta por sus cualidades nutricionales, pero recomienda limitar, en la medida de lo posible, el consumo de la carne oscura de los crustáceos localizada en la cabeza, con el objetivo de reducir la exposición a cadmio.

Los expertos explican que el cadmio[13] tiende a acumularse en el organismo, principalmente en el hígado y el riñón, durante un tiempo estimado de 10-30 años. También se encuentra en hígados y riñones de los animales pues, como ocurre en las personas, es donde se acumula. En los productos de origen vegetal los mayores niveles se encuentran en algas, cacao, setas silvestres y semillas oleaginosas (las plantas oleaginosas son vegetales de cuya semilla o fruto puede extraerse aceite). Este metal es especialmente tóxico para el riñón y puede causar disfunción renal. La Agencia Internacional de Investigación sobre el Cáncer ha clasificado el cadmio como un agente cancerígeno para los humanos.

- *La carne*. Desde el principio de los tiempos el hombre ha comido carne. Cierto es que una buena práctica a seguir es quitar la grasa visible de la carne antes de su cocinado. La carne blanca y las aves de corral son las que contienen menos grasa, sobre todo si quitamos la piel antes de cocinarla. Las carnes más habituales en la gastronomía mediterránea dentro de este grupo son la de cerdo, conejo, pavo y pollo. Las más habituales dentro de las carnes rojas son la carne de ternera y la de cordero. Dos recomendaciones a seguir en referencia a la carne:
  - Cocinar la carne, el pescado o cualquier otro alimento a la plancha, a la brasa o la parrilla provoca que se chamusque la superficie y aparezcan hidrocarburos policíclicos y aminas heterocíclicas, compuestos muy cancerígenos. Este modo de preparación sólo se debe emplear de forma muy ocasional.
  - Al comprar la carne debemos comprobar su origen y escoger carne alimentada de forma natural.
- *Frutas y verduras/hortalizas*: en estos alimentos tan saludables, también podemos encontrar contaminantes cancerígenos: nitratos, nitritos, pesticidas, fungicidas y otros productos químicos. Recomendaciones:
  - Lavar con esmero frutas, verduras y hortalizas para eliminar por lo menos los pesticidas hidrosolubles. Los que permitan ser secados después del lavado (manzana, pera, tomate, pimiento...) es recomendable hacerlo, utilizando papel de cocina.
  - En los vegetales de hoja (coles, lechugas...) también es preferible quitar las hojas exteriores.

    Siempre que sea posible, comprar frutas y verduras/hortalizas producidas con agricultura ecológica (o sus sinónimos "orgánica" o "biológica"). En nuestros supermercados cada vez son más frecuentes estos productos. No disponemos sólo de frutas y verduras/hortalizas biológicas, sino también carne, leche, quesos, yogures, frutos secos, legumbres, arroz, maíz, aceite, etc.

---

13.   El cadmio es un metal pesado que se encuentra en el medio ambiente de forma natural asociado a minerales de zinc, cobre o plomo. Tiene muchas aplicaciones industriales y su liberación al medio ambiente se ve incrementada por la acción del hombre y también por el uso de fertilizantes a base de fosfatos y de lodos residuales.

Las verduras/hortalizas son una de las fuentes principales de nitratos en la dieta. La acumulación de nitratos en las verduras/hortalizas puede deberse a varios factores, entre ellos se destacan:

- Las prácticas agrícolas y ganaderas inadecuadas, los residuos industriales y el mal manejo de la basura.
- El uso excesivo e inadecuado de abonos y fertilizantes: las plantas utilizan los nitratos para su crecimiento, por lo que son empleados abundantemente en la industria de los abonos y los fertilizantes. Este hecho es muy preocupante en la agricultura intensiva y centrada en el monocultivo (sin rotación del tipo de cultivo) que lleva a un abuso de estos productos.
- Las condiciones climáticas, en concreto la luz como factor fundamental. Los expertos explican que: *«(...) una elevada intensidad lumínica favorece el metabolismo de la planta fijando el nitrógeno en compuestos orgánicos nitrogenados, como aminoácidos, proteínas, clorofila, etc., lo que reduce el contenido de nitratos; de modo que cualquier factor que reduzca la intensidad luminosa o la velocidad de la fotosíntesis favorece la acumulación de los mismos en la planta. Por eso, los cultivos de invierno presentan concentraciones de nitratos superiores a los de verano y, por la misma razón, los cultivos en los países del norte de Europa presentan niveles superiores a los que tienen lugar en la zona sur. Los cultivos al aire libre tienen menor contenido en nitratos que los de invernadero».*
- Según la especie de verdura/hortaliza. De forma natural según la especie, unas acumulan de por sí muy poco nitrato en su masa vegetal, mientras que otras como las espinacas, las acelgas o las lechugas les sucede lo contrario.

El nitrato está presente de forma natural en el suelo (cíclico natural del nitrógeno[14]). El peligro principal del nitrato reside en su transformación química en nitrito. Los nitritos presentes en el organismo, tanto si son ingeridos directamente como si provienen de la reducción de los nitratos, una vez absorbidos y presentes en la sangre son capaces de transformar la hemoglobina[15] en metahemoglobina[16] y pueden causar metahemoglobinemia, siendo la principal manifesta-

---

14. El nitrógeno gaseoso de la atmósfera es transformado en amoníaco o nitratos, sustancias que se incorporan al suelo y pasan a formar parte de los seres vivos antes de regresar a la atmósfera. La mayor parte del proceso de conversión del nitrógeno se produce por la acción de bacterias libres fijadoras del nitrógeno que viven en las raíces de las plantas. Después, el nitrógeno recorre la cadena alimentaria desde las plantas a los herbívoros y de estos a los carnívoros.
15. Proteína presente en los glóbulos rojos cuya misión fundamental es el transporte de oxígeno.
16. La metahemoglobina es una hemoglobina modificada (oxidada) incapaz de fijar el oxígeno y por lo tanto incapaz de transportarlo de manera efectiva a los tejidos corporales (hay una reducción del transporte de oxígeno) que se manifiesta con cianosis. Afecta de manera especial a aquellos bebés y niños de corta edad que están expuestos a altas concentraciones de nitratos a través de la dieta. Conscientes de este riesgo alimentario, se han establecido a nivel comunitario límites máximos de nitratos en alimentos infantiles y en determinados vegetales.

ción clínica la cianosis[17]. Otro de los efectos perjudiciales para la salud que comporta la ingestión de nitratos, es que cuando éstos son reducidos a nitritos en el cuerpo humano (hay una transformación química) pueden reaccionar con otros compuestos (aminas, amidas) y formar derivados N-nitrosos muy cancerígenos. Por ejemplo cuando los nitritos reaccionan en el medio ácido del estómago con las aminas (sustancias obtenidas por el metabolismo de los alimentos proteicos) se originan nitrosaminas, las cuales son agentes cancerígenos. También la flora bacteriana del tubo digestivo transforma del 5 al 20% de los nitratos en nitritos, que a su vez se transforman en compuestos N-nitroso.

Las verduras/hortalizas que contienen de forma natural más concentración de nitratos son las acelgas y las espinacas. Ante esto, la Agencia Española de Seguridad Alimentaria y Nutrición (AESAN), con el objetivo de disminuir la exposición a nitratos en las poblaciones sensibles (bebés y niños de corta edad), hace las siguientes recomendaciones:

- No incluir las espinacas ni las acelgas en sus purés antes del primer año de vida. En caso de incluir estas verduras antes del año, procurar que el contenido de espinacas y/o acelgas no sea mayor del 20% del contenido total del puré.
- No dar más de una ración de espinacas y/o acelgas al día a niños de entre 1 y 3 años.
- No dar espinacas y/o acelgas a niños que presenten infecciones bacterianas gastrointestinales (los niños con infecciones bacterianas del tracto gastrointestinal son más sensibles a los nitratos).
- No mantener a temperatura ambiente las verduras cocinadas (enteras o en puré). Conservar en frigorífico si se va a consumir en el mismo día; si no, congelar. El almacenamiento inapropiado de estas verduras cocinadas puede dar lugar a la conversión de nitratos a nitritos in situ, aumentando así el potencial de causar metahemoglobinemia.

Los expertos coinciden en que conviene recordar que: *«(...) cuando se comparan los riesgos/beneficios de la exposición de nitratos por el consumo de hortalizas prevalecen los efectos beneficiosos reconocidos por su consumo. En cualquier caso, una alimentación variada y equilibrada es una de las bases de una alimentación adecuada y saludable»*.

◦ *El aceite*: este producto se deteriora si se deja a la luz, si se calienta a temperaturas elevadas y también si se deja la botella abierta, pues queda en contacto con el aire y se oxida. Recomendaciones:
- Guardar la botella de aceite cerrada en un armario. No sólo las botellas de reserva, sino también la botella en uso.

---
17. La cianosis es la coloración azulada de las mucosas y la piel. Donde se hace más evidente es en los labios y en las uñas.

- Evitar cocinar a temperaturas excesivamente elevadas[18]. A partir del "punto de humo" de un aceite, éste resulta nocivo. El "punto de humo" no es el mismo en todos los aceites.
- No guardar el mismo aceite para muchas frituras[19]. Como dato orientativo (pues depende de los alimentos a cocinar, la temperatura utilizada, etc.) se puede decir que el aceite de oliva no utilizado a temperaturas excesivamente elevadas, puede valernos para 3 ó 4 frituras.
  - *El agua*: también puede contener contaminantes (pesticidas, nitratos, nitritos, arsénico[20], trihalometano[21]). Si contaminamos la tierra también se contaminan las aguas subterráneas, lo que provoca la contaminación de los acuíferos. Nuestros gobiernos nos dicen que el agua de nuestro grifo es buena, y muy cierto es que los últimos análisis que se han realizado para detectar posibles contaminantes en el agua potable, revelan una mejora en la calidad de nuestra agua; no obstante, no está de más consultar los resultados de los controles analíticos sobre la calidad de las aguas de nuestro pueblo o ciudad. Podemos consultar estas analíticas en nuestro ayuntamiento o directamente pedirlas a la entidad gestora del servicio municipal. Si la calidad de las aguas de nuestro pueblo o ciudad es buena, no hace falta recurrir al agua embotellada.

11_ Pon color en tu plato con "5 al día"

Una forma novedosa de estimular la curiosidad por las frutas, verduras y hortalizas en nuestros jóvenes es a través de "Pon color en tu plato con 5 al día", un movimiento internacional que promociona el consumo de frutas, verduras y hortalizas en el mundo y que está presente en más de cuarenta países de cinco continentes.

Cuenta con el apoyo de organismos internacionales como la Organización Mundial de la Salud (OMS) y la Organización de las Naciones Unidas para la Agricultura y la Alimentación (FAO). Éste movimiento persigue que el consumidor entienda la necesidad de introducir cinco raciones de frutas, verduras/hortalizas frescas en su dieta. Sus premisas son:

---

18. El aceite de oliva es uno de los lípidos más estables, su temperatura crítica (a partir de la cual empieza a quemarse) está en 210ºC. El aceite de girasol, el aceite de maíz, la margarina y la mantequilla tienen temperaturas críticas bastante más bajas.
19. Cuando un aceite cambia de color (se torna rojizo, se oscurece...), forma una espuma persistente, humea apenas se calienta y desprende olores extraños, no debe utilizarse, ya que éstos son claros síntomas de un aceite degradado.
20. El arsénico en el agua potable puede proceder del suelo por donde fluye el agua antes de su captación para uso humano, es decir, está presente de forma natural en el suelo. Pero también puede proceder de contaminación industrial, por pesticidas, etc. La ingestión de arsénico puede ser muy peligrosa por su acumulación en el organismo. Se le atribuyen propiedades cancerígenas.
21. El trihalometano es peligroso para la salud por ser carcinógeno. Este compuesto químico se genera durante el proceso de potabilización del agua por la reacción de la materia orgánica no tratada con el cloro utilizado para desinfectar. El trihalometano es muy preocupante en zonas donde la escasez de agua obliga a utilizar aguas superficiales muy contaminadas por residuos orgánicos. Si el agua tiene mucha materia orgánica, al clorarla se formarán muchos trihalometanos.

- Tomar 3 piezas de fruta al día y al menos 2 raciones de verduras y hortalizas, una de ellas cruda.
- Tomarlas a cualquier hora del día, son especialmente útiles para saciar el apetito entre horas sin aportar excesivas calorías.
- Ser creativo y paciente a la hora de introducir frutas, verduras y hortalizas en los menús. Respetar los gustos y aprovechar la variedad.
- Son fáciles de transportar y nos permite disfrutarlas en cualquier lugar sin ningún esfuerzo.
- Componer platos atractivos y variados que estimulen su consumo. La variedad de colores y texturas aporta diversidad de antioxidantes y otras sustancias protectoras.
- Una ración equivale a entre 120/200 gramos de fruta y 150/200 gramos de verduras/hortalizas.

El estudio **Enkid**, 1998-2000, en el que participaron 3.535 individuos de entre 2 y 24 años de edad, pone de manifiesto algo que no resulta novedoso, a pesar de su importancia: el consumo de frutas y verduras/hortalizas entre los niños y adolescentes es insuficiente.

Las frutas, verduras y hortalizas tienen un color atractivo, son fáciles de preparar, son fáciles de combinar, tienen pocas calorías, son económicas, no tienen colesterol y son ricas en vitaminas, minerales y fibra. Si las incluimos en cantidades adecuadas en la dieta, ayudan a reducir el riesgo de enfermedades como estreñimiento, hipertensión, diabetes, exceso de colesterol e incluso ciertos tipos de cáncer.

Son todo ventajas y promocionándolo desde la infancia conseguiremos una población mucho más sana.

11.1_Origen

Los cambios en el estilo de vida como el sedentarismo y las alteraciones en la dieta, el aumento de alimentos ricos en azúcar y grasa y la disminución de frutas, verduras y hortalizas, ha hecho aumentar la obesidad, la diabetes mellitus tipo II, la hipertensión arterial, las enfermedades del corazón y el cáncer en nuestra población. Por ello el programa de "5 al día" se puso en marcha en 1991 con el objetivo de promover el consumo de verduras, hortalizas y frutas en cinco o más porciones por día. Ya entonces existía suficiente información científica que asociaba el consumo de estos alimentos con la salud y las estadísticas locales indicaban que sólo un 32% de la población consumía cinco o más porciones de verduras, hortalizas y frutas, ya que el consumo promedio era de 2,5 por día.

Posteriormente el programa se aplicó con el respaldo de organismos internacionales como la Organización Mundial de la Salud y la Asociación Internacional para la Investigación del Cáncer, en más de 30 países entre ellos Canadá, Nueva Zelanda, Francia, Alemania, Dinamarca, España, Inglaterra y Australia; teniendo un gran éxito e impacto en el consumo de verduras/hortalizas y frutas.

11.2_Consejos para que los niños y adolescentes sigan el "5 al día"

A pesar de que con los niños y adolescentes es más difícil lograr que consuman variedad de frutas, verduras y hortalizas, debemos insistir y valernos de las siguientes estrategias aconsejadas por estos expertos:

- Procurar que comiencen el día con frutas. Un vaso de zumo de frutas, rebanadas de plátano, ciruelas o fresas, etc.
- Hacer que los niños y adolescentes participen en las compras y en la cocina; pedirles ayuda para preparar la comida del día.
- Procurar, en la medida de lo posible, programar en el niño y el adolescente una fruta para cuando esté fuera de casa, ya que es fácil de transportar en la mochila.
- Si el niño o la niña ve que en casa se come fruta, la tarea de hacer que la pruebe será mucho más fácil.
- En casa, colocar las frutas siempre a la vista. Si las ven, es más probable que se las coman.
- Añadir frutas, verduras y hortalizas cortadas o en puré a los platos de carnes rojas y blancas. Por ejemplo: lomo de cerdo con puré de manzana, pechuga de pavo con piña, etc.
- Emplear los purés de verduras y hortalizas para espesar sopas y añadirles sabor.
- Cambiar la presentación de las frutas para hacerlas más vistosas, por ejemplo cortar una manzana en cuadraditos junto con fresas en rodajitas.
- Con niños pequeños utilizar las frutas, verduras y hortalizas para dibujar caras, paisajes, animales. Este tipo de trucos llaman la atención del niño, que se fijará más en la presentación del plato y no tanto en los ingredientes.
- Tratar de no repetir la misma verdura u hortaliza más de una vez a la semana; si no es posible, entonces cocinarla de distintas maneras.
- Probar recetas innovadoras.
- Cuando sea imposible conseguir productos frescos y para que no pasen días sin comer verduras u hortalizas variadas, podemos usar las congeladas o en conserva.
- Complementar las comidas con postres de frutas, verduras y hortalizas.

12_ Cuida tus huesos

La infancia y la adolescencia son lo periodos en los que la ganancia de masa ósea es más importante, por ello es fundamental aprovechar estos años de la vida para hacer una buena reserva de masa ósea. Cuanto mayor sea el pico óseo conseguido, menor será el riesgo de sufrir problemas como fracturas y osteoporosis.

La masa ósea alcanza su pico máximo entre los 20 y los 30 años, a partir de esta edad se va perdiendo como consecuencia del envejecimiento:

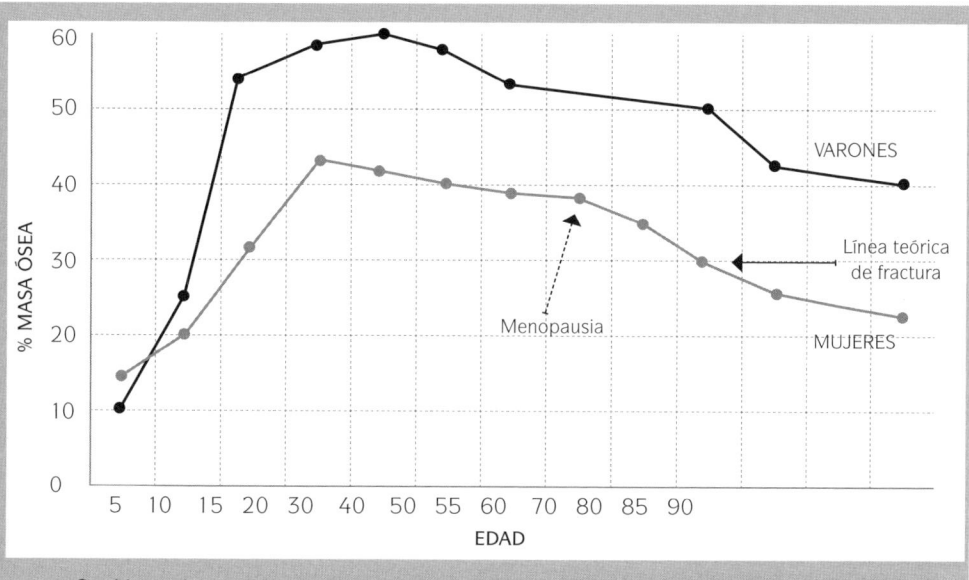

Cambio en el contenido mineral de los huesos en función de la edad. **Fuente:** Nutrición Nestle.

La adaptación a estilos de vida saludables retrasa la pérdida de masa ósea y disminuye el riesgo de enfermedad. Se debe promover una buena salud ósea desde edades muy tempranas. Un punto importante a destacar es el peligro del tabaco para los huesos. Los fumadores ponen en grave riego la salud de sus huesos, el tabaco hace disminuir la masa ósea del hueso haciéndoles propensos a posibles fracturas. El aporte de calcio:

- En la *infancia y la adolescencia*. Estudios científicos demuestran que, al administrar un aporte de calcio a los niños, se produce un aumento de la densidad mineral ósea y que este aumento se mantiene con el paso del tiempo. Este hecho nos demuestra que resulta muy importante en estas edades asegurar los aportes de calcio adecuados con la alimentación, con el fin de conseguir un pico de masa ósea lo más alto posible.
- *Embarazo y lactancia*. En estas situaciones también es muy importante cubrir los requerimientos tanto de calcio como de vitamina D, para que los huesos tengan un buen estado de salud. Numerosos estudios indican que en los primeros meses de lactancia se reduce la densidad ósea de la madre entre un 3 y un 5%, sobre todo en la columna y la cadera, que se recupera al cesar la lactancia.
- *Edad adulta*. En esta etapa, el objetivo debe ser mejorar la salud del hueso y seguir evitando el desarrollo de osteoporosis. Se debe practicar una dieta que aporte una cantidad adecuada de nutrientes para satisfacer las necesidades del organismo.

- *Menopausia*. Las alteraciones hormonales aceleran la pérdida de masa ósea, sobre todo durante los 10 primeros años de postmenopausia.
- *Tercera edad*. En esta etapa de la vida hay mayor fragilidad ósea y mayor riesgo de fractura. A la disminución de la formación ósea se suma la disminución de la absorción de calcio.

GRUPO DE POBLACIÓN	EDAD (AÑOS)	CA (MG/DÍA)	VIT D (µG/DÍA)
Niños y adolescentes	4-8 9-18	800 1300	5 5
Adultos	19-50 51-70 › 70	1000 1200 1200	5 10 15

Recomendaciones de ingesta de calcio y vitamina D en función de la edad. Fuente: Nutrición Nestlé.

12.1_Principales micronutrientes que alimentan nuestros huesos

- El *calcio*: es el principal componente mineral de huesos y dientes y el nutriente más importante para lograr un adecuado pico de masa ósea. Proporciona estructura y fuerza al hueso. Lo encontramos en: lácteos, algunas verduras y hortalizas (brécol, endibias, espinacas, perejil, zanahorias, etc.), frutas (limones, mandarinas, naranjas, moras, fresas, fresones, etc.), aceitunas, calamares, gambas y langostinos, también en las sardinas de lata gracias a que nos comemos sus espinas y agua mineral.
- *Fósforo*: componente mineral de huesos y dientes. Proporciona estructura y fuerza al hueso. Lo encontramos en: carne, pescado, legumbres, frutos secos, lácteos.
- *Magnesio*: regula y estabiliza la estructura mineral de los huesos. Lo encontramos en: legumbres, frutos secos, cacao, chocolate negro, arroz integral, pan integral.
- *Zinc*: participa en el proceso de mineralización del hueso. Lo encontramos en: ostras, gambas, langostinos, legumbres, carne, frutos secos, queso, huevos, germen de los cereales.
- *Vitamina D*: regula la concentración del calcio en el hueso y la sangre. Incrementa la retención del calcio en el hueso, aumenta su absorción intestinal y disminuye su eliminación. La encontramos en: exposición solar, pescado (sobre todo azul), productos lácteos enteros (sin desnatar), mantequilla, huevos, polen.
- *Vitamina C*: participa en la formación del colágeno. La encontramos en: frutas, verduras y hortalizas.
- *Vitamina K*: importante para las proteínas que forman la matriz del hueso. La encontramos en el brécol, hígado de pollo, queso, mantequilla y cereales integrales.
- *Isoflavonas de soja*: son fitonutrientes con una estructura similar a los estrógenos (hormonas que también influyen en el metabolismo del hue-

so). Pueden ayudar a fijar el calcio en los huesos cuando los niveles de estrógenos son bajos, como en la menopausia.

12.2_La osteoporosis

La osteoporosis es una enfermedad que se caracteriza por la disminución de la masa ósea y una alteración en la arquitectura normal del hueso, lo que provoca un aumento de su fragilidad y, por tanto, un incremento del riesgo de fractura. Las causas conocidas hasta el momento son: factores genéticos y hereditarios, déficit nutricional, falta de ejercicio, baja exposición al sol y enfermedades metabólicas o algunos fármacos que favorecen su desarrollo.

¿Cómo influye la osteoporosis en la calidad de vida de la persona?

El primer indicio suele ser una fractura de las vértebras, muñecas o cadera, y en la valoración de la fractura se diagnostica la osteoporosis. El dolor en el cuello y en la parte baja de la espalda son síntomas muy habituales en estos pacientes. Con el tiempo se produce una disminución de la estatura, dolor en los huesos y postura encorvada.

La osteoporosis es la enfermedad crónica más prevalente en todo el mundo, especialmente en mujeres mayores de 65 años. En España padecen osteoporosis más de dos millones de mujeres y cerca de un millón de hombres, y actualmente afecta a una de cada 3 mujeres y a uno de cada 5 hombres mayores de 50 años. En Europa, cada 30 segundos alguien sufre una fractura causada por la osteoporosis.

¿Qué podemos hacer para prevenir la osteoporosis?

Una alimentación adecuada y hábitos saludables, incluyendo la práctica regular de ejercicio físico, ayuda a prevenir la osteoporosis. Para mantener una dieta adecuada y efectiva contra la osteoporosis debemos conseguir el aporte de calcio y vitamina D establecido para cada etapa de la vida, incluyendo en la dieta productos lácteos (leche, yogur, postres lácteos y queso). El queso tiene una gran concentración de calcio; mezclar porciones de queso en las comidas es una buena estrategia para aumentar el consumo de calcio.

Un litro de leche normal aporta aproximadamente 1.200 miligramos de calcio y un litro de leche enriquecida aporta 1.600 miligramos de calcio. Ya sea entera, semidesnatada o desnatada, la dosis de calcio es la misma. No pasa lo mismo con la vitamina D, que se encuentra en los productos lácteos enteros; si consumimos productos lácteos desnatados estos deben estar enriquecidos con vitamina D para que vuelvan a tener la dosis que tenían antes de desnatarlos. La vitamina D es liposoluble y, al retirar la grasa de la leche, también se retira la vitamina D. Las personas que no toleran los lácteos pueden encontrar leche de soja enriquecidas en calcio.

También se recomienda consumir verduras crudas y cocidas y persistir en una ingesta adecuada de proteínas. Y sin olvidar mantener una serie de hábitos saludables, como:

- Moderar el consumo de cafeína, alcohol y tabaco, pues estos productos tienen un efecto tóxico sobre los osteoblastos (células óseas relacionadas con la formación del hueso).
- Prevenir caídas y fracturas: usar calzado apropiado, hacerse revisiones periódicas de la visión y la audición, utilizar siempre una iluminación adecuada.
- Ejercicio: debemos adoptar actitudes tan saludables como la práctica regular de un deporte, dar un paseo diario de 30 minutos o sustituir el ascensor por las escaleras. El ejercicio debe ser adecuado según la edad y el estado físico de la persona.

La actividad física es vital para una buena salud ósea. Y engloba actividades cotidianas y la práctica de deporte. Para fortalecer los huesos son particularmente eficaces las actividades que requieren un esfuerzo físico (andar, bicicleta, correr, etc.). Practicar ejercicio físico al aire libre permite aumentar la producción de vitamina D gracias a la exposición solar.

13_ ¿Cómo prevenir intoxicaciones y toxiinfecciones alimentarias de origen microbiano?

Los estudios realizados sobre intoxicaciones[22] y toxiinfecciones[23] alimentarias de origen microbiano, señalan como responsables la temperatura inadecuada en la conservación, las manipulaciones incorrectas, la insuficiente cocción y la falta de limpieza. No olvidemos que la contaminación microbiana, incluso elevada, no tiene por qué manifestarse en el deterioro del alimento. La apariencia no basta.

Las toxinas bacterianas se clasifican en función de la patología que puedan originar. Tenemos por ejemplo las enterotoxinas, que son toxinas bacterianas que ejercen un efecto tóxico en el intestino delgado o grueso, o las neurotoxinas, que actúan fundamentalmente sobre el sistema nervioso.

Las principales fuentes de bacterias que causan intoxicaciones y toxiinfecciones alimentarias son la materia fecal y/o orina de animales y humanos infectados, descargas de la cavidad nasal y de garganta, aguas no cloradas, suelos, polvo, utensilios de cocina y las manos de los manipuladores de alimentos.

---

22. Intoxicación alimentaria de origen microbiano: se origina al consumir alimentos que contienen toxinas previamente producidas por el microorganismo patógeno. Como ejemplos tenemos: el botulismo, siendo el agente causal las toxinas de Clostridium botulinum, la intoxicación estafilocócica por enterotoxinas de Staphylococcus aureus, etc.
23. Toxiinfección alimentaria de origen microbiano: se produce al ingerir alimentos contaminados por microorganismos patógenos, que al desarrollarse en el interior del consumidor, excretan toxinas. Como ejemplos tenemos: la salmonelosis, las distintas cepas de la Escherichia coli, la disentería bacilar, el cólera, la brucelosis, etc.

13.1_Recomendaciones generales

- No se deben consumir alimentos adquiridos fuera de los establecimientos autorizados. Se debe rechazar la venta ambulante a la hora de comprar alimentos.
- Elegir los establecimientos donde se vendan alimentos fijándonos en la higiene de sus instalaciones y de su personal, así como en la correcta manipulación de los alimentos por parte de los profesionales que trabajan en el establecimiento. Debemos fijarnos también si se cumplen las correctas condiciones de conservación de cada producto.
- A la hora de comprar es esencial el mantenimiento de la cadena de frío en aquellos alimentos que lo requieran, así como comprobar que el envase del producto esté en perfectas condiciones. Se deben desechar aquellos que estén abollados, abombados, oxidados o deteriorados.
- No se deben adquirir productos que presenten un olor extraño o estén descoloridos.
- Rechazar frutas y verduras/hortalizas con la piel dañada. Los daños en la piel facilitan la entrada de los microorganismos.
- No comprar huevos rajados o sucios.
- Respetar siempre las fechas de caducidad.
- Establecer una secuencia de compra en función del tipo de alimento: los productos no perecederos deben adquirirse en primer lugar, después los alimentos frescos y finalmente los congelados.
- Nunca se deben transportar en la misma bolsa alimentos y productos de droguería, ya que muchos de ellos pueden ser tóxicos.
- Es importante el orden a la hora de colocar los alimentos una vez en casa, en primer lugar guardar los congelados, a continuación los frescos perecederos y finalmente los no perecederos.
- Leer las etiquetas con detenimiento. Muchos productos que no necesitan ser conservados en frigorífico, sí pueden necesitarlo una vez abiertos los envases.
- Se deben consumir inmediatamente aquellos productos congelados que al llegar a casa se han descongelado.
- Utilizar exclusivamente agua potable. El agua potable no es sólo imprescindible para beber, sino también para preparar los alimentos. El agua debe tener exclusivamente estos dos orígenes: aguas envasadas o aguas de la red pública de distribución en la población. No se debe beber ni usar agua procedente de pozos que no esté potabilizada. Utilizar sólo agua potable para hacer hielo.
- Debemos lavar adecuadamente las frutas, verduras y hortalizas. Extremar el cuidado en la preparación de ensaladas.
- Consumir los alimentos inmediatamente después de ser cocinados, es la mejor manera de evitar la proliferación de los gérmenes. Los alimentos cocinados no deben de ser guardados a temperatura ambiente, sino que tienen que ser inmediatamanete colocados en el frigorífico.

- Si se preparan alimentos para varios días, hay que separarlos en porciones pequeñas y congelarlos rápidamente.
- Preparar y servir los alimentos inmediatamente para evitar la proliferación de gérmenes en los alimentos.
- Extremar la higiene en la cocina. La persona que manipula los alimentos debe adquirir unas estrictas prácticas higiénicas. Es imprescindible tener las manos siempre limpias, lavarlas todas las veces que haga falta y siempre que se haga uso del servicio. Las manos se deben frotar enérgicamente con agua caliente y jabón durante al menos 15-30 segundos, a continuación aclararlas con agua adecuadamente y secarlas bien con papel de cocina. El trapo o la bayeta de cocina son un importante vehículo de contaminación, es preferible utilizar papel de cocina.
- Los alimentos se pueden contaminar a través de las manos y uñas sucias, al toser sobre ellos y al mantener contacto con las manos sin lavar después de haber tocado alimentos crudos, paños o utensilios sucios.
- Retirarse anillos y otras joyas como pulseras o relojes. Debemos prescindir de estos objetos durante la manipulación de los alimentos, debido a que son lugares de acumulo de suciedad y pueden albergar microorganismos patógenos. Estos objetos pueden llegar a ser origen de contaminación.
- Fumar, comer o mascar chicle son acciones que pueden conllevar la contaminación del alimento por lo que deben evitarse.
- Las pequeñas heridas o cortes deben ser inmediatamente lavadas y desinfectadas fuera de la cocina y han de cubrirse y aislarse con apósitos impermeables o protectores impermeables (dedales de látex, guantes, etc.).
- Limpiar la cocina diariamente. La basura debe estar bien almacenada y alejada de los alimentos. Almacenar la basura en recipientes lisos, fácilmente lavables y cerrados.
- Cocinar correctamente los alimentos: los alimentos deben estar bien cocinados por fuera y por dentro.
- Evitar el contacto entre los alimentos crudos y los cocinados. Un alimento cocinado puede volver a contaminarse por contacto con otro crudo o por objetos que hayan estado en contacto anteriormente con un alimento crudo: cuchillos, tablas, superficies, trapos, etc.
- Mantener los alimentos fuera del alcance de insectos, roedores y animales de compañía. Los animales pueden ser portadores de gérmenes patógenos y parásitos que originan enfermedades de transmisión alimentaria.
- En bares, cafeterías, restaurantes, etc., todos los alimentos deben estar protegidos por vitrinas y conservados en condiciones sanitarias adecuadas. Deben estar refrigerados siempre que sea preciso. Cuando se observe que esto no se cumple, los alimentos deben ser rechazados. Estas medidas deben ser exigidas por el consumidor.
- No se debe consumir leche sin tratamiento térmico (leche cruda). Las carnes, pescados y ciertos productos de repostería deben estar refrigerados

o congelados. En los establecimientos de restauración es obligatorio el empleo de ovoproductos (huevo pasteurizado) en la elaboración de mayonesas, salsas, cremas, etc. Si se preparan estos alimentos en casa, se deberán consumir inmediatamente, no aprovechar las sobras y mantener la conservación en frío. Si se lavan los huevos antes de utilizarlos, se debe hacer inmediatamente antes de su uso.

- Si viajamos a países donde las medidas higiénicas sean inadecuadas se recomienda: no consumir fruta sin pelar (rechazar la fruta con la piel dañada, pelarla siempre y evitar las que han sido peladas por otras personas), evitar los zumos de fruta caseros (pueden contener agua contaminada), las carnes, pescados o huevos crudos o poco cocinados, las ensaladas (ya que pueden haber sido lavadas con agua contaminada) y tener precaución con los productos de pastelería, helados, mayonesas y salsas caseras, porque su preparación o conservación en ocasiones no es la adecuada. La leche ha de ser pasteurizada, UHT, esterilizada o hervida (se recomienda llevar 2 veces al punto de ebullición). Se ha de evitar también el consumo de quesos frescos o productos lácteos no tratados térmicamente. Tomar agua embotellada y precintada y evitar siempre las bebidas con hielo (el agua que lo compone puede estar contaminada). Si fuera necesario consumir agua del grifo, hervirla antes durante 5-10 minutos. Para lavarse los dientes utilizar agua embotellada y precintada o agua hervida.
- Rechazar platos que lleven preparados horas y se sirvan fríos o tibios.
- Si se contrae una intoxicación alimentaria "diarrea del viajero[24]" es imprescindible buscar atención médica si se produce en niños, también si se prolonga más de 3 días, si es muy severa o si aparece fiebre[25], vómitos o sangre en las heces. Tan pronto como la diarrea comience, se debe aumentar la ingesta de líquidos para evitar la deshidratación. Si dura más de 24 horas, se deben preparar y beber los sobres de sales de rehidratación oral o suero oral (leer con detenimiento el prospecto; habitualmente se disuelve 1 sobre en 1 litro de agua), que se tiene que tomar frecuentemente, en pequeñas cantidades y de forma lenta, estos medicamentos se llaman restauradores electrolíticos orales. Se debe comer normalmente.

Los niños que tomen leche materna exclusivamente o acompañada ya de alimentación complementaria, deben seguir con la lactancia materna tantas veces como el niño quiera, no se aconseja interrumpirla.

---

24. La recomendación actual ante un proceso diarreico es comer normalmente. Una dieta "blanda" de alimentos astringentes como arroz, zanahoria, pescado, carne, pan blanco tostado, yogur, plátano y manzana siempre ayuda. Se debe evitar consumir leche y sus derivados (excepto el yogur), guisos, legumbres, vegetales crudos, embutidos, salazones, salsas, grasas, café, té y alcohol.

25. La fiebre constituye el motivo más frecuente, después de la diarrea, en los viajes procedentes de regiones tropicales y subtropicales. Suele presentarse antes de dos semanas tras el retorno en el 70% de los casos, pero en un 10% lo hace incluso después de seis meses. Algunas enfermedades tropicales pueden ser graves y potencialmente mortales, por lo que deben ser diagnosticadas y tratadas correctamente a tiempo. El especialista en enfermedades infecciosas es el profesional adecuado ante un síndrome febril importado, sabrá realizar un diagnostico diferencial y decidir las pruebas complementarias a solicitar.

Este medicamento contiene glucosa (generalmente 20 gr de glucosa por sobre), lo que deberá ser tenido en cuenta por las personas diabéticas. Las personas con la función renal alterada no pueden tomar restauradores electrolíticos orales sin prescripción médica.

Un punto importante a destacar es que las verduras y hortalizas deben lavarse escrupulosamente para eliminar restos de tierra, polvo, insectos... antes de ser cocinadas. Si se van a consumir en crudo, ante cualquier duda de una posible contaminación deberán ser sumergidas durante media hora en agua con lejía teniendo en cuenta tres puntos muy importantes:

- La lejía a utilizar tiene que ser la que especifique en su envase su posible uso para la desinfección de agua para beber o uso alimentario.
- Bastará con diluir de 15 a 20 gotas de lejía por cada litro de agua.
- Transcurridos los 30 minutos, se deben aclarar estos alimentos con abundante agua para eliminar los restos de lejía.

13.2_La Salmonella

La mayoría de las toxiinfecciones alimentarias registradas en España son debidas a Salmonellas.

Las especies del género Salmonella spp. son bacilos Gram-negativos[26] que pueden vivir en el intestino de las personas y de los animales. La Salmonelosis es una enfermedad de origen alimentario que aparece generalmente al cabo de 6 a 72 horas tras la ingesta de un alimento contaminado por Salmonella. Sus síntomas son: diarrea, nauseas, vómitos, fiebre, deshidratación, dolores de cabeza, dolores abdominales. Esta enfermedad suele tener mayores consecuencias en niños, ancianos y personas con defensas disminuidas.

Los alimentos que con mayor probabilidad pueden estar contaminados en origen por Salmonella son: los huevos frescos[27], las carnes, especialmente las aves (pollo, gallina, pavo...) y las carnes picadas (hamburguesas, salchichas frescas...), la leche cruda y otros productos lácteos si no han sido pasteurizados.

En un alimento contaminado por Salomnella no se altera el olor, el sabor, el color o la textura.

Las principales actuaciones para prevenir el riesgo de Salmonelosis son:

- Cocinar los alimentos con calor suficiente para que en su interior el alimento alcance al menos 70°C, temperatura necesaria para destruir la Salmonella y otros gérmenes patógenos.

---

26. Los bacilos Gram-negativos son uno de los principales grupos de bacterias. Se llaman así a las bacterias que no se tiñen de azul oscuro o violeta por la tinción de Gram en el laboratorio y lo hacen de un color rosado tenue. La tinción de Gram es una técnica importante en microbiología para visualizar, diferenciar y obtener información de la envoltura celular de las bacterias. Los bacilos Gram-negativos incluyen un gran número de especies (spp. hace referencia a las subespecies).

27. La salmonella es una bacteria que no está en el huevo como se piensa, sino en el intestino de la gallina, por lo que al pasar por ahí el huevo se contamina. Por ello, es importante cascar bien el huevo para evitar que la cáscara caiga dentro y contamine el huevo fresco.

- Las carnes de aves y las carnes picadas nunca han de quedar crudas o poco hechas en su interior. Nunca consumir carne insuficientemente cocinada.
- Lávese las manos para manipular los alimentos todas las veces que sea necesario.
- Emplear recipientes y utensilios limpios, tanto para la elaboración como para los alimentos cocinados. Debemos tener mucha precaución de no depositar los alimentos cocinados en el recipiente donde han estado anteriormente estos alimentos de forma cruda o cortar el alimento cocinado con el mismo cuchillo que habíamos utilizado para cortarlo cuando estaba crudo.
- Evitar el contacto de los alimentos crudos con los alimentos cocinados o preparados.
- Lavar con esmero frutas y verduras/hortalizas.
- Una vez preparados los alimentos si no hay consumo inmediato, mantenerlos en frío, en refrigeración o en congelación. Dejar los alimentos preparados a temperatura ambiente es la causa principal de la aparición de Salmonelosis y otras toxiinfecciones.
- No comprar ni utilizar huevos sucios o agrietados.
- Conservar los huevos en el frigorífico y sacar sólo los que se vayan a utilizar.
- Lavar los huevos con agua justo antes de su utilización y secarlos con papel de cocina, a fin de evitar su contaminación en el momento de romper la cáscara.
- No debemos interrumpir la elaboración. Por ejemplo, si se hace una tortilla de patata, no debemos dejar pasar mucho tiempo desde que batimos los huevos y los mezclamos con las patatas fritas hasta que cuaje la tortilla en la sartén.
- No cascar los huevos en el borde del plato de batido ni utilizar la cáscara para separar las claras de las yemas.

13.3_El Anisakis

El Anisakis es un parásito que puede encontrarse en muchos pescados, mariscos y cefalópodos (calamar, pulpo y sepia). Tiene aspecto filiforme, blanquecino, casi transparente, redondo y de reducido tamaño. Son nematodos anisákidos (gusanos redondos), que podemos encontrar en el tracto digestivo de los peces vivos y una vez pescado en la cavidad abdominal, vísceras y musculatura. Las especies donde más comúnmente se encuentra son bacalao, sardina, boquerón, merluza, espadín, salmón, bonito, rape, caballa, abadejo, calamar, entre otros.

La Anisakiasis es la enfermedad provocada por la ingesta de pescado, cefalópodos o marisco crudo o poco cocinado que contenga larvas de anisakis vivas. Cuando consumimos este alimento parasitado crudo o insuficientemente cocinado, las larvas vivas son ingeridas junto con el alimento alcanzando el estómago y/o intestino de la persona que las ha ingerido, pudiendo quedarse adheridas a la mucosa. En los casos más graves puede ser necesaria la intervención quirúrgica para extraer el parásito. También se han descrito raramente casos de invasión de órganos como pulmones, hígado, bazo y páncreas.

Un síntoma muy frecuente de la Anisakiasis es el hormigueo en la garganta y la extracción de restos del nematodo con la tos. Otras manifestaciones son síntomas digestivos como dolor abdominal, náuseas, vómitos o diarrea, que pueden presentarse desde una hora hasta dos semanas después del consumo. Además, las larvas pueden ocasionar reacciones alérgicas, desde una urticaria hasta una reacción anafiláctica. Pero siguiendo una sencillas precauciones el Anisakis no nos dará problemas de salud.

- No consumiendo pescado, ni marisco, ni cefalópodos crudos o poco cocinados.
- Congelando previamente a -20°C durante 72 horas los pescados, marisco o cefalópodos que vayan a consumirse marinados, en vinagre, en salazón, ahumados o poco cocinados en el microondas o en la plancha.
- Cocinando bien estos alimentos y comprobando que estén bien hechos, es decir, que no queden partes crudas.
- Comprar el pescado ya eviscerado y, en caso contrario, quitarle las vísceras inmediatamente para que el parásito no migre hacia la musculatura.
- Debemos tener en cuenta que, en los productos más frescos[28], el parásito habrá tenido menos tiempo y posibilidades de migrar hacia la musculatura.
- Es mejor tomar la cola del pescado que las áreas ventrales cercanas a su aparato digestivo.
- Se recomienda el pescado congelado en alta mar, ya que se eviscera precozmente y la posibilidad de que esté parasitado es menor.

La alergia al anisakis se diagnostica mediante pruebas cutáneas y determinación de anticuerpos en sangre frente al parásito.

14_ Nutrición y verano. Disfruta de un verano saludable

14.1_La dieta

Para tener un verano saludable, no debemos olvidar seguir cuidando nuestra alimentación. Debemos adaptarla a la nueva estación y disfrutar de la gran variedad que ésta nos ofrece, platos más frescos, menús fríos y comidas más fáciles de preparar y digerir, además de ingerir alimentos que nos hidraten como

---

28. Un pescado está fresco si tiene textura tersa, piel brillante, escamas adheridas, ojos convexos, córneas transparentes y olor agradable. Un cefalópodo está fresco si tiene carne firme y nacarada, tentáculos resistentes y olor agradable. Un marisco está fresco, por ejemplo en las gambas, langostinos... si la carne está firme, el caparazón resistente y brillante y tiene olor agradable.

sopas frías (el gazpacho es una fuente de vitaminas, fibra vegetal, minerales y antioxidantes) y frutas muy refrescantes ricas en agua y con pocas calorías como el melón y la sandía, además de ensaladas y helados.

14.2_El agua

El agua es una fuente importante de salud para el ser humano, sin ella el organismo no podría desarrollar sus funciones básicas. En verano nuestro organismo necesita más cantidad de agua. El cuerpo humano tiene un 75% de agua al nacer y cerca del 60% en la edad adulta.

Es importante beber antes de tener sed ya que cuando la notamos es por que nuestro cuerpo ya ha perdido el 1% de líquido que necesitamos para vivir. Si no lo reponemos empezamos a sentir fatiga, debilidad e incluso sensación de mareo. Si esta pérdida es del 5%, se puede producir aceleración del ritmo cardiaco, apatía, vómitos y calambres musculares.

Además de agua, hay otras cosas que podemos beber que hidratan nuestro cuerpo y son saludables: sopas frías, caldos vegetales, infusiones, helados de hielo, sorbetes, zumos de frutas y batidos.

Cuando hace calor, el agua que se pierde por el sudor a través de la piel ayuda a enfriar el cuerpo al evaporarse directamente sobre la superficie del mismo.

14.3_El sol

El sol[29] es imprescindible para la vida, pero un exceso de exposición solar sin protección puede tener efectos muy nocivos. Debemos aprender cómo disfrutar del sol sin riesgos.

14.4_Los rayos UVA

Los rayos UVA no son seguros. Nos quemamos, estropeamos nuestra piel y acumulamos radiaciones que se quedan grabadas en la memoria de nuestra piel, pudiendo producir enfermedades graves.

La Agencia Internacional de Investigación sobre el Cáncer de la Organización Mundial de la Salud (OMS) ha clasificado la radiación UV al completo (UVA, UVB y UVC) como carcinogénica para los humanos o grupo 1.

14.5_El ejercicio físico

En verano disponemos de más tiempo y de más horas de luz, por ello debemos aprovechar estos días para disfrutar al aire libre y aprovechar para hacer actividades físicas divertidas y saludables como montar en bicicleta, caminar, nadar, bailar...

---

29. Véase "El sol y las quemaduras solares" y "Los cánceres cutáneos".

14.6_Prevención de las intoxicaciones y toxiinfecciones alimentarias microbianas

Los meses de verano constituyen una época especialmente crítica, porque las altas temperaturas favorecen el desarrollo de microorganismos. Asimismo, en esta época hay una mayor tendencia a comer fuera de casa. La adopción de las sencillas precauciones vistas anteriormente evitará numerosas enfermedades provocadas por una inadecuada manipulación o conservación de los alimentos.

15_ Los probióticos y la salud

El yogur se obtiene a partir de leche y bacterias lácticas. Los "yogures tradicionales" contienen como bacterias lácticas el Streptococcus thermophilus y el Lactobacillus bulgaricus[30], bacterias que son destruidas en gran parte por la acidez del estómago, llegando sólo una pequeña parte al intestino, por lo que actualmente se recomiendan más a la población las leches fermentadas con bacterias probióticas (Bifidobacterias Lactis, Lactobacillus johnsonii, Lactobacillus casei...). Estas bacterias resisten el pH del estómago, a las enzimas pancreáticas y a los ácidos biliares, se fijan al intestino y lo tapizan, reduciendo el riesgo de colonización de bacterias patógenas. A estas bacterias probióticas se les otorga en la actualidad otros beneficios para el organismo, entre ellos, que refuerzan el sistema inmunitario.

Los probióticos se definieron en un informe de consulta a expertos solicitado de forma conjunta por la FAO y la OMS como: microorganismos vivos que, ingeridos en cantidades adecuadas, ejercen un efecto beneficioso para la salud del consumidor. Otras definiciones aceptadas son:

- Alimentos o suplementos alimenticios con bacterias vivas que contribuyen a mantener el equilibrio microbiano del tracto gastrointestinal.
- Microorganismos vivos que, tras su ingestión en cantidad adecuada, ejercen efectos beneficiosos en el huésped más allá de los inherentes a la nutrición básica.
- Microorganismos vivos que sobreviven al paso por el tubo digestivo y que tienen efectos beneficiosos para el huésped. Fundamentalmente son bacterias acidolácticas, pertenecientes a las especies de Lactobacilos y Bifidobacterias, que ayudan a estabilizar la función del intestino como barrera y previenen o acortan procesos diarreicos, interfiriendo con la adherencia de los patógenos a las células de la mucosa intestinal y estimulando la síntesis de inmunoglobulinas (IgA).

---

30.   Según la norma española de calidad para el yogur, los únicos microorganismos aceptados como cultivo iniciador para la obtención de este producto son: el Streptococcus Thermophilus y Lactobacillus bulgaricus. El término "leche fermentada" incluye los productos lácteos obtenidos a partir de una tecnología equivalente a la fabricación del yogur, pero que emplean además o en sustitución de los del yogur otros microorganismos, los cuales pertenecen habitualmente a los géneros Lactobacillus y Bifidobacterium. Por tanto, a los productos que no llevan exclusivamente estas dos bacterias (Streptococcus thermophilus y Lactobacillus bulgaricus) no se les puede denominar yogur, sino leche fermentada.

Actualmente existe un gran interés por los probióticos, no sólo por los datos clínicos que demuestran la eficacia de algunas bacterias probióticas en la salud de las personas, sino también por la preocupación existente al aumento de la resistencia antibiótica de las bacterias patógenas.

Los consumidores encontramos básicamente los probióticos en productos lácteos (en leches fermentadas en forma de yogur y leche en polvo) y en cereales infantiles (los cereales con los que se hace la papilla a los bebés y niños), pero es en la leche fermentada en forma de yogur, como se conocen y se comercializan principalmente los probióticos.

La realidad actual es que hay una demanda creciente de productos que contienen bacterias probióticas, a consecuencia de los múltiples estudios que proporcionan la evidencia científica de que los microorganismos probióticos tienen efectos beneficiosos para la salud de las personas.

Hay 3 razones principales que han hecho que los productos lácteos fermentados sean los elegidos principalmente para la incorporación de microorganismos probióticos.

- Razones tecnológicas: la presentación de probióticos en leche fermentada, presenta importantes ventajas frente a la presentación de estos en forma de comprimidos, liofilizados, etc. Es un medio óptimo para la supervivencia de microorganismos, como ya pasa con los yogures tradicionales, debido al efecto tamponante y protector de la leche fermentada a las extremas condiciones gastrointestinales.
- Otra razón poderosa es que los productos lácteos son un componente habitual de la dieta y que siempre han tenido una gran aceptación social, basada en su tradicional reputación como alimentos saludables.
- Y la tercera razón, no menos importante, son las excelentes características sensoriales y su gran riqueza nutricional.

Para hablar de las influencias de los probióticos en la salud, hay que mencionar en primer lugar la microflora intestinal de tracto gastrointestinal (TGI), por considerarse el lugar donde los probióticos llevan a cabo la mayoría de su actividad beneficiosa para la salud. Esta microbiota está compuesta por una población oportunista con potenciales efectos nocivos (Coliformes, Bacteroides y Clostridios) y una microbiota potencialmente beneficiosa (Bifidobacterias, Enterococos y Lactobacilos) que ya coloniza el intestino desde el momento de la lactación. Los bebés reciben a través de la leche materna estas bacterias beneficiosas. De hecho, la microbiota intestinal del niño alimentado con lactancia materna exclusiva, constituye un reflejo exacto de la microbiota de la leche materna.

El TGI humano se coloniza tras el nacimiento por una compleja y diversa colección de especies microbianas. Esta flora microbiana puede variar de persona a persona dependiendo de numerosos factores, entre ellos: diferencias específicas de cada persona y también, importante, la dieta y el estilo de vida. Esta flora microbiana ejerce una gran influencia sobre muchas características bioquímicas, fisiológicas e inmunológicas de las personas, incluyendo el mantenimiento del equilibrio microbiano necesario para la salud. Una flora intestinal sana, rica en microorganismos beneficiosos, tiene un papel importante en la degradación de diversos compuestos tóxicos y la eliminación de sustancias potencialmente carcinogénicas y/o mutagénicas. En particular a los Lactobacilos se le atribuye el papel de estimuladores del sistema inmunológico. Los aspectos nocivos de la microbiota intestinal potencialmente dañina para los individuos, se basan en determinadas actividades enzimáticas asociadas a su metabolismo putrefactivo y a la producción de toxinas y de sustancias potencialmente carcinogénicas. El equilibrio de la microbiota intestinal puede romperse y producirse una proliferación excesiva de los patógenos oportunistas que habitan en el TGI. Esto puede suceder con cierta facilidad a consecuencia del estilo de vida, situaciones de estrés, ciertos hábitos en la dieta, la edad o tratamientos con antibióticos, entre otros fármacos. Este desequilibrio origina frecuentemente trastornos intestinales de mayor o menor gravedad, que en ocasiones pueden asociarse al desarrollo de enfermedades agudas o crónicas. En estas situaciones, la restauración del balance intestinal donde prevalezca la microbiota potencialmente beneficiosa, puede favorecer la recuperación de estas alteraciones. Esta microbiota supone una barrera de resistencia frente a microorganismos patógenos, se fijan al intestino y lo tapizan, reduciendo el riesgo de colonización de bacterias patógenas.

Estudios y ensayos realizados nos muestran las siguientes propiedades en microorganismos probióticos:

- *Seguridad*. Sin riesgos para la salud.
- *Resistencia* al pH del estómago, a las enzimas pancreáticas y a los ácidos biliares, por lo que sobreviven al tránsito gastrointestinal.
- *Adhesión a la mucosa intestinal*. Hay una inmunomodulación, exclusión de patógenos, incremento del sellado de la mucosa y la colonización prolongada.
- *Actividades enzimáticas deseables*: inmunoestimulación, actividad antimutagénica y anticarcinogénica.
- *Producción de sustancias antimicrobianas*, con lo que se inactivan patógenos y se normaliza la flora intestinal.

Una muestra de los microorganismos utilizados como probióticos y efectos beneficiosos comprobados mediante ensayos clínicos son los siguientes:

- La cepa Bb12 del genero Bifidobacterium lactis mejora el tratamiento de las alergias, acorta la infección por rotavirus y reduce la incidencia de la diarrea del viajero.
- La cepa La5 del género Lactobacillus acidophilus reduce la diarrea asociada al tratamiento con antibióticos y mejora el equilibrio intestinal.
- La cepa NCFO 1748 del género Lactobacillus acidophilus reduce actividades enzimáticas fecales dañinas, previene la diarrea por radiación, alivia el estreñimiento.
- La cepa La1 del género Lactobacillus johnsonii reduce la colonización por Helicobacter pylori y alivia la inflamación.
- La cepa GG del género Lactobacillus rhamnosus acorta la diarrea por rotavirus, estimula la respuesta inmune, alivia la inflamación crónica del intestino y ayuda en el tratamiento y la prevención de alergias.
- La cepa UCC118 del género Lactobacillus salivarius, reduce los síntomas de las enfermedades inflamatorias crónicas.

- La cepa ATCC 55730 del género Lactobacillus reuteri reduce el estreñimiento y ayuda a prevenir y aliviar el dolor abdominal secundario al cólico del lactante.

Aunque no se conocen con toda precisión las implicaciones de la flora intestinal, ni los mecanismos básicos de la actuación de los probióticos, los estudios muestran una acción beneficiosa de los probióticos en desordenes intestinales y en otras enfermedades. Muestran una acción beneficiosa en:

- Disfunciones intestinales como la intolerancia a la lactosa y el estreñimiento.
- Infecciones gastrointestinales por Helycobacter pylori, infecciones por microorganismos enteropatógenos como Escherichia coli o diversas especies de shigelas y salmonella. Se han ensayado varias cepas probióticas y los resultados han sido bastante dispares, pero muestran una acción beneficiosa. Los artículos publicados sobre el Helicobacter Pylori indican que los probióticos no pueden erradicar la infección pero sí podrían ser útiles para reducir los niveles de ésta.
- Síndrome del intestino irritable. En cuanto a la mejora en el síndrome del intestino irritable, los estudios realizados requieren un mayor número de pacientes, aunque los datos acumulados señalan que la eficacia depende de la cepa escogida.
- Enfermedad inflamatoria intestinal crónica, como en la enfermedad de Crohn y colitis ulcerosa. En los estudios se ha visto que los síntomas se alivian tras el tratamiento con diversas cepas de bacterias probióticas. Una combinación de diferentes Lactobacilos y Bifidobacterias son más efectivas que una sola cepa probiótica a la hora de reducir la puntuación inflamatoria y de mantener a los pacientes en remisión.
- Alergia y sensibilidad a los alimentos.
- Los estudios evidencian que la microflora intestinal juega un papel importante en regular la respuesta inmune. Una comparación de la composición de esta microflora entre niños sanos y alérgicos, mostró que los últimos tenían menos Lactobacilos y Bifidobacterias, pero más Clostridios. Los científicos creen que «(...) está claro que la bacterias probióticas pueden minimizar una respuesta alérgica mediada por IgE y están implicadas en restablecer la tolerancia oral a los alergenos alimentarios, incluso tras sensibilización».
- Los microorganismos probióticos podrían también aliviar la inflamación alérgica mediante la producción inducida de IgA. Estos antígenos modularían la respuesta de las células responsables de la inflamación.
- Eccemas o dermatitis atópicas. Hay estudios que demuestran que el tratamiento con probióticos disminuye la severidad y la incidencia del eccema atópico.
- Cáncer de colon: por lo que respecta al cáncer de colon, todavía se han realizado pocos estudios para poder llegar a una conclusión definitiva, pero estos son alentadores. Evidencian que la dieta es responsable de muchos procesos cancerosos y parece que esto se hace más evidente

aún en el cáncer de colon. Dietas con altos contenidos en grasa y bajo contenido en fibra, inducen cambios en la composición de la flora intestinal que podrían desencadenar cáncer. Diversos estudios con animales asociaron algunos tipos de tumores con las actividades enzimáticas de las bacterias intestinales. La flora intestinal podría jugar un papel importante durante los estadios iniciales del cáncer, modificando diversos componentes de la dieta, generando carcinógenos o activando procarcinógenos. Por el contrario, utilizando también modelos animales y humanos, se ha visto que la utilización de varios tipos de bacterias lácticas probióticas, reduce la actividad de las enzimas bacterianas implicadas en estas transformaciones. Al mismo tiempo las bacterias lácticas probióticas podrían intervenir en la prevención del cáncer manteniendo el sistema inmune competente a través del aumento de la inmunidad específica (humoral y celular) y no específica (fagocitosis y complemento).

- Existen asociaciones epidemiológicas entre el consumo de yogures y otros productos lácteos fermentados y una incidencia reducida en determinados tipos de cáncer.
- Probablemente la reducción de la diarrea es el efecto mejor documentado y confirmado por los ensayos realizados con probióticos.

   Las evidencias sobre los beneficios del empleo de probióticos en alteraciones intestinales de presentación aguda, como es el caso de la potencial eficacia del empleo de Lactobacilos y Bifidobacterias, en el tratamiento de la diarrea aguda infecciosa en niños, y la alteración intestinal de aparición aguda por diarrea asociada a tratamiento antibiótico, está mejor documentada que la efectividad de los probióticos en el tratamiento de enfermedades intestinales crónicas.
- Los ensayos clínicos demuestran una acción beneficiosa de ciertas cepas probióticas en las infecciones por rotavirus. Estas infecciones son la mayor causa de diarreas graves durante la infancia y la adolescencia.

Como conclusión, podemos decir que hay una evidencia científica de que determinados microorganismos probióticos pueden influir de manera positiva en la salud de las personas. Pero los expertos indican que aún falta realizar más ensayos para poder demostrar la efectividad de los probióticos en la prevención y el tratamiento de las infecciones intestinales y de otras infecciones.

16_ Los prebióticos

Junto al término probiótico ha aparecido recientemente el término prebiótico, que se refiere a ingredientes alimenticios no asimilables, ingredientes no digeribles de los alimentos que alcanzan intactos el colon y que promueven la proliferación selectiva de las bacterias intestinales beneficiosas.

Entre los prebióticos se incluyen, de manera generalmente aceptada:

- Componentes de la leche (aminoazúcares y galactosil-lactosa).

- Componentes de las paredes vegetales como las hemicelulosas (arabinanos, xilanos, galactanos, glucanos y mananos) y también pectinas.
- Materiales de reserva de vegetales (inulina y almidón resistente). La inulina se encuentra en alimentos como la alcachofa, la cebolla, el ajo y la achicoria.

A los probióticos, prebióticos y otras términos de nueva aparición, se les denomina también "alimentos funcionales" y se presentan delante del consumidor como una posible alternativa a los alimentos convencionales. Una de las definiciones más aceptadas, es: *«(...) alimento funcional es aquél alimento modificado o ingrediente alimentario que provee un beneficio para la salud, además de satisfacer los requerimientos nutritivos tradicionales».*

Ya se estudian y se aplican los "simbióticos", que en general son probióticos reforzados con prebióticos.

17_ Reglas para aumentar de peso de forma saludable

La obesidad, como ya se ha comentado, constituye un importante problema de salud pública en el ámbito mundial. Pero también nos encontramos con personas que desean aumentar de peso, bien porque han pasado una enfermedad, exceso de trabajo, estrés... y han perdido peso, o simplemente porque su metabolismo es así y les resulta muy difícil aumentar su índice de masa corporal.

Estas pautas nos pueden ayudar a aumentar de peso de una forma saludable:
- En cada comida, mezclar dulce y salado: se favorece la absorción de la glucosa.
- Aumentar el consumo de productos lácteos, huevos, carne y pescado.
- Aumentar los Hidratos de Carbono (HC):
  - Tomar pan en cada comida y mejor tostado, pues este sacia menos y podemos tomar más cantidad, si añadimos aceite de oliva mejor.
  - Aumenta los HC de absorción lenta: arroz, pasta, patata y legumbres.
  - Tomar postre dulce: hay que llegar al postre, si tomamos postre nos resultará más fácil ganar peso.
- Aumentar el consumo de aceite de oliva, aliñar más.
- Después de la comida y de la cena, descansar 10 minutos y tomar un vaso de leche con miel o azúcar y preparar en un plato unas galletas o pastas de té, unos frutos secos, chocolate y fruta seca (uvas pasas, higos pasos...).
- Beber mosto o zumo de frutas en las comidas.

18_ Recomendaciones del código europeo contra el cáncer

La incidencia de esta enfermedad está aumentando en muchos países, en parte por la exposición a sustancias cancerígenas, estilos de vida poco saludables, y en parte también, por el aumento de la esperanza de vida, ya que el cáncer es una enfermedad predominante en personas mayores.

Todos los cánceres empiezan en las células, unidades básicas de vida del cuerpo. Las células normales crecen y se dividen de forma controlada para producir más células según las necesidades del cuerpo. Cuando las células envejecen o se dañan, mueren y son reemplazadas por células nuevas. Pero este proceso ordenado puede descontrolarse cuando el material genético (ADN) de una célula se daña o se altera, lo cual produce mutaciones (cambios) que afectan al crecimiento y a la división normal de estas células.

No todos los tumores son cancerígenos, pues puede haberlos benignos y malignos. Los tumores benignos se extirpan y en la mayoría de los casos no vuelven a aparecer. Las células de los tumores benignos no se diseminan a otras partes del cuerpo, en cambio las células de los tumores malignos pueden invadir tejidos cercanos y diseminarse a otras partes del cuerpo, es decir, pueden producir metástasis.

Algunos cánceres no forman tumores, por ejemplo la leucemia, que es un cáncer de la médula ósea y de la sangre.

Las causas del cáncer, es decir, que una célula normal se convierta en cancerosa debido a una o más mutaciones de su ADN, son sumamente variadas. Hablando de forma muy generalizada, las podemos clasificar en dos grupos, heredadas o adquiridas. Los expertos han asignado unos porcentajes a distintas causas implicadas en el riesgo de padecer cáncer:

- El tabaco es considerado como la primera causa de cáncer y en los países industrializados se estima que es el responsable del 30% de los cánceres.
- Otra parte de los cánceres está relacionado con el efecto de nuestras hormonas, naturales o artificiales, sobre ciertos órganos sensibles a ellas. La estimación del porcentaje también es un 30%.
- Agentes infecciosos (bacterias, virus, parásitos…): 5%.
- Se estima un porcentaje de otro 5% a factores físicos, como las radiaciones del sol, la radiactividad natural de la tierra (producida por el radón de la corteza terrestre), la radiactividad producida por el hombre (como por ejemplo, accidentes de centrales nucleares), etc. En el recuerdo de todos nosotros está el accidente nuclear de Chernóbil en Ucrania y el accidente nuclear de Fukushima en Japón.
- Factores hereditarios: 5%.
- Contaminación (metales pesados, policlorobifenilos (PCB), los parabenos etc.): 5%.
- Un 20% se estima que puede estar relacionado directa o indirectamente (contaminantes, agentes infecciosos, radiaciones…) con la alimentación.

Un punto importante a destacar es que todos los efectos potencialmente cancerígenos del tabaco, los contaminantes en los alimentos, etc. son más intensos sobre los niños y adolescentes, por poseer células más frágiles que los adultos.

En 1985 nace el programa Europa contra el Cáncer con el objetivo de disminuir la mortalidad por esta causa. Dentro de este programa se desarrolla el Código Europeo contra el Cáncer en forma de una serie de recomendaciones que, si se siguen, pueden en numerosos casos reducir la incidencia del cáncer y también su mortalidad.

En la actualidad el cáncer es la causa más frecuente de muerte prematura y evitable en la Unión Europea, constituyendo un problema importante de salud pública. Las recomendaciones que contiene el Código Europeo contra el Cáncer permiten además mejorar otros aspectos de la salud de la población general.

18.1_Código Europeo contra el Cáncer

Si adopta un estilo de vida sano, puede prevenir ciertos tipos de cáncer y mejorar su salud general:
- No fume; si fuma, déjelo lo antes posible. Si no puede dejar de fumar, nunca fume en presencia de no fumadores.
- Evite la obesidad.
- Realice alguna actividad física de intensidad moderada todos los días.
- Aumente el consumo de frutas, verduras y hortalizas variadas: coma al menos 5 raciones al día. Limite el consumo de alimentos que contengan grasas de origen animal.
- Si bebe alcohol, ya sea vino, cerveza o bebidas de alta graduación, modere el consumo a un máximo de dos consumiciones o unidades diarias, si es hombre; o a una, si es mujer.
- Evite la exposición excesiva al sol. Es especialmente importante proteger a niños y adolescentes. Las personas que tienen tendencia a sufrir quemaduras deben protegerse del sol durante toda la vida.
- Aplique estrictamente la legislación destinada a prevenir cualquier exposición a sustancias que puedan producir cáncer. Cumpla todos los consejos de salud y de seguridad sobre el uso de estas sustancias. Aplique las normas de protección radiológica.

Existen programas de salud pública que pueden prevenir el cáncer o aumentar la posibilidad de curar un cáncer que ya ha aparecido.
- Las mujeres a partir de los 25 años deberían someterse a pruebas de detección precoz del cáncer de cuello de útero.
- Las mujeres a partir de los 50 años deberían someterse a una mamografía para la detección precoz de cáncer de mama.
- Los hombres y las mujeres a partir de los 50 años deberían someterse a pruebas de detección precoz de cáncer de colon.
- Participe en programas de vacunación contra el virus de la hepatitis B.

Consultar con el médico si presenta cualquiera de estos síntomas:
- Un bulto o nódulo.
- Un dolor persistente en el tiempo.
- Una herida o úlcera que no cicatriza (incluyendo las úlceras de la boca).

- Una mancha o lunar que cambia de forma, tamaño y/o color.
- Una lesión en la piel que ha aparecido recientemente y sigue creciendo.
- Sangrado o hemorragias anormales.
- Tos y/o ronquera persistente.
- Cambios en los hábitos urinarios o intestinales.
- Pérdida de peso no justificada.

El Código Europeo contra el Cáncer no puede ser conocido sólo por los especialistas, sino que debe permeabilizarse a través de los profesionales y organizaciones sanitarias y de la Educación para la Salud, para llegar así a toda la población.

19_ Resolución del Parlamento Europeo sobre el Libro Blanco "Estrategia europea sobre problemas de salud relacionadas con la alimentación, el sobrepeso y la obesidad"

El Parlamento Europeo aprobó en el 2008 una resolución sobre el Libro Blanco **Estrategia europea sobre problemas de salud relacionados con la alimentación, el sobrepeso y la obesidad.**

Se trata de un texto muy ambicioso con puntos de gran trascendencia con el objetivo de impulsar el trabajo de la comisión y las políticas nacionales en este sentido. Algunas de las propuestas que recoge son:
- Eliminar el IVA de las frutas, verduras y hortalizas.
- Revisar la Política Agraria Común para fomentar un mayor consumo de vegetales.
- Financiar un programa europeo de frutas, verduras/hortalizas en colegios.
- Prohibir a nivel europeo la presencia de ácidos grasos trans artificiales.
- Establecer como obligatorio el etiquetado nutricional.
- Revisar en 2011 el autocontrol de la publicidad de alimentos dirigidos a menores y establecer acciones más severas si este sistema no ha demostrado su eficacia.
- Asegurar al menos 3 horas semanales de actividad física en los colegios.
- Mejorar y controlar la calidad nutricional de las comidas servidas en colegios y guarderías.
- Mejorar la calidad nutricional de los productos servidos en las maquinas expendedoras en colegios.

Muchas de estas propuestas ya son hechos en España:
- 21/07/2010. Sanidad acuerda con las Comunidades Autónomas mejorar la alimentación en los centros educativos[31]. Entre los principales aspectos que desarrolla el texto aprobado se encuentran:
  - Los criterios nutricionales para garantizar una oferta saludable en comedores, máquinas expendedoras y quioscos o locales similares situados en el interior de los centros educativos.

---
31. Véase la explicación más detallada que realiza AESAN, y la dirección de Internet en la bibliografía.

- El principal objetivo del documento es contribuir a reducir la obesidad y el sobrepeso entre los más jóvenes.
- Por primera vez se establecen para todo el territorio criterios comunes sobre las características nutricionales de los menús en los comedores escolares: las características nutricionales de los menús por grupos de edad, su contenido energético, la frecuencia de consumo de los diferentes grupos de alimentos y el tamaño de las raciones.
- Se establecen las disposiciones legales en materia de seguridad alimentaria.
- Las garantías para la alimentación de los escolares con intolerancias y alergias alimentarias.
- Las recomendaciones sobre la organización de los comedores.
- Todos los menús servidos en los comedores escolares serán siempre supervisados por profesionales sanitarios con formación acreditada y específica en nutrición humana y dietética, de manera que se garantice que son variados, equilibrados y adaptados a las necesidades nutricionales de cada grupo de edad.

El documento fija unos límites en el contenido en grasas, azúcares y sal, que deberán cumplir los productos que se oferten en los centros educativos y que deberán estar envasados, ya sea individualmente o en cajas. También contempla la ausencia de ácidos grasos trans, excepto los presentes de forma natural en productos lácteos y cárnicos. Y dos puntos también muy importantes: no contendrán edulcorantes artificiales y no contendrán tampoco cafeína u otras sustancias estimulantes, excepto las presentes de forma natural en el cacao.

Una recomendación importante a destacar es que el documento también establece que el tiempo dedicado a las comidas no sea inferior a 30 minutos, para que el alumnado pueda disfrutar de ellas de forma relajada.

○ 03/09/2010. El Gobierno aprueba el proyecto de Ley de Seguridad Alimentaria y Nutrición[32]. El objetivo principal de la norma es reforzar la seguridad de los ciudadanos en materia alimentaria y promocionar hábitos de alimentación saludables para prevenir enfermedades. El Proyecto de Ley prohíbe la discriminación por razón de peso y establece controles de alimentación en los colegios. No se permitirá la venta en el ámbito escolar de alimentos y bebidas que no cumplan con una serie de criterios nutricionales.

- Se trata de una ley que al concepto de seguridad alimentaria incorpora los hábitos de alimentación saludables. También establece los mecanismos de coordinación necesarios para lograr una efectiva aplicación tanto a nivel autonómico como en las relaciones con la Unión Europea.

---

32. Véase la explicación más detallada que realiza AESAN, y su dirección de Internet en la bibliografía.

- La ley define un sistema de información homogéneo en seguridad alimentaria para el intercambio de datos entre profesionales, investigadores y administraciones, así como para facilitar los conocimientos más avanzados en la materia.
- Se establece la creación de una Red Española de Laboratorios de Control Oficial de Seguridad Alimentaria, que reforzará la vigilancia en todo lo relacionado con los alimentos.
- La industria alimentaria tendrá que minimizar el contenido de las grasas trans[33] y no se permitirá la venta de alimentos y bebidas en el ámbito escolar que no cumplan con una serie de criterios nutricionales.
- La ley recoge medidas concretas en materia de seguridad alimentaria.
- En el ámbito nutricional aborda distintos aspectos relacionados con la lucha contra la obesidad y la prevención de las enfermedades crónicas derivadas (diabetes tipo II, enfermedades cardiovasculares, etc.).
- También propone medidas concretas en lo que respecta a la composición de los alimentos y la alimentación en el entorno escolar.
- Los centros escolares proporcionarán a los padres o tutores información detallada sobre los menús y directrices para que la cena sea complementaria.
- La ley también prevé actuaciones en el ámbito de la publicidad de los alimentos.

Se pretende el establecimiento de códigos de conducta que regulen las comunicaciones comerciales de alimentos y bebidas dirigidas a la población de menos de 15 años. En este código, al que ya se han adherido 36 empresas que suponen el 94,29% de la inversión publicitaria de alimentos y bebidas en franjas para niños, se recoge, entre otras cosas, que no se puede hacer publicidad con personajes famosos reales o ficticios que tengan influencia en los niños.

20_ Esquema de trabajo con los adolescentes en sus IES

El esquema de trabajo con los adolescentes se va a basar en incrementar conocimientos y modificar actitudes inadecuadas en alimentación. Esto lo conseguiremos mediante:

---

33. Los ácidos grasos trans se forman durante el proceso industrial de hidrogenación que se realiza sobre los aceites vegetales, con el fin de solidificarlos para utilizarlos en diferentes alimentos. Se encuentran en las margarinas, en algunos alimentos precocinados, bollería y cualquier otro alimento elaborado con estas grasas hidrogenadas. Los fabricantes empezaron a usarlas porque de esta manera la grasa se vuelve más sólida es más manejable, también mejora su estabilidad por lo que perdura más en el tiempo y es barata.

Su consumo no es recomendable, pues estos ácidos grasos trans provocan un mayor riesgo de sufrir enfermedades cardiovasculares: aumentan los niveles de colesterol LDL (colesterol malo), disminuyen el colesterol HDL (bueno) y también su exceso contribuye a aumentar los niveles de triglicéridos. Su consumo también se asocia con un mayor riesgo de desarrollo de algunos cánceres y un incremento del riesgo de padecer diabetes mellitus tipo 2.

EDUCACIÓN NUTRICIONAL. Alimentación, vida y salud

Capítulo 1

- La importancia de la nutrición.
- La dieta mediterránea.
- Necesidades nutricionales en la adolescencia.
- ¿Por qué necesitamos?
    - Las proteínas. Alimentos ricos en proteínas.
    - Las grasas. En el mundo de la nutrición nada ha creado tanta confusión y miedo como la grasa. La falta de determinados ácidos grasos en la dieta, provoca la aparición de graves lesiones internas y externas.
    - El aceite de oliva como mejor fuente de grasa saludable.
    - Los ácidos grasos. Grasas saturadas. Grasas insaturadas (grasas monoinsaturadas, y poliinsaturadas). Alimentos ricos en grasas saturadas y alimentos ricos en grasas insaturadas.
    - Los hidratos de carbono (HC). Alimentos ricos en HC.
    - Las vitaminas y minerales (el ácido fólico, vitaminas antioxidantes A, C, E, vitamina D, vitaminas B1, B2, B3, B6, B12, el hierro, el calcio, el fósforo, el magnesio, el yodo, el zinc...). Alimentos ricos en vitaminas y/o minerales.
    - La fibra dietética. Beneficios de la fibra. Alimentos ricos en fibra. Se debe consumir habitualmente frutas frescas, cereales, legumbres, frutos secos, verduras y hortalizas.
    - Los antioxidantes.
    - El agua. Imprescindible para la vida.
- Los alimentos básicos e imprescindibles:
    - La leche y sus derivados.
    - Los cereales.
    - Las legumbres.
    - Las frutas.
    - Las verduras y hortalizas.
    - Las grasas y aceites.
    - Alimentos de origen animal: carne, pescado y huevos.
    - El azúcar, la fructosa, la miel.
    - Los frutos secos.
- La nutrición diaria. Los adolescentes la deben ver como su gran aliada para conseguir todos sus objetivos: ser buenos en el deporte que les gusta, aprobar los exámenes con menor esfuerzo, tener una piel y un pelo sanos y bonitos.
- La importancia del desayuno. No debemos olvidar nunca hacer un desayuno completo para empezar el día cargados de energía. Un desayuno con tres componentes imprescindibles: producto lácteo, cereales y fruta.
- La organización de los menús. Ofrecer pautas de actuación para llevar a cabo una alimentación equilibrada y saludable.
- 5 comidas al día. No conviene saltarse una comida y luego comer más cantidad en otra. Son necesarias 5 comidas al día (desayuno, media

mañana, comida, merienda y cena). Nuestro cuerpo asimila mejor una comida regular que una gran cantidad de una sola vez.
- Media mañana y la merienda: son los espacios reservados para completar el aporte nutricional y energético del día. El bocadillo y una fruta, la mejor opción.
  - El chocolate y los frutos secos como fuente importante de nutrientes en la adolescencia.
- Alimentos de los cuales no podemos abusar. Hay que rectificar malas tendencias y comer bien para estar sanos ahora y en el futuro.
- Es muy importante en esta etapa de la vida que la alimentación se convierta en una fuente de vitalidad y de equilibrio.
- Si no se consumen suficientes proteínas falla la capacidad intelectual.
- Las proteínas imprescindibles para conseguir una buena masa muscular y también para mantener nuestro sistema inmunológico fuerte.
- Cuida tus huesos. La ingesta de productos lácteos se hace muy importante en esta etapa de la vida.

   Debemos aportar la dosis necesaria de calcio cada día a nuestro organismo. Consumir un producto lácteo en 3 comidas al día como mínimo, es una regla fácil de recordar para conseguir este objetivo. Hay 3 premisas importantes que favorece la absorción y fijación del calcio:
  - Hacer ejercicio, pues la inactividad física favorece la descalcificación.
  - La vitamina D: para absorber el calcio en el intestino y fijarlo en los huesos es importante complementarlo con un aporte suficiente de Vitamina D, presente principalmente en pescado azul y la grasa de la leche.
  - Tomar el sol: tomar el sol favorece la síntesis y el aprovechamiento de la vitamina D. No obstante, se debe tomar con moderación y evitando las horas de mayor intensidad, que son de las 12 a las 16 horas. Sólo se necesitan pequeñas dosis de sol para sintetizar vitamina D.
- El estreñimiento:
  - Pautas para evitar el estreñimiento.
  - Alimentos de interés para evitar el estreñimiento.
  - Los beneficios de la fibra dietética.
- Evitar las anemias:
  - Los nutrientes necesarios para evitar las anemias: vitamina B12, ácido fólico, vitamina B6, vitamina C, hierro y cobre.
- El consumo de verduras/hortalizas crudas y frutas es imprescindible en la lucha contra las anemias.
  - La Anemia Ferropénica. Alimentos ricos en hierro.
  - Son varios los nutrientes imprescindibles para la correcta fabricación de glóbulos rojos.
  - Las jóvenes a partir de la menstruación deben aumentar el consumo de alimentos ricos en hierro.

EDUCACIÓN NUTRICIONAL. Alimentación, vida y salud

- El peso saludable. Sin llegar a obsesionarse, es bueno combatir el exceso de grasa. Conseguir un peso más correcto a través de una dieta que haga perder grasa, pero no salud y vitalidad. Índice de Masa Corporal.
- La celulitis. Una gran preocupación en los adolescentes que les puede llevar a obsesiones. Qué es y cómo combatirla.
- La alimentación en el cuidado de la piel, el cabello y las uñas.
- Objetivos y bases de la dieta para reforzar el sistema inmunitario.
- La nutrición como factor de prevención de enfermedades.
- 6 Reglas para aumentar de peso de forma saludable.
- Pon color en tu plato. Una forma novedosa de estimular la curiosidad por las frutas, verduras y hortalizas en nuestros jóvenes.
- Cómo prevenir intoxicaciones y toxiinfecciones alimentarias de origen microbiano. Recomendaciones generales.
- Prevenir la salmonelosis y la anisakiasis.
- Nutrición y verano.
- Recomendaciones del Código Europeo contra el Cáncer.
  - La alimentación que nos ayuda a prevenir el cáncer.
  - Datos de interés encontrados en bibliografía científica.

Las actividades que se llevarán a cabo son:
- Diseñar un menú saludable. Taller para elaborar platos saludables.
- Menús jóvenes, ideas para tomar frutas, verduras/hortalizas y pescado.
- Compruebo lo que he aprendido: es saludable/no es saludable.

TRASTORNOS DE LA CONDUCTA ALIMENTARIA. Anorexia y Bulimia

La Anorexia Nerviosa y la Bulimia Nerviosa son los trastornos de la conducta alimentaria más frecuente entre los jóvenes. Son patologías muy graves, con riesgo de cronicidad y mortalidad elevada, y con un incremento en la prevalencia sostenido en las últimas dos décadas.

Para su diagnóstico, existe una descripción consensuada basada en los criterios del manual diagnóstico y estadístico de los trastornos mentales de la Asociación Americana de Psiquiatría, el DSM (Diagnostic and Statistical Manual of Mental Disorders). Este manual está realizado a partir de datos empíricos y con una metodología descriptiva, con el objetivo de mejorar la comunicación entre profesionales. Contiene una clasificación de los trastornos mentales y proporciona descripciones claras de las categorías diagnósticas. La edición vigente es la cuarta (DSM-IV-TR), texto revisado. En la actualidad también se dispone de una descripción de los criterios de diagnóstico, en el capítulo V de la Clasificación Internacional de Enfermedades (CIE) de la Organización Mundial de la Salud, siendo la versión actual la CIE-10. El DSM y la CIE son las dos clasificaciones con mayor grado de difusión.

1_ Criterios para el diagnóstico de la Anorexia Nerviosa según el DSM-IV-TR

- Rechazo a mantener el peso corporal igual o por encima del valor mínimo normal considerado para la edad y la talla.
- Miedo intenso a ganar peso o a convertirse en obeso, incluso estando por debajo del peso normal.
- Alteración de la percepción del peso o la silueta corporal, exageración de su importancia en la autoevaluación o negación del peligro que comporta el bajo peso corporal.

- En las mujeres pospuberales, presencia de amenorrea (ausencia de la menstruación), ausencia al menos de tres ciclos menstruales consecutivos.

Existen dos tipos de anorexia:
- *Tipo restrictivo*: durante el episodio de anorexia nerviosa, el individuo no recurre regularmente a atracones o purgas (provocación del vómito o abuso de laxantes, diuréticos o enemas).
- *Tipo compulsivo/purgativo*: durante el episodio de anorexia nerviosa, el individuo recurre regularmente a atracones o purgas (provocación del vómito o abuso de laxantes, diuréticos o enemas).

2_ Criterios para el diagnóstico de la Bulimia Nerviosa según el DSM-IV-TR

- Presencia de atracones recurrentes. Un atracón se caracteriza por:
  - Ingesta de alimento en un corto espacio de tiempo (por ejemplo, en un período de 2 horas) en cantidad superior a la que la mayoría de las personas ingerirían en un período de tiempo similar y en las mismas circunstancias.
  - Sensación de pérdida de control sobre la ingesta del alimento (por ejemplo, sensación de no poder parar de comer o no poder controlar el tipo o la cantidad de comida que se está ingiriendo).
- Conductas compensatorias inapropiadas, de manera repetida, con el fin de no ganar peso, como son provocación del vómito, abuso de laxantes, diuréticos, enemas u otros fármacos, ayuno y ejercicio excesivo.
- Los atracones y las conductas compensatorias inapropiadas tienen lugar, como promedio, al menos 2 veces a la semana durante un período de 3 meses.
- La autoevaluación está exageradamente influida por el peso y la silueta corporal.
- La alteración no ocurre exclusivamente durante los episodios de Anorexia Nerviosa.

Dos tipos de bulimia:
- *Tipo purgativo*: durante el episodio de Bulimia Nerviosa, el individuo se provoca regularmente el vómito o abusa de laxantes, diuréticos o enemas.
- *Tipo no purgativo*: durante el episodio de Bulimia Nerviosa, el individuo emplea otras conductas compensatorias inapropiadas, como el ayuno o el ejercicio intenso, pero no recurre regularmente a provocarse el vómito ni abusa de laxantes, diuréticos o enemas.

3_ Sintomatología de estos trastornos de la conducta alimentaria

3.1_Manifestaciones biológicas

- Endocrinológicas:
  - Amenorrea (ausencia de la menstruación) relacionada con la insuficiente ingesta de nutrientes.
  - Hipogonadismo hipogonadotrópico: disminución de las hormonas sexuales.
  - Síndrome del eutiroideo enfermo: alteración de las hormonas tiroideas como mecanismo de conservación ante una situación de compromiso serio biológico.
  - Aumento de GH con descenso del IGF1: disminuyen los niveles de factor de crecimiento.
  - Hipercortisolismo: aumenta el cortisol en sangre por alterarse su eliminación.
  - Hipoglucemia: la concentración de glucosa en sangre es más baja de lo normal. Agotamiento del glucógeno hepático (almacén de glucosa).
  - Hipercolesterolemia (aumenta el colesterol) y disminuyen los triglicéridos hasta en el 50% de los pacientes.
- Nutricionales:
  - Los pacientes con Trastorno de la Conducta Alimentaria (TCA) pueden llegar a un estado de desnutrición calórica severa, con pérdida de la grasa corporal y afectación de las proteínas estructurales. Un déficit nutricional frecuente es el déficit de zinc.
  - El uso continuado de laxantes disminuye la absorción de cobre y hierro.
- Gastrointestinales:
  - Alteraciones dentales: erosión del esmalte dental por los ácidos del estómago debido a los vómitos de repetición.
  - Hipertrofia de las glándulas salivares, especialmente de ambas parótidas (la glándula parótida es la glándula salivar de mayor tamaño, bilateral, que se sitúa a cada lado de la cara, inmediatamente por dejado y por delante del oído externo).
  - Hipertrofia de las glándulas paratiroideas. Glándulas que secretan la hormona paratiroidea, hormona que tiene acción sobre el riñón, el hueso, y el intestino. El exceso o reducción de la síntesis de esta hormona da lugar a diversas patologías (hiperparatiroidismo e hipoparatiroidismo).
  - Erosiones esofágicas: el contenido ácido del estómago en contacto con la pared esofágica, debido a los vómitos de repetición, es altamente lesivo, provocando erosiones, úlceras y sangrados frecuentes, e incluso puede llevar a la rotura esofágica, desencadenando una hemorragia que puede llevar a la muerte.

- Retraso del vaciamiento gástrico, dilatación del intestino delgado y alteraciones del colon por abuso de laxantes.
- Daño hepático por desnutrición.

○ Cardiovasculares:
- Disminución de la frecuencia cardiaca (bradicardia) y de la tensión arterial (hipotensión).
- Arritmias cardiacas por alteraciones hidroelectrolíticas.

○ Hidroelectrolíticas y renales:
- Disminución del filtrado glomerular junto con alteraciones como disminución de potasio, disminución de magnesio y disminución o aumento de fósforo. Pueden ocasionar deshidratación e insuficiencia renal.

○ Óseas:
- Osteopenia (existe pérdida de masa ósea o densidad esquelética) y osteoporosis (disminución de la masa ósea y alteración de la arquitectura normal del hueso) por el déficit de ingesta de calcio, proteínas e hipoestrogenismo (déficit de hormonas sexuales femeninas).

○ Hematológicas:
- Pancitopenia (déficit de células sanguíneas). Hay una disminución anormal de los elementos celulares de la sangre: hematíes, leucocitos y plaquetas.
- Alteraciones del sistema inmune: sistema encargado de la defensa de nuestro organismo frente a microorganismos (bacterias, virus, hongos y parásitos) y células malignas.

○ Otras:
- Dolores y calambres musculares derivados de la hipopotasemia (niveles bajos de potasio en sangre).
- Hipotermia (disminución de la temperatura corporal por debajo de los límites normales debido a la desnutrición, el cuerpo pierde más calor del que puede generar).
- Piel seca y descamada.
- Cabello frágil y quebradizo.
- Uñas frágiles.
- Crecimiento de pelo o vello corporal muy fino, llamado "lanugo[1]", que crece como protección para defender al organismo del frío ante la ausencia de grasa corporal. Crece generalmente en las partes del cuerpo escasas de suficiente pelo protector, como cara, brazos y espalda.

---

1. El lanugo está presente en los fetos como parte normal de su desarrollo durante el embarazo y se pierde aproximadamente a las 40 semanas de edad gestacional. Por lo que el lanugo es normal en recién nacidos, principalmente en niños prematuros, ejerciendo también la misma función protectora.

3.2_Manifestaciones conductuales

- Dieta restrictiva y/o presencia de atracones.
- Conductas de purga (vómitos, laxantes, diuréticos, enemas).
- Alteraciones en la forma de comer y rechazo de tipos de alimentos.
- Conductas obsesivas y realización de rituales.
- Conductas impulsivas (mienten, ocultan) y autolesiones.
- Aislamiento social y familiar.

3.3_Manifestaciones psicológicas

- Excesiva preocupación ante la posibilidad de engordar.
- Constantes pensamientos erróneos sobre la comida, el peso y la figura.
- Sobreestimación de su peso y dimensiones.
- Empobrecimiento de la fantasía y la creatividad.
- Confusión con las sensaciones de saciedad/plenitud.
- Dificultades de concentración y fallo de memoria.
- Pensamientos incorrectos de generalización, dicotomía, etc.

3.4_Manifestaciones emocionales

- Cambios en el carácter.
- Características depresivas: inestabilidad emocional (llanto, insomnio), ideas suicidas.
- Ansiedad (raramente está relajada/o o cómoda/o).
- Puede aparecer fobia generalizada o fobia social.

3.5_Pensamientos erróneos más frecuentes

- Polarización: "Si no estoy muy delgada estaré muy gorda".
- Abstracción selectiva: "Si me dicen que estoy más guapa porque he aumentado de peso, es que estoy gorda".
- Atribución de pensamiento: "Si la gente me mira es porque piensa que estoy gorda".
- Personalización: "Después de comer pienso que todos me miran y ven que he engordado".
- Sobregeneralización: "Todas las grasas engordan". "Como me lo pasé mal en la fiesta, siempre me lo pasaré mal en todas las fiestas".
- Catastrofismo: "No he mantenido la dieta, no hago nada bien".
- Pensamiento mágico: "Delgadez es igual a felicidad y éxito".

4_ Situación actual

Un 8% de la población española está en riesgo de padecer Anorexia Nerviosa, según datos de 2006 del Ministerio de Sanidad. Según datos del 2009 la Asociación Protégeles, la media de las tasas de incidencia anual de Anorexia Nerviosa entre 10 y 30 años es de 17-19/100.000. La prevalencia es de un 0.5-2% de las mujeres entre 14 y 25 años. Afecta fundamentalmente a mujeres (9/10) durante la pubertad, iniciándose entre los 12 y los 18 años, afectando también en ciertas ocasiones a mujeres mayores de 30 años.

En los estudios epidemiológicos de Madrid se constata un incremento del 50% en la prevalencia entre 1985 y 1994. Un dato muy grave que constituye una situación de riesgo importante es la cifra del 20% de los jóvenes con lo que se llama "actitudes anoréxicas".

La incidencia anual de bulimia nerviosa entre 10 y 30 años se ha multiplicado por 3 en los últimos 10 años, alcanzando una tasa de 50/100.000, considerándose en la actualidad que su prevalencia es de un 1-3%. La edad de inicio está generalmente entre los 16 y los 25 años. En el estudio de Madrid se observó una aumento de prevalencia de Bulimia Nerviosa del 1.1% a un 2.3% de mujeres en edad de riesgo entre 1985 y 1994.

La mayoría de los casos de Anorexia Nerviosa se inician entre los 12 y los 18 años. En la Bulimia Nerviosa, la edad prevalente de inicio es posterior, entre los 16 y los 25 años.

La evolución normal de esta enfermedad ronda los cuatro años y entre el 25-30% de los casos se cronifican. Estos trastornos de la conducta alimentaria suele cursar con múltiples recaídas. Puede afirmarse que cuanto más tiempo lleve evolucionando un trastorno de la conducta alimentaria, más difícil va a ser su tratamiento y mayor posibilidad tendrá de cronificarse[18,19].

La mortalidad es de aproximadamente un 5.9%, de los cuales un 27% se deben a un suicidio, 200 veces más frecuente que en población general.

Los trastornos de la alimentación son patologías que han incrementado su incidencia en los últimos años, por ello debemos informar a la sociedad tanto desde la perspectiva de la enfermedad y su sintomatología, como de la necesidad de crear una autoestima adecuada en las personas. Es urgente que se abandonen las ideas promovidas por los medios de comunicación, donde la mujer del siglo XXI debe ser físicamente "perfecta" para poder triunfar y que tanto daño están haciendo a la población.

La mayoría de las personas que se ven afectadas por estos trastornos de la conducta alimentaria son mujeres adolescentes, pero cada vez es mayor la prevalencia en varones adolescentes y adultos. En los adultos los problemas sentimentales o laborales, junto con una baja autoestima, son las causas principales, y las mujeres entre 30 y 45 años las que más lo sufren.

Es necesario comunicar a los adolescentes y sus familias que este tipo de problemas no desaparecen espontáneamente. Es siempre necesaria la intervención profesional. En el tratamiento hay dos especialistas que deben participar para conseguir que el resultado sea adecuado: el endocrino y el psicólogo. En algunos casos se hará necesaria la colaboración de otros profesionales: psiquiatras, enfermeras, médicos de familia o pediatras, ginecólogos y dentistas. Nuestra población debe ser consciente de que el pronóstico de recuperación empeora con el paso del tiempo, siendo más efectiva la terapia cuanto menos haya evolucionado el problema.

Los expertos advierten de que la imitación de cuerpos musculosos que se ven en deportistas, actores y modelos, por parte de los jóvenes, favorece que puedan surgir casos de Vigorexia o Síndrome de Adonis, en su deseo por mantener un cuerpo excesivamente musculoso.

Los casos de vigorexia se detectan casi exclusivamente en jóvenes varones, en lo que algunos expertos lo han definido como Anorexia Inversa, ya que se produce un disgusto y un rechazo por su propia imagen, que la siguen viendo distorsionada por mucho ejercicio que hagan. Para ello aconsejan que una de las vías preventivas para tratar estos trastornos pudiera ser limitar la presencia de cuerpos extremadamente delgados y musculosos en la publicidad y los medios de comunicación, principales trasmisores de los ideales de belleza que avasallan en la sociedad.

4.1_Causas explicativas de los trastornos en la conducta alimentaria

El modelo más aceptado es el biopsicosocial, considerando que la etiopatogenia es de carácter multifactorial, existiendo factores predisponentes (predisposición genética, factores familiares, de la infancia, personales...), desencadenantes (situación vital estresante, cambios adaptativos al colegio, la pareja, conflictos familiares, obesidad previa, comentarios inoportunos sobre el aspecto físico, expresión de un duelo...) y de mantenimiento de los mismos (ser excesivamente responsables, inseguras/os, obsesivas/os, tener una preocupación excesiva por agradar y de esa forma sentirse aceptado, labilidad emocional, descontrol de impulsos etc.)[20].

Científicos españoles descubren la existencia de factores genéticos en la aparición de la anorexia y la bulimia. Científicos del Centro de Regulación Genómica del Parc de Recerca Biomèdica de Barcelona y del Hospital de Bellvitge ya identificaron en el año 2004 una variante de un gen asociado. Se debe destacar la importancia de la predisposición genética: la persona presenta una especial vulnerabilidad ante determinados estresores a padecer un trastorno alimenticio.

Es necesario conseguir que los adolescentes sepan identificar en ellos los primeros signos y síntomas de esta terrible enfermedad y puedan pedir ayuda lo antes posible. Según va avanzando la enfermedad el paciente pierde toda capacidad de pedir ayuda y son amigos o familiares desesperados los que la solicitan. También es importante formar al adolescente como agente de salud, para que sepan identificar en otras personas, compañeros, amigos o familiares los primeros signos y síntomas, y puedan dar la voz de alarma.

La detención precoz y un buen diagnóstico son armas importantes para combatir los trastornos de la conducta alimentaria, pero es preciso realizar programas de prevención y promoción de la salud desde los ámbitos familiares, educativos y sociales.

4.2_¿Dónde pedir ayuda?

En nuestro sistema de salud los profesionales de referencia son el médico de atención primaria o el pediatra, según la edad de la persona. Hasta los 14 años el seguimiento lo debe hacer un pediatra, después hay dos opciones: seguir con el pediatra dos años más hasta los 16 años o pasar con el médico de familia. Esta decisión la toma el joven junto con su familia. El pediatra o médico de familia, ante un posible caso de Anorexia o Bulimia, debe valorar el caso, hacer un diagnóstico preciso del trastorno y recomendar un tratamiento específico. En función de la gravedad del caso, este profesional puede optar por derivar al paciente a la especialidad de Salud Mental o se planteará la hospitalización si el caso es muy crítico. La hospitalización se puede realizar en un hospital de día o en un hospital general en función de la gravedad del caso. En aquellos casos en los que la persona se encuentre en una situación crítica, la indicación más oportuna es acudir al servicio de urgencias del hospital que corresponda.

Dentro de la sanidad privada, están las asociaciones de lucha contra este tipo de trastornos y los psicólogos privados especializados. Para obtener información sobre estos últimos contamos con los colegios oficiales de psicólogos de cada ciudad.

4.3_Enfoque terapéutico cognitivo-conductual

Según los comités de expertos, la investigación ha puesto de manifiesto que el enfoque terapéutico más idóneo y eficaz para intervenir con este tipo de pacientes hoy en día es el cognitivo-conductual. Dicho modelo se caracteriza por la eliminación de los comportamientos alimentarios alterados, las prácticas purgativas, las conductas de reaseguración, de evitación social y de su propio cuerpo, así como por la modificación de pensamientos, expectativas o actitudes relativas a la comida y la imagen corporal. En una segunda fase se incide sobre otras variables como la baja autoestima, el perfeccionismo, la impulsividad o el déficit de habilidades sociales.

Cuando el tratamiento anterior no ha dado los resultados esperados, existen otros modelos de intervención, como el psicodinámico, el interpersonal o el sistémico que se pueden considerar una combinación adicional al cognitivo-conductual o como siguiente elección.

4.4_Indicadores de gravedad de estos trastornos de la conducta alimentaria contrastados por los comités de expertos[2]. Necesidad de una prevención eficaz con los adolescentes[3] y sus familias

Es necesario realizar programas y campañas de prevención de la Anorexia y la Bulimia por cuatro factores fundamentales:

- Por los datos de prevalencia e incidencia. Existe un incremento sostenido en las últimas dos décadas de prevalencia.
- Por su pronóstico y mortalidad: patología grave y con gran impacto sobre las familias. Riesgo de cronicidad y mortalidad, causando daños familiares y elevando el riesgo a desarrollar la enfermedad en otros miembros de la familia.
- Mayor conocimiento de la población de riesgo: sobre todo mujer joven, adolescente, que realiza dietas para adelgazar, con otros factores de riesgo y en la que aparecen factores desencadenantes. No podemos olvidar que cada vez es mayor la prevalencia en varones adolescentes y adultos, sobre todo mujeres entre 30 y 45 años.
- Patología "contagiosa": la enfermedad parece trasmitirse entre las niñas y adolescentes, actuando algunas de ellas como vectores, y perpetuándose por la presión social para adelgazar y huir de la obesidad.

5_ Los trastornos de la conducta alimentaria[4]

5.1_El trastorno mental y del comportamiento más frecuente entre los jóvenes

- Estos trastornos representan la obsesión y la angustia.
- En la mente coexisten dos actitudes: una, la que obliga a seguir enferma; y la otra, que desea que la persona se ponga bien.
- Las revistas que ofrecen dietas de adelgazamiento suelen ser las preferidas por los sujetos con riesgo a desarrollar estos trastornos, pudiendo llegar a aprenderse de memoria el valor calórico de los alimentos.

---

2.   La Asociación Protégeles es una organización conformada por profesionales pertenecientes a distintos campos: expertos en seguridad infantil, técnicos en informática, pedagogos, médicos, psicólogos, expertos en marketing y comunicación, etc. La Asociación Protégeles trabaja en muchos campos más a parte de los trastornos de la conducta alimentaria, trabajan para erradicar la pornografía infantil, la incitación al odio racial, el acoso escolar... tanto dentro como fuera de Internet.
3.   Todos los temas que se traten con los adolescentes deben estar elaborados de forma muy cuidadosa, dada la gran variabilidad que el adolescente tiene para captar e interpretar los mensajes que recibe. Pero en este tema de los trastornos de la conducta alimentaria, se debe extremar la cautela en cuanto a los mensajes y la forma de emitirlos. Los efectos nocivos que ha causado la divulgación excesiva y mal planteada de este problema de salud nos debe llevar a ser muy prudentes.
4.   Véase en Internet las conclusiones más destacadas del Congreso Nacional sobre Trastornos en la Conducta Alimentaria.

- En un porcentaje muy elevado de pacientes afectados por Anorexia o Bulimia, han comenzado en estos trastornos de la conducta alimentaria con una dieta para perder peso. Las dietas de adelgazamiento sin controlar por un profesional especializado en nutrición, son una de las puertas de entrada al mundo de los trastornos de la conducta alimentaria.
- Cómo adelgazar es el centro de sus pensamientos. Es habitual oír frases como "cuando llegue al kilo X seré feliz".
- La persona cada vez se va obsesionando más con el peso y las comidas. Está deprimida porque cree que no está delgada, ya que tiene distorsionada la imagen de su cuerpo. Está triste, agobiada, insatisfecha y se siente incomprendida por todo el mundo que la rodea.
- Cada vez la ingesta es menor, pesa cada pieza y cuenta sus calorías. Delante del plato empieza revolviendo la comida, corta los alimentos en trozos pequeños, quita todo rastro de grasa y, al final, apenas prueba bocado.
- Cuando oyen que sus conocidos les dicen que están muy delgados, ellos piensan que les están mintiendo.
- Es tanta la obsesión con el ejercicio, que muchas personas anoréxicas ni se permiten descansar en la cama. Estas personas se muestran continuamente inquietas. Pueden llegar a hacer ejercicio físico de forma desmesurada, sin límites, se mueven hasta quedar exhaustas y al final, siempre les parece que no han hecho suficiente. Su obsesión es quemar más y más calorías. Se ponen en peligro la vida, el cuerpo está desnutrido y se están sometiendo a un esfuerzo demasiado grande.
- El peso corporal, la dieta y el ejercicio físico, se convierten en los ejes de su existencia.
- La persona está tan obsesionada con su peso que no deja tiempo para otra cosa, piensa que los amigos no quieren nada de ella, pero casi siempre es ella quien se aleja del grupo de amigos. Pierde el interés y las motivaciones que tienen la gente de su edad. Se sienten atrapadas, no sabe cómo salir de la espiral, pero ya es tarde y no puede pedir ayuda aunque la necesite.
- La persona con Anorexia distorsiona la percepción de los volúmenes, cuando come cree ver en su plato mucha cantidad. El contenido del plato ajeno lo ve normal y por ello puede llegar a pensar que la quieren cebar.
- La persona con anorexia se las arregla para evitar los alimentos y hacer creer a los demás que come normalmente, tirándolos, escondiéndolos, fingiendo una dolencia o intentando estudiar.
- La persona con un trastorno de la conducta alimentaria lucha constantemente. Su mente enferma le dice que tiene que seguir adelante, no obstante, tiene momentos de lucidez y se da cuenta de que sola no puede, que está agobiada y necesita curarse. Hay una permanente confrontación entre sus pensamientos positivos y negativos.
- La tristeza, la ansiedad, los agobios y el deterioro orgánico progresivo le impide dormir adecuadamente, el insomnio aumenta cada vez más. En

muchas ocasiones no duerme más de cuatro o cinco horas, es la última persona en acostarse y la primera en levantarse. Siempre le parece que ha hecho poco, nunca encuentra satisfacción.
- La depresión, la ansiedad, la poca autoestima y la inseguridad son una nota común en la mayoría de estas personas.

Necesidades urgentes

- Mejorar la atención sanitaria a tres niveles: atención primaria, centros de salud mental y hospitales, junto con la creación de Unidades de Referencia. Potenciar el hospital de día como solución al correcto seguimiento de los enfermos y así evitar que estos entren a los hospitales por urgencias.
- Potenciar aún más la formación de profesionales a todos los niveles para poder mejorar la atención y el cuidado de estos pacientes. El tratamiento debe estar orientado hacia equipos multidisciplinarios. En una unidad multidisciplinar especializada en trastornos alimentarios, generalmente se requieren psicólogos, psiquiatras, endocrinos, pediatras, enfermeras, nutricionistas y otras especialidades necesarias para el tratamiento a lo largo de la enfermedad.
- Deben existir protocolos de actuación y tratamiento en todos los centros sanitarios, contemplando también a los familiares.
- Prevención de la población de riesgo mediante un seguimiento adecuado.
- El plan de acción para intentar poner freno a esta epidemia debe también incluir una normativa más restrictiva, la formación en hábitos nutricionales saludables y el impulso de la prevención y la detección precoz.
- La normativa debe ser aún más restrictiva entre otras muchas cosas ante los tallajes en la ropa demasiado pequeños, las fotos que llegan a los jóvenes muchas veces retocadas con imágenes de siluetas imposibles de alcanzar (muchas están modificadas por ordenador o son fruto de la composición de las mejores partes de el cuerpo de diferentes modelos) y los anuncios de dietas y métodos milagro para perder peso.

6_ Los beneficios de comer en familia

Dejar el hogar familiar, independizarse, cuando el joven marcha a estudiar a otra ciudad, supone para muchos el empeoramiento de sus hábitos alimentarios: dejar de desayunar o llevar una dieta más pobre, menos variada, consumir menos frutas, verduras y hortalizas, consumir más comida precocinada (que en general es más alta en sal y en grasa), son algunos de los cambios que suelen sufrir los jóvenes cuando se marchan de casa.

Pero si durante la niñez y la adolescencia se ha comido en familia y se han adquirido hábitos saludables, ese periodo de "mal comer" está siendo provocado por la mala organización y por estar todo el día fuera de casa: ir a la universidad, deporte, salir con los amigos, etc. Pero este periodo pasará pronto y se recuperarán los buenos hábitos alimentarios. En cambio, si no hay hábitos saludables adquiridos desde la niñez, el futuro será desastroso. Educar en hábitos saludables desde la niñez es imprescindible para tener adultos que coman bien.

Investigadores de la Universidad de Minnesota han demostrado los efectos positivos de comer habitualmente en familia durante la adolescencia[5]. Comer en familia promueve dietas equilibradas y saludables en el futuro. El estudio ha sido publicado en el **Journal of the American Dietetic Association**:

> «La investigación recopiló los datos de los jóvenes en dos fases. Primero, se anotaron los hábitos alimentarios de 3.074 estudiantes de Minnesota entre 1998 y 1999, cuya media de edad era de 20 años. En segundo lugar, y tres años más tarde, se contactó con 2.513 de estos individuos para examinar los cambios producidos en sus patrones alimentarios. Con el resto de los encuestados fue imposible contactar.
>
> Los autores analizaron los cambios que se habían dado en sus comportamientos teniendo en cuenta diversas variables: la frecuencia con la que comían en familia durante su adolescencia, sus preferencias (comer en familia, comer de pie rápidamente o comer siempre a la misma hora), su número de comidas diarias, la calidad de sus dietas alimentarias y sus datos demográficos. Las estadísticas mostraron que aquellos adolescentes que comían con su familia a menudo, consumieron posteriormente más frutas, verduras/hortalizas. No obstante, en la mayoría de estos individuos el nivel de ingesta de estos alimentos era menor del recomendado. Se daban diferencias entre las chicas y los chicos: ellas comían en casa más que ellos.
>
> Las conclusiones del estudio revelan una asociación directa entre el número de comidas familiares de un adolescente y la calidad de la alimentación que llevará cuando sea adulto. Los especialistas indican que las interacciones entre el adolescente y su familia reportan muchos beneficios psicológicos y sociales. Los jóvenes que se relacionan satisfactoriamente y de forma frecuente con su familia, son menos propensos a tener problemas de drogas, trastornos depresivos o trastornos de la conducta alimentaria. Los autores recomiendan que toda la familia coma junta siempre que sea posible».

7_ La Anorexia y la Bulimia, a un "clic". Los peligros de la Red

Los datos que se desprenden sobre un nuevo estudio que analiza internet son alarmantes: el 75% de los menores españoles comprendidos en la franja de edad 10-14 años tiene acceso a la red libremente y sin control. En sólo 1 año la Asociación Protégeles, organización de protección de la infancia que trabaja en prevención y seguridad infantil en las nuevas Tecnologías de la Información y la Comunicación, puede conseguir cerrar hasta más de 300 páginas web

---

5. El adolescente o el adulto que quiere comer solo y evita comer en familia o con amigos, siempre esconde un problema y necesita ayuda.

pro-anorexia y pro-bulimia que incitan a niños y adolescentes a asumir estos trastornos de la conducta alimentaria como si de "estilos de vida" libremente asumidos se tratase. Esta organización facilita a las autoridades información de páginas que pueden resultar peligrosas para los menores. Estas webs se conocen básicamente como proANA y proMIA. Pero según se cierran unas, aparecen otras con los mismos contenidos y, además, en la actualidad, se están abriendo páginas con nombres que ya no se identifican con los conocidos proANA y proMIA. Cualquier persona puede entrar en estas páginas y siempre que se detecte una en internet se debe denunciar. Los padres no pueden dejar a sus hijos navegar sin control por internet y deben conocer los peligros que existen.

Estas páginas proANA y proMIA no consideran la Anorexia y la Bulimia una enfermedad, sino una decisión que toma la persona en un momento dado. Según los expertos, estas páginas web tienen características que las asemejan a sectas, pues tienen oraciones, mandamientos, un día de aniversario y hasta un credo de la anorexia. Reflejan cosas tan terribles como:

- Acompañada es mejor, busca amigos/as con iguales intereses.
- Prometo acostarme hambrienta todas las noches.
- Estar delgada es más importante que estar sana.
- Si no estás delgada no eres atractiva.
- No comerás sin sentirte culpable.
- El hambre es mi consuelo.
- No debo desear comer.

En estas páginas se encuentran una serie de secciones que son casi fijas:
- Foros donde se intercambian experiencias e información.
- Trucos para acelerar la pérdida de masa corporal o para disimular delante de los padres.

En estas páginas web hacen hasta "carreras de kilos" para ver quién adelgaza más y más rápido: la líder de esa página establece un día, a partir del cual entran, ponen su peso, su estatura y el peso que se proponen como meta, al cabo de una semana o diez días entran de nuevo y cuentan lo que han conseguido durante ese tiempo; aquellas que son capaces de perder más peso suben de categoría, promocionan y ganan prestigio.

La desesperación de estos enfermos es tan terrible que los vigilantes de la red han llegado a encontrar sesiones de autolesión, pues estas páginas llegan a fomentar la sadorexia, donde se hacen llegar el mensaje de que el dolor adelgaza. Colocan fotografías para enseñar a autolesionarse e incluso exponen fotografías de sus propias lesiones. La angustia vital que sufren estos enfermos es tan grande que pueden llegar a hacerse daño en busca de quemar calorías para adelgazar aún más.

Los adolescentes que crean estas páginas han desarrollado dos formas de identificación:
- El lazo blanco: muchas de ellas colocan un lazo blanco virtual en las páginas que confeccionan o lo pegan en sus carpetas, como símbolo reivindicativo de su "estilo de vida" o como forma de reconocerse.

○ Las pulseras: las jóvenes pro-ANA se colocan una pulsera o cordón rojo en la muñeca izquierda, en ocasiones adornado con unas cuentas o piedrecillas rojas y, las pro-MIA, hacen lo mismo pero utilizando el color morado. De esta forma pueden reconocerse unas a otras en cualquier sitio: en la calle, la cola de un cine, un pub. En caso de duda se señalan disimuladamente la pulsera para ver si la otra hace lo mismo.

La Asociación Protégeles, con sus dos campañas de prevención de la anorexia y la bulimia en internet: "Anaymia" y "Tú eres más que una imagen", son un buen ejemplo de que las nuevas tecnologías también se pueden utilizar como herramienta preventiva. Estas campañas en internet tienen información destinada a adolescentes, padres y profesores[6].

8_ Prevención desde el aula

El centro educativo no puede permanecer al margen, del denominado "currículo oculto". Los valores y actitudes que se encuentran de forma implícita en el quehacer cotidiano de las clases, conducta del profesorado, etc. puede influir también positiva o negativamente en los trastornos de alimentación.

La mayor prevención de los trastornos de la conducta alimentaria, sería tener una asignatura de Educación para la Salud donde poder trabajar eficazmente este tema, tanto con los alumnos como con sus familias. Debemos alertar de los peligros que supone el excesivo culto al cuerpo y el daño que se produce y se sufre al ridiculizar a las personas por su aspecto físico. Es fundamental potenciar la autoestima, compensar posibles situaciones de menosprecio en el ámbito escolar. El grado de insatisfacción con el aspecto corporal se empieza a producir en la infancia, hay una condena y rechazo hacia niños y niñas con sobrepeso, es el insulto más frecuente en la escuela.

El centro educativo en su conjunto debe promover una acción responsable y solidaria con la comunidad. Desarrollar habilidades personales y sociales, potenciar hábitos y actitudes saludables. Mandar siempre mensajes positivos y no excesivamente dramáticos.

8.1_Señales de alerta ante posibles casos de trastorno de la conducta alimentaria en el centro educativo[7]

○ En cuanto al aspecto físico.
- El adolescente puede llevar ropas anchas o jerséis atados a la cintura para tapar el trasero.
- Evita ponerse ropa ajustada y mostrar partes de su cuerpo cuando eso es lo esperable en las circunstancias y estación del año (clase

---

6. Véase las direcciones de Internet en bibliografía.
7. Asociación Protégeles.

TRASTORNOS DE LA CONDUCTA ALIMENTARIA. Anorexia y bulimia

de gimnasia, verano...). Además, hace constantes comentarios despectivos respecto a su cuerpo.
- En el caso de la anorexia: hay una reducción de peso significativa en poco tiempo. Si está en edad prepuberal, no está creciendo al ritmo esperable o parece que su crecimiento se ha frenado. Tienen un aspecto marchito y expresión de tristeza y puede llevar una pulsera de cuentas de color rojo.
- En el caso de la bulimia: no hay variaciones importantes de peso en la mayoría de los casos, en un porcentaje mínimo puede haber sobrepeso o infrapeso. Puede llevar una pulsera de cuentas de color morado.

  o Rendimiento en las clases: suele perder la atención en clase y parece "ensimismada/o".
- Se observa que está más cansada/o que de costumbre, indica que se marea o incluso alguna vez se ha desmayado.
- En el caso de la anorexia: excesiva preocupación por los estudios, independientemente de los resultados obtenidos. Su nivel de autoexigencia no le permite disfrutar de sus logros. Al principio mejora las calificaciones en casi todas las áreas, según avanza la enfermedad las dificultades de concentración y de aprendizaje hacen que no pueda seguir adecuadamente las clases. La asignatura de ejercicio físico se convierte en irrenunciable, esforzándose al máximo en su realización.
- En el caso de la bulimia: suele tener malas calificaciones desde el primer momento de la enfermedad y éstas se irán acentuando según evolucione la patología. Sin embargo, se pueden dar casos que evolucionen como la Anorexia Nerviosa. Manifiesta un comportamiento más desorganizado y despreocupado del que solía tener.

  o Comportamiento en el comedor:
- Puede saltarse la hora de la comida y quedarse en el recreo.
- Muestra signos claros de tensión durante las comidas.
- Se queja de que es demasiada comida o demasiado rica en calorías.
- En el caso de la anorexia: presenta comportamientos extraños en relación a la comida (esconde o desmenuza obsesivamente los alimentos). Suele tardar mucho tiempo en comer.
- En el caso de la bulimia: come menos de lo habitual (los atracones se dan en privado).

  o Comportamiento en el recreo:
- En un primer momento pueden conversar frecuentemente sobre quién es la más delgada/o de la clase, sobre dietas o las formas del cuerpo ideal.
- Se observa que ha sustituido de forma sistemática el bocadillo de media mañana por una fruta.
- Con el fin de quemar calorías pueden realizar movimientos repetitivos sin finalidad, dar paseos sin detenerse, no sentarse....

- En el caso de la anorexia: si es purgativa podrá buscar un baño después de comer para intentar vomitar. Poco a poco se introducen en un progresivo aislamiento de los compañeros, con apariencia infeliz, decaída/o y con desinterés por las actividades en las que participa.
- En el caso de la bulimia: puede continuar comiendo alimentos altos en calorías, dulces, chucherías, etc., si cuentan con la posibilidad de vomitar después. Puede abusar del tabaco o de algún otro tipo de droga. En un primer momento conservará sus amistades y parecerá bien relacionada/o, pero poco a poco serán las amigas/os las que les darán de lado por sus conductas "inestables" o será ella/él quien acaben aislándose.

¿Qué hacer ante la sospecha de anorexia o bulimia en el aula?

- En primer lugar tenemos que compartir nuestras dudas con otros profesores de la alumna/no para contrastar nuestra impresión.
- Si nuestras dudas se confirman, y con el objetivo de valorar la gravedad del problema, el orientador del centro, junto con el tutor o el profesor que tenga más afinidad con ella/él, deberían reunirse.
- La persona que mantenga una mejor relación con la alumna/no será el responsable de hablar con ella/él. Durante el encuentro, sería deseable hacerle ver que nos hemos dado cuenta de que está más triste, más aislada/o, etc. y que notamos que algo le pasa. Si ella/él confía en nosotros, no tardará en contarnos su historia. Es necesario convencerla/le para que cuente el problema a sus padres.
- Si conseguimos nuestro objetivo, es importante que nos pongamos en contacto con los padres de la alumna/no, a posteriori, para coordinarnos con ellos. Si la joven o el joven no se atreve a hablar con sus padres, dicho profesor puede ofrecerse para hacerlo en su nombre.
- En el caso de que plantee resistencias, es imprescindible hacerle ver que su problema es serio, que no puede solucionarlo por sí mismo/a y que necesita ayuda. Aún en contra de su voluntad, el tutor debe hablar con sus padres y explicarles la situación.
    Si el centro contase con la colaboración de un profesional sanitario, por ejemplo una enfermera responsable de la Educación para la Salud, sería el profesional indicado para gestionar este caso. La confidencialidad en este caso no se puede respetar, las acciones del adolescente suponen un peligro inmediato y grave para su vida, por lo que necesita un tratamiento especializado multidisciplinar inmediato.
- El profesor no puede olvidarse de que este tipo de problemas deben resolverse fuera del ámbito escolar y que el caso se debe derivar al organismo correspondiente de la Sanidad Pública.
- Si los padres rehúsan hablar con el tutor, el orientador o la enfermera del colegio, éstos puede intentar consultar el tema con algún especialista. Cerca del centro educativo tiene que existir un centro de salud, con mé-

dicos de familia y pediatras, y un centro de Salud Mental, con psicólogos y psiquiatras.

¿Cómo actuar en el aula si tenemos un alumno con anorexia o bulimia?

- No es conveniente que el resto de los compañeros conozcan el diagnóstico del alumno, pero si es algo que se sabe, puede ser interesante abordarlo de forma natural, incidiendo en lo que se espera de él/ella para ayudarla/le.
- La mejor recomendación es tratar a la alumna/no como una persona "normal", evitando sacar temas de conversación relativos al peso, imagen, alimentación, etc.
- Tratar de acogerla/le con cariño, evitando su aislamiento, es otro aspecto importante a considerar, y hablar con sus compañeros.
- Desde el punto de vista académico es importante permitirle una cierta flexibilidad, para que pueda recuperar exámenes, asistir a sus revisiones médicas, etc.

¿Qué deben de hacer los amigos[8]?

Ante la sospecha o la convicción de que una amiga/o tiene un problema de alimentación, los expertos les recomiendan:

- No te frustres si no reconoce tener un problema y rechaza la ayuda profesional, trata de hablar con alguien de su entorno cercano (hermanos mayores, padres, profesores...) y da la voz de alarma, no esperes a que ella/él acceda a ponerse bajo tratamiento.
- Trata de obtener información sobre este tipo de trastornos, en qué consisten, dónde acudir, cómo tratarla/le, etc. Cuantos más datos tengas menos indefensa/so te verás y mejor podrás ayudarla/le.
- Evita dirigirle comentarios sobre su aspecto físico, tales como: "cada día estás más delgada/do", "te estás quedando en los huesos", conseguirás que su comportamiento de pérdida de peso se vea reforzado y aumentarás su preocupación por el físico.
- Elude hablar con ella/él de dietas, de calorías, de personas del entorno que hayan engordado o adelgazado.
- Interésate por otras áreas de su vida, ajenas a la alimentación y su imagen, como los estudios, el trabajo, la familia, la pareja....
- Debido a su baja autoestima y a su sentimiento de inferioridad, es importante que le recuerdes lo importante que es ella/él para ti y lo orgullosa/so que estás de que sea tu amiga/o.
- Trata de alabar todas las áreas de su persona ajenas al peso y la imagen. Hazle entender que una persona no es únicamente un peso o una talla, es un conjunto de fortalezas y debilidades.

---

8.   Véase en el tema Los padres y la Educación para la Salud. Trabajo con las familias: la familia ante los Trastornos de la Conducta Alimentaria.

- Si comes con ella/él, no prestes atención sobre lo que come, cómo come o la comida en sí, trata de sacar temas amenos de conversación. No le recomiendes lo que debería comer, o lo que no, son los especialistas los que deben tomar esas decisiones.
- Aunque no quiera relacionarse, intenta integrarla/le en los grupos, llamarla/le para no favorecer su aislamiento.
- El tratamiento es largo en el tiempo y la recuperación no es lineal. No esperes resultados a corto plazo, cuenta con períodos de estancamiento y de retroceso.

9_ Cuestionario SCOFF

El cuestionario SCOFF es una alternativa aceptable para el *escrining* de grupos de población adolescente por su sencillez y rapidez de administración, que está pensado para la población general femenina (población diana). Es un cuestionario de 5 items en formato de respuesta dicotómica (SI - NO). Cada respuesta afirmativa es valorada con un punto. El punto de corte propuesto por los autores para el cribado en la población general es igual o superior a 2 puntos.

	SI	NO
¿Tiene la sensación de estar enferma/o porque siente el estomago lleno?		
¿Está preocupada/o porque siente que tiene que controlar cuánto come?		
¿Ha perdido recientemente más de 6Kg en un periodo de tres meses?		
¿Cree que está gorda/o aunque otros digan que está demasiado delgada/o?		
¿Diría que la comida domina su vida?		
PUNTUACIÓN TOTAL		

Cuestionario para cribado de anorexia y bulimia.

10_ Esquema de trabajo con los adolescentes en sus IES

El esquema de trabajo con los adolescentes se va a basar en incrementar conocimientos y modificar actitudes inadecuadas, esto lo conseguiremos mediante:
- Criterios diagnósticos.
- Causas.
- Alteraciones del comportamiento.
- Síntomas y signos físicos y psíquicos.
  - Saber identificar en nosotros y en los demás, signos y síntomas de alarma que identifican los trastornos de la conducta alimentaria.
  - La importancia de pedir ayuda ante los primeros signos y síntomas de alarma que identifican los trastornos de la conducta alimentaria.

- ¿Qué hacer?
- Tratamiento.
- Pronóstico y mortalidad.
- Imágenes reales de las personas que sufren esta enfermedad.
- Índice de Masa Corporal (IMC).
  - Consolidar los hábitos alimentarios correctos y la práctica de ejercicio físico regular saludable.
  - Reconocer la importancia de mantener un peso sano.
- Desmitificación del valor de la imagen-aspecto como elemento esencial de la autoestima y el éxito.
- Importancia de valorar nuestro cuerpo, conocerlo y cuidarlo. Aceptar nuestra figura corporal.
- El peligro de las dietas "mágicas": son peligrosas y siempre engañosas, se debe acudir siempre a un profesional sanitario especializado en nutrición.
- Adelgazar cada día, morir un poco cada día.
- El adolescente como agente de salud.
- Los beneficios de comer en familia.
- Los peligros de Internet.
- ¿Dónde pedir ayuda?
- Enseñar a los alumnos a identificar los elementos manipuladores de la publicidad y a desarrollar un sentido crítico hacia la presión social.
- Trabajar habilidades específicas para ayudar a los adolescentes a aceptarse a sí mismos y tener una alta autoestima.
- Entrenar a los alumnos en habilidades sociales, haciendo hincapié en el estilo de comunicación asertivo y enseñarles estrategias de resolución de problemas para hacerles más independientes y que tengan mayor garantía de éxito en su toma de decisiones.

Las actividades en grupo que se llevarán a cabo son:
- Casos hipotéticos, reflexión y debate. El problema de Ana. El problema de Mónica.
- Ver los vídeos: **Diario de una obsesión. La belleza**, de julio de 2006 y **Hay que vivir. Perdidos en el espejo**, de julio 2007.
- Leer testimonios de jóvenes que han sufrido trastornos de la conducta alimentaria y los han resuelto. Reflexión con los alumnos.
- Estudiar anuncios publicitarios, obras de teatro y películas para discutir en grupo todos estos aspectos.

03 EL DESARROLLO AFECTIVO Y EVOLUTIVO de los sentimientos

El adolescente se mueve entre contradicciones y ambivalencias:
- Necesita tener momentos de soledad y por otra parte necesita estar en grupo, pero a veces en el mismo grupo se siente solo.
- Tiene mucha ilusión por su futuro, pero en situaciones pierde toda la ilusión.
- Siente menosprecio hacia el adulto, aunque en ocasiones es su punto de referencia.
- Hacia los 12-14 años tiene desprecio hacia las cosas antiguas, piensa que lo importante es lo moderno.
- El adolescente es bastante inflexible, les cuesta ver un punto medio.
- A partir de los 14-16 años queda zanjado el conflicto homosexualidad-heterosexualidad. Ya conoce su cuerpo y su parte psíquica puede empezar a decidir.

La educación que reciben nuestros adolescentes debe ayudarles a desarrollar y afianzar el razonamiento hipotético deductivo propio de esta etapa, a constituir su identidad, a aceptar su propio cuerpo y a asentar un autoconcepto positivo con un aceptable nivel de autoestima. El adolescente necesita un gran reconocimiento y aceptación para formarse un concepto positivo de sí mismo.

La adolescencia es una etapa proclive a las sensaciones nuevas, a los desafíos y a las conductas de riesgo, especialmente cuando se realizan en grupo.

04

••• EDUCACIÓN Afectivo-Sexual

1_ Situación actual[1]

A pesar de que vivimos en la era de la información, está creciendo el número de embarazos no deseados en adolescentes, así como el número de interrupciones voluntarias del embarazo (IVE) y el riesgo de infección por el virus de la inmunodeficiencia humana (VIH) y otras enfermedades de transmisión sexual (ETS). La información que tienen los jóvenes en materia afectivo-sexual es muy superficial y con importantes creencias falsas.

La conducta sexual pertenece a un tipo de conductas denominadas pasionales o emocionales que no suelen guiarse por procesos de toma de decisiones ni planificación previa, y se enfrentan a las llamadas conductas racionales en las que sí suele darse una planificación y toma de decisiones previas (como comprarse una casa nueva).

La adolescencia es el periodo en el que empiezan a experimentarse las relaciones sexuales. La conducta sexual en los adolescentes tiene características peculiares debido a la etapa evolutiva en la que se encuentran, haciendo mucho más probable que su conducta sea menos racional y que asuman riesgos. Algunas de es-

---

1.   Véase en Internet las conclusiones más destacadas de los congresos y reuniones de expertos más importantes que se realizan en España (congreso nacional sobre el SIDA, reuniones del grupo español para la investigación de las ETS (GEIETS), informes del INJUVE (observatorio de la juventud) etc.), así como datos estadísticos, encuestas y estudios de interés en los últimos años, con la intención de poder obtener una radiografía lo más exacta posible de la situación actual.

tas peculiaridades son: la necesidad de conocer y explorar el mundo por sí mismos, el gusto por el riesgo y la aventura, su creencia de invulnerabilidad que les hace pensar que a ellos no les va a pasar nada y que los problemas se resuelven fácilmente, su dificultad para pensar a largo plazo y su inexperiencia. Además la relación sexual produce una satisfacción casi segura e inmediata y sus riesgos potenciales son a medio o largo plazo. Todo esto unido a que especialmente en la adolescencia la conducta sexual está sujeta a multitud de influencias situacionales, como el consumo de alcohol u otras drogas, el que la pareja suele ser nueva, que se tiene en lugares inadecuados y que surgen casi siempre sin planificación previa (no disponen de preservativos), hace que muchos modelos teóricos para la explicación de riesgos sexuales no puedan ser aplicados a los adolescentes.

Los adolescentes no reciben la información ni los servicios previos necesarios por parte de los padres, el sistema educativo y el sistema sanitario. A la vez, está ocurriendo que los padres y la sociedad en general se han hecho muy permisivos en horarios y comportamientos. En muchas ocasiones, los medios de comunicación están transmitiendo mensajes que ofrecen una imagen de la sexualidad empobrecida y nada saludable, centrada en el coito, fácil de conseguir y sin afecto. Todas estas variables, y otras muchas que inciden en la conducta sexual, deben ser trabajadas con los adolescentes y sus familias.

Los adolescentes españoles han adelantado y aumentado su actividad sexual y realizan un mal uso de los métodos anticonceptivos, lo que hace aumentar los embarazos no deseados con los riesgos que estos entrañan. Las embrazadas suelen comenzar el control de la gestación más tarde de lo recomendado, el tiempo que tardan en asimilar la noticia, decidir qué hacer, a quién decírselo... retrasa la consulta con la matrona o el ginecólogo. El control tardío del estado de gestación supone un riesgo importante para la madre y para el feto. Los embarazos en adolescentes también suelen acarrear más complicaciones que las gestaciones adultas: mayor porcentaje de prematuridad, mayor porcentaje de bajo peso al nacer y anemia ferropénica[21].

No podemos olvidar que la repercusión emocional del embarazo en los adolescentes es muy importante. Éstos no poseen la madurez suficiente para soportar la presión que les envuelve. En poco tiempo tienen que aceptar muchos cambios, algunos de los cuales variarán su estilo de vida para siempre. En la actualidad el embarazo no deseado está asociado a fracaso escolar, deterioro de la salud física y emocional y aislamiento social[22,23].

Otro punto muy importante a destacar en la Educación Afectivo-Sexual es que el riesgo de infección por el VIH y otras ETS durante la adolescencia es un problema creciente. Esto es debido al incremento en la proporción de jóvenes con relaciones sexuales coitales, a su edad de inicio más temprana, a la inconsistencia o el poco uso del preservativo y al uso de drogas[24].

ONUSIDA estima que aproximadamente el 50% de nuevas infecciones están concentradas en jóvenes de 15 a 24 años. Cada día contraen el virus más de 600 adolescentes en el mundo. En España, tres de cada cinco casos de SIDA adquiridos por vía sexual y nueve de cada diez de los adquiridos por compartir material de inyección de drogas, afectan a jóvenes y adultos con edades comprendidas entre 20 y 39 años.

De acuerdo con la historia natural de la infección, muchas de estas personas debieron contraer la infección en la adolescencia.

La etapa de la adolescencia es la edad en la que puede existir mayor riesgo de adquirir enfermedades de transmisión sexual, igualmente debido a las características peculiares por la etapa evolutiva en la que se encuentran: comienzo de la actividad sexual, inexperiencia, inmadurez, falta de percepción de riesgo, sensación de invulnerabilidad, falta de habilidades para negociar con la pareja el uso de protección o para actividades sexuales seguras alternativas al coito, etapa de prueba (frecuente cambio de pareja) y dificultades para acceder a los medios de protección (precio, lugar, etc.) y para usarlos correctamente[25].

Se hace vital destacar que del éxito de las intervenciones realizadas con los jóvenes dependerá el futuro de la epidemia del SIDA en nuestro país, dado que su comportamiento está aún en desarrollo y pueden adoptar prácticas más seguras con mayor facilidad que los adultos. Así está reflejado en múltiples estudios. En los adolescentes las intervenciones para prevenir la transmisión sexual del VIH deben ser prioritarias[24,25].

En mayo del 2009 el Ministerio de Sanidad y Política Social comunicó, a través de una rueda de prensa, la autorización de la venta de "la píldora del día después", el tratamiento post-coital, en las farmacias sin necesidad de receta médica y a cualquier persona sin límite de edad, siendo esta medida efectiva en tres meses.

En esta rueda de prensa se dijeron cosas como:
- El fin de esta medida es evitar los embarazos no deseados.
- No se quiere que sea un método anticonceptivo más.
- Pretende facilitar el acceso a esta píldora para situaciones de emergencia.
- Con esta decisión se eliminan los obstáculos con los que se encuentran las mujeres, en particular las más jóvenes, para acceder a algunos métodos anticonceptivos.
- El objetivo es que una mujer que lo necesite en un momento dado lo pueda conseguir sin ningún tipo de traba.

Esta medida, desde el punto de vista de muchos profesionales que trabajamos en la Educación Afectivo-Sexual, implica romper la labor educativa. Este tratamiento, cuando se dispensa de forma gratuita en los servicios de urgencias hospitalarios con maternidad y en los centros de planificación familiar, se sigue un protocolo, se ofrecen normas de educación sexual, se explican los métodos anticonceptivos y se habla de las enfermedades de transmisión sexual y la necesidad de utilizar métodos de barrera como el preservativo. La venta sin receta de este fármaco rompe toda la labor educativa e impide incidir en la prevención de las enfermedades de transmisión sexual. No debemos pensar sólo en los embarazos no deseados y en los abortos, sino también en las enfermedades de transmisión sexual y en educar.

Desde el punto de vista de los profesionales sanitarios, sería mucho más apropiado hacer su dispensación gratuita en los centros de salud. A través de ellos se ofrece la misma facilidad de acceso y además la enfermera o el médico, según el protocolo establecido, puede hacer una valoración individualizada de la persona, detectando a tiempo cualquier problema de salud que pudiera presentarse, valorar la interacción de este medicamento con otro que la persona esté tomando en este momento, detectar cualquier desviación que en el uso de este medicamento pudiera producirse, alertar de su falta de protección frente a las enfermedades de transmisión sexual y trabajar especialmente con los jóvenes la planificación y recomendación de los métodos anticonceptivos principalmente el preservativo, y facilitarlos.

La píldora anticonceptiva de emergencia (PAE), conocida comúnmente como "píldora del día después", es un medicamento, por lo que supone un gran riesgo para la salud banalizar su empleo. Se trata de un método de emergencia, por lo que no debe usarse como método habitual de anticoncepción. Una venta libre e indiscriminada sin una Educación Afectivo-Sexual de calidad podría llevar a los adolescentes a un abuso de estos fármacos con las consecuencias graves que tendría para su salud, sin olvidar el peligro de contraer una ETS por no utilizar un método de barrera.

Debemos señalar también que se está empleando un término engañoso: la denominación "píldora del día después" es un término engañoso que puede inducir a su empleo el día siguiente, cuando es un método cuya eficacia depende en gran medida de la inmediatez con que se tome, estando su mayor efectividad dentro de las 24 horas siguientes.

Esta medida puede derivar en muchos problemas de salud si no lo acompañamos de una Educación Afectivo-Sexual de calidad, no con folletos informativos ni con clases aisladas, sino dentro de una asignatura de Educación para la Salud continuada para poder abordarse este tema en todas sus dimensiones y durante toda la estancia del adolescente en su IES. No debemos olvidar que los adolescentes se sienten inmunes, y por tanto no son conscientes del peligro que corren con ciertas prácticas de riesgo. En la Educación Afectivo-Sexual debemos incidir en el cambio de actitudes, tenemos que intervenir en factores que influyen en el comportamiento, como son:

- La falta de percepción de riesgo.
- La sensación de invulnerabilidad.
- La falta de habilidades para negociar con la pareja el uso de protección o para actividades sexuales seguras alternativas al coito. Trabajar para conseguir la habilidad para una efectiva comunicación/negociación sexual.
- La opinión de la pareja.
- La adolescencia como etapa de prueba (frecuente cambio de pareja).
- La autoeficacia para pedir a la pareja el uso del preservativo.

- La capacidad para conseguir preservativos.
- La influencia del grupo de iguales. La opinión de los amigos.
- La percepción de lo que hacen los demás.
- Los roles de género.
- La norma social de prevención del VIH.

En cuanto a los datos sobre interrupciones voluntarias del embarazo en adolescentes, tal y como afirmaba la Ministra de Sanidad y Política Social en esta rueda de prensa *«(...) en España hay un problema que hay que abordar con firmeza y es que este país registra elevadísimas tasas de interrupciones del embarazo entre jóvenes y adolescentes»*.

España es el país de la Unión Europea donde más ha crecido el número de abortos. Se han duplicado en una década, ya que han pasado de unos 62.000 casos anuales hasta los 112.138 del 2007. Estos datos del 2007 suponen un 10.3% más que en 2006. En el 2008 se registraron en España 115.812, un 3,2% más que el año anterior. La Educación Afectivo-Sexual es y seguirá siendo la herramienta más eficaz.

En lo referente a los adolescentes (edad menor o igual a los 18 años) la cifra de IVE (Interrupción Voluntaria del Embarazo) ha sido de 10.241 interrupciones voluntarias del embarazo en el 2008, según los datos del Informe IVE 2008 del Ministerio de Sanidad y Política social. Es evidente que la Educación Afectivo-Sexual que reciben nuestros jóvenes está fallando, con cifras como éstas.

Todos los expertos coincidimos que comenzar las relaciones sexuales coitales a una edad más tardía ayudaría a tener un comportamiento sexual responsable. Esto se podrá conseguir con mucho trabajo y dedicación desde la más tierna edad, en casa con los padres y en la escuela e IES con una asignatura de Educación para la Salud continuada, la cual tenga el espacio y la financiación suficiente para que se pueda desarrollar adecuadamente.

Debemos actuar todos, desde la Educación Afectivo-Sexual y a todos los niveles, para poder afrontar con eficacia este gravísimo problema.

2_ Ley de Salud Sexual y Reproductiva y de Interrupción Voluntaria del Embarazo[2]

El 4 de marzo del 2010, la nueva Ley de Salud Sexual y Reproductiva y de la Interrupción Voluntaria del Embarazo[3] fue publicada en el **Boletín Oficial del Estado** (BOE), entrando en vigor a los 4 meses a partir del día siguiente a su publicación el 5 de julio del 2010.

2. Véase en Internet: **La Ley Orgánica 2/2010**, de 3 de marzo, de Salud Sexual y Reproductiva y de la Interrupción Voluntaria del Embarazo. En su publicación en el **Boletín Oficial del Estado**: Nº 55, jueves 4 de marzo de 2010.
3. Tras el cambio de Gobierno en España, el Ministerio de Justicia ha anunciado que va modificar esta ley, el primer borrador vería la luz en otoño de 2012. El Ejecutivo insiste en que la modificación supondrá volver a los supuestos, además recuperaría la necesidad de que las menores cuenten con el apoyo paterno para abortar, los derechos del concebido y un sistema de garantías para los casos en los que se produzca un conflicto entre los derechos de la mujer y el no nacido.

Esta nueva ley, contempla en el Título I, Capítulo III, las medidas para el ámbito educativo; en el Capítulo IV, la estrategia de salud sexual y reproductiva; en el Título II, Capítulo I, las condiciones de la Interrupción Voluntaria del Embarazo; y en el Capítulo II las garantías en el acceso a la prestación.

2.1_Conclusiones de las condiciones de la Interrupción Voluntaria del Embarazo. La ley de plazos

La ley de plazos indica que se podrá interrumpir el embarazo en las siguientes circunstancias:

- Podrá interrumpirse el embarazo dentro de las primeras 14 semanas de gestación a petición de la embarazada[4]. Siempre que se haya informado a la mujer sobre los derechos, prestaciones y ayudas públicas de apoyo a la maternidad[5], se le informará también sobre los centros disponibles para recibir información adecuada sobre anticoncepción y sexo seguro y centros donde pueda recibir asesoramiento antes y después de la IVE[6]. Se exige un periodo de reflexión de al menos tres días desde la entrega de esta información y la realización de la intervención. Con esto se intenta garantizar a la mujer la posibilidad de tomar una decisión reflexionada e informada.
- Interrupción por causas médicas hasta la semana 22.
  - En caso de grave riesgo para la vida o la salud de la embarazada. Debe constar en un dictamen emitido con anterioridad a la intervención por un médico especialista distinto del que la practique o dirija. En caso de urgencia vital para la gestante se podrá prescindir del dictamen.

---

4. Mujeres de 16 y 17 años. El consentimiento para la interrupción voluntaria del embarazo les corresponde exclusivamente a ellas, pero al menos uno de los representantes legales, padre o madre, personas con patria potestad o tutores de las mujeres comprendidas en esas edades, deberá ser informado de la decisión que ha tomado la mujer. Se prescindirá de esta información cuando la menor alegue fundadamente que esto le provocará un conflicto grave, manifestado en el peligro cierto de violencia intrafamiliar, amenazas, coacciones, malos tratos o que se produzca una situación de desarraigo o desamparo.

5. Información y asesoramiento a las mujeres: todas las mujeres que manifiesten su intención de someterse a una IVE recibirán información sobre los distintos métodos de IVE, las condiciones para la interrupción previstas en la ley, los centros públicos y acreditados que hay, los trámites a realizar, así como las condiciones para su cobertura por el servicio público de salud correspondiente. Recibirán también información sobre las consecuencias médicas, psicológicas y sociales de la prosecución del embarazo o de la interrupción del mismo. Toda la información que se dé a la mujer debe ser escrita de forma clara, objetiva y comprensiva. En el caso de las personas con discapacidad, la información se proporcionará en formatos o medios accesibles adecuados a sus necesidades. También toda la información podrá ser ofrecida además verbalmente si la mujer lo solicita.

6. Garantía del acceso a la prestación: los servicios públicos de salud, en el ámbito de sus respectivas competencias, aplicarán las medidas precisas para garantizar el derecho a la prestación sanitaria de la interrupción voluntaria del embarazo en los supuestos y con los requisitos establecidos en esta ley. Esta prestación estará incluida en la cartera de servicios comunes del Sistema Nacional de Salud. La prestación sanitaria de la interrupción voluntaria del embarazo se realizará en centros de la red sanitaria pública o vinculados a la misma (centros acreditados).

- Cuando exista riesgo de graves anomalías en el feto. Debe constar en un dictamen emitido con anterioridad a la intervención por dos médicos especialistas distintos del que la practique o dirija. La mujer recibirá información escrita sobre los derechos, prestaciones y ayudas públicas existentes de apoyo a la autonomía de las personas con alguna discapacidad y la red de organizaciones sociales de asistencia social a estas personas.
  - Después de la semana 22.
    - Cuando se detecten anomalías fetales incompatibles con la vida. Debe constar en un dictamen emitido con anterioridad a la intervención por un médico especialista distinto del que practique la intervención.
    - Cuando se detecte en el feto una enfermedad extremadamente grave e incurable en el momento del diagnóstico y así lo confirme un comité clínico. Este comité clínico estará formado por dos médicos especialistas en ginecología y obstetricia o expertos en diagnóstico prenatal y un pediatra. La mujer podrá elegir uno de estos especialistas. Confirmado el diagnóstico por el comité, la mujer decidirá sobre la intervención.

2.2_La objeción de conciencia de los profesionales sanitarios

Esta ley en su Artículo 19, *Medidas para garantizar la prestación por los servicios de salud*. Contempla el derecho de los profesionales sanitarios a ejercer la objeción de conciencia:

«Los profesionales sanitarios directamente implicados en la interrupción voluntaria del embarazo tendrán el derecho de ejercer la objeción de conciencia sin que el acceso y la calidad asistencial de la prestación puedan resultar menoscabadas por el ejercicio de la objeción de conciencia. El rechazo o la negativa a realizar la intervención de interrupción del embarazo por razones de conciencia es una decisión siempre individual del personal sanitario directamente implicado en la realización de la interrupción voluntaria del embarazo, que debe manifestarse anticipadamente y por escrito. En todo caso los profesionales sanitarios dispensarán tratamiento y atención médica adecuados a las mujeres que lo precisen antes y después de haberse sometido a una intervención de interrupción del embarazo».

Según la ley resulta obligatorio informar por escrito de la negativa a practicar abortos en el centro en el que el médico o la enfermera/o ejercen su profesión. No basta con negarse únicamente de palabra, los profesionales médicos y de enfermería que deseen acogerse a la objeción de conciencia deben manifestar su intención anticipadamente y por escrito.

Muchos colegios oficiales de estos profesionales cuenta ya con un registro de objetores de conciencia, garantizando siempre su confidencialidad. Estos registros se crean con el objetivo de proporcionar más respaldo legal a sus colegiados.

La objeción de conciencia se puede definir como "un conflicto que se produce cuando hay un choque entre el deber moral del profesional, al seguir los dictados de su conciencia, y el deber normativo al que se debe el profesional cuando tiene que prestar una determinada asistencia". La objeción "está motivada por un impulso individual y subjetivo de carácter moral o ético" y en este caso el objetor "no pretende la derogación de la ley, sino simplemente que se le exima de su cumplimiento". Los códigos deontológicos de enfermeras/os y médicos reconocen este derecho:

- Consejo General de Colegios Oficiales de Enfermería de España. Código Deontológico de la Enfermería Española resultante de las Resoluciones 32/1989 y 2/1998. Artículo 22: «*De conformidad con lo dispuesto en el artículo 16.1 de la Constitución Española, la enfermera/o tiene, en el ejercicio de su profesión, el derecho a la objeción de conciencia que deberá ser debidamente explicitado ante cada caso concreto. El Consejo General y los colegios velarán para que ningún enfermero/a pueda sufrir discriminación o perjuicio a causa del uso de ese derecho*».
- Consejo General de Colegios Oficiales de Médicos de España. Código de Ética y Deontología médica 1999. Capítulo VI. Reproducción Humana, Artículo 26: «*El médico tiene el derecho a negarse por razones de conciencia a aconsejar alguno de los métodos de regulación y de asistencia a la reproducción, a practicar la esterilización o a interrumpir un embarazo. Informará sin demora de su abstención y ofrecerá, en su caso, el tratamiento oportuno al problema por el que se le consultó. Respetará siempre la libertad de las personas interesadas de buscar la opinión de otros médicos. Y debe considerar que el personal que con él colabora tiene sus propios derechos y deberes.*

  »*El médico podrá comunicar al Colegio de Médicos su condición de objetor de conciencia a los efectos que considere procedentes, especialmente si dicha condición le produce conflictos de tipo administrativo o en su ejercicio profesional. El colegio le prestará el asesoramiento y la ayuda necesaria*».

3_ El ciclo menstrual ¿armonía o desequilibrio?

El inicio de pubertad en la chica se define generalmente por el inicio del desarrollo de las mamas, que tiene lugar entre los 8 y los 14 años; en cambio para su final se toma como referencia principal la menarquia, la cual es la primera menstruación y a la mayoría de las chicas les sucede entre los 12 ó 13 años, pero se considera normal entre los 10 y los 16 años. La edad media de la menarquia en la población española es de 12,6 años.

Otros cambios corporales importantes que suceden en la pubertad incluyen el aumento de peso, el ensanchamiento de las caderas por acúmulo de grasa y la formación progresiva de acné debido a que las glándulas sebáceas segregan una mayor cantidad de grasa. Las nalgas y los muslos toman una forma más redondeada y también se depositan acúmulos de grasa en el pubis. Durante la pubertad también se aprecia un descenso sensible del timbre de la voz. Las secreciones sudoríparas aumentan, el olor corporal cambia sensiblemente y el sudor axilar adquiere su olor característico.

El ciclo menstrual es el tiempo que pasa entre el primer día de una menstruación y el primer día de la siguiente. Habitualmente se toma como ejemplo 28 días, pero se considera normal entre 17 y 35 días.

3.1_¿Cómo se contabiliza el ciclo menstrual?

Para saber de cuántos días es nuestro ciclo menstrual debemos anotar cada mes en un calendario:
- El primer día que nos ha venido la menstruación y también el último día, así sabremos cuántos días nos dura la menstruación. Lo normal es que el sangrado dure entre 2 y 8 días (siendo lo más habitual 5 días).
- Al mes siguiente anotaremos también el día que nos viene la menstruación y contamos los días que hay desde el primer día de la menstruación de la vez pasada, hasta el primer día de la menstruación siguiente.

La cantidad de sangre que se pierde varía de una mujer a otra, pero la cantidad media es de unos 70-80 gramos aproximadamente (100 ml), lo que equivale aproximadamente al volumen de una taza de té. Los primeros días se pierde mayor cantidad y luego desciende. El 90% se emite durante los primeros 2-3 días de la menstruación. Se considera normal la cantidad de pérdida menstrual, siempre que sea inferior a 8 apósitos (compresas o tampones) empapados por día.

Es muy frecuente la irregularidad de los ciclos en los primeros meses que siguen a la menarquia (es posible que después de la primera menstruación la segunda no se presente hasta varios meses después o también que se presente 2 o más veces en un mismo mes. Durante este tiempo también es posible que una menstruación dure por ejemplo 3 días y otro mes 7 días). Es aconsejable que las jóvenes anoten en un calendario las fechas de sus menstruaciones para poder valorar objetivamente la frecuencia y la duración de sus ciclos menstruales. En ciertas mujeres se necesita que pasen hasta 2 ó 3 años para que sus ciclos sean regulares.

4_ Problemas ginecológicos más frecuentes

Los jóvenes en ocasiones tienen dudas acerca de la normalidad o no de los cambios corporales que se producen durante la pubertad. Es muy importante que los jóvenes sepan a dónde y a quién deben acudir si tienen un problema, que tengan un profesional de confianza al que puedan plantear sus dudas. La mayoría de jóvenes adolescentes no presentan ningún trastorno ginecológico pero a veces pueden surgir problemas.
- En ocasiones se producen trastornos del desarrollo puberal que pueden preocupar al adolescente y a su familia: se pueden producir adelantos o

atrasos de la pubertad, que requieren estudio y en ocasiones tratamiento.
- Pueden existir trastornos en el desarrollo de las mamas que deben ser valorados por el ginecólogo: exceso de crecimiento, asimetría, así como infecciones o nódulos.
- El desarrollo del vello también puede sufrir ciertas alteraciones. El exceso del mismo puede estar causado por algún trastorno hormonal, preocupa estéticamente al adolescente y debe ser valorado.
- La primera menstruación también puede estar adelantada cronológicamente o atrasada, lo que requiere estudio ginecológico.
- Los trastornos menstruales, ciclos irregulares (adelantos de la menstruación, retrasos, ausencia de ciclo menstrual): el más común en esta época de la vida son los atrasos menstruales o ciclos largos. Es muy habitual que en los primeros 2-3 años después de la menarquia los ciclos menstruales sean irregulares, debido a una inmadurez relativa del sistema hormonal que se suele solucionar espontáneamente al cabo de un tiempo. También pueden producirse adelantos en las menstruaciones, exceso de cantidad o de duración de las mismas, procesos donde hay un exceso de pérdida sanguínea que con frecuencia puede producir anemia.
- En la adolescencia también pueden producirse infecciones del tracto ginecológico, que precisan valoración por parte del ginecólogo y tratamiento adecuado.
- Un problema muy frecuente es la dismenorrea o dolor con la menstruación. En la mayoría de los casos será leve o moderada, solucionándose con un tratamiento analgésico adecuado, pero en ocasiones puede ser severa y precisar control ginecológico. Por la frecuencia de este problema ginecológico, se trata de forma individualizada y más detallada en el apartado siguiente.

4.1_La dismenorrea (menstruación dolorosa)

Que se tengan molestias o dolor cuando se tiene la menstruación se considera normal, pocas son las chicas que no tienen ninguna molestia. La importancia de ésto reside en saber qué tipo de dolor es, pues se puede sentir una pequeña molestia o el dolor puede ser intenso. Habitualmente es como un retortijón en el bajo vientre. Este dolor en algunas mujeres también puede irradiarse hacia la espalda y las piernas. La mujer puede además sentirse mareada, tener náuseas e incluso vomitar. Si ocurre esto, se debe consultar al médico pues estos síntomas se pueden suavizar o evitar.

Si se tienen menstruaciones muy dolorosas, siempre se debe consultar al ginecólogo para que valore si este dolor es por la menstruación o por otra causa y se pueda poner un tratamiento adecuado si es necesario.

La mujer tiene la menstruación, sangra, porque una capa del endometrio (mucosa que recubre el interior del útero) se desprende cada mes si el óvulo no es fecundado. Cada mes esta capa se forma (la pared del endometrio crece) como preparación a un posible embarazo. Si el embarazo se da, el óvulo que ha sido fecundado se prende a la pared para alimentarse y poder llegar a convertirse en un feto. Pero si el óvulo no es fecundado comienzan a liberarse unas hormonas llamadas prostaglandinas, que contraen el útero facilitando de esta manera el desprendimiento de esta capa interna del endometrio que es expulsada con la menstruación. Esto produce el dolor y el sangrado.

Algunas recomendaciones para calmar el dolor son:
- Si la chica está en casa, que se acueste y que ponga calor en su vientre.
- Un masaje circular en el vientre también ayuda.
- Hacer ejercicio físico, en algunas mujeres, también calma las molestias.
- Si el dolor es intenso se puede tomar el analgésico que le haya recetado su enfermera o su médico.
- La alimentación es importante para calmar las molestias. Se deben suprimir las grasas como: carnes grasas, mantequilla, margarina, nata y bollería; en cambio se deben comer alimentos ricos en ácidos grasos Omega 3 (pescado y marisco) y Omega 6 (legumbres, frutos secos, aceite de oliva, aceite de maíz y aceite de girasol), pues tienen un gran poder antiinflamatorio. También debe ingerirse abundante fruta y verdura, no tomar nada de sal, nada de cafeína y nunca tabaco o alcohol.

5_ Anticoncepción y prevención

En este periodo de la vida que es la adolescencia, durante el cual tienen lugar los cambios físicos y psíquicos que convierten a los niños en adultos, la anticoncepción y la prevención se hacen extremadamente importantes. En la etapa de la adolescencia y la juventud es cuando los jóvenes mantienen sus primeras relaciones sexuales y previamente han debido recibir una Educación Afectivo-Sexual de calidad, habiéndose iniciado en el seno de la familia, en la escuela y después en el IES de una forma progresiva desde la infancia.

La anticoncepción en la adolescencia requiere consideraciones especiales, pues debe ser reversible, siempre debe preservar la capacidad procreadora, ha de ser altamente eficaz, debe tener los mínimos efectos secundarios posibles, no debe interferir en el desarrollo físico y debe proteger frente a las enfermedades de transmisión sexual[7].

Dependiendo de las características personales de cada joven se aconsejará el método o métodos más adecuados. Actualmente los métodos que se aconsejan más frecuentemente son el preservativo o la asociación de preservativo y anticonceptivos hormonales.

---

7. Son factores de riesgo de enfermedades de transmisión sexual: el inicio precoz de las relaciones sexuales, el número de parejas sexuales, la no utilización de preservativo y las parejas y relaciones sexuales de riesgo.

Existen 5 pasos previos para que una pareja adolescente llegue a tener una relación sexual coital protegida eficaz. Si alguno de estos pasos falla, aumentará la posibilidad de que lleven a cabo una relación sexual sin protección:

- Disponer de la información y formación correcta: carecer de ellas hace muy difícil el uso eficaz de los anticonceptivos, pero no impide que se tengan relaciones sexuales coitales. Pero disponer de información y formación correcta no basta, se deben cumplir también otros requisitos.
- Reconocer la posibilidad de tener relaciones sexuales coitales: muchos adolescentes consideran que sus primeras relaciones sexuales coitales deben de ocurrir "espontáneamente". Estas relaciones sexuales pueden ocurrir sin planificación, pero esto no sucede con la utilización de anticonceptivos que sí necesitan planificación.
- Obtener el anticonceptivo: poder disponer del anticonceptivo cuando surja la relación sexual coital.
- Hablar con la pareja sobre la necesidad de protegerse: siempre debe existir una efectiva comunicación/negociación sexual, ya que sin ella es difícil que la relación sexual coital protegida se integre como un elemento más de la relación sexual.
  - Muchas jóvenes advierten que sienten miedo de decirle al chico con el que están que utilicen el preservativo por temor a que éste piense que es una promiscua.
  - Hay chicas que pueden llegar a prescindir de anticonceptivos, aunque los conozcan, si se sienten seguras afectivamente.
  - En ocasiones se justifica la no utilización del preservativo con la confianza en la otra persona, confundiendo confianza con responsabilidad.
- Utilizar correctamente el método elegido: no basta con que sea utilizado, sino que ha de ser utilizado correctamente, se deben saber poner en práctica todas las habilidades aprendidas. Diversos estudios demuestran que el preservativo es utilizado de forma incorrecta en muchas ocasiones.

6_ Tratamiento post-coital con levonorgestrel

Es necesario informar adecuadamente a la población acerca del correcto uso de este anticonceptivo de emergencia. Se debe insistir que es un medicamento con efectos secundarios y con contraindicaciones, por lo que su uso siempre excepcional debe estar valorado por un profesional sanitario.

6.1_Dudas más frecuentes

¿Puedo usarlo como anticonceptivo habitual?

La anticoncepción de emergencia es un método de uso ocasional, en ningún caso debe sustituir a un método anticonceptivo convencional. Únicamente hay que recurrir a este tratamiento cuando ha habido una relación sexual sin protección o cuando se ha producido un fallo del anticonceptivo habitual. Su efectividad es menor al de otros anticonceptivos convencionales y sólo está indicado como medida de emergencia. Debe tomarse en un plazo máximo de 72 horas tras el coito de riesgo y tiene una eficacia superior al 90% en las primeras 24 horas después de la relación sexual, un porcentaje que va disminuyendo con el paso del tiempo.

¿Cuándo puedo usarlo?

El tratamiento post-coital está indicado cuando se ha producido una relación sexual coital sin protección o cuando se ha producido un fallo del anticonceptivo habitual:
- Rotura o deslizamiento del preservativo.
- Olvido en la toma de la píldora anticonceptiva oral.
- Parche anticonceptivo despegado más de 24 horas.
- Retirada temporal del anillo vaginal durante más de tres horas.
- Expulsión de un DIU coincidiendo con un coito.
- Este tratamiento también se puede administrar a mujeres que hayan sido víctimas de una violación que no estén usando ningún anticonceptivo.

¿Puedo utilizarlo si estoy utilizando un anticonceptivo hormonal?

En el caso de que se produzca un coito tras un olvido de la píldora anticonceptiva en ese mes o que el parche haya estado despegado más de un día, su uso puede estar indicado. Siempre se debe consultar el prospecto incluido en la caja de la píldora anticonceptiva o parche.

Después de tomar la anticoncepción de emergencia, se debe consultar al ginecólogo acerca de las pautas a seguir respecto al anticonceptivo habitual. Existe la posibilidad de esperar hasta el comienzo del siguiente ciclo menstrual para seguir con la píldora o el parche y emplear un método de barrera hasta ese momento. Su uso también puede comenzar al día siguiente de haber tomado el tratamiento post-coital, pero esta posibilidad debe evaluarla un especialista en ginecología. En este caso, también habría que usar además un método de barrera.

La administración reiterada de este anticonceptivo de emergencia dentro de un mismo ciclo menstrual está desaconsejada debido a un aumento excesivo de hormonas en la mujer y a la posibilidad de alteraciones importantes en el ciclo.

¿Cómo se toma[8]?

En España en la actualidad existen dos preparados de levonorgestrel: Norlevo® y Postinor®. La presentación de Norlevo® es una pastilla de 1.500 microgramos, aunque también se puede encontrar este tratamiento post-coital con una

---
8. Véase en Internet la ficha técnica y el prospecto de NorLevo® 1.500 microgramos comprimido y de Postinor® 750 microgramos comprimidos.

presentación en dos comprimidos de 750 microgramos cada uno, como pasa con Postinor® (en este caso se deben tomar los dos comprimidos al mismo tiempo). El precio del producto ronda los 20 euros.

Lo principal es tomarlo lo antes posible tras el coito de riesgo.

¿Es siempre igual de eficaz?

Este tratamiento es más efectivo si se toma tan pronto como sea posible después de haber mantenido relaciones sexuales sin protección. Por tanto, es mejor tomarlo en las primeras 12 horas que demorarlo hasta el tercer día (72 horas).

Se debe recordar, que el tratamiento post-coital con levonorgestrel puede tomarse antes de que transcurran 72 horas tras una relación sexual de riesgo. Durante ese periodo, el medicamento puede prevenir un embarazo no deseado. Sin embargo, para obtener una mayor eficacia, el tratamiento debe iniciarse lo antes posible después de haber mantenido la relación sexual sin protección.

¿Lo puede tomar todo el mundo?

No todas las mujeres en edad fértil pueden tomarlo. Entre las contraindicaciones de este tratamiento está ser alérgica al levonorgestrel (su principio activo) o a los excipientes, tener una enfermedad hepática grave o un síndrome de malabsorción. Este tratamiento tampoco se recomienda en pacientes con riesgo de sufrir embarazo ectópico (el embrión anida fuera del útero y no llegará a término), o con antecedentes de salpingitis (inflamación de las Trompas de Falopio) o de embarazo ectópico. Tampoco se debe olvidar que este medicamento contiene lactosa monohidrato, los pacientes con problemas hereditarios raros de intolerancia a la galactosa, de insuficiencia de lactasa de Lapp o mala absorción de glucosa-galactosa no deben tampoco tomar este medicamento.

Además, puede haber interacción con otros medicamentos. Existen ciertos medicamentos que podrían interferir en la eficacia de este tratamiento post-coital si se están tomando simultáneamente.

El metabolismo de levonorgestrel aumenta con el uso concomitante de inductores enzimáticos hepáticos:

- Anticonvulsivos (fenobarbital, fenitoína, primidona y carbamazepina).
- Algunos antibióticos (rifabutina y rifampicina).
- Antifúngicos (griseofulvina).
- Antirretrovirales (ritonavir).
- Plantas medicinales como Hypericum perforatum (hierba de San Juan).

La eficacia de levonorgestrel puede verse reducida con la administración concomitante de estos fármacos.

Los medicamentos que contienen levonorgestrel pueden aumentar el riesgo de toxicidad de la "ciclosporina" (medicamento inmunosupresor), debido a la posible inhibición del metabolismo de la "ciclosporina".

Siempre se debe informar al médico, enfermera o farmacéutico, si se está utilizando o se ha utilizado recientemente otros medicamentos, incluso los adquiridos sin receta.

Algunos especialistas recomiendan dar una dosis de refuerzo a las mujeres que están tomando determinados medicamentos (anticonvulsivantes, antiepilépticos y antituberculosos), pero cada caso debe ser estudiado de forma minuciosa e individualizada.

Está totalmente contraindicado la administración de este anticonceptivo de emergencia a mujeres embarazadas. Si se sospecha que puede haber embarazo, siempre debe realizarse una prueba de embarazo antes de tomar levonorgestrel. Es importante remarcar que si la mujer ya está embarazada, este tratamiento post-coital no es eficaz y su administración no interrumpirá el embarazo. Una vez producida la implantación del embrión, este fármaco ya no puede evitar la gestación.

¿Cómo se sabe si ha funcionado? ¿Qué ocurre si falla?

Tras la toma, si la menstruación se retrasa más de 5 días de la fecha prevista, si es más escasa o abundante de lo habitual o si hay síntomas de embarazo (náuseas, vómitos, dolor o sensibilidad en las mamas), la mujer deberá acudir al médico para descartar un embarazo.

También hay que tener en cuenta que se puede producir un embarazo ectópico, por lo que es importante que el ginecólogo descarte esta posibilidad. Un embarazo ectópico es una emergencia médica y, si no se trata adecuadamente, puede poner en peligro la vida de la mujer.

En caso de fracaso de esta medida anticonceptiva de emergencia con resultado de embarazo, los estudios epidemiológicos no indican efectos adversos sobre el feto. Se desconocen los efectos que pueda tener sobre el feto la administración de dosis superiores a 1.500 microgramos de levonorgestrel.

El levonorgestrel se excreta con la leche materna. La exposición potencial del lactante al levonorgestrel, puede reducirse si la mujer toma el comprimido/s inmediatamente después de una toma y evita la lactancia al menos durante las siguientes 8 horas. Se recomienda que la mujer se saque la leche y la deseche. Para que no descienda la producción de ésta, y una vez el bebé o niño reinicie la lactancia de nuevo, pueda tener toda la que necesite.

¿Cuáles son los efectos secundarios más frecuentes?

Náuseas y vómitos son el efecto adverso más común relacionado con el tratamiento post-coital con levonorgestrel. Si se vomita dentro de las tres horas siguientes a la ingesta del comprimido/s, es posible que este tratamiento no haya surtido efecto. Para evitar este efecto secundario, se prescribe junto a este tratamiento post-coital un antiemético (fármaco que ayuda a prevenir y controlar las náuseas y los vómitos). También son habituales retrasos en la menstruación, sangrados vaginales irregulares, menstruaciones abundantes, aumento de sensibilidad de las mamas, fatiga, mareos, dolores abdominales y dolores de cabeza.

Algunas mujeres han manifestado otros trastornos como urticaria, picor o hinchazón en la cara. Normalmente, estos efectos adversos suelen desaparecer en las 48 horas siguientes a la administración del fármaco, aunque la sensibilidad de mamas y el sangrado irregular pueden mantenerse hasta el siguiente periodo menstrual.

Y después de tomarla, ¿qué?

Después de utilizar la anticoncepción de emergencia, es importante acudir a un especialista para que estudie cuál es la mejor pauta anticonceptiva a seguir, especialmente si se utiliza habitualmente la píldora o el parche tras el episodio de riesgo. O para que se paute el uso de un método anticonceptivo.

Además nunca debemos olvidar que mantener relaciones sexuales sin la utilización de un método de barrera (preservativo) supone un riesgo de contagio de enfermedades de transmisión sexual.

7_ Tratamiento post-coital con acetato de ulipristal

Se dispone en la actualidad de un anticonceptivo de emergencia oral que mantiene su eficacia 120 horas (5 días) después de la relación sexual de riesgo. Su nombre es ellaOne®, acetato de ulipristal. Tiene una ventaja de dos días frente al tratamiento compuesto por levonorgestrel. EllaOne® es el primer anticonceptivo de urgencia oral en la actualidad que puede ser utilizado hasta los 5 días posteriores a la relación sexual de riesgo.

La FDA (*Food and Drug Administration*), la agencia estadounidense del medicamento, califica ellaOne® como un anticonceptivo de urgencia eficaz. Según los expertos del Comité Asesor de Medicamentos en Salud Reproductiva de la FDA, el acetato de ulipristal mantiene su eficacia 120 horas después de la relación sexual de riesgo. Este comité coincide en que el acetato de ulipristal previene embarazos no deseados y en que se trata de un principio activo generalmente bien tolerado por las mujeres a las que se les suministra. Este comité ha recomendado unánimemente la aprobación de ellaOne® como anticonceptivo de urgencia en EEUU.

La Agencia Europea del Medicamento ha evaluado los datos provenientes de un amplio ensayo pivotal fase III aleatorizado, en el que se comparaban ellaOne® y levonorgestrel, y los datos del meta-análisis posterior de todos los estudios en los que se comparaban ambos fármacos. Toda esta información ha sido publicada en la revista **The Lancet** en febrero de 2010, expone que ellaOne® reduce en dos tercios el riesgo de embarazo comparado con levonorgestrel si se administra en las primeras 24 horas tras la relación sexual y que también ellaOne® reduce el riesgo casi a la mitad comparado con levonorgestrel si se administra en las primeras 72 horas tras la relación sexual.

Estos datos hacen pensar que este fármaco puede ser la alternativa más efectiva en la anticoncepción oral de emergencia al reducir significativamente el riesgo de embarazo en comparación con levonorgestrel. Pero este medicamento, al igual que todos, tiene sus contraindicaciones, interacciones con otros medicamentos y sus posibles efectos adversos. Este medicamento, fue aprobado por la Agencia Europea del Medicamento en mayo de 2009 y está comercializado en España desde diciembre de 2009. Actualmente está disponible en 22 países europeos.

7.1_Dudas más frecuentes

¿Cuándo está indicado este tratamiento?

Este medicamento es una anticoncepción de emergencia, que se puede utilizar dentro de las 120 horas (5 días) siguientes a haber mantenido relaciones sexuales sin protección o haberse producido un fallo del anticonceptivo utilizado.

¿Cuál es la forma de administración[9]?

El tratamiento consiste en la administración de un comprimido por vía oral lo antes posible, pero como máximo 120 horas (5 días) después de haber mantenido relaciones sexuales sin protección o haberse producido un fallo del anticonceptivo utilizado.

Cada comprimido contiene 30 mg de acetato de ulipristal y excipientes (lactosa monohidrato, polividona k30, croscarmelosa sódica, estearato de magnesio).

Si se vomita en las 3 horas siguientes a la toma de un comprimido de ellaOne®, se debe consultar con el médico, enfermera o farmacéutico la necesidad de tomar otro comprimido.

Las nauseas y los vómitos son un efecto secundario frecuente de este medicamento, en el momento de la prescripción de ellaOne®, se debe barajar la posibilidad de prescribir un antiemético (fármaco que ayuda a prevenir y controlar las nauseas y los vómitos).

¿Puedo usarlo como anticonceptivo habitual?

La anticoncepción de emergencia con ellaOne® es un método de uso ocasional. En ningún caso debe sustituir a un método anticonceptivo convencional.

---

9.   Véase en Internet la ficha técnica y el prospecto de ellaOne® 30 mg comprimido.

¿Puedo utilizarlo si estoy utilizando un anticonceptivo hormonal?

Si se está usando actualmente anticonceptivos hormonales, se podrá seguir utilizándolos como siempre inmediatamente después de recibir ellaOne®, pero se debe utilizar también un método anticonceptivo de barrera fiable, como un preservativo, hasta que se tenga el siguiente periodo, ya que puede disminuir la eficacia de los anticonceptivos hormonales convencionales. EllaOne® no debe usarse junto con otros anticonceptivos de emergencia que contengan levonorgestrel.

¿Es siempre igual de eficaz?

Se debe tomar un comprimido por vía oral lo antes posible, y como máximo 120 horas (5 días) después de mantener relaciones sexuales sin protección o de producirse un fallo en el método anticonceptivo utilizado. No se debe retrasar la toma del comprimido.

¿Hay interacción con otros medicamentos?

Siempre se debe informar al médico, enfermera o farmacéutico, si se están utilizando o se han utilizado recientemente otros medicamentos, incluso los sin receta. Existen ciertos medicamentos que podrían interferir en la eficacia de este tratamiento post-coital si se están tomando simultáneamente, entre ellos están:
- Medicamentos para la epilepsia (fenobarbital, fenitoína, carbamazepina).
- Antirretrovirales (ritonavir).
- Medicamentos para tratar ciertas infecciones bacterianas (por ejemplo, rifampicina).
- Preparados de herbolario que contienen hipérico (Hypericum perforatum), utilizado para la depresión o la ansiedad.
- Algunos medicamentos utilizados para tratar la acidez de estómago o las úlceras (por ejemplo, omeprazol).

La actividad de ellaOne® puede incrementarse si se toma algunos medicamentos como los utilizados para tratar las infecciones por hongos (por ejemplo, ketoconazol, itraconazol) o ciertas infecciones (por ejemplo, telitromicina, claritromicina), ya que pueden aumentar la cantidad de ellaOne® en el cuerpo.

¿Lo puede tomar todo el mundo?

Entre las contraindicaciones de este tratamiento está:
- Ser alérgica al principio activo (acetato de ulipristal) o a los excipientes.
- Embarazo o sospecha de embarazo. Si se sospecha que puede haber embarazo, siempre debe realizarse una prueba de embarazo antes de tomar ellaOne®. Se dispone de muy pocos datos sobre la salud del feto o del recién nacido en caso de exposición al acetato de ulipristal durante la gestación.

EDUCACIÓN Afectivo-Sexual

- Enfermedad hepática grave.
- Este medicamento contiene lactosa monohidrato. Las pacientes con intolerancia hereditaria a la galactosa, de insuficiencia de lactasa de Lapp o problemas de absorción de glucosa o galactosa no deben tomar este medicamento.
- Se debe informar al médico si se padece de asma grave.

Si se está dando el pecho, no puede descartarse un cierto riesgo para el lactante. Se recomienda interrumpir la lactancia en las 36 horas siguientes a la administración de ellaOne® (extraer la leche y desecharla). Se dispone de una información limitada sobre la seguridad y la eficacia del uso repetido de ellaOne®; por lo tanto, no se recomienda utilizarlo más de una vez en el mismo ciclo menstrual.

¿Cómo se sabe si ha funcionado? ¿Qué ocurre si falla?

Después de tomar ellaOne®, la mayoría de las mujeres tiene un periodo normal en la fecha prevista, pero en algunos casos el periodo puede retrasarse o adelantarse. Si el periodo se retrasa más de 7 días o es más escaso o abundante de lo habitual, si se presentan síntomas como dolor abdominal, náuseas, vómitos o dolor de mamas o si se sospecha que se podría estar embarazada, se debe realizar una prueba de embarazo.

Hay que tener en cuenta que se puede producir un embarazo ectópico (el embrión anida fuera del útero). Esto es especialmente importante si presenta dolor abdominal intenso o una hemorragia después de tomar ellaOne® o si ha tenido anteriormente un embarazo ectópico, una operación de las Trompas de Falopio o una infección genital de larga duración (enfermedad inflamatoria pélvica).

Se dispone de muy pocos datos sobre la salud del feto o del recién nacido en caso de exposición al acetato de ulipristal durante el embarazo. Aunque no se han observado efectos teratógenos, los datos obtenidos en animales fueron insuficientes para decidir sobre la toxicidad para la reproducción. HRA Pharma mantiene un registro de embarazos para vigilar los desenlaces de la gestación en mujeres expuestas a ellaOne®.

¿Cuáles son los efectos secundarios más frecuentes?

Los efectos adversos frecuentes (afectan a entre 1 y 10 de cada 100 pacientes) son:
- Náuseas, dolor abdominal, dolor abdominal superior, molestias abdominales y vómitos.
- Dolor de cabeza y mareo.
- Menstruaciones dolorosas, dolor pélvico y sensibilidad en los senos.
- Cansancio.
- Cambios en el estado de ánimo.
- Dolores musculares y dolor de espalda.

Y después de tomarla, ¿qué?

Después de utilizar la anticoncepción de emergencia, es importante acudir a un especialista para que estudie cuál es la mejor pauta anticonceptiva a seguir, especialmente si se utiliza habitualmente la píldora o el parche tras el episodio de riesgo. O para que se paute el uso de un método anticonceptivo. Además nunca debemos olvidar que mantener relaciones sexuales sin la utilización de un método de barrera (preservativo), supone un riesgo de contagio de enfermedades de transmisión sexual.

8_ Métodos anticonceptivos

Existen muchos y variados métodos anticonceptivos a parte del preservativo masculino y femenino, y sin ninguna duda con el tiempo saldrán muchos otros, pero hasta la actualidad podemos afirmar que el preservativo masculino y femenino son los únicos que proporcionan una protección segura frente a las ETS; por supuesto, también protegen de los embarazos no deseados.

Para poder dar una explicación clara y básica de estos otros métodos anticonceptivos los vamos a clasificar en 4 grupos: métodos mal llamados anticonceptivos pues no lo son, métodos poco seguros, métodos anticonceptivos más seguros y métodos definitivos.

8.1_Métodos mal llamados anticonceptivos

- *Lactancia prologada*: durante la lactancia, principalmente si esta no es exclusiva, se producen ovulaciones y por lo tanto es un periodo fértil de la mujer. Se considera que incluso cuando no se tienen menstruaciones durante la lactancia se pueden producir ovulaciones espontáneas, por lo que se corre el riesgo de que la mujer se quede embarazada.
- *Lavados vaginales*: los lavados después del coito no sirven de nada, pues los espermatozoides llegan rápidamente al cuello de útero.
- *Coito interrumpido*: consiste en retirar el pene justo antes de la eyaculación. Conlleva importantes inconvenientes: exige un gran control por parte del varón y en el líquido preseminal (antes de la eyaculación se expulsan gotas que contienen espermatozoides) puede producir un embarazo.

8.2_Métodos poco seguros

- *Ogino*: se calcula en base al conocimiento del día de la ovulación. Como el óvulo vive alrededor de 12 horas y los espermatozoides entre 48 y 72 horas en el útero, hay que evitar el coito durante los 5 días

previos a la ovulación y el día siguiente a la misma. Este método solo se puede emplear para mujeres con ciclos menstruales muy regulares, recordando que es un método muy poco seguro. No protege de las ETS.
- *Temperatura*: consiste en calcular el momento de la ovulación a través del aumento de la temperatura que se produce después de ésta. La temperatura basal aumenta de 0,3 a 0,5°C. Este método trata de averiguar los días fértiles para abstenerse de realizar un coito durante los mismos. Cualquier tensión nerviosa o resfriado puede producir alteraciones de la temperatura. Es muy poco fiable. No protege de las ETS.
- *Moco cervical o Billings*: se basa en calcular el momento de la ovulación por medio de la visualización de la mucosidad vaginal, que sufre cambio como consecuencia de la actividad hormonal. Algunos medicamentos como tranquilizantes, antihistamínicos y antibióticos pueden producir alteraciones en el moco cervical y también otros métodos anticonceptivos, como el preservativo, diafragmas, espermicidas, DIU y píldora anticonceptiva. También el estrés puede retrasar la ovulación. No protege de las ETS.
- *Espermicidas utilizados solos*: los espermicidas son sustancias químicas que destruyen los espermatozoides en la vagina. Tienen una acción tóxica contra el espermatozoide, impide mecánicamente su movilidad y acorta su vida media. Su presentación puede ser en forma de óvulos, cremas o geles. Aproximadamente 10 minutos antes de la penetración se debe introducir el espermicida en la vagina, para que con el calor se distribuya bien el producto. No son muy seguros si se utilizan solos pues no eliminan todos los espermatozoides pero sí son útiles para ser utilizados en combinación con el diafragma, los preservativos y el DIU. Pueden producir irritaciones en la vagina y en el pene y no protege de las ETS.

8.3_Métodos más seguros en la actualidad

El preservativo masculino

El preservativo masculino es una funda para cubrir el pene y evitar embarazos no deseados, la transmisión del VIH y otras infecciones de transmisión sexual. Puede ser de látex (goma), que es el de uso más común o sintético de poliuretano (plástico), para los casos de alergia al látex.

Es importante conocerlo bien y no olvidar:
- Comprarlos en farmacias o en otros lugares que ofrezcan garantía.
- Comprobar que estén en buen estado, la fecha de caducidad y que estén homologados por la autoridad sanitaria y con marcado CE.
- Protegerlos del calor, la luz y la humedad excesiva (cuidado con las carteras y las guanteras de los coches, los cambios de temperatura los pueden deteriorar).

- Guardarlos en lugares frescos y secos.

Es importante seguir adecuadamente los pasos para una correcta utilización:

- Abrir el preservativo con cuidado de no dañarlo con uñas, anillos y dientes.
  - Una vez abierto, antes de colocarlo, comprobar si el preservativo está al derecho o al revés (esto se puede hacer soplando un poco dentro del preservativo para ver hacia que lado lo tenemos que desenrollar).
- Colocar el preservativo sobre el pene en erección, antes de cualquier penetración vaginal, anal u oral, presionando la punta del depósito del preservativo para expulsar el aire y dejar espacio para el semen. Si el preservativo no lleva depósito, éste debe hacerse al colocarlo, dejando un espacio libre de 1 a 2 cm. de largo en la punta del pene.
- Desenrollar el preservativo hasta cubrir completamente el pene.
  - Usarlo durante toda la penetración. Es aconsejable lubricar el preservativo una vez puesto para facilitar la penetración. Muchos ya vienen con el lubricante incorporado, pero si no es suficiente se pueden comprar en las farmacias, teniendo en cuenta que sean solubles en agua, ya que los aceites pueden estropear el látex del preservativo.
- Después de eyacular, antes de que la erección disminuya, hay que retirar el pene sujetando el preservativo por la base.
  - Comprobar que no se ha roto (llenándolo de agua o presionando el depósito), anudarlo y tirarlo a la basura, nunca al WC ni a la calle (hay que tener en cuenta que los preservativos no son biodegradables).
  - Usar uno nuevo cada vez que se mantenga una relación sexual y si se cambia de práctica sexual (penetración vaginal, anal u oral).

Colocación de un preservativo masculino. Imagen extraída de medicina.net.

Entre las posibles causas de rotura de un preservativo destacan las siguientes:
- Aplicación de lubricantes oleosos.
- Daños provocado por las uñas u otros objetos afilados.
- Inadecuado espacio o presencia de aire en la punta del preservativo.
- Existencia de piercing en los genitales.
- Desenrollar de forma incorrecta el preservativo.
- Conservación inadecuada.
- Reutilización del preservativo.
- Caducidad del preservativo.

El preservativo femenino

El preservativo femenino es un método barrera alternativo al preservativo masculino. Se vende en las farmacias sin necesidad de receta. Consiste en una funda transparente de poliuretano lubricado con una sustancia a base de silicona, con dos anillos flexibles en ambos extremos, uno en el interior que permite la colocación dentro de la vagina y otro de un diámetro más grande que permanecerá en el exterior de la vagina cubriendo los genitales externos de la mujer. Su textura es similar al preservativo masculino y ofrece igual seguridad y protección frente a los embarazos no deseados, la infección por el VIH/sida y otras infecciones de transmisión sexual.

Es más resistente que el preservativo masculino, es inodoro, y viene ya lubricado. Puede insertarse hasta 8 horas antes de la relación sexual, sin necesidad de retirarlo inmediatamente después de la eyaculación. El método de empleo es el siguiente:
- Abrir el envoltorio cuidadosamente para no dañarlo.
- El anillo de la parte cerrada del preservativo sirve de guía para colocarlo en el fondo de la vagina, mientras que el otro extremo termina en un aro más grande que queda fuera de la vagina cubriendo los genitales externos de la mujer. El preservativo femenino se comercializa lubricado pero si se requiere una lubricación adicional, hay que poner el lubricante en el interior.
- Sostener el preservativo con el anillo externo colgado hacia abajo. Coger el anillo de la parte cerrada del preservativo (interno) y apretarlo entre los dedos pulgar e índice o corazón de forma que quede largo y estrecho.
- Elegir una posición cómoda para la colocación del preservativo. Puede ser de pie con un pie encima de una silla; sentada con las rodillas separadas, agachada o acostada.
- Introducir el aro interno en la vagina.
- Empujar el aro interno (metiendo el dedo índice en el preservativo) lo más profundamente posible de forma que quede en el fondo.
- El anillo exterior debe cubrir los genitales externos de la mujer.
- Guiar el pene con la mano hacia el centro del preservativo femenino evitando que se introduzca entre la pared de la vagina y la parte exterior del preservativo.

- El preservativo femenino no necesita retirarse inmediatamente después de la eyaculación. Una vez terminada la relación y retirado el pene, quitar el preservativo apretando el anillo externo, retorciéndolo para mantener el semen en el interior del preservativo. Tirar hacia fuera delicadamente.
- Después de usarlo hay que tirarlo a la basura, no al WC.
- Usar uno nuevo cada vez que se mantenga una relación sexual.

El preservativo femenino supone una alternativa frente al masculino, además permite a las mujeres elegir libremente el uso de un método de protección frente al VIH para mantener relaciones sexuales con penetración seguras.

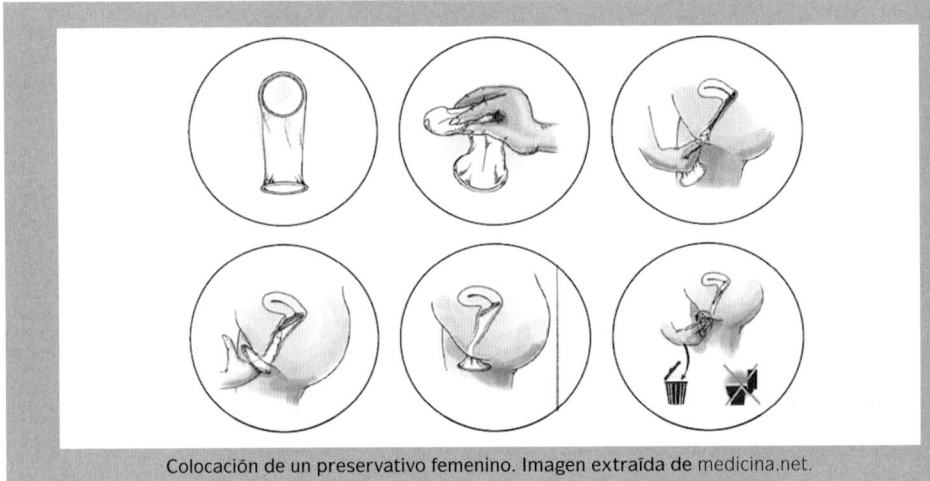

Colocación de un preservativo femenino. Imagen extraída de medicina.net.

Otros métodos anticonceptivos seguros

- *Diafragma con espermicida*: el diafragma consiste en un capuchón de latex flexible que se introduce en el fondo de la vagina de forma que quede cubierto el cuello del útero, impidiendo el paso de los espermatozoides a su interior. Hay varias tallas y el ginecólogo debe indicar la talla adecuada para cada mujer. El espermicida se debe extender sobre las dos caras y bordes el diafragma. Se debe colocar antes del coito no pudiendo retirarlo hasta pasadas 6-8 horas. Si se realizan varios coitos seguidos no hay que extraerlo, sino que se debe aplicar directamente la crema espermicida en la vagina. El espermicida puede producir irritaciones en la vagina y en el pene. No ofrece una protección segura ante las ETS.
- *Dispositivo intrauterino (DIU)*: es un dispositivo pequeño de plástico y cobre que se introduce en el útero para impedir la implantación del óvulo fecundado. Habitualmente consta de una rama vertical y unas ramas horizontales que le dan forma de "T" o de ancla para ajustarse a la cavidad uterina.

El DIU debe ser prescrito y colocado por un ginecólogo, preferentemente durante la menstruación, ya que de esta forma el cuello del útero se encuentra más abierto y se puede descartar la existencia de un embarazo. La duración del DIU es de aproximadamente cinco años, pudiendo ser retirado en el momento en que la mujer lo desee. Tras la inserción de un DIU se debe comprobar su correcta colocación mediante una exploración o una ecografía y siempre deben realizarse controles ginecológicos periódicos hasta su caducidad. El DIU puede producir mayor cantidad de sangre durante la menstruación y cólicos menstruales, por lo que, aunque pueden ser tratados y tienden a disminuir con el paso del tiempo, no es aconsejable para mujeres con estos síntomas.

En la actualidad, también se dispone de un DIU que en su rama vertical incorpora un pequeño depósito hormonal (gestágeno) que actúa para evitar sangrados abundantes en la menstruación: se le denomina DIU hormonal. El DIU no es el método más aconsejable en mujeres que no tengan hijos o que tengan relaciones sexuales con varias parejas. No protege de las ETS.

- *La píldora anticonceptiva*: es un método químico (estrógenos y progestágenos) que impide la ovulación. Existen diferentes tipos de píldora anticonceptiva, que varían según la dosis hormonal y la pauta de presentación. Será el ginecólogo quien recomiende la píldora más indicada a cada mujer, recomendándose siempre revisiones periódicas. Todos los días se debe tomar la píldora a la misma hora. Según los preparados, se deben tomar de manera continuada o con descansos de seis o siete días. Si la presentación es de 28 pastillas se deben tomar continuamente, sin descansos: al terminar un envase, se comienza el siguiente. Si la presentación es de 21 ó 22 pastillas se deben tomar con un intervalo de seis o siete días de descanso entre cada envase. En ambos casos, el sangrado menstrual aparecerá con una periodicidad de aproximadamente 28 días. Las hormonas de la pastilla anticonceptiva se absorben a nivel gastrointestinal por lo que se debe aclarar con el ginecólogo la manera de actuar ante la posibilidad de que la mujer padezca vómitos o diarreas (por causa de una gastroenteritis, una intoxicación alimentaria...). Existen una serie de situaciones en las que no es recomendable la píldora, sobre todo relacionadas con la edad, el tabaquismo y algunas patologías. No protege de las ETS.
- *Anillo vaginal*: el anillo está hecho de un plástico flexible y transparente. Contiene las mismas hormonas que la píldora anticonceptiva combinada, pero generalmente con menor dosis. Dentro del anillo están las hormonas anticonceptivas que se van liberando mientras éste está en la vagina a través de unos pequeños poros que hay en el anillo; estas hormonas son absorbidas por la mucosa de la vagina e impiden la ovulación igual que lo hace la píldora anticonceptiva. El anillo está disponible en un solo tamaño adecuado para todas las mujeres. Se

introduce en la vagina como un tampón y gracias a su forma circular y su flexibilidad se sitúa perfectamente en la vagina. Se introduce a los 5-7 días de empezar el ciclo, dejándolo dentro durante 21 días; pasado este tiempo se retira, se dejan 7 días de descanso y se inserta otro nuevo. Los efectos secundarios y la eficacia son similares a los de la píldora anticonceptiva. El anillo vaginal no requiere de una disciplina horaria como pasa con la píldora anticonceptiva, por lo que hay menos posibilidad de olvido. Si se vomita o se tiene diarrea, sigue siendo igual de eficaz, pues su uso es vaginal y las hormonas no se absorben a nivel gastrointestinal. El anillo siempre debe ser prescrito por un ginecólogo, pues puede haber situaciones en las que no es recomendable su uso, sobre todo relacionadas con la edad, el tabaquismo y algunas patologías. No protege de las ETS.

- *Parche anticonceptivo*: es un pequeño parche similar a una tirita de 4,5 cm de lado y menos de 1mm de grosor que se coloca sobre la piel. Contiene las mismas hormonas que la píldora anticonceptiva y las va soltando poco a poco siendo absorbidas a través de la piel. Aunque la vía de administración es distinta, los efectos secundarios y la eficacia son como las de la píldora anticonceptiva: se coloca el primer día del ciclo sobre la piel y se cambiará semanalmente durante tres semanas seguidas. A los 21 días, cuando ya se hayan utilizado los tres parches, se dispone de una semana de descanso, donde no se aplica ningún parche y será el momento en el que aparecerá el sangrado menstrual. Debe colocarse en una zona del cuerpo sin cremas para que no se despegue y nunca en la mamas. Los sitios más adecuados son la nalga o el vientre. Si se vomita o se tiene diarrea el parche sigue siendo igual de eficaz, pues las hormonas no se absorben a nivel gastrointestinal. No protege de las ETS.

- *Anticonceptivos hormonales inyectables*: existen dos presentaciones, una mensual y otra trimestral. El inyectable mensual es un anticonceptivo combinado ya que contiene dos hormonas (estrógeno y gestágeno), por lo que actúa de forma similar a como lo hace la píldora. El inyectable trimestral contiene una única hormona (gestágeno). Al igual que ocurre con los otros métodos hormonales, se requiere de la valoración y el consejo de un ginecólogo, que es quien valorará la conveniencia o no de su utilización. No protege de las ETS.

- *Implante subdérmico*: en España está disponible un implante consistente en una pequeña varilla de aproximadamente 4 cm de longitud, que contiene un gestágeno como hormona única y va liberándose lentamente produciendo un efecto anticonceptivo prolongado. Puede ser de una o dos varillas y así depende la cantidad de tiempo que se pueda llevar el implante. Se coloca en el antebrazo mediante una mínima incisión. Tiene una duración de 3 ó 5 años y una eficacia muy alta. Pueden producir sangrados irregulares y/o la ausencia de sangrados menstruales. No protege de las ETS.

8.4_Métodos definitivos

Son métodos permanentes que se consideran irreversibles, después de los cuales es muy difícil tener más hijos. Para las mujeres en la actualidad se dispone de dos métodos: la ligadura de trompas y un nuevo método de obstrucción de las trompas uterinas llamado dispositivo intratubárico ESSURE. En cambio para el hombre solo se dispone de la vasectomía.

- *Ligadura de trompas*: es una intervención quirúrgica sencilla pero con los riesgos de la cirugía y de la anestesia general. En esta intervención se cortan y/o ligan ("atan") las Trompas de Falopio, impidiendo de esta manera que el óvulo pueda llegar desde el ovario hasta el útero. Se puede realizar mediante varios procedimientos, aunque el más frecuente es la laparoscopia[10]. No protege de las ETS.
- *Dispositivo intratubárico ESSURE*: este método consiste en la introducción de un dispositivo de titanio en forma de muelle en el interior de las trompas por medio de la histeroscopia[11]. Mediante un mecanismo especial se introduce un dispositivo intratubárico en cada una de las dos trompas. El muelle se expande haciendo presión sobre las paredes de las trompas, quedando fijado.

    Este dispositivo colocado en el interior de las trompas uterinas, consigue su obstrucción de forma permanente e irreversible por una reacción de fibrosis (crece tejido en el interior de las trompas uterinas, de forma indolora, ocluyéndolas por completo), con lo cual se impide el paso de los espermatozoides. Para insertar estos dispositivos no se precisa anestesia general ni hospitalización.

    El dispositivo intratubárico tarda 3 meses en ser efectivo para impedir el embarazo, durante este periodo la pareja debe mantener su método anticonceptivo habitual. A los 3 meses tras la colocación del dispositivo intratubárico, se debe realizar una radiografía de abdomen o una ecografía ginecológica convencional, para comprobar la correcta colocación de los dispositivos en las trompas.

    El dispositivo intratubárico ESSURE no causa ningún problema a la hora de someterse a pruebas como un escáner o una resonancia magnética. No causa dolor ni altera la menstruación. No protege de las ETS.
- *Vasectomía*: se realiza mediante una intervención quirúrgica simple, con anestesia local y no requiere hospitalización. Consiste en cortar los conductos deferentes, que son aquellos canales por donde pasan los espermatozoides. La intervención no influye en la capacidad sexual de los varones, por lo que las relaciones sexuales continuarán como antes, no modificando en absoluto ni el deseo sexual ni el proceso de eyaculación.

---

9. Se trata de la introducción de un tubo por una incisión de unos 2 cm. Este tubo lleva una fibra óptica que permite ver los órganos internos, mediante unas pinzas se agarra la trompa y se puede cauterizar y/o cortar.

10. El histeroscopio es un pequeño dispositivo acoplado a una minicámara que se introduce en la vagina y a través del cuello del útero se llega a la cavidad abdominal y se accede a las trompas.

Simplemente el semen está desprovisto de espermatozoides, por lo tanto no hay posibilidad de embarazo. No protege de las ETS.

9_ La infección por VIH y el SIDA

9.1_¿Qué es el SIDA y el sistema inmunitario?

La palabra SIDA corresponde a las iniciales del Síndrome de Inmunodeficiencia Adquirida. El SIDA es un estado avanzado de la infección causada por el Virus de la Inmunodeficiencia Humana (VIH), que provoca la destrucción progresiva del sistema inmunitario. Significado desglosado de la palabra SIDA:
- *Síndrome*: conjunto de signos y síntomas que caracterizan una enfermedad.
- *Inmuno*: se refiere al sistema inmunológico, encargado de defender nuestro cuerpo de las enfermedades.
- *Deficiencia*: indica que el sistema de defensa no funciona normalmente.
- *Adquirida*: no se hereda, es provocado por un virus.

El sistema inmunitario está constituido por un conjunto de estructuras y procesos biológicos, de células especializadas en la defensa del organismo contra microorganismos (bacterias, virus, hongos, parásitos) y células malignas. Detecta una amplia variedad de agentes, y necesita distinguirlos de las propias células y tejidos sanos del organismo para funcionar correctamente.

Entre los mecanismos de defensa hay que distinguir los inespecíficos y los específicos. Al primer grupo pertenecen la piel y las mucosas intactas, que actúan como barrera para la penetración de los microorganismos y que sólo su rotura permitiría la penetración de los mismos.

La función específica del sistema inmunológico es desarrollada en gran parte por los glóbulos blancos o leucocitos, que se originan en la médula ósea y en el tejido linfático. Éstos reconocen y eliminan los agentes infecciosos y las células infectadas potencialmente capaces de atacar al organismo. También impiden el desarrollo de cánceres a partir de células malignas. Los glóbulos blancos segregan sustancias protectoras como los anticuerpos que combaten las infecciones.

Según las características microscópicas de su citoplasma y su núcleo, los glóbulos blancos se dividen en: neutrófilos, basófilos, eosinófilos, linfocitos y monocitos.

Entre los glóbulos blancos, los linfocitos desempeñan en la inmunidad un papel fundamental, diferenciando los linfocitos B, encargados de la fabricación de anticuerpos, y los linfocitos T responsables de la inmunidad celular (linfocitos que atacan directamente a los agentes extraños). Existe un tipo de linfocito T, llamados linfocito T4, que se encargan de coordinar y regular la respuesta del sistema inmunitario, por lo que es fundamental en la defensa de toda persona. La producción de anticuerpos por parte de los linfocitos B nos permite identificar multitud de enfermedades infecciosas, entre ellas la provocada por el VIH.

9.2_¿Qué es el VIH?

El VIH es el virus responsable de la enfermedad del SIDA. Forma parte del género Lentivirus, un grupo dentro de la familia Retroviridae. Es una partícula muy pequeña, el VIH tiene un diámetro de aproximadamente 100 nanómetros[12].

El virus del VIH está constituido por dos copias monocatenarias lineales de ARN y las enzimas necesarias para el ciclo viral (transcriptasa inversa, integrasa y proteasas), rodeados por una cápsula de proteínas (P-24, P-17) y, a su vez, por una envoltura externa compuesta de proteínas (GP-120 y GP-41) y de lípidos. Las proteínas de la envoltura son importantes, ya que permiten la adhesión del VIH a los linfocitos T4 y su penetración en los mismos.

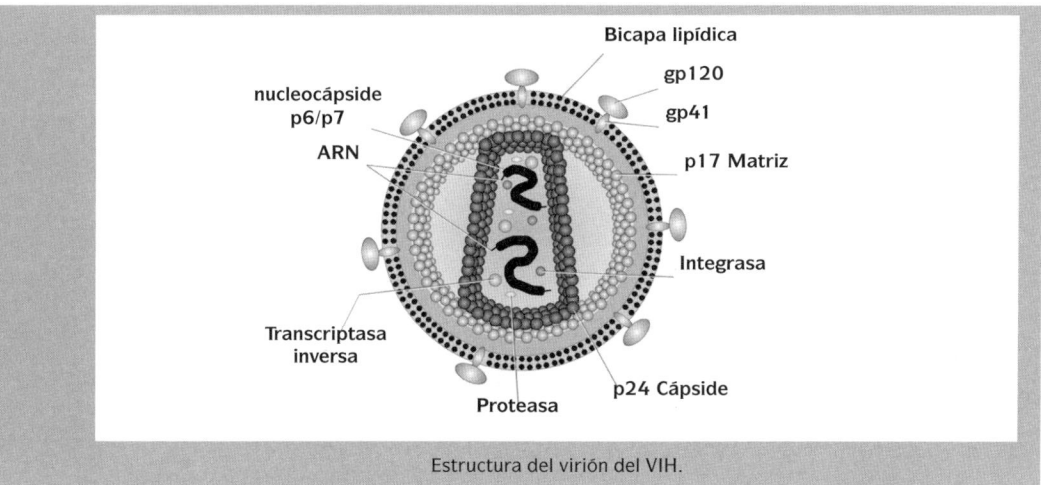

Estructura del virión del VIH.

9.3_¿Cómo actúa el VIH?

El VIH no puede sobrevivir fuera de la célula. El virus tiene predilección por las células que tienen en su superficie un receptor llamado CD4, siendo los linfocitos T4 las células que más CD4 tienen en su superficie.

La forma en la que actúa el virus es la siguiente: en primer lugar se produce la unión del GP-120 del VIH al CD4 del linfocito, luego el ARN del VIH, una vez dentro del linfocito, se transforma en ADN mediante la enzima transcriptasa inversa y éste se incorpora al material genético del linfocito. El VIH comienza su multiplicación, utilizando para ello los elementos celulares del linfocito, que supone la salida a la sangre de cientos de nuevos VIH (que invadirán otros tantos linfocitos T4) y la destrucción del linfocito invadido. Este proceso se produ-

---

11. El nanómetro es la unidad de longitud que equivale a la milmillonésima parte de un metro.

ce desde el inicio de la infección, disminuyendo paulatinamente el número de linfocitos T4. Por tanto el sistema inmunitario irá lenta pero progresivamente deteriorándose.

Explicándolo de forma más sencilla, podemos decir que en una primera fase, el VIH se multiplica activamente en las células infectadas. El sistema inmunitario responde disminuyendo la presencia de virus en la sangre, aunque no puede impedir que los virus sigan presentes y continúen afectando a otros órganos. Durante varios años el organismo puede permanecer en esta situación de aparente equilibrio, pero el VIH se sigue multiplicando en las células e infectando otras nuevas. Finalmente, si no se accede al tratamiento, se produce un debilitamiento paulatino de las defensas del organismo. Aparecen entonces los signos y síntomas propios de la enfermedad que definen el SIDA: fiebre, linfadenopatías, profunda fatiga y estado letárgico, pérdida de peso, diarrea crónica, trastornos sanguíneos, problemas respiratorios, problemas de la piel, lesiones en la boca, procesos infecciosos, tendencia a procesos tumorales, problemas psicológicos y neurológicos.

El riesgo de padecer los signos y síntomas de la enfermedad que definen el SIDA es cada vez más elevado a medida que desciende el número de linfocitos.

9.4_Diferencia entre portador y enfermo de SIDA

Tanto al individuo que denominamos portador del VIH, como al individuo que denominamos enfermo de SIDA, tienen un diagnóstico positivo de VIH tras un análisis de sangre específico y ambos pueden transmitirlo. La diferencia está en la capacidad de su sistema inmunológico de defenderse de las infecciones, cánceres oportunistas y demás patologías que definen la enfermedad del SIDA.

Por lo tanto, el portador del VIH es un individuo que tiene la prueba de laboratorio de VIH positiva, pero aún no presenta ningún signo o síntoma de la enfermedad del SIDA. El enfermo de SIDA es aquel que ya presenta signos y síntomas por la grave deficiencia del sistema inmunitario secundario a la infección por el VIH. Ambos pueden contagiar la enfermedad.

9.5_La persona "seropositiva"

Una persona es "seropositiva" cuando tiene un resultado de la prueba de VIH positiva. Esto significa que la persona debe considerarse portadora del VIH y puede transmitirlo, pero no indica necesariamente que presente la enfermedad del SIDA.

Es importante saber cuanto antes si se es VIH-seropositivo, primero para no transmitirlo a otras personas y segundo para poder beneficiarse cuanto antes del tratamiento contra el VIH. Cuanto antes se detecte el VIH y se empiece el tratamiento mejor, más calidad y años de vida para la persona.

9.6_Transmisión, no transmisión y formas de prevenir el contagio del VIH

Formas de transmisión

El virus del SIDA se puede encontrar en todos los fluidos orgánicos de una persona portadora (sangre, semen, secreciones vaginales, orina, saliva, lágrimas, leche materna, etc.) pero sólo cuatro fluidos: la sangre, el semen, las secreciones vaginales y la leche materna de las personas infectadas, tienen una concentración suficiente de virus como para transmitirlo. Ello significa que el VIH puede transmitirse por tres vías: sexual, sanguínea y de madre a hijo/a. Además, para que se produzca la infección es necesario que el VIH penetre en el organismo y entre en contacto con la sangre o mucosas (revestimiento del interior de la boca, vagina, pene y recto) de la persona, pues en las relaciones sexuales con penetración (anal, vaginal u oral) se pueden producir microtraumatismos (pequeños desgarros de las mucosas), la mayoría de las veces imperceptibles, a través de los cuales puede penetrar el virus.

- *Vía sexual*: en las relaciones sexuales con penetración (anal, vaginal u oral) sin preservativo. Cuando una persona presenta otras infecciones de transmisión sexual, el riesgo de infección por VIH aumenta. También influye el estado inmunológico del portador[13], ya que a mayor inmunodeficiencia mayor posibilidad de transmisión, debido a que el paciente tiene una mayor cantidad de virus en su sangre, semen y fluidos vaginales.
- *Vía sanguínea*: al compartir jeringas, agujas, otro material de inyección o cualquier instrumento cortante que haya estado en contacto con sangre infectada. El intercambio de instrumentos punzantes y cortantes no esterilizados para perforaciones en la piel, como los utilizados para tatuajes, *piercings*, acupuntura, perforación de orejas, etc. supone también un riesgo.
- *Vía madre-hijo/a*, también llamada *vía vertical*: cuando la mujer es portadora, la transmisión del virus puede tener lugar durante el embarazo a través de la placenta, en el momento del parto o a través de la leche materna.

Formas de no transmisión

El VIH no se transmite en los contactos cotidianos: besos, caricias, WC públicos, duchas, tos, estornudos, vasos, cubiertos, alimentos, lugares de trabajo, colegios, gimnasios, piscinas... Tampoco se transmite a través de la saliva, las lágrimas o el sudor; ni por picaduras de insectos o por el contacto con animales domésticos.

---

13. La reducción a niveles indetectables del virus gracias a los tratamientos farmacológicos actuales, no significa que esta persona infectada con el VIH no siga transmitiendo el VIH, por lo que se deben seguir adoptando las medidas preventivas. Este hecho es especialmente preocupante, pues se está generando una confusión en relación a los VIH-seropositivos con carga viral indetectable y está provocando una errónea percepción de "no contagiosidad".

Donar o recibir sangre, en los países en los que la donación está adecuadamente controlada, no comporta riesgo alguno de infectarse.

Formas de prevenir la transmisión

- Manteniendo relaciones sexuales sólo con una pareja que no esté infectada por el VIH y que a su vez dicha pareja no mantenga relaciones sexuales con otras personas.
- Usando correctamente un preservativo (masculino o femenino) cuando mantenga relaciones sexuales con penetración (vaginal, anal u oral) con personas infectadas o de las que desconoce si lo están. El preservativo impide la transmisión del VIH, otras infecciones de transmisión sexual y los embarazos no deseados.
- Conociendo su estado serológico y el de su pareja (hacer un análisis de sangre para realizar la prueba de SIDA y poder descartar que la persona esté infectada por el VIH).
- Conociendo el riesgo de exposición de las distintas prácticas sexuales.
- Utilizando siempre material estéril y evitando el uso compartido de jeringuillas, agujas y otros útiles de inyección.
- Utilizando siempre instrumentos para perforar la piel (agujas de acupuntura, tatuajes o el piercing) de un solo uso o estériles. No compartiendo cuchillas de afeitar ni cepillos de dientes.
- Si se está embarazada y se tiene el VIH, hay tratamientos que reducen eficazmente el riesgo de transmisión del virus al futuro hijo/a durante el embarazo y el parto. Una madre infectada no debe dar el pecho.

9.7_La prueba de detección del VIH

Es importante realizarse la prueba del VIH si las prácticas sexuales no han sido seguras o si se quiere dejar de usar el preservativo con la pareja.

Conocer precozmente un resultado positivo a la prueba del VIH permite:
- Beneficiarse de un seguimiento médico adecuado y eficaz.
- Acceder al tratamiento que mejora la calidad de vida y aumenta la supervivencia.
- Adoptar las medidas necesarias para evitar la transmisión de la infección.

La prueba del VIH consiste en un análisis de sangre específico que detecta los anticuerpos que el organismo produce en respuesta al VIH. La prueba no se puede hacer sin el consentimiento de la persona, es confidencial, anónima y gratuita en los centros sanitarios de la red pública.

En la actualidad también existe un test rápido de SIDA (el resultado se obtiene aproximadamente en 15 minutos). Se puede realizar en algunas farmacias.

9.8_La vacuna, un gran reto por conseguir[14]

Una vacuna segura, eficaz y accesible frente al VIH es un gran reto por conseguir y se ve como la principal esperanza para acabar con la progresión de esta pandemia, pero los resultados de diferentes investigaciones nos han dejado la evidencia de la dificultad de encontrar esta ansiada vacuna a corto plazo, pues las vacunas que habían levantado tantas esperanzas no han funcionado. La comunidad científica no se rinde y sigue trabajando en nuevas vías de investigación.

Esta vacuna supone un gran reto por su gran dificultad. El virus del VIH tiene una alta variabilidad genética, es decir, esta vacuna óptima debería reconocer la inmensa diversidad de virus VIH existentes y hacerlo muy rápidamente para prevenir la integración del genoma viral en el genoma celular, previniendo así la infección latente. Ante este gran desafío los investigadores están trabajando también en líneas menos ambiciosas. Los expertos explican que: *«(...) una sería encontrar una vacuna que prevenga la pérdida grande de linfocitos T (célula diana principal del virus) en las primeras semanas de infección, y así limitar la capacidad de multiplicación del virus impidiendo la evolución de la enfermedad, pero conseguir esto también es tremendamente complicado pues este virus tiene muchos recursos que le permiten escapar de la respuesta inmune; uno de ellos muy importante es la capacidad de evolución continua que tiene. La otra línea de trabajo en la cual se está trabajando es conseguir la vacuna terapéutica, esta vacuna se administraría a las personas infectadas, con el objetivo de conseguir estimular su sistema inmunitario de tal manera que pudiera controlar la infección o, al menos, mejorar su respuesta al tratamiento antirretroviral»*.

Cada paso que se da en esta difícil travesía ayuda a la comunidad científica a colocar las piezas de este complicado puzzle, pues de todo se aprende, tanto de los éxitos como de los fracasos.

La prevención es el único medio actual eficaz de lucha contra la infección por el VIH y la única posibilidad real que tenemos en nuestros días de controlar la pandemia de esta enfermedad.

10_ Las Enfermedades de Transmisión Sexual (ETS)

Las ETS son una fuente de información indirecta sobre conductas sexuales de riesgo y por sí mismas generan una gran carga de morbilidad y secuelas.

Se ha producido un aumento de la incidencia de las notificaciones de ETS en los últimos años, después de que la mayoría de ellas hubieran mostrado una tendencia descendente en las décadas de los 80 y 90. La disminución fue atribuida a la adopción de medidas de sexo seguro en respuesta a las campañas de prevención del VIH desarrolladas esos años. Esta tendencia favorable se interrumpe en torno al año 2000 en España.

---

14. Véase al final de este tema, las reseñas de bibliografía científica sobre descubrimientos recientes sobre el VIH.

Las Enfermedades de Transmisión Sexual que, como su nombre indica, se transmiten entre otras formas por medio de las relaciones sexuales (anales, vaginales u orales), pueden ser causadas por bacterias, virus, hongos, parásitos y protozoos. Cerca de dos tercios de los casos se dan en personas menores de 25 años.

En la mayoría de los casos en los que hay una ETS no aparecen síntomas o son poco evidentes, lo cual facilita la transmisión de la infección y, si no se instaura el tratamiento adecuado, pueden aparecer complicaciones como esterilidad, embarazo extrauterino, cáncer genital u otros.

A diferencia de otras enfermedades infecciosas, (como el sarampión, rubéola, varicela, etc.), la mayoría de las ETS se pueden adquirir tantas veces como se tenga contacto sexual con personas contagiadas. El motivo es que estas enfermedades, en su gran mayoría, no crean defensas.

Hay una serie de síntomas que pueden indicar que se tiene una enfermedad de transmisión sexual:

- *En mujeres*: flujo anormal en la vagina con o sin olor desagradable, llagas, ronchas, ampollas o verrugas cerca de los órganos sexuales, ano o boca. Inflamación de uno o más ganglios cercanos a la llaga, dolor en la zona de la pelvis, en el área entre el ombligo y los órganos sexuales, escozor o picor alrededor de la vagina. Ardor al orinar o al defecar, sangrado por la vagina sin tratarse de la menstruación o tras la relación sexual. Sangrado excesivo durante la menstruación o ausencia de menstruación. Dolor en la vagina durante las relaciones sexuales.
- *En hombres*: secreción por la uretra, llagas, ronchas, ampollas o verrugas cerca de los órganos sexuales, ano o boca. Inflamación de uno o más ganglios cercanos a la llaga, dolor en los testículos, inflamación, dolor, escozor o picor alrededor de los órganos sexuales. Ardor y dolor al orinar o al defecar.

En ocasiones es posible tener una de estas infecciones aunque no se presente síntoma alguno, o los síntomas pueden desaparecer por sí mismos, pero la infección no se cura si no se recibe tratamiento.

Las Enfermedades de Transmisión Sexual pueden ser producidas por bacterias, virus, hongos, parásitos y protozoos. Estas enfermedades pueden producir una serie de síntomas clínicos que se engloban dentro de los siguientes síndromes:

- *Vulvovaginitis*: se trata de una inflamación de los genitales externos y de la vagina en la mujer. Generalmente son de causa infecciosa (trichomona, cándida y gardnerella). Se puede manifestar con picor, aumento del flujo o cambio en las características del flujo, escozor o dolor espontáneo o durante la penetración vaginal.
- *Uretritis*: se caracteriza por la aparición de secreción por la uretra (conducto por donde sale la orina) junto con escozor al orinar. La causa más frecuente es infecciosa. Existen dos tipos de uretritis según si su origen está producido por el gonococo o no: uretritis gonocócica y no gonocócica. En general el paciente con uretritis se queja de que le sale pus por la uretra y tiene dolor al orinar.

- *Cervicitis*: inflamación del cuello del útero en la mujer. Puede ser de causa infecciosa o mecánica por el uso de un dispositivo intrauterino (DIU). Se puede manifestar por alteración del flujo, dolor o sangrado con la penetración vaginal, alteración de la menstruación, escozor al orinar. De entre los microorganismos que pueden producirla destacan el gonococo y chlamydia trachomatis.
- *Balanitis*: inflamación del glande. Puede estar producido por hongos.

Las manifestaciones clínicas de las ETS son muy variables, pero en general los signos de presentación más frecuentes son:

- *La supuración uretral*: es la queja más común de los varones con una ETS. Puede estar producida por varios gérmenes, siendo los más comunes los gonococos, las chlamydias y el ureaplasma. Según cual sea el causante de la infección variará el periodo de incubación y el aspecto de la supuración. Si la enfermedad no se trata o se trata mal, pueden surgir graves complicaciones tales como esterilidad, inflamación de la próstata, de las vesículas seminales, de la vejiga o infección de las articulaciones, el sistema nervioso, el corazón, etc.

  El diagnóstico se hace con una toma de la supuración y se analiza con el fin de instaurar el tratamiento específico, según sea el germen que la está produciendo. Si se ha hecho un diagnóstico precoz y correcto y se ha llevado bien el tratamiento, la mayoría de los casos curan sin secuelas. Siempre hay que hacer un control analítico de curación.

- *Flujo vaginal anormal*: el flujo vaginal que aparece cuando hay una ETS es de color, olor y cantidad anormal. Puede estar producido por varios gérmenes, como el gonococo, las chlamydias, las trichomonas, las cándidas (hongos) o la gardnerella vaginalis, entre otros. Todos estos gérmenes producen flujo, pero variarán sus características según sea uno u otro el causante de la infección.

  La candidiasis y las vaginosis por gardnerella en algunos casos pueden producirse sin un contacto sexual previo. El hongo cándida albicans y la bacteria gardnerella vaginalis normalmente forman parte de la flora vaginal y se mantienen mutuamente en equilibrio junto con otros microorganismos. Pero este equilibrio puede romperse ante determinados factores como es la toma de antibióticos, un embarazo, estrés (el estrés provoca una disminución de las defensas), etc.

  En general la mujer con flujo causado por una ETS, se quejará de manchas en su ropa interior, flujo, picazón, molestias al orinar, enrojecimiento o hinchazón de la vulva y dolor abdominal bajo. El diagnóstico se hace con una toma del flujo y se analiza para detectar qué germen está produciendo la infección. Tras un diagnóstico precoz y correcto, el tratamiento es sencillo y la curación suele ser sin secuelas. Siempre se debe hacer un control de curación analítico post tratamiento.

  Cuando las infecciones por gonococos y chlamydias se dejan evolucionar sin tratamiento, pueden producir una enfermedad inflamatoria pélvica, esterilidad, embarazos ectópicos (extrauterinos), infecciones en las Trompas de Falopio, ovarios, etc.

En ocasiones el primer síntoma de una ETS es la enfermedad inflamatoria pélvica, que debuta con dolor abdominal bajo y que puede terminar en una peritonitis. El motivo de esto es que la infección, localizada en un principio en la vagina, puede extenderse por vía ascendente y afectar al cuello del útero, las Trompas de Falopio, los ovarios y al peritoneo.

La enfermedad inflamatoria pélvica puede dejar como secuelas dolor pélvico crónico, esterilidad y un mayor riesgo de embarazos ectópicos.

- *Úlceras genitales*: las úlceras pueden estar producidas por varios gérmenes, entre ellos están la sífilis, chancro blando, herpes genital, etc.

  Los varones pueden presentar una o varias úlceras en el pene, en los testículos... En las mujeres pueden aparecer también en el interior de la vagina y en ocasiones pueden pasar desapercibidas al no dar molestias. Estas lesiones aparecen también en la boca, después de las relaciones sexuales orogenitales.

  El diagnóstico se realiza con un examen médico, análisis de sangre y una toma de la secreción de la úlcera. El diagnóstico y tratamiento precoz, con el consiguiente control de curación, suele terminar con la enfermedad sin secuelas.

  En el caso de herpes genital no hay tratamiento curativo, las lesiones desaparecen tras el tratamiento pero podrán volver a aparecer sin necesidad de un nuevo contacto sexual al ser una enfermedad recidivante. Con el tratamiento adecuado se puede disminuir la aparición de nuevos brotes y aliviar la sintomatología.

  En ocasiones, ciertas úlceras pueden desaparecer sin tratamiento, pero la enfermedad no ha curado y continúa su evolución. Esto ocurre por ejemplo con las úlceras de la sífilis, el germen pasa a la sangre y la infección continúa dando graves complicaciones afectando al corazón, cerebro y médula espinal.

  El herpes genital puede dar complicaciones, hay un aumento de la aparición del cáncer del cuello del útero en las mujeres que lo padecen. La mujer deberá realizarse citología anual para controlar una posible degeneración de las células del cuello de útero.

- *Condilomas o verrugas genitales:* los condilomas o verrugas son protuberancias del color de la piel, con una superficie parecida a la de una coliflor. Se pueden producir en los genitales o alrededor del ano y están producidas por un virus, el papilomavirus humano (PVH). En ocasiones se localizan dentro de la boca como resultado de un contacto orogenital. Estas lesiones cuando aparecen en el cuello del útero pueden malignizarse y precisarán de citología cada 6 meses para controlar una posible degeneración de las células del cuello de útero.

Ante la sospecha de una ETS hay que:

EDUCACIÓN Afectivo-Sexual

Capítulo 4

- Acudir a un centro sanitario.
- Nunca automedicarse, ni seguir el consejo terapéutico de amigos.
- Nunca creer en la curación porque desaparezcan los síntomas, siempre es necesario un diagnóstico y un tratamiento.
- Localizar los contactos sexuales para que se realice una revisión médica.
- Aprender a utilizar el preservativo correctamente.

No se ha demostrado eficaz, para evitar el contagio de una ETS, medidas difundidas entre la población, tales como lavarse los genitales después de la relación sexual, orinar inmediatamente después del coito o las aplicaciones vaginales de antisépticos o antibióticos.

10.1_¿Cómo protegerse de las ETS?

- Usar preservativos (masculino o femenino) al tener relaciones sexuales vaginales, anales u orales.
- Hablar con la pareja sexual acerca de su pasado sexual y del uso de drogas.
- Muchas ETS, incluida la infección por el VIH/sida, no presentan signos externos de enfermedad, por lo que es importante que la persona se realice un análisis y examen de ETS cuando haya tenido una práctica sexual de riesgo.
- Aprender a reconocer los indicios y síntomas de una infección de transmisión sexual. Ante un síntoma que preocupa, ir a un centro de salud o centro de ETS y solicitar una revisión.
- Si la persona tiene una ETS, debe localizar los contactos sexuales para que acudan a un centro médico para que sean revisadas y reciban tratamiento en caso necesario.

10.2_ETS más frecuentes

Se producen dos puntos en común para todas las ETS:
- Todas las ETS precisan de tratamiento médico y éste es más efectivo cuanto antes se diagnostique y se trate la enfermedad.
- Aún cuando la persona infectada no presente síntomas de enfermedad sí puede contagiar a su pareja sexual.

ETS producidas por bacterias

- *Gonorrea*: enfermedad causada por la bacteria Neisseria Gonorroeae. Los síntomas pueden aparecer entre los 2 a 7 días (incluso en ocasiones más tarde) del contacto sexual genital, oralgenital o rectal. Hay personas que no presentan síntomas, pero se debe recordar que sí pueden contagiar a su pareja sexual.

- *Infección genital*: se caracteriza por secreción amarillenta y espesa junto con molestias al orinar.
- *Infección faríngea (garganta)*: puede presentar molestias faríngeas, úlceras en la boca.
- *Infección anorrectal*: puede haber secreción amarillenta, espesa, con picor anal.

Puede producir complicaciones desde esterilidad, tanto en mujeres como en varones, enfermedad inflamatoria pélvica, hasta alteraciones en otros órganos (articulaciones, piel...). La gonorrea puede causar que la mujer tenga un parto anticipado con un bebé prematuro. También pueden transmitirla al recién nacido en el momento del parto. Hace años algunos niños quedaban ciegos por esta infección que producía oftalmía neonatal gonocócica. En la actualidad apenas sucede, ya que en el momento del nacimiento se pone tratamiento adecuado en el supuesto de que exista infección. Todas las personas con gonorrea precisan tratamiento antibiótico lo antes posible.

- *Clamidiasis*: enfermedad producida por la bacteria Chlamydia Trachomatis. La sintomatología se manifiesta entre 7 y 21 días tras el contacto sexual. Hay personas que no presentan síntomas (pero sí pueden contagiar a su pareja sexual). Los síntomas son diferentes dependiendo del sexo de la persona afectada:
  - En el *varón*: secreción clara y transparente acompañada de molestias al orinar (uretritis no gonocócica).
  - En la *mujer*: aumento de flujo, alteraciones de la menstruación o sangrado tras la relación sexual.

  Puede causar complicaciones como esterilidad, afectación de la vejiga, enfermedad inflamatoria pélvica, embarazos extrauterinos. La mujer embarazada puede transmitir la infección al recién nacido durante el parto produciendo conjuntivitis, infecciones de oído o incluso infecciones pulmonares. Los bebés reciben tratamiento justo después del parto en el supuesto de que exista infección. Todas las personas con clamidiasis precisan tratamiento antibiótico lo antes posible.

- *Linfogranuloma venéreo (LGV)*: las relaciones sexuales por vía anal constituyen la fuente más frecuente de infección (con frecuencia se producen erosiones anales) pudiendo afectar a los ganglios linfáticos alrededor del recto. Comienza con una pápula que erosiona gradualmente la piel y forma un nódulo que crece por extensión lenta a las áreas de piel adyacentes, destruyendo gradualmente el tejido a medida que aumenta de tamaño. Suele estar acompañada de deposiciones con sangre, defecación dolorosa, diarrea y dolor abdominal bajo. En las mujeres se pueden desarrollar fístulas entre la vagina y el recto. Además puede causar complicaciones como estenosis rectal (cicatrización y estrechez del recto) o fístula rectovaginal. La enfermedad sin tratamiento termina con la destrucción del tejido genital. Todas las personas con LGV precisan tratamiento antibiótico lo antes posible.

- *Sífilis*: enfermedad causada por el Treponema Pallidum. La sífilis es una infección en la que se alternan periodos de actividad interrumpidos por periodos de latencia. En la mayoría de los casos la transmisión de una persona a otra se produce por contacto sexual (oral, vaginal, anal) con una lesión sifilítica. También puede producirse a través de la sangre.

    Los síntomas se manifiestan alrededor de 20-40 días tras el contacto sexual, cuando aparece una úlcera o chancro indoloro, con bordes sobreelevados, en la zona que estuvo en contacto con la lesión sifilítica junto con una inflamación de un ganglio regional. Desaparece entre 6-8 semanas y es lo que conocemos como sífilis primaria. Si no se trata la infección puede pasar a otra etapa que conocemos como sífilis secundaria en la que se puede producir una erupción en la piel, incluidas las palmas de las manos y las plantas de los pies, y manchas y úlceras en las zonas genitales (cuyas lesiones son muy contagiosas). Sin tratamiento puede aparecer un periodo de latencia (sífilis latente) y tras éste pueden aparecer alteraciones a nivel cardiovascular, neurológico o musculoesquelético (sífilis terciaria).

    Las mujeres embarazadas pueden transmitir la infección a través de la placenta al feto, pudiéndose producir muerte fetal, parto prematuro o malformaciones congénitas. Todas las personas con sífilis precisan tratamiento antibiótico lo antes posible, generalmente vía parenteral. La dosis y duración del tratamiento dependerá de la fase en la que se encuentre la infección.
- *Gardnerella Vaginalis*: produce vaginosis bacteriana. Hay una sustitución de la flora vaginal normal por un cambio en el balance de los diferentes tipos de bacterias en la vagina. Se produce emisión de flujo maloliente y de color grisáceo (89%), blanco (7%) o también verde amarillento. Puede estar seguido de picor, sensación de quemazón y ocasionalmente malestar abdominal. Casi la mitad de las mujeres no presentan síntomas, pero este porcentaje disminuye cuando se pregunta en detalle. Además en el caso de las mujeres embarazadas puede producir complicaciones como abortos o nacimientos prematuros, e incluso ha sido relacionada con septicemia (infección grave generalizada que empeora de forma muy rápida) en el recién nacido y bacteriemia (presencia de bacterias en la sangre) especialmente post-cesárea.

    Todas las personas con Gardnerella Vaginalis precisan tratamiento médico lo antes posible.
- *Chancro blando*: la infección es causada por la bacteria Haemophilus Ducreyi y se manifiesta por una lesión ulcerosa superficial, blanda y dolorosa. La base de la úlcera está cubierta por una sustancia gris amarillenta. La úlcera aparece a los 3-14 días de la relación sexual junto con la inflamación de un ganglio inguinal.

    Aproximadamente la mitad de los hombres presentan una sola úlcera. La mujer infectada por lo general tiene cuatro o más úlceras con menos sintomatología. Se precisa tratamiento antibiótico lo antes posible.

ETS producidas por virus

- *Herpes genital*: está causado por el virus del herpes simple (VHS). El VHS-2 es el responsable de la mayor parte de los herpes genitales y el VHS-1 es el que habitualmente produce los herpes que afectan a la cara, labios o boca.

    Entre 2 y 20 días tras el contacto sexual aparecen unas pequeñas ampollas (perladas como cabezas de alfiler) o úlceras dolorosas cuya localización variará según la práctica sexual que ha producido la infección (primoinfección): vaginal, anal o bucogenital. Cuando la lesión desaparece el virus queda latente en el organismo y puede producir nuevas reinfecciones en situaciones de disminución de la inmunidad o estrés.

    La infección se puede transmitir a los contactos sexuales tanto si en ese momento se tienen síntomas como si éstos son inaparentes. Además en mujeres embarazadas se puede transmitir la infección al recién nacido por medio del parto vaginal, siendo el peligro aún mayor si éste se produce durante una de las recidivas (reapariciones). La infección en el bebé puede ser generalizada y grave.

    Existen fármacos como el "aciclovir" y el "valaciclovir" que ayudan a controlar los síntomas pero no erradican el virus latente. Actualmente no existe una cura definitiva para el virus del herpes.

- *Virus del papiloma humano (VPH)*: en la mayoría de los casos, la infección es asintomática. Pueden aparecer entre 1 y 20 meses después del contacto sexual (en los órganos genitales, anales u orales) unas lesiones irregulares, verrucosas, que van creciendo y adquieren aspecto de coliflor. También se denominan verrugas o condilomas.

    El VPH puede transmitirse de una persona a otra aún cuando no haya verrugas visibles u otros síntomas. Determinados tipos de virus VPH se consideran precursores del cáncer de cuello de útero o de genitales externos. El recién nacido puede tener riesgo de contraer la infección en el parto por vía vaginal si la madre presenta verrugas en ese momento. El tratamiento para hacer desaparecer las verrugas suele ser crioterapia, electrocauterización, extirpación quirúrgica, etc. El tratamiento irá en función de la localización, número y tamaño de las verrugas.

    Las personas precisan revisiones médicas periódicas para poder controlar a tiempo las posibles complicaciones que puedan surgir. Las mujeres precisarán revisiones ginecológicas cada 6 meses. Dentro del examen ginecológico se realizará una citología vaginal (también llamada Prueba de Papanicolaou), que es una prueba de cribado o screening para la detección precoz del cáncer de cuello uterino (también llamado cérvix). Es un examen bajo el microscopio de células tomadas por raspado del interior del cuello del útero, del exterior del cuello del útero y del fondo de la vagina en busca de anormalidades celulares que orienten la presencia de una posible neoplasia de cuello uterino. También permite tener una idea de la actividad hormonal de la mujer y orienta sobre posibles infecciones genitales o inflamaciones del cuello del útero.

Los hombres deberán consultar al urólogo o dermatólogo que establecerá igualmente revisiones periódicas.
- *Molluscum contagiosum*: enfermedad cutánea de etiología vírica causado por un poxvirus, concretamente el Molluscipoxvirus. Entre 6-12 semanas después del contacto aparecen unas lesiones sobreelevadas con depresión central (a modo de ombligo), que se pueden curar por sí solas si el cuerpo responde con una efectiva respuesta inmune. La transmisión de esta enfermedad se produce por contacto directo con la lesión pudiendo aparecer en cualquier parte del cuerpo. En las personas con infección por VIH o cualquier otro tipo de disminución de la inmunidad las lesiones pueden llegar a ser muy extensas.

  Si no hay una buena respuesta inmune pueden aparecer nuevas inflamaciones aún después de eliminar las visibles quirúrgicamente, pues el virus permanece en la piel. Ésta enfermedad necesita control y seguimiento médico.
- *Hepatitis A*[15]: inflamación del hígado causada por el virus de la Hepatitis A. También se transmite en una relación sexual tipo anal o sexo oral-anal.
- *Hepatitis B*[16]: los expertos alertan de un repunte de la Hepatitis B en España, propiciado fundamentalmente por el aumento de la inmigración procedente de países donde el virus está más extendido y por las conductas sexuales de riesgo. La falta de un diagnóstico generalizado a nivel mundial ha favorecido que en muchos países no se frene la incidencia del virus.

  Los nuevos contagios que se producen entre la población española, son debidos principalmente a prácticas sexuales de riesgo en ciudadanos no vacunados. Desde los años 90 en España se vacuna a todos los recién nacidos, pero esto no sucede en toda Europa, ya que hay países que no disponen de un programa de vacunación universal.

  Los expertos han elaborado un documento titulado **Orientaciones para un mejor manejo de la Hepatitis B** en el que se pide unificar las estrategias de vacunación en todos los países de la Unión Europea. Y se ha creado una página web www.hepatitisinfo.es, en la que los interesados pueden obtener información en diferentes idiomas sobre el contagio del virus, el tratamiento, las principales consecuencias de no ser tratados etc.

  Distintos estudios han estimado que actualmente en el mundo existen aproximadamente 350 millones de personas infectadas con Hepatitis B crónica, el virus se multiplica y ataca al hígado lentamente. Estos datos sitúan este virus como uno de los principales agentes responsables de enfermedad hepática crónica, fibrosis, cirrosis y cáncer de hígado.
- *Hepatitis C*: el mecanismo más importante de transmisión es a través de la sangre y hemoderivados de personas infectadas. El 60-70% de las personas infectadas no presentan síntomas o los síntomas son poco evidentes.

---
15. Véase explicación detallada sobre la enfermedad en el apartado sobre las vacunas.
16. Ver nota 14.

El riesgo de transmisión sexual está relacionado sobre todo con prácticas sexuales de penetración anal (si existen erosiones anales) y relaciones sexuales con la menstruación en caso de ser la mujer la portadora, y éste aumenta en el caso de presentar infección por VIH, gonorrea o chlamydia.

La infección con frecuencia se puede cronificar (50-70% de portadores se hacen crónicos) y producir alteraciones más graves como la cirrosis (20% de los portadores crónicos). Hay riesgo de transmisión de madre a hijo/a.

- *Virus de la inmunodeficiencia humana (VIH)*[16].
- *Citomegalovirus*: es un virus de la familia de los herpesvirus. Se transmite a través de la mayoría de los fluidos orgánicos (saliva, secreciones vaginales, semen, orina, sangre y leche materna), por lo tanto una de las vías de infección puede ser la sexual.

  En el 80% de los casos la infección no produce síntomas. Algunas personas pueden sufrir síntomas como fiebre, dolor de garganta, ganglios inflamados, especialmente en el cuello, y cansancio. El periodo de incubación parece ser de 3 a 12 semanas.

  Una vez que la persona está infectada, generalmente el virus quedará latente en esa persona de por vida. Una alteración importante del sistema inmunitario por medicación o enfermedad puede reactivar el virus. La mujer embarazada puede transmitir la infección al recién nacido en el embarazo, parto o a través de la leche materna. Toda persona con una infección por citomegalovirus actual o pasada, puede contagiar el virus a otra persona incluso si no presenta síntomas evidentes. Se necesita control y seguimiento médico.

- *Virus de Epstein-Barr*: es un virus de la familia de los herpesvirus. La vía de transmisión más frecuente se produce a través de la saliva, por este motivo también se la conoce como la "enfermedad del beso". La mayoría de los casos no da síntomas. En otros, puede aparecer inflamación de los ganglios, fiebre, cansancio y afectación de la garganta, recibiendo el nombre de mononucleosis infecciosa.

  Puede producir en algunos casos aumento del tamaño del hígado y/o del bazo. Recibe el nombre de:

- Hepatomegalia: agrandamiento del hígado más allá de lo normal.
- Esplenomegalia: agrandamiento del bazo más allá del tamaño normal.
- Hepatoesplenomegalia: agrandamiento del hígado y del bazo más allá del tamaño normal.

  El periodo de incubación puede ser de 30 a 50 días y precisa de control y seguimiento médico. Si no surgen problemas, el tratamiento consiste en reposo y alivio del malestar con analgésicos como el "paracetamol" o "ibuprofeno".

---

16. Véase el apartado específico: La infección por VIH y el SIDA.

ETS producidas por hongos

- *Candidiasis vulvo-vaginal*: causada por un tipo de hongo, normalmente Cándida Albicans (pues hay otras especies de Cándidas). Los síntomas más frecuentes incluyen picor importante y secreción vaginal de color blanco y espesa (parecida al requesón). Es frecuente que aparezca justo antes de la menstruación. Otros síntomas incluyen: dolor vaginal, quemazón en genitales externos y dolor al orinar.

  En el hombre puede dar una inflamación del glande con zonas blanquecinas, picor y escozor en dicha zona. En la mujer no suele ser de transmisión sexual, sino que la Cándida Albicans forma parte de la flora vaginal normal y, ante determinados factores como una mayor acidez del flujo vaginal, toma de anticonceptivos o antibióticos, embarazo, diabetes etc. pueden aparecer los síntomas.

  En los hombres la transmisión sexual es lo más frecuente. Sólo hay que tratar a la pareja sexual si presenta síntomas. Si la madre en el momento del parto presenta una candidiasis vaginal el recién nacido puede tener una mayor predisposición a presentar lesiones de muguet oral (placas blanquecinas en mucosa bucal, causada por las cándidas). La candidiasis precisa control y tratamiento médico.

ETS producidas por parásitos

- *Trichomona vaginalis*: este parásito causa una infección vaginal. El flujo vaginal puede ser espumoso, oler mal e incluso puede aparecer con sangre. Se acompaña de picor en la vagina, dolor al orinar (debido a la irritación uretral) y en ocasiones inflamación de uno o varios ganglios en la ingle. Los síntomas aparecen entre 3 y 28 días después de la infección. Es muy raro que los hombres muestren síntomas y, a veces, las mujeres tampoco los tienen.

  El tratamiento debe incluir a los dos componentes de la pareja sexual. Los medicamentos disponibles son altamente efectivos para la erradicación del parásito, se dispone de tratamientos orales y vaginales.

- *Piojos púbicos o ladillas (Pthirus pubis)*: los síntomas más comunes son: prurito (picor fuerte) en la zona genital o en el ano y aparición de piojos o huevos de color blanco en el vello púbico. Las ladillas se alimentan de sangre, lo que provoca un prurito muy molesto, que hace que la persona se rasque pudiendo provocar irritación e infecciones en la piel.

  Se transmiten por contacto íntimo pasando los piojos del vello púbico de una persona al vello púbico o vello cercano de su pareja, también puede ser adquirida través de objetos contaminados: por contacto con la ropa de la cama, ropa interior, toallas, etc. El piojo pone sus huevos en el vello púbico, pudiendo extenderse a cualquier área con pelo: el vello del pecho, las axilas, los muslos. El diagnóstico generalmente es fácil y cura con un tratamiento adecuado (cremas, lociones y champús), suele ser necesario repetir la administración después de una semana. No suele haber complicaciones.

Es conveniente cambiar sábanas, toallas y otras ropas potenciales de infestación empleadas durante los últimos días para evitar la reinfestación. Lavar en lavadora con detergente y con agua muy caliente y preferiblemente secar en secadora. El tratamiento médico adecuado y una higiene minuciosa erradicarán estos parásitos.

- *Sarna*: también llamada escabiosis, es una enfermedad contagiosa causada por el ácaro parasitario Sarcoptes Scabiei. El principal síntoma es el prurito, causado por la reacción alérgica del cuerpo ante el parásito, normalmente por la noche por el calor de la cama, que se manifiesta con pequeños granos, ampollas y pequeñas úlceras con costras.

  Las lesiones más típicas de la escabiosis son erupciones que aparecen a modo de líneas de color grisáceo con una sobreelevación en uno de los extremos (que son el reflejo exterior de una galería excavada en la epidermis por la hembra con el fin de desovar) y las vesículas perladas (producidas por la secreción del parásito), de predominio en palmas de las manos, entre los dedos, en la zona palmar de la muñeca, pliegue de las rodillas, axilas y nalgas. Las lesiones también suelen aparecer en el pene, escroto, mamas, parte interna de los muslos, vulva y codos. Una vez diagnosticado, se cura con el tratamiento adecuado y no suele haber complicaciones importantes, a excepción de infecciones bacterianas secundarias, que es frecuente en casos de escabiosis.

  En las personas que ya han estado en contacto con el parásito las lesiones aparecen antes. Se transmiten por contacto íntimo o por contacto con la ropa de cama o ropa infectada. En personas con depresión del sistema inmunitario el cuadro clínico puede tener mayor gravedad. El tratamiento es con lociones o cremas que se aplican por todo el cuerpo. Suele ser necesario repetir la administración después de una semana para asegurar la efectividad del tratamiento. El tratamiento generalmente no alivia el picor de inmediato y por completo, que puede durar de 2-3 semanas después del tratamiento y por ello precisa de la toma de antihistamínicos para controlarlo Es conveniente cambiar sábanas, toallas y otras ropas que sean fuentes potenciales de infestación, empleadas durante los últimos días, para evitar la reinfestación. Lavar en lavadora con detergente y con agua muy caliente y preferiblemente secar en secadora.

  El tratamiento médico adecuado y una higiene minuciosa erradicarán la escabiosis.

Otras

- *Producidas por microorganismos intestinales transmitidos por vía sexual.* Clásicamente su transmisión es a través de la ingesta de agua o alimentos contaminados. Sin embargo la transmisión es posible con las prácticas sexuales oroanales. Destacan: Bacterias: Salmonella, Shigella y Campylobacter. Protozoos: Criptosporidium, Ameba Histolítica, Giardia Lamblia. Helmintos ("gusanos") como Enterobius vermicularis. Pueden producir diarrea, fiebre y dolores abdominales. La ameba puede producir complicaciones en el hígado.

11_ Conozca sus pechos. Autoexamen[17]

A partir de los 20 años, se debe informar a las mujeres sobre los beneficios y limitaciones del autoexamen de los pechos. La mujer debe conocer el aspecto natural de sus pechos mediante la observación y la palpación, y notificar a su médico cualquier cambio nuevo en ellos tan pronto sea encontrado. Encontrar un cambio en los pechos no significa necesariamente que se trate de cáncer.

Una mujer puede notar cambios en sus pechos cuando se familiariza con el aspecto normal de ellos al observar y palpar sus pechos en busca de cualquier cambio (toma de conciencia) o cuando opta por usar un método paso a paso (vea información más adelante) y usa un programa específico para examinar sus pechos.

Si se opta por hacerse el autoexamen, la siguiente información provee un método paso a paso para realizar el examen. El mejor momento para que la mujer examine sus pechos es cuando éstos no están sensibles ni inflamados. En las mujeres que decidan hacerse el autoexamen de los pechos, el profesional de la salud debe revisar, durante los exámenes periódicos de salud, la técnica que ellas emplean para hacerlo.

Las mujeres que tienen implantes de pecho también pueden hacerse el autoexamen de los pechos. Puede que sea útil la ayuda del cirujano para ayudar a identificar los bordes del implante, de tal manera que la mujer pueda saber qué es lo que está palpando. Se cree que los implantes empujan el tejido del pecho, lo que incluso puede hacer más fácil examinarlo. Las mujeres que están embarazadas o amamantando a un bebé también pueden optar por examinarse regularmente los pechos.

Es aceptable que las mujeres opten por no hacerse el autoexamen de los pechos o hacerlo de vez en cuando. De ser así deben seguir prestando atención a la sensación de sus pechos y reportar de inmediato a sus médicos cualquier cambio.

11.1_¿Cómo examinar sus pechos?[19]

- Acuéstese y coloque el brazo derecho detrás de la cabeza. El examen se realiza mientras está acostada y no de pie. Esto se debe a que cuando se está acostada el tejido del pecho se extiende uniformemente sobre la pared torácica, haciendo que el tejido esté lo más delgado posible. Esto

---
17.   Información extraída de la American Cancer Society.
19.   Ver nota 17.

permite que se pueda palpar todo el tejido del pecho con mucha más facilidad.
- Utilice las yemas de los tres dedos del medio de la mano izquierda para palpar cualquier masa, bulto o protuberancia en el pecho derecho. Con las yemas de los dedos, emplee movimientos circulares contiguos del tamaño de una moneda pequeña para palpar el tejido del pecho.
- Use tres niveles de presión diferentes para palpar todo el área del tejido del pecho. La presión leve es necesaria para palpar el tejido que está más cercano a la piel, mientras que la presión moderada servirá para palpar un poco mas profundo y la presión firme para palpar el tejido más cercano al tórax y a las costillas. Un reborde firme en la curva más inferior de cada pecho es normal. Si no está segura de la presión que debe hacer, hable con su médico o enfermera. Emplee cada nivel de presión para palpar el tejido del pecho antes de pasar a la próxima área.
- Mueva las yemas de sus dedos en un patrón de arriba hacia abajo, comenzando con una línea derecha imaginaria dibujada en el lado de su costado que vaya desde la axila y se mueva por todo el pecho hasta el medio del esternón. Asegúrese de examinar todo el área del pecho yendo hacia abajo hasta donde usted siente sólo las costillas y hacia arriba hasta llegar al cuello o a la clavícula.
- Existe cierta evidencia que sugiere que el patrón de arriba y abajo (algunas veces llamado patrón vertical) es el más efectivo para cubrir todo el área del pecho sin dejar de examinar ningún tejido.
- Repita el examen con el pecho izquierdo, empleando las yemas de los dedos de la mano derecha.
- Mientras esté de pie frente a un espejo, con sus manos presionando hacia abajo firmemente sus caderas, observe sus pechos para detectar cualquier cambio en tamaño, forma, contorno, formación de hoyuelos, enrojecimiento o escamosidad de los pezones o de la piel de los pechos. Cuando se hace presión hacia abajo a las caderas, los músculos de la pared torácica se contraen y esto hace que sobresalga cualquier cambio en los pechos.
- Examine cada axila mientras esté sentada o parada y con su brazo ligeramente levantado para que usted pueda palpar ese área con facilidad. Si levanta el brazo completamente, el tejido estará rígido en ese área, lo que hará más difícil examinarla.

Este procedimiento para hacer el autoexamen de los pechos es diferente a recomendaciones anteriores. Estos cambios son parte de una revisión extensa de la literatura médica y la aportación de un grupo de expertos consultados. Existe evidencia de que esta posición de la mujer (acostada), el área a palparse, el patrón para cubrir el pecho y el uso de distintos niveles de presión aumentan la habilidad de la mujer de encontrar áreas anormales a través de este examen.

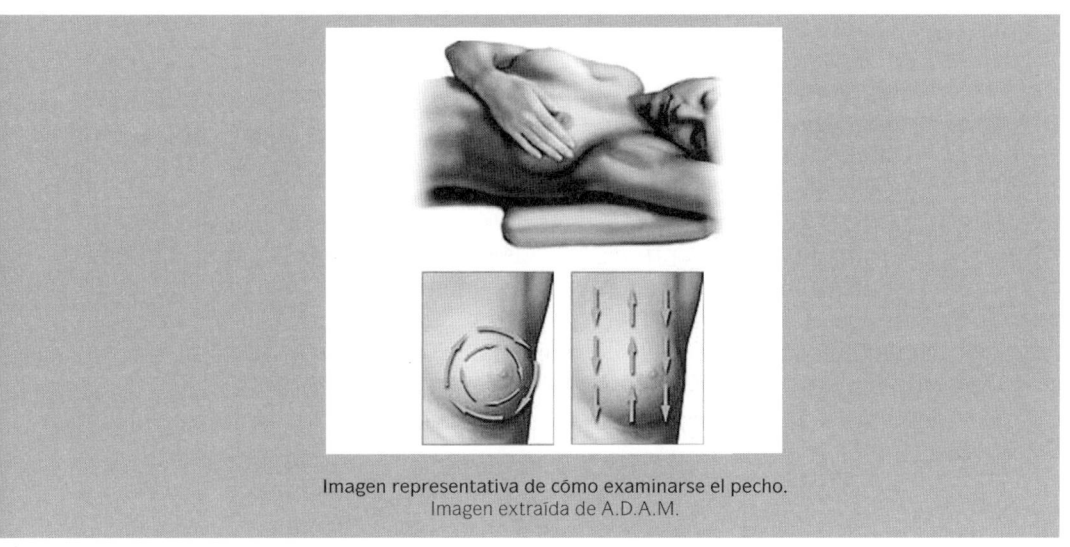

Imagen representativa de cómo examinarse el pecho.
Imagen extraída de A.D.A.M.

12_ Datos a destacar de la bibliografía científica

12.1_La inmunidad natural al VIH del gen HLA B57 podría ayudar a la creación de una vacuna

A finales de la década de los 90, los investigadores demostraron que un alto porcentaje de las personas que se mostraban inmunes por naturaleza al VIH, eran portadores de un gen denominado HLA B57. Ahora un equipo de científicos del Instituto de Tecnología de Massachussets, el Instituto Ragon del Hospital General de Massachusetts y la Universidad de Harvard ha descubierto que el gen especial que poseen las personas inmunes por naturaleza al VIH, el HLA B57, hace que el cuerpo fabrique un mayor número de células T, más potentes y letales. Los pacientes con este gen tienen un mayor número de células T que se adhieren con más fuerza a más proteínas del VIH que los de las personas que carecen de este gen. Estas células T son más capaces de reconocer las células que expresan las proteínas de VIH, incluidas las versiones mutadas que surgen durante la infección. Los pacientes que portan este gen tienen un mejor control de la infección por VIH y también de otros virus que se desarrollan rápidamente; la otra cara de la moneda es que también les hace ser más susceptibles a sufrir enfermedades autoinmunes en las que las células T atacan a las células del propio organismo.

Los expertos explican que: «(...) la mayoría de las letales células T son genéticamente únicas y reconocen diferentes piezas de las proteínas externas, conocidas como epitopes, adheridas a la superficie de las células que han sido infectadas por virus o bacterias. Después de que una letal célula T se enganche a una de estas proteínas, se activa y comienza a barrer el organismo de otras célu-

las que expresen ese mismo tipo de proteína, destruyéndolas. Además, se clonan a sí mismas para producir un ejército de células T cuyo objetivo es atacar al invasor. Este estudio ha demostrado que los individuos con el gen HLA B57 produce un mayor número de células T que son de reacción cruzada, lo que significa que pueden atacar a más de un epitope asociado con el VIH, incluidas las mutaciones que aparecen para escapar de las células T ya activadas».

Estos resultados podrían ayudar a los investigadores a diseñar una vacuna que provoque la misma respuesta ante el virus del VIH que la que las personas que tienen ese gen especial. Es decir, que ayude a generar células T capaces de tener reacciones cruzadas en personas que carecen del gen HLA B57. Las personas sin este gen también tienen estas células, pero son mucho más excepcionales y estos investigadores piensan que podrían ser activadas con la vacuna adecuada.

Este descubrimiento ha sido publicado en la edición on line de **Nature** en mayo de 2010.

12.2_El virus de inmunodeficiencia humana tipo 2 (VIH-2)

Científicos del Hospital Carlos III de Madrid presentaron los últimos datos actualizados del Grupo Español para el estudio VIH-2 y HTLV. España registra 216 casos de infección por VIH-2, de ellos 30 en el último año. La mayoría se han registrado en Madrid y Barcelona; otra provincia donde es llamativo el número de casos es Almería, donde en los dos últimos años se han registrado 14 casos, lo que podría ser debido al aumento de la inmigración, pues en África este virus es endémico.

El VIH-2 tiene una evolución más lenta pero acaba produciendo la misma clínica que el VIH-1. Los expertos señalan la importancia de hacer un buen diagnóstico pues el tratamiento es distinto. Hay fármacos que se utilizan en el VIH-1 que no son eficaces en el VIH-2.

HTLV es otro retrovirus que afecta al ser humano, es endémico sobre todo, en zonas de América del Sur y Central, Japón y África. Del HTLV-1 se han comunicado hasta la fecha en España 144 casos, de ellos 21 en el año 2009; el HTLV-2 está más extendido en nuestro país, se han registrado en España 717 casos. Existe también el HTLV-3 y el HTLV-4, descubiertos recientemente. El HTLV-1 produce enfermedades de mal pronóstico como es la leucemia de células T del adulto, paraparesia espástica tropical, una mielopatía subaguda... El HTLV-2 se asocia a distintas patologías neurológicas como la mielopatía, la polineuropatía sensitiva o la degeneración espinocerebelosa.

El Grupo Español para el estudio VIH-2 y HTLV está esponsorizado por el Ministerio de Sanidad a través de la Fundación Investigación para la prevención del SIDA en España (FIPSE).

El Hospital Carlos III de Madrid es uno de los 7 centros de excelencia dentro del programa OMS para países emergentes, para el diagnóstico de la carga viral y resistencias a las variantes del VIH que circulan en el planeta. Diciembre de 2009.

12.3_Las infecciones por VIH

Según indicó ONUSIDA, hoy en día hay más gente viviendo con VIH que antes, debido a los beneficios de los efectos de la terapia antirretroviral y al crecimiento de la población. Además, el número de muertes relacionadas con el VIH descendieron un diez por ciento en los últimos cinco años como consecuencia del acceso a los tratamientos. En concreto, ONUSIDA y la OMS estiman que, desde la disponibilidad de tratamiento efectivo en 1996, se han salvado cerca de 2,9 millones de vidas.

Se subraya que algunos programas de prevención están equivocados y, si se realizase un mejor trabajo con iniciativas que causaran un mayor impacto, el progreso sería más rápido y se podrían salvar más vidas. Indican que muchos programas de prevención no se están ajustando a los cambios actuales. En concreto, indica que la epidemia en el este de Europa y Asia Central se caracterizó por el uso de jeringuillas en el consumo de drogas, mientras que ahora, sin embargo, el VIH se expande ahora a los compañeros sexuales de los drogadictos. Del mismo modo, en ciertas zonas de Asia la transmisión era más común entre las personas que ejercían la prostitución y el uso de jeringuillas, mientras que ahora está aumentando entre parejas heterosexuales. A su vez, los datos revelan que no existen programas de prevención para las personas mayores de 25 años, parejas casadas o gente con relaciones estables, viudos o divorciados. Según señala, estos son los mismos grupos en los que se observa un aumento en la prevalencia de VIH en muchos países del África subsahariana. Los países dedican un porcentaje muy pequeño de sus presupuestos a los programas de prevención. Por ejemplo, en Swazilandia, un pequeño país en el sur de África, tan sólo se destina a la prevención el 17% del fondo dedicado al sida, a pesar de que el 26% de su población padece de VIH y la esperanza de vida sea muy baja.

La Comisión Europea considera necesario renovar su estrategia de lucha contra el SIDA. En los próximos cinco años, pretende priorizar la prevención, el diagnóstico precoz y mejorar la calidad y acceso a los tratamientos para una mayor calidad de vida de los pacientes. El número de personas infectadas por el VIH/SIDA sólo en la Unión Europea ha aumentado en unos 730.000 casos entre 2001 y 2007.

Dentro de la UE, el mayor número de personas que viven con el VIH/SIDA se registró en 2007 en Francia, Italia y España, que representan casi el 60% del total de la Unión Europea. No obstante, Rusia y Ucrania tienen las mayores tasas de Europa y además, junto a otros países del Este de Europa, es donde más rápido crece la epidemia.

El plan de acción para el periodo 2009-2013 que se quiere impulsar tiene previsto:
- Medidas específicas para favorecer la prevención, pero también para atender a los principales grupos de riesgo y las regiones consideradas más vulnerables.

- Reforzar la vigilancia e impulsar la inversión en investigación. Se apunta que no serán necesarios fondos adicionales para desarrollar este plan, sino reconducir y utilizar mejor los ya disponibles.
- Mejorar la información a los ciudadanos y que cada uno asuma sus propias responsabilidades, en alusión a la conveniencia de someterse a pruebas diagnósticas precoces y a hablar de adoptar prácticas de sexo seguro. Una mejor comunicación, especialmente con los jóvenes.
- Orientar las medidas hacia emigrantes de terceros países con gran prevalencia de la enfermedad y mejorar las políticas específicas para los grupos de riesgo.

Todo ello respetando los derechos de la persona y garantizando la no discriminación.

- Las prioridades futuras de la UE deben centrarse en reducir el número de nuevos contagios de aquí a 2013 en todos los países europeos, mejorar el acceso a la prevención, tratamiento, cuidados y acompañamiento del paciente y aumentar la calidad de vida de las personas infectadas con el virus del SIDA y de los grupos de riesgo. Se requiere un mayor compromiso político.

Según los datos publicados por Bruselas, existen grandes disparidades en las tasas de prevalencia del VIH entre los Estados miembros y los países vecinos. Las tasas varían desde menos del 0,1% en partes de Europa central a por encima del 1% en zonas del este de Europa. Las más altas corresponden a Estonia (1,3%), Rusia (1,1%) y Ucrania (1,6%). Entre los Estados miembros de la UE, registran tasas elevadas Letonia, Italia, Portugal, España y Francia. En contraste, en Eslovaquia, Eslovenia, Malta y Lituania, la prevalencia del VIH se encuentra en niveles bajos.

En cuanto a modos de transmisión, en los países de la UE, la mayoría de los nuevos casos se contagiaron en relaciones sexuales homosexuales (39%), especialmente en Reino Unido, Alemania, Francia, Países Bajos, España, Portugal y Bélgica. Mientras que el uso de jeringuillas es la principal causa de contagio (57% en los países del Este, especialmente Ucrania, Bielorrusia y Moldavia). Se incide en que los Estados miembros y otros como son las ONG deben facilitar el acceso de los toxicómanos a jeringuillas nuevas. Publicado en noviembre de 2009.

12.4_Vacuna experimental contra el VIH

Se ha llevado a cabo un ensayo clínico desarrollado por investigadores de Estados Unidos y Tailandia de una nueva vacuna experimental contra el VIH, llamado "RV 144". Este estudio clínico se ha realizado en Tailandia y han participado 16.402 voluntarios.

El informe inicial muestra que la tasa de infección por el VIH entre los voluntarios que recibieron la vacuna experimental que está siendo probada en el ensayo, fue 31% inferior a la tasa de infección por VIH entre los voluntarios que recibieron placebo.

"RV 144" es una combinación de dos vacunas ya estudiadas y probadas previamente por separado, la vacuna "ALVAC-VIH", desarrollada por los laboratorios Sanofi-Pasteur, y la vacuna "AIDSVAX B/E", desarrollada por la farmacéutica estadounidense VaxGen. Estas dos vacunas no habían podido demostrar su eficacia de forma independiente en ensayos con humanos.

Al igual que con todos los grandes estudios, los datos de éste pueden ser analizados de diferentes maneras para conseguir diferentes interpretaciones. Según el tipo de análisis que se haga de los resultados, dicha protección tiene significación estadística (es decir, se puede prever que pasaría lo mismo si se repitiera mañana el ensayo) y en otros casos no la tiene. Aún quedan dudas por resolver y posibles errores por aclarar. No obstante, lo que es indiscutible es que la comunidad científica sigue viendo como una buena noticia los datos del estudio RV-144. Hay un sentimiento de optimismo y no de pesimismo como en anteriores ensayos clínicos por los resultados decepcionantes que se habían obtenido hasta el momento.

El resultado ha sido una grata sorpresa para los investigadores, pero aún queda mucho camino por recorrer para aclarar todas las dudas y para poder entender los mecanismos de acción y la reacción que se genera en el sistema inmune humano.

La investigación ha sido supervisada y financiada por el Ministerio Tailandés de Salud Pública, el Instituto estadounidense de Alergia y Enfermedades Infecciosas (NIAID, según sus siglas en inglés) y el Ejército de los Estados Unidos. Septiembre de 2009.

12.5_La terapia génica y el virus de inmunodeficiencia en simios (SIV)

Una investigación estadounidense con participación de personal del Hospital Clínic de Barcelona llevada a cabo con simios mediante terapia génica, aporta datos de interés que podrían ayudar en el camino de uno de los principales retos de la medicina moderna: el esperado descubrimiento de la vacuna preventiva contra el SIDA.

Ante los resultados poco efectivos conseguidos hasta el momento, es necesario abrir nuevas vías de investigación. El estudio, publicado en la revista **Nature Medicine**, utilizó la terapia génica, una estrategia radicalmente nueva. La nueva propuesta consiste en inyectar un adenovirus con información genética, que codifica para un anticuerpo eficaz contra el SIV en el músculo de 9 macacos. En estudios previos se obtuvieron buenos resultados en ratones y el presente estudio significa un salto importante hacia su posible aplicación en humanos. Los adenovirus son pequeños virus que se utilizan como vectores para traspasar información genética a las células que infectan. Los 9 macacos se separaron en grupos de 3, y cada grupo recibió un adenovirus cargado con el ADN necesario para expresar un anticuerpo distinto eficaz contra el SIV. En las semanas siguientes se estudió la evolución del anticuerpo en el suero de los simios y se comprobó que sus células musculares estaban produciendo el anticuerpo. Al cabo de 4 semanas los 9 simios inmunoprotegidos fueron infectados con una forma común del SIV. Ninguno de ellos desarrolló la enfermedad tras un seguimiento de un año y 6 de ellos lograron incluso evitar cualquier rastro de infección.

Los resultados abren una nueva línea de investigación que podría introducir la terapia génica como alternativa en la lucha contra la propagación del virus del SIDA. Quedan muchos interrogantes por resolver, como el nivel de protección que ofrece frente a la infección por vías humorales, dado que los anticuerpos circulantes en sangre pueden tener dificultades para llegar en concentraciones óptimas a zonas como el epitelio de la vagina. A pesar de ello, los resultados obtenidos con vacunas como la del papiloma humano permiten pensar que la producción sostenida de anticuerpos que llegan a la sangre, protegería también de la transmisión por vía sexual. También será necesario encontrar anticuerpos tan efectivos contra distintas cepas del VIH como los usados en este estudio contra el SIV. Tanto los investigadores americanos como los del equipo IDIBAPS del Hospital Clínic de Barcelona, seguirán trabajando para intentar avanzar en esta nueva vía de investigación.

Fuente: *Hospital Clínic de Barcelona - IDIBAPS. Mayo 2009.*

12.6_Se identifican anticuerpos naturales que hacen que el VIH progrese más lentamente

Investigadores de la Universidad de Rockefeller en Nueva York (Estados Unidos) han identificado un conjunto de anticuerpos en los pacientes en los que el virus de la inmunodeficiencia humana (VIH) progresa de forma lenta y que en conjunto consiguen mantener bajo control el virus. Según los autores, que publican su trabajo en la edición digital de la revista **Nature**, el desarrollo de una vacuna eficaz para el VIH podría tener su punto de partida en estos anticuerpos naturales.

Según explican los investigadores: *«(...) queríamos intentar algo diferente, así que probamos reproducir lo que sucede en el paciente. Y lo que pasa en el paciente es que existen muchos anticuerpos diferentes que individualmente tienen habilidades neutralizantes limitadas pero que en conjunto son poderosas. Esto debería hacer pensar sobre cómo podría ser la vacuna eficaz».*

Las variedades de VIH mutan de forma rápida, lo que las hace especialmente difíciles de combatir por el sistema inmune. Sin embargo, un elemento es común a prácticamente todas las variedades. Este elemento es una proteína en la envoltura del virus llamada gp140 que el VIH necesita para infectar a las células inmunes.

Los pacientes infectados con VIH en los que la infección avanza lentamente son entre un 10 y un 20% de los casos. Las células B de memoria de su sistema inmune producen altos niveles de anticuerpos antivirales pero hasta el momento se sabía poco sobre estos anticuerpos y su eficacia.

Los investigadores aislaron 433 anticuerpos del suero sanguíneo de 6 de estos individuos que se dirigían de forma específica a la proteína del envoltorio del VIH. Clonaron los anticuerpos y los produjeron en grandes cantidades, analizando a qué parte de la proteína se dirigían y evaluando la eficacia con la que neutralizaban el virus.

Durante este proceso los investigadores identificaron una nueva estructura de la proteína, denominada gp120 core, que podría ser una posible diana para los anticuerpos.

El trabajo muestra que la actividad neutralizadora es común en estos anticuerpos pero que cada anticuerpo por separado tiene una capacidad limitada para combatir el virus. En altas concentraciones, una combinación de anticuerpos clonados de los pacientes individuales parecía actuar en conjunto para reducir el virus en los cultivos celulares de forma tan eficaz como otros anticuerpos por sí solos creados hasta el momento en otros trabajos.

Estos anticuerpos naturales fueron también capaces de reconocer una variedad de cepas de VIH, lo que indica que su diversidad podría ser una ventaja sobre cualquier anticuerpo individual que se centre sólo en una parte del virus que podría mutar.

Según este estudio, estos descubrimientos sugieren que podría merecer la pena la investigación de vacunas que imitaran la respuesta de los anticuerpos naturales del organismo. Marzo de 2009.

12.7_Universalidad del virus del VIH

Un estudio realizado con más de 2.800 personas de todo el mundo infectadas con VIH, ha demostrado que el virus hace frente al sistema inmune y muta de manera distinta según la genética predominante en cada región, tal y como se desprende de un estudio que aparece publicado en la edición on line de la revista **Nature**, lo que explicaría las dificultades en el desarrollo de una vacuna a nivel global frente al sida. Febrero de 2009.

12.8_Los individuos que están expuestos al virus VIH pueden ser ayudados o dificultados por su tipo de sangre en la lucha contra la infección

Un estudio realizado por investigadores de los Servicios de Transfusión de Sangre de Canadá, en el Hospital Infantil de Toronto (Canadá), y de la Universidad Lund de Suecia, publicado en **Blood**, ha descubierto que ciertos tipos de sangre son más propensos a contraer el VIH que otros que son más efectivos evitando al virus. Una molécula de carbohidrato contenida en el grupo sanguíneo Pk, distinto de los conocidos como sistemas de grupos sanguíneos ABO y Rh, está presente en distintos niveles de la superficie de los leucocitos y glóbulos rojos.

El trabajo muestra que las células de algunos individuos excepcionales, que producen un exceso de sangre de su grupo, experimentan drásticas reducciones de sensibilidad a las infecciones por VIH. En cambio, otro grupo algo más común de personas que no producen Pk se ha mostrado más susceptible al virus. Los niveles de Pk también varían de forma sustancial en la población general.

Este trabajo no sugiere que el tipo de sangre por sí mismo pueda determinar si se va a contraer o no el VIH. No obstante, concluye que los individuos que están expuestos al virus pueden ser ayudados o dificultados por su tipo de sangre en la lucha contra la infección.

El incremento de los niveles del grupo sanguíneo Pk en las células dentro del laboratorio también se consigue elevar la resistencia contra el virus, mientras que reduciéndolos aumenta la susceptibilidad. La molécula Pk ha sido estudiada en trabajos que identificaron ya las razones genéticas que sustentan las variaciones en el Pk.

Este nuevo descubrimiento muestra los niveles de Pk como un nuevo factor de riesgo para las infecciones por VIH y demuestra la importancia de profundizar en el conocimiento de hematología. También las conclusiones de este estudio preparan nuevas vías para realizar nuevas aproximaciones terapéuticas que generen resistencia al VIH y promuevan el mejor conocimiento de la pandemia en su conjunto. Enero de 2009.

12.9_La pandemia de VIH/SIDA comenzó alrededor del año 1900 según un estudio coordinado por la Universidad de Arizona en Tucson

Este estudio se publica en la revista **Nature**. Los resultados del trabajo muestran que la cepa de VIH más extendida a nivel global comenzó a expandirse entre los humanos entre 1884 y 1924, no durante la década de los 30, como se creía hasta el momento.

Según los investigadores, el periodo más temprano del origen coincide con el establecimiento de los primeros centros urbanos en la región del centro-oeste de África, donde surgió la epidemia de esta cepa particular del VIH, el grupo M del VIH-1. Esto sugiere que la urbanización y las conductas de alto riesgo asociadas a ella fueron determinantes para la fase pandémica del VIH/SIDA.

Los investigadores analizaron múltiples muestras de tejido y descubrieron la segunda secuencia genética más antigua del grupo M del VIH-1, que data de 1960. Los científicos la utilizaron luego con docenas de otras secuencias genéticas conocidas del VIH-1 para construir una variedad de posibles árboles de familia de esta cepa viral. Las longitudes de tres de las ramas representan los periodos de tiempo en los que el virus divergió de sus ancestros.

El momento temporal y el número de estas mutaciones genéticas permitió a los científicos calibrar las posibles tasas de evolución del grupo M del VIH-1. Según estas tasas, los científicos retrocedieron en el tiempo hasta los comienzos del siglo 20. Esto marca el posible momento temporal del origen del grupo M del VIH-1.

Los autores utilizaron técnicas de reciente desarrollo y recuperaron fragmentos genéticos del VIH con 48 años de antigüedad de una biopsia de tejido del nódulo linfático conservado en parafina de una mujer de Kinshasa en la República Democrática del Congo. La secuencia genética del grupo M del VIH-1 más antigua procedía de una muestra de sangre de 1959 de un hombre también de Kinshasa.

Una comparación de la misma región genética del virus de 1959 y el de 1960 proporcionó una evidencia adicional de que su ancestro común existió alrededor del año 1900. La comparación reveló que la cantidad de divergencia genética entre estas dos secuencias de VIH necesitó más de 40 años de plazo para evolucionar. Septiembre de 2008.

13_ Esquema de trabajo con los adolescentes en sus IES

El esquema de trabajo con los adolescentes se va a basar en incrementar conocimientos y modificar actitudes inadecuadas, esto lo conseguiremos mediante:

- Mensajes que nos trasmiten desde los medios de comunicación: prensa, libros, TV, cine y publicidad.
- Pubertad/Adolescencia. Los cambios físicos y psíquicos que se producen.
- La importancia de la comunicación entre madres, padres y adolescentes.
- Los cambios puberales. La intervención de las hormonas: las hormonas sexuales. La intervención de las hormonas en el crecimiento físico y el crecimiento mental.
    - Las hormonas y el ciclo menstrual.
    - Aspectos secundarios: el aumento de la talla y el peso, la transformación de la voz, mayor activación sudorípara (la importancia de la higiene diaria), el crecimiento de las mamas, el desarrollo del vello axilar, genital y corporal general.
- Anatomía y fisiología del aparato genital masculino y femenino.
- Utilización precisa y correcta del vocabulario.
- El ciclo menstrual, la menarquia y la dismenorrea. Se debe aceptar la menstruación con naturalidad, puesto que es un síntoma de salud.
    - ¿Cómo se contabiliza el ciclo menstrual?
    - Menstruación: cantidad, color, irregularidades.
    - El flujo vaginal, el moco cervical varía durante el mes.
    - La ovulación.
    - La dismenorrea (periodos dolorosos).
    - ¿Qué produce el dolor en el periodo?
    - ¿Qué se puede hacer para calmar las molestias de la menstruación?
    - ¿Tampones y/o compresas?
    - Algunas falsas creencias que hemos heredado: verdadero o falso.
- Las erecciones en el chico como hechos normales del desarrollo.

- Promoción de una visión de la sexualidad en términos de igualdad y corresponsabilidad entre hombres y mujeres con especial atención a la prevención de la violencia de género, agresiones y abusos sexuales.
- La salud sexual, una actitud responsable.
  - Las primeras relaciones sexuales.
  - La falta de percepción de riesgo.
  - La sensación de invulnerabilidad.
  - La falta de habilidades para negociar con la pareja el uso de protección o para actividades sexuales seguras alternativas al coito. Trabajar para conseguir la habilidad para una efectiva comunicación/negociación sexual.
  - La opinión de la pareja.
  - La opinión de los amigos.
  - La adolescencia como etapa de prueba (frecuente cambio de pareja).
  - La autoeficacia para pedir a la pareja el uso del preservativo.
  - La capacidad para conseguir preservativos.
  - La percepción de lo que hacen los demás.
  - Las dificultades para acceder a los medios de protección (precio, lugar) y para usarlos correctamente.
  - La norma social de prevención del VIH.
- Comenzar las relaciones sexuales coitales a una edad más tardía ayuda a tener un comportamiento sexual responsable.
- La afectividad como aspecto fundamental de las relaciones sexuales.
  - Las relaciones sexuales como una forma de expresión de afecto y de comunicación entre las personas.
  - El adolescente debe conseguir una valoración positiva del efecto favorecedor que tienen la comunicación y el diálogo en las relaciones afectivo-sexuales.
- Los métodos anticonceptivos.
  - Conocer los diferentes métodos anticonceptivos y el nivel de seguridad que conlleva cada uno. Ventajas e inconvenientes.
  - Diferenciar los métodos puramente anticonceptivos de los anticonceptivos que también son preventivos de enfermedades de transmisión sexual.
- El preservativo.
  - Recomendaciones en el uso del preservativo. Cómo utilizarlo correctamente.
  - El preservativo masculino y el preservativo femenino.
  - El preservativo como método de barrera que nos protege de embarazos no deseados y de enfermedades de transmisión sexual.
- Otros métodos anticonceptivos.
  - Píldora anticonceptiva.
  - Doble método (utilización conjunta de un método hormonal como la píldora y el preservativo).

EDUCACIÓN Afectivo-Sexual

- Diafragma, parche, anillo mensual, DIU, etc.
  ○ Los adolescentes deben entender que los métodos anticonceptivos son responsabilidad de hombres y mujeres.
    - La propuesta por parte de alguno de los miembros de la pareja de utilizar el preservativo debe interpretarse como señal de madurez y de responsabilidad y no de forma negativa.
  ○ Tratamiento post-coital.
    - ¿Qué es, para qué sirve?
    - ¿Cuándo y cómo debe ser utilizado?
    - Efectos secundarios.
    - Nunca debe ser utilizado como método anticonceptivo.
    - Implicaciones éticas y jurídicas.
  ○ Prevención de las Enfermedades de Transmisión Sexual (ETS).
    - La importancia de conocer las ETS.
    - Aprender a reconocer los primeros síntomas de estas enfermedades.
    - Insistir en la necesidad de buscar siempre ayuda médica si aparecen los primeros síntomas.
    - Peligros de las ETS.
    - Medidas de prevención para las ETS.
  ○ EL SIDA. Prevención y tratamiento.
    - ¿Qué es el SIDA?
    - Historia del SIDA.
    - ¿Qué es el sistema inmunitario?
    - ¿Qué es el VIH?
    - ¿Cómo actúa el VIH?
    - ¿Cómo se trasmite el VIH?
    - ¿Cómo no se trasmite el VIH?
    - ¿Cómo se previene la transmisión del VIH?
    - ¿Que significa ser seropositivo?
    - Diferencia entre persona portadora del VIH y persona enferma de SIDA.
    - Tratamiento actual. Terapia antirretrovírica y la esperada vacuna, datos de las últimas investigaciones y ensayos clínicos.
    - ¿Cómo se diagnostica, cómo saber si estás infectado por el VIH?
    - La necesidad de manifestar actitudes y comportamientos responsables y solidarios hacia el SIDA.
  ○ Otras ETS: el Virus del Papiloma Humano, clamidia, herpes genital, etc.
  ○ Prevención de embarazos no deseados en el marco de una sexualidad responsable. En la actualidad se ha dado un aumento muy preocupante de embarazos no deseados en adolescentes y como consecuencia la Interrupción Voluntaria del Embarazo (IVE). Causas y soluciones.
  ○ Reflexionar y valorar las implicaciones que comporta para las personas la llegada de un hijo.

- La nueva Ley de Salud Sexual y Reproductiva y de la Interrupción Voluntaria del Embarazo.
  - Artículo 9 de la ley: la incorporación de la formación en salud sexual y reproductiva al sistema educativo. El sistema educativo debe contemplar la formación en salud sexual y reproductiva como parte del desarrollo integral de la personalidad y de la formación en valores, incluyendo un enfoque integral.
  - Artículo 10 de la ley: actividades formativas. Los poderes públicos apoyarán a la comunidad educativa en la realización de actividades formativas relacionadas con la educación afectivo-sexual, la prevención de infecciones de transmisión sexual y embarazos no deseados, facilitando información adecuada a los padres y las madres.
  - Se explicarán las medidas que recoge esta ley para el ámbito educativo.
  - Informar sobre las condiciones para la interrupción voluntaria del embarazo previstas en esta ley. Los supuestos legales en la Interrupción Voluntaria del Embarazo.
  - Información específica sobre las posibles consecuencias médicas, psicológicas y sociales de la IVE.
  - Prosecución del embarazo. Información sobre los derechos, prestaciones y ayudas públicas de apoyo a la maternidad. Las prestaciones y ayudas públicas para el cuidado y atención de los hijos e hijas, los beneficios fiscales y demás información relevante sobre incentivos y ayudas al nacimiento.
- Reconocimiento y aceptación de la diversidad sexual. Comprensión y respeto a las diferentes opciones sexuales.
- La importancia del examen ginecológico.
  - ¿Cuándo una chica debe hacerse su primer examen ginecológico?
  - ¿En qué consiste un examen ginecológico?
  - Auto exploración de los pechos.
- Análisis de los mensajes que nos trasmiten desde los medios de comunicación: prensa, libros, TV, cine y publicidad.
- Trabajo en grupo[19].
- Seminarios[21]:
  - Modelos que imitan los jóvenes.
  - La actitd responsable.
  - La planificación.
- Material audiovisual para ver:
  - El milagro de la vida.
  - Adolescencia: revolución hormonal.

---

19. Véase ejemplos en Propuesta de actividades de trabajo en grupo a realizar con los adolescentes.
21. Ver nota 19.

EDUCACIÓN Afectivo-Sexual

- Padres adolescentes.
- Es mejor hablar de ciertas cosas. Embarazos adolescentes.
- El SIDA.
- En el vientre materno.

4
Capítulo

05 DESARROLLO COGNITIVO
Intelectual

La adolescencia es una etapa de transición, de la búsqueda de una nueva identidad, es en este momento de la vida cuando se produce la constitución de la propia identidad personal y social. Los adolescentes viven intensamente por ellos mismos, elaborando con cierto narcisismo esa identidad.

En la adolescencia se producen importantes cambios intelectuales y cognitivos. Se desarrolla el pensamiento abstracto y la posibilidad de trabajar con operaciones lógico formales. Es una etapa de grandes preocupaciones románticas e idealistas, de interés por la estética, la filosofía y la razón.

Es cuando el pensamiento formal (Jean Piaget) se produce (11/12 años y se consolida a los 15/16 años), éste es uniforme y homogéneo, accedemos a él mediante los esquemas del conocimiento.

Se considera que el punto más alto del desarrollo intelectual está en los 21 años. A partir de aquí las experiencias de cada uno, el orden de las ideas y la memoria, hacen que aumente o decaiga. Lo aprendido y aceptado hasta ahora, el adolescente lo cuestiona desde un punto de vista más intelectual. El individuo es capaz de plantearse posibilidades, experimentarlas y deducir leyes y principios. En la adolescencia aparecen ideas, actitudes y valores propios. Se adquiere una moral autónoma, en la que las normas surgen de la relación de reciprocidad y cooperación, y no de la imposición de los adultos.

El adolescente comienza a formar y verbalizar sus pensamientos y puntos de vista acerca de los temas relacionados con su vida:
- ¿Qué deportes quiere practicar por considerar que para él son los mejores?
- ¿Qué aspecto personal es atractivo?
- ¿Qué reglas establecidas en su familia deben cambiarse?

Se plantea:
- ¿Qué creo yo que es lo correcto? Comienza a elaborar su propio código ético.
- ¿Quién soy? Comienza a desarrollar su propia identidad.
- ¿Qué es lo que quiero? Comienza a considerar y plantearse metas para el futuro. Tiene sus propios planes y comienza a elaborarlos.

El adolescente es irritable e inestable, está acorde con sus cambios. Es terco, es su forma de autoafirmarse.

Se considera que la timidez surge a partir de la adolescencia, antes es vergüenza. La timidez en el fondo es el temor, el miedo por el juicio que puedan hacer de uno, surge de nuestra inseguridad básica y de nuestro miedo a no ser aceptados. Estar inseguros, indecisos, el miedo a no ser aceptados, viene en muchas ocasiones por evaluarnos negativamente, por la enorme presión social o por experiencias de rechazo injustamente sufridas. El problema es importante cuando esta inseguridad limita a la persona para hacer lo que quiere hacer o le lleva a hacer cosas con las que no está satisfecho. El adolescente debe trabajar la autoestima y adquirir habilidades.

Además se considera que en la adolescencia se adquieren las verdaderas amistades y la importancia de los amigos. En la adolescencia se produce una fuerte integración social en el grupo de iguales y comienza el proceso de emancipación familiar. Los lazos con el grupo de iguales se estrechan, pasando de la pandilla de un solo sexo a pandillas mixtas. El grupo actúa como agente de socialización permitiendo al adolescente practicar conductas, habilidades y roles que contribuirán a la construcción de su identidad adulta.

En la adolescencia se produce una pregunta muy generalizada: ¿seguiré estudiando? El adolescente necesita hablar y ser escuchado. Debemos ofrecer alternativas de un modo atractivo acorde con las preferencias de la persona y ofrecer elogios ajustados a la realidad y no ambiguos.

Las horas de ocio son muy importantes en el adolescente. Necesita encontrar cosas que le diviertan y hagan su vida más plena (deporte, cine, música, la naturaleza...). Debemos educar a los alumnos para la utilización positiva del tiempo de ocio ofreciéndoles alternativas satisfactorias.

Los adolescentes deben saber valorar si las actividades de ocio que han elegido son adecuadas a sus necesidades, prestando especial atención a aspectos como: salud, peligrosidad y conflictividad. Normalmente en lo que se fija el adolescente a la hora de elegir una determinada actividad es si resultará

DESARROLLO COGNITIVO intelectual

divertido o no, si lo pasarán bien. Pero además de esto han de considerar otras cuestiones aún más importantes, como son los riesgos que implica esta actividad y las posibles consecuencias derivadas de su práctica.

Debemos dar alternativas de ocio y reeducación a nuestros adolescentes. Impulsar la prevención desde edades tempranas debe ser tarea urgente y prioritaria para la familia, la escuela y el conjunto de la sociedad.

Una característica inherente del adolescente que lo hace un paciente especialmente delicado, es la baja percepción de riesgo.

Los jóvenes practican muchas conductas de riesgo sin percibir el peligro real de estas.

06 EDUCACIÓN EN LA Prevención de las Drogodependencias

Es imprescindible que los adolescentes tengan conocimientos sobre las drogas y las consecuencias de su consumo. Deben desarrollar habilidades, valores y actitudes que les doten de las herramientas necesarias para poder decir "no" en muchas ocasiones.

1_ La situación actual de las drogas

Existe una pandemia silenciosa que, desde hace décadas, ha provocado miles de muertos y ha destrozado a familias y hogares: las drogas. El consumo humano de sustancias tóxicas que generan adicción sigue generando graves secuelas contra la salud de la población y patologías que varían según la sustancia que se consuma. Desde el contagio de enfermedades como el VIH/SIDA, hepatitis, como consecuencia de la reutilización de jeringuillas y/o relaciones sexuales sin protección; al padecimiento de accidentes cardio y cerebrovasculares, y de enfermedades mentales como la esquizofrenia o la depresión, derivadas del consumo de cocaína y de drogas de diseño.

Debemos promover una conciencia social sobre la importancia de los problemas, los daños y los costes personales y sociales relacionados con las drogas, sobre la posibilidad real de evitarlos y sobre la importancia de que la sociedad en su conjunto sea activa en su solución. Objetivo propuesto en la Nueva Estrategia Nacional sobre drogas 2009-2016.

En este tema de las drogodependencias debemos comenzar trabajando el problema del "botellón". Una gran parte de esta nueva generación de adolescentes han cambiado su forma de beber. Sus fines de semana están marcados por fuertes atracones de alcohol, es decir, ingerir mucha cantidad de alcohol en poco tiempo, lo cual acarrea gravísimos problemas de salud.

Los "atracones" de fin de semana causan los mismos perjuicios sobre el cerebro que los consumos crónicos de alcohol, según varios estudios. Desde la Comisión Clínica de la Delegación del Gobierno para el Plan Nacional sobre Drogas, se explica que el cerebro es "inmaduro" hasta alrededor de los 18 años, por lo que *«(...) la acción de cualquier producto tóxico, incluido el alcohol, cambia la plasticidad de las neuronas y la lesión que produce es mucho mayor»*. La edad de inicio en muchos adolescentes es a los 13 años, casi niños y su cerebro *«(...)es mucho más sensible a que el alcohol les haga daño»*.

La defensa metabólica ante el alcohol es más baja en menores de 18 años, por lo que su consumo en estas etapas de la vida produce más fácilmente alteraciones orgánicas y psicológicas.

En la prevención de las drogodependencias con los adolescentes, se hace imprescindible trabajar la influencia del grupo de iguales, de crucial importancia para el adolescente. Debemos reforzar la capacidad de resistencia a la presión del grupo, puesto que el consumo experimental de drogas es una conducta grupal.

Debemos poder aumentar las capacidades y habilidades personales de resistencia a la oferta de drogas y a los determinantes de los comportamientos relacionados con las mismas, es decir, promover el desarrollo de recursos propios que faciliten las actitudes y las conductas de rechazo.

Un objetivo muy importante a conseguir es atenuar la relación que existe entre:
- Alcohol y tabaco como ritual de ingreso en la sociedad adulta.
- Cannabis y pastillas como instrumentos potenciadores de la cohesión grupal.

En el trabajo con los adolescentes debemos tratar de impedir y (en el peor de los casos) debemos poder retrasar la aparición de conductas de consumo de las diferentes sustancias adictivas, pues cuanto más joven es la persona al probar las drogas, la posibilidad de adicción y el daño ocasionado por éstas es mayor, alargando también el tiempo de exposición potencial.

No debemos olvidar que España sigue en la cabeza de la UE en consumo de cannabis y cocaína. El consumo de cocaína casi dobla el de la media europea, siendo la droga más consumida en España después del alcohol, el tabaco y el cannabis.

Debemos también trabajar las graves consecuencias del policonsumo, pues este se confirma como una constante de los consumidores de drogas. El alcohol tiene una presencia importante en los consumidores de cannabis y cocaína.

Dos conductas muy frecuentes de policonsumo son:
- Tabaco, cannabis y alcohol.
- Cocaína, alcohol y otros estimulantes.

EDUCACIÓN EN LA Prevención de las Drogodependencias

Otro punto a destacar muy importante en nuestra intervención con los adolescentes es que no basta con resaltar los aspectos negativos de las drogas, debemos fomentar actitudes favorables al no consumo, hay que hacer mayor hincapié en los aspectos positivos de no consumir.

1.1_Tres seminarios para trabajar con los adolescentes por la importancia de los temas

- Cambios llamativos en los últimos años en los consumidores de sustancias psicoactivas (drogas):
  - El patrón de policonsumo cada vez más generalizado.
  - La precocidad en el inicio del uso de algunas sustancias.
  - La relación, cada vez más estrecha, entre el policonsumo y los espacios y tiempos de ocio.
- Las drogas y los comportamientos de riesgo:
  - Las drogas y los accidentes: estas sustancias están presentes en el 40% de los siniestros más graves y son las causantes de 30 de cada 100 muertes en las carreteras. Según los datos de la DGT, calculan que dos de cada 10 jóvenes de entre 14 y 18 años ha viajado en un vehículo conducido por personas que habían consumido drogas y que el 12,5% de los estudiantes mayores de 18 años ha conducido ebrio alguna vez.

    Los accidentes de tráfico son la primera causa de mortalidad entre los jóvenes, pero no solo de muerte, sino también es el principal causante de secuelas irreversibles, como las paraplejias y tetraplejias.

    Estas sustancias no solo aumentan las posibilidades de accidentes en la carretera, también accidentes laborales, en los sitios de ocio, en los centros de estudios, en el hogar… Las drogas provocan alteraciones en la conducta, por lo que los accidentes son extremadamente frecuentes.
  - Las drogas, los embarazos no deseados y las ETS: con las drogas la percepción de riesgo desciende, aumenta la desinhibición sexual y disminuyen los mecanismos de control. Muchas adolescentes embarazadas explican que mantuvieron la relación sexual sin protección bajo los efectos de la droga.
- El perfil de los consumidores adolescentes. El prefil de los consumidores adolescentes presenta las siguientes peculiaridades:
  - Suelen tratarse de adolescentes más o menos estructurados que realizan alguna actividad normalizada (estudian o trabajan).
  - Conviven con su familia y dependen de ella.
  - En su mayoría son policonsumidores.
  - Existe poca percepción de riesgo respecto a las sustancias que toman.
  - Hay percepción de control, pues consideran que la pauta de consumo centrado en el fin de semana no genera dependencia.

- Al percibir el consumo de drogas como un fenómeno muy extendido en su generación, consideran que este hecho autojustifica su propio consumo.

La acción más valorada por la opinión pública para resolver el problema de las drogas, es la Educación en la Prevención de las Drogodependencias en las escuelas e IES. Los profesionales que nos dedicamos a la Educación para la Salud estamos seguros de que es la herramienta más eficaz para poder trabajar en profundidad la prevención de las drogodependencias con los niños, adolescentes y sus familias.

La propuesta que a través de este libro se propone, respaldada por los comités de expertos, de la implantación de la asignatura de Educación para la Salud en colegios e IES, sería sin ninguna duda una intervención que mejoraría significativamente el problema de las drogodependencias que, no debemos olvidar, es uno de los principales problemas planteados en el ámbito de la salud pública en España. Una asignatura donde realizar una prevención basada en desarrollar conocimientos, habilidades, valores y actitudes en nuestros niños y adolescentes, junto con sus familias como primeros y principales agentes de la educación de sus hijos, con el propósito de incrementar la cohesión familiar y reforzar la resistencia de todo el núcleo familiar, especialmente de los miembros más jóvenes, a la exposición y el consumo, tal y como menciona la nueva Estrategia Nacional Sobre Drogas 2009-2016. Los objetivos a conseguir en esta asignatura en el apartado de las drogodependencias son, como no puede ser de otra forma, los propuestos en la Nueva Estrategia Nacional sobre Drogas. Deberíamos apostar fuertemente por ella y convertirla en un referente de calidad en el marco de la Unión Europea.

Con la intención de poder tener una radiografía lo más exacta posible de la situación actual, véase en internet los datos más relevantes de las encuestas realizadas sobre el consumo de drogas (que forman parte de los estudios de la Delegación del Gobierno para el Plan Nacional sobre Drogas), así como los informes del Observatorio Español sobre drogas, del Observatorio Europeo sobre Drogas y Toxicomanías, de la Comisión Europea sobre la Estrategia Mundial contra la Droga y de la Estrategia Nacional sobre Drogas 2009-2016. También véase la experiencia de la Asociación Proyecto Hombre con sus programas terapéuticos para adolescentes en situación de riesgo y sus familias. Véase las direcciones de internet en bibliografía.

Evolución de la edad media de inicio en el consumo (en años) de sustancias psicoactivas en estudiantes de secundaria de 14-18 años. España 1994-2008.								
	1994	1996	1998	2000	2002	2004	2006	2008
Tabaco	13.9	13.3	13.2	13.1	13.1	13.2	13.1	13.3
Tabaco (consumo diario)	--	14.6	14.5	14.4	14.4	14.5	14.2	15.1

Alcohol	13.5	13.7	13.8	13.6	13.6	13.7	13.8	13.7
Alcohol (consumo diario)	--	15	15	14.9	15	15.1	15	15.6
Hipnosedantes sin receta	14.1	14.5	14.8	14.5	14.6	14.8	14.4	14.3
Cannabis	15.1	15.1	15	14.9	14.7	14.7	14.6	14.6
Cocaína	15.6	15.9	15.8	15.8	15.7	15.8	15.4	15.3
Heroína	14.3	14.7	14.4	15.4	14.9	14.4	14.7	14.3
Anfetaminas	15.5	15.7	15.6	15.6	15.6	15.7	15.6	15.4
Alucinógenos	15.4	15.6	15.4	15.5	15.5	15.8	15.5	15.4
Inhalables volátiles	13.3	13.6	13.4	13.9	14.3	14	13.6	13.8
Éxtasis	15.6	15.7	15.5	15.7	15.4	15.6	15.5	15.2

Fuente: encuesta Estatal sobre Uso de Drogas en Enseñanzas Secundarias (ESTUDES) 2008. Publicada en junio de 2009.

Prevalencias de consumo de sustancias psicoactivas en estudiantes de Enseñanza Secundaria de 14-18 años de edad (%). España 2008.

Edad (años)	14	15	16	17	18
Consumo alguna vez en la vida					
Tabaco	28.4	40.6	47.5	54.2	60.4
Alcohol	62.6	78.7	86.2	90.5	92.3
Hipnosedantes	14.1	15.2	17.5	20.3	22.5
Hipnosedantes sin receta	7.1	8.3	10.2	10.5	12.5
Cannabis	16.4	29.2	37.8	48	55.2
Éxtasis	1.3	2.1	2.6	3.6	5.8
Alucinógenos	2	2.9	3.9	5.7	8.9
Anfetaminas	1.1	2	3.9	5.4	8.7
Cocaína	2	3.8	4.9	6.6	12.5
Heroína	1	0.9	1	0.9	0.5
Inhalables volátiles	1.8	2.2	2.4	3.7	4.9
GHB	0.9	0.9	1.2	1.1	2
Consumo en los últimos 12 meses					
Tabaco	23	34.5	40.7	47.1	52.1
Alcohol	53.1	69.6	77.6	84.1	84.2
Hipnosedantes	7.3	8.7	10.9	11.9	13.9
Hipnosedantes sin receta	4.1	4.8	6.7	6.3	7.4
Cannabis	14.4	25.8	33.6	39.9	46.9
Éxtasis	0.9	1.5	1.7	2.7	4.4

Alucinógenos	1.2	2	2.8	4	5
Anfetaminas	0.8	1.5	2.6	4	5.5
Cocaína	1.4	2.6	3.6	4.9	8.7
Heroína	0.6	0.7	0.8	0.7	0.6
Inhalables volátiles	1.1	1.5	1.4	2.3	2.4
GHB	0.6	0.7	0.9	0.8	1.5

Fuente: encuesta Estatal sobre Uso de Drogas en Enseñanzas Secundarias (ESTUDES) 2008. Publicada en junio de 2009.

1.2_ Las drogas más consumidas por nuestros jóvenes

Después del alcohol y el tabaco las drogas más consumidas por nuestros jóvenes en España en la actualidad son el cannabis y la cocaína.

Definiciones importantes

- *Droga*: es toda sustancia que, introducida en el organismo por cualquier vía (inhalación, ingestión, intramuscular, endovenosa...), es capaz de actuar sobre el sistema nervioso central, provocando una alteración física y psicológica, la experimentación de nuevas sensaciones o la modificación de un estado psíquico, es capaz de cambiar el comportamiento de la persona y posee la capacidad de generar dependencia y tolerancia en sus consumidores.
- *Dependencia física*: estado de adaptación del organismo que se traduce en la presencia de alteraciones físicas al suprimir la administración de la droga.
- *Dependencia psicológica*: estado de bienestar y satisfacción motivado por el consumo de la droga y que induce al individuo a repetir su administración para continuar en ese estado o evitar la aparición de síntomas de abstinencia, siendo éste el factor más importante.
  La dependencia es una de las formas más peligrosas de abusar de las drogas, pero consumos excesivos o en situaciones de riesgo, mezclas explosivas y la falta de control sobre la composición o sobre la dosis, son causas de frecuentes problemas entre los consumidores, independientemente de que estos hayan desarrollado dependencia o no. El objetivo de nuestra intervención debe ser prevenir los problemas de las drogas en general, no exclusivamente la drogodependencia.
- *Tolerancia*: es un efecto físico, caracterizado por la necesidad biológica de aumentar continuamente la cantidad necesaria para obtener el efecto deseado. Cuando la persona consume una droga, con el paso del tiempo, cada vez necesitará más cantidad para conseguir el mismo efecto. Se da una disminución de los efectos ante la misma cantidad de droga.

EDUCACIÓN EN LA Prevención de las Drogodependencias

- *Desintoxicación*: es el proceso de eliminar la droga del cuerpo, "limpiar" el organismo de esa sustancia. Requiere de un tratamiento sintomático.
- *Deshabituación*: cambio en los hábitos y relaciones de la persona. Sin la deshabituación la persona no podrá mantener la abstinencia a largo plazo. Es un tratamiento mucho más largo y difícil que la desintoxicación.

No todas las drogas son iguales, hay drogas depresoras, drogas estimulantes y drogas perturbadoras, pero hay una característica que todas comparten sea cual sea su vía de administración: todas llegan al cerebro y actúan sobre sus receptores modificando su funcionamiento normal.

Debemos intentar formar a las personas de tal forma que no necesiten utilizar las drogas para resolver problemas, divertirse, estimularse, tranquilizarse, etc.

Algunas características generales sobre la información que vamos a dar a nuestros adolescentes sobre drogas son:

- Debe ser adecuada a la edad y al nivel de conocimientos de los alumnos.
- Ha de ser veraz, creíble y actual.
- Debe remitirse a los aspectos farmacológicos, a los aspectos sociales y a los aspectos psicológicos de las sustancias.
- No debe sobredimensionar los aspectos dramáticos y morbosos.
- Debemos resaltar los aspectos positivos del no consumir drogas.

Los programas más eficaces son los que incluyen la combinación de:

- Información (composición, cómo actúa en nuestro organismo, su potencial adictivo, dependencia física y psíquica, las consecuencias del consumo modificando las creencias falsas existentes...).
- Trabajar la falta de autocontrol, la falta de seguridad en sí mismo y la escasa percepción del riesgo.
- Establecimiento de un compromiso personal.
- La adquisición de habilidades para resistir la presión del grupo de iguales.

En nuestra intervención con los adolescentes debemos poner mucha atención para poder detectar precozmente consumos problemáticos y menores especialmente vulnerables, con el objetivo de captarlos en la fase inicial del uso de drogas, para poder trabajar de forma más personalizada con ellos ofreciendo alternativas y concienciándoles de los efectos y las consecuencias de los consumos.

Disponemos de cuatro variables predictoras de un consumo elevado que podemos detectar en nuestro trabajo con los adolescentes:

- La peligrosidad que el joven asocia a cada sustancia.
- La disponibilidad de tiempo libre y el hábito de "salir de marcha".
- La existencia de conflictos familiares.
- La escasa realización de actividades de ocio con el resto de la familia.

Alcohol

Existen varias motivaciones al consumo de alcohol en la adolescencia, entre ellas está el deseo de vínculo o de pertenencia al grupo, las conductas asociadas a la simbología de ser adulto o la creencia de que el alcohol desinhibe y eso permite afrontar de forma más satisfactoria las relaciones interpersonales.

Los adolescentes beben porque creen que ligan más, porque piensan que así vencen su timidez y porque piensan que serán más simpáticos o estarán más alegres. Esto lo denominamos instrumentalización del alcohol. A lo que se debe sumar variables de influencia como:

- La presión del grupo.
- Deseos de ser aceptado.
- Ascendencia de los líderes.
- Imitación de modelos.
- Automatización de conductas.

Conocer personas nuevas puede generar ansiedad, especialmente entre los jóvenes que están iniciándose en la vida social. Si para superar la timidez se sirven del alcohol en vez de desarrollar su capacidad para hacer amigos, pueden crecer sin aprender habilidades sociales básicas para llegar a ser adultos bien adaptados. Nuestros jóvenes necesitan aprender cómo hacer amigos sin necesidad de escudarse en el alcohol.

Cuando hablamos de alcohol nos referimos normalmente al etanol o alcohol etílico, por ser el constituyente fundamental de las bebidas alcohólicas.

Es una droga legal que se usa habitualmente en gran parte de los acontecimientos sociales que se producen en nuestra cultura. Sin embargo, su uso puede convertirse en abuso o en dependencia.

Efectos secundarios

El alcohol tiene efectos secundarios, ya que es un depresor del sistema nervioso central (SNC) y no un estimulante como muchos jóvenes creen. La euforia inicial que provoca es debida a que el alcohol en primer momento afecta al centro cerebral responsable del autocontrol, pero el alcohol actuará como lo que es, un depresor del SNC. El peligro al que se expone la persona bebiendo en exceso es el coma etílico.

El etanol ejerce una acción depresora sobre el SNC, dependiente de la ingesta: en pequeñas cantidades se produce una depresión a nivel cortical, que se manifiesta como relajación y desinhibición. Sin embargo en cantidades más altas accede a niveles más profundos, provoca la depresión de los centros vasomotores del bulbo, disminuye progresivamente la capacidad manual, la concentración, provoca sopor profundo, hasta que se produce una depresión respiratoria. Se necesita atención médica de forma urgente, puede ocasionar secuelas cerebrales e incluso la muerte.

Según los neurólogos, un coma etílico en un adolescente es como un infarto cerebral en un adulto.

El consumo de alcohol retrasa el tiempo de reacción, produce una falta de percepción del riesgo, proporciona una sensación de falsa seguridad, provoca

descoordinación psicomotora, conlleva alteraciones sensoriales principalmente de la visión, origina somnolencia, cansancio y fatiga. Origina también daños importantes en órganos diana como son:
- Aparato digestivo: cáncer de boca, faringe, laringe y esófago, úlcera gastroduodenal, gastritis y una mala absorción de los nutrientes, pancreatitis y en el hígado puede producir hepatitis alcohólica, cirrosis hepática y cáncer hepático.
   El alcohol aporta un elevado número de calorías, lo que provoca la disminución de la ingesta y un efecto anorexígeno, por lo que afecta al estado nutricional de la persona.
- En el cerebro: polineuritis alcohólica, epilepsia, pérdida de memoria, demencia alcohólica, psicosis alcohólica y cierto grado de atrofia encefálica.
- Aparato cardiovascular: el alcohol es causante de cardiomiopatías, manifestándose con trastornos del ritmo cardiaco, hipertensión arterial, inflamación del músculo cardiaco, etc.
- Alteraciones de la función sexual: en el varón falta de erección (impotencia), disminución del deseo sexual y atrofia testicular por alteraciones del equilibrio hormonal. En la mujer disminución del deseo sexual y atrofia ovárica.
- El alcohol también es un verdadero veneno para los huesos pues contribuye al deterioro del tejido óseo.
- Es un vasodilatador periférico, por lo que aumenta la pérdida de calor. Con una ingesta elevada puede resultar mortal, el alcohol deprime el centro regulador de la temperatura, si la persona no se abriga (el individuo no es consciente de su situación) se va a producir una pérdida de calor corporal tan grande que conduce a la muerte por hipotermia.

El consumo de alcohol antes de haber finalizado el crecimiento daña seriamente el organismo, daña todos los tejidos y de forma especial el cerebro. Durante la adolescencia el consumo de alcohol debe ser cero. La mujer tiene menos tolerancia al alcohol que el hombre, es una realidad biológica que se debe conocer y aceptar.

Más del 90% del metabolismo del alcohol es a nivel hepático, principalmente por la enzima alcohol deshidrogenasa. La eficacia de esta enzima es una cuestión genética, en la mujer es menos eficaz que en el hombre y entre los hombres la eficacia de esta enzima también varía.

Metabolismo del alcohol

Cuando se consume alcohol, éste pasa por el tubo digestivo hasta llegar al estómago; aquí, en la mucosa gástrica, se absorbe alrededor del 20% del alcohol ingerido y a continuación llega al intestino delgado, donde se completa la absorción. La mayor parte del alcohol (alrededor del 80%) entra en la corriente sanguínea a través de la mucosa intestinal. Una vez que llega a la circulación sanguínea, se envía al hígado, donde debe ser asimilado. El hígado es el encargado de convertir el alcohol en una sustancia que sea inocua para el cuerpo. Hay una pequeña cantidad de alcohol (entre un 2-10%) que no llega al hígado y se excreta mediante la orina, el sudor y la respiración (el aire espirado), éste es el motivo por el que los alcoholímetros pueden detectar la cantidad de alcohol consumida con una prueba de aliento.

Después de tomar una bebida alcohólica (una cerveza, un vino), la concentración de alcohol en la sangre alcanza su nivel máximo en 30-45 minutos y vuelve al nivel normal una hora después en la mayoría de las personas si no se bebe más.

La metabolización del alcohol en el hígado está a cargo de dos sistemas: la alcohol deshidrogenasa (ADH), una enzima rápidamente saturable localizada en las mitocondrias y el citoplasma del hepatocito, y el sistema de oxidación microsomal (citocromo P450).

La alcohol deshidrogenasa es la enzima principal del metabolismo del alcohol. Transforma el alcohol en acetaldehído, que la aldehído deshidrogenasa transformará a su vez en ácido acético. La velocidad con que es metabolizado el alcohol es lenta comparada con la absorción, lo que conducirá a su acumulación y al incremento de los niveles plasmáticos.

En personas que no tienen enfermedades hepáticas, el hábito crónico de beber provoca depósitos de grasa en los hepatocitos, lo cual ocasiona inflamación y necrosis celular. Pasado un tiempo, la pérdida de hepatocitos causa cicatrices en el hígado y, después de años de abusar del alcohol, el hígado puede volverse cirrótico. Si se combina el efecto del alcohol con otro factor como la hepatitis C u otra enfermedad hepática, el tiempo que se tarda en sufrir daños se acorta considerablemente.

Factores que influyen en el grado de absorción del alcohol y por lo tanto de intoxicación etílica:

- La cantidad de alcohol consumida, el hígado sólo puede metabolizar una determinada cantidad por hora.
- La velocidad del metabolismo difiere según la concentración de las enzimas ADH en el hígado. La eficacia de esta enzima es una cuestión genética.
- Los alimentos retrasan la absorción, produciendo concentraciones mucho menores de etanol en sangre que cuando se toma en ayunas. Si el estómago está lleno, se ralentiza la absorción del alcohol. Los alimentos ricos en carbohidratos y grasa ayudan a ralentizar el paso del alcohol del estómago hasta el intestino delgado. La mezcla de alcohol con otras bebidas también influye en la absorción del alcohol: cuando éste se mezcla con zumo de frutas o agua se absorbe más lentamente que cuando se mezcla con bebidas carbonatadas.
- El tejido muscular contiene más agua que el tejido graso, por lo que cuanta más masa muscular se tenga, más diluido estará el alcohol.

Diferencias por sexos

El alcohol afecta de forma diferente a hombres y mujeres. La cantidad de agua en el organismo influye en la velocidad de absorción: cuanta más agua tenga el cuerpo, menos cantidad de alcohol se absorbe. En general, las mujeres por genética, tienen más proporción de grasa en el cuerpo (menos proporción de agua), los hombres tienen más masa muscular (más proporción de agua). Por este motivo, las mujeres alcanzan concentraciones más altas de alcohol en el cuerpo que los hombres consumiendo la misma cantidad de alcohol. La otra razón por lo que las mujeres metabolizan el alcohol de forma diferente a los hombres, es que la actividad de la enzima alcohol deshidrogenasa varía entre hombres y mujeres, siendo menor en las mujeres. Esto significa que cuando las mujeres beben la misma cantidad que los hombres, en ellas permanece una concentración de alcohol en la sangre más alta.

Debido a estas diferencias por sexos, las recomendaciones en la cantidad de alcohol para un adulto sano es distinta en hombres y mujeres: las mujeres no deben nunca beber más de 1 copa al día (cerveza, vino, etc.) y los hombres no deben superar nunca las 2 copas.

Además con el paso de los años, a medida que nos hacemos mayores, la composición de agua total en el organismo disminuye. El cuerpo humano tiene un 75% de agua al nacer y cerca del 60% en la edad adulta. Por lo que una persona de 50 años tiene menos proporción de agua en el cuerpo que una de 25 años y´, por lo tanto, alcanzará mayores concentraciones de alcohol.

No se deben olvidar por lo tanto dos puntos importantes:
- El alcohol se metaboliza más lentamente de lo que se absorbe, ya que el metabolismo del alcohol es lento. Su ingestión se debe controlar para evitar que se acumule en el cuerpo y cause embriaguez.
- Entre los factores que afectan a la absorción y al metabolismo destacan: la presencia de alimentos en el estómago e intestino, el sexo del sujeto (la mujer tiene una dotación enzimática diferente a la de los hombres) y la cantidad de enzimas metabolizantes de las que se dispone.

La "resaca" es el dolor de cabeza (el cerebro se arruga, se encoge y se deshidrata) y el malestar general que presenta una persona después de haberse excedido con el alcohol. Cuando una persona sufre una intoxicación por exceso de alcohol, se daña todo su organismo, pero de forma especial el cerebro, pues hay muerte neuronal. La resaca es el malestar físico con el que el cuerpo nos dice que el alcohol le hace daño. La persona debe descansar, beber mucha agua para volver a hidratar el organismo y alimentarse correctamente.

Alcohol y embarazo

Todas las drogas (tabaco, alcohol, cannabis, cocaína...) son extremadamente peligrosas durante el embarazo. Las consecuencias para el bebé pueden ser mortales. El embarazo es un periodo especial en la vida de toda mujer, es una experiencia única y maravillosa y por ello toda mujer cambia su conducta durante su embarazo, cuida más la alimentación, reduce la velocidad al conducir, procura no trasnochar, descansa más, se evitan los esfuerzos físicos, subirse a las alturas... Algunos cambios son debidos a una mayor maduración, pero sobre todo se debe al intento de no perjudicar al bebé.

El alcohol durante el embarazo y la lactancia debe ser cero (el alcohol también se excreta en la leche materna). Si la mujer bebe alcohol su bebé también.

El alcohol atraviesa la barrera placentaria y llega al feto. Los efectos negativos de éste sobre el feto producen el llamado Síndrome Alcohólico Fetal, que se acompaña de malformaciones en la cara, en las extremidades, en el corazón y anomalías en el crecimiento y desarrollo psicomotor, incluido déficit mental.

Síndrome de abstinencia

El alcohólico cuando le falta la bebida presenta: cefalea, mareo, náuseas, vómitos, temblores, convulsiones y alucinaciones. Necesita tratamiento médico (sedación con "benzodiacepinas", aporte de vitaminas y minerales e hidratación). La forma más grave del síndrome de abstinencia alcohólica es el Delirium Tremens y aparece a las 48-72 horas después de haber suspendido la ingesta de alcohol. Entre el 5 al 15% de las personas hospitalizadas pueden llegar a morir.

La persona con Delirium Tremens presenta:
- Desorientación.
- Alucinaciones muy perturbadoras, frecuentemente visuales (microzoopsias): ven arañas, culebras...
- Temblores.
- Midriasis.
- Sudoración profusa.
- Fiebre alta.
- Taquicardia.
- Taquipnea.
- Hipertensión arterial.

El tratamiento suele ser a base de sedantes del tipo "diazepam" (Valium®) u "oxazepam" y en algunos casos se administran también antipsicóticos, como el "haloperidol", hasta que remiten los síntomas. El aporte de vitaminas, minerales e hidratación resultan también imprescindibles.

Alcohol y medicamentos

Se debe evitar siempre asociar alcohol con medicamentos. Las interacciones se manifestarán como aumento o disminución de los niveles plasmáticos del fármaco o del alcohol, que darán lugar a manifestaciones tóxicas o bien la pérdida de eficacia del medicamento.

EDUCACIÓN EN LA Prevención de las Drogodependencias

Además de sus efectos depresores sobre el SNC, el alcohol puede potenciar la toxicidad de muchos fármacos, por lo que la lista de interacciones con medicamentos es larga y sus efectos muy peligrosos. Como ejemplo se pueden citar las siguientes interacciones:

- El "paracetamol" es un principio activo presente en muchos fármacos utilizados frecuentemente por la población general. Es analgésico y antipirético. Está indicado para el tratamiento sintomático del dolor de intensidad moderada, como por ejemplo: dolores musculares, cefalea, dolores menstruales, dolor dental, dolores reumáticos, lumbago. En estados febriles y en las molestias que acompañan al resfriado y a la gripe. Su utilización en pacientes que consumen alcohol puede provocar daño en el hígado. Este principio activo, tras su metabolización hepática, da lugar a un metabolito tóxico que, junto con el alcohol, por efecto de la inducción enzimática incrementa la toxicidad hepática del fármaco, que a su vez se suma al efecto tóxico sobre el hígado producido por el alcohol.
- Potencia los efectos depresores sobre el SNC de los "analgésicos narcóticos", pudiendo llevar al estado de coma y con frecuencia a la muerte.
- Ejerce un efecto depresor generalizado potenciando la acción de las "benzodiacepinas".
- También se observan alteraciones psicomotoras con "antidepresivos tricíclicos".
- El alcohol junto con los "antihistamínicos" puede producir una alteración significativa de la función motora o mental.

Tabaco

El tabaco no es solo adictivo, sino que contiene sustancias cancerígenas y nocivas para la salud de cientos de maneras diferentes. Genera en España miles de millones de euros en gasto sanitario cada año. Si se tratara de cualquier otro producto generaría una tremenda alarma social y su retirada inmediata del mercado, por ser un peligro de salud pública. Pero es una droga socialmente aceptada y asumida que mueve mucho dinero a su alrededor. La planta cuyas hojas se destinan a la elaboración del tabaco es la Nicotiana Tabacum.

El tabaco no puede ser un hábito social ni una forma de relacionarse, debemos dejar de ver "normal" que la gente fume. La actual ley antitabaco es todo un acierto y nuestros jóvenes comienzan a ver cómo los fumadores deben dejar los espacios públicos para poder fumar, con lo que la normalización del tabaco se rompe.

La nicotina es extremadamente adictiva. Actúa como estimulante y también como sedante del sistema nervioso central. Se absorbe con facilidad el humo del tabaco en los pulmones y no importa si este humo procede de cigarrillos, puros o pipas. También se absorbe fácilmente cuando se masca el tabaco. Con el uso regular se acumulan concentraciones en el cuerpo durante el día, que persisten durante la noche. Por lo tanto, las personas que fuman a diario están expuestas a los efectos de la nicotina las 24 horas del día.

Según el National Institute on Drug Abuse (NIDA), estudios sugieren que el humo de tabaco contiene compuestos adicionales como el acetaldehído que pueden aumentar los efectos de la nicotina sobre el cerebro. Hay varios estudios que indican que los adolescentes son especialmente susceptibles a estos efectos y que tienen más probabilidad que los adultos de desarrollar una adicción al tabaco. La tensión nerviosa y la ansiedad afectan a la tolerancia a la nicotina y la dependencia de ella. La hormona producida por la tensión nerviosa o corticosterona reduce los efectos de la nicotina y por lo tanto aumenta la necesidad de su consumo para lograr el mismo efecto. Esto aumenta la tolerancia a la nicotina y lleva a mayor dependencia de ella. Además, investigaciones realizadas basadas en la evidencia científica acumulada en los últimos 25 años confirman que los cigarrillos en la actualidad liberan nicotina con mayor rapidez y eficacia que los cigarrillos de hace años.

La combustión del cigarrillo durante el acto de fumar va aumentando progresivamente su nivel de toxicidad, pues el primer tercio del cigarrillo es la parte menos dañina, el segundo tercio posee una nocividad intermedia y el último tercio es la parte, sin duda, más tóxica

Al fumar, la propia corriente de humo va condensando, depositando y almacenando en el último tercio del cigarrillo sustancias dañinas. De manera que la parte del cigarrillo más cercana al fumador (último tercio) es la más cargada de sustancias tóxicas. Cuanto más se apure el cigarrillo y más tiempo se mantenga el humo dentro del pulmón, más daño ocasiona el tabaco.

Efectos secundarios

Más del 80% de las personas que mueren por cáncer de pulmón es a causa del tabaco. La lucha contra el tabaquismo se considera como la actividad prioritaria de prevención del cáncer. Se ha aislado en el humo del tabaco hasta ahora más de 4.000 componentes tóxicos, algunos en fase gaseosa y otros en partículas.

En la actualidad se sabe con toda certeza que el tabaco produce: cáncer de boca, faringe, laringe, esófago, estómago, pulmón, mama, cérvix, páncreas, hígado, riñones y vejiga urinaria. El cáncer con más incidencia es el de pulmón. También enfermedades cardiovasculares (infarto agudo de miocardio, arterioesclerosis), enfermedades en el sistema respiratorio (en un principio catarros, irritación de garganta, tos, ronquera, expectoración matinal, pero también bronquitis y enfermedad pulmonar obstructiva crónica (EPOC[1])). Sin olvidar también que el tabaco hace disminuir la masa ósea del hueso, factor de riesgo importante para padecer osteoporosis precoz, provoca reducción del apetito, sensación de vértigo, embotamiento general, fatiga prematura, dolores de cabeza, gingivitis y alteraciones de la líbido. En la actualidad también existen investigaciones que confirman la relación entre el tabaco y problemas visuales como las cataratas, la degeneración macular y la uveítis[2].

---
1. Es una enfermedad pulmonar que se caracteriza por el daño permanente en los tejidos de los pulmones y que hace difícil la respiración. Incluye la bronquitis crónica, en la que los bronquios se inflaman y tienen cicatrices, y el enfisema, en el que los alvéolos están dañados.
2. Véase explicación detallada al final del capítulo en: Datos a destacar de bibliografía científica.

El tabaquismo está también vinculado con enfermedades autoinmunes como la artritis reumatoidea, enfermedad de Crohn y la enfermedad ocular tiroidea. Esto indicaría que podría existir un estímulo generalizado del proceso autoinmune en los fumadores. A los niños, como fumadores pasivos les puede originar infecciones respiratorias como neumonías y bronquitis, reducción significativa de la función respiratoria, asma y otitis, aumentando también el riesgo del síndrome de muerte súbita del lactante.

El tabaco deteriora terminaciones nerviosas de la boca y la nariz. Las sustancias oxidantes del humo dañan las papilas gustativas de la lengua de los fumadores así como la pituitaria de la nariz, dificultando el perfecto funcionamiento sensorial. Las personas que dejan de fumar expresan que la comida huele y sabe mejor, y perciben olores que antes no sentían. El tabaco también altera la función neuromuscular del pene produciendo inhibición de la erección en el varón. Los daños en la estética de la persona tampoco pasan desapercibidos, el consumo de tabaco favorece la formación de arrugas, se altera el colágeno de la piel, pierde hidratación y tersura, se vuelve seca y resquebrajada y adquiere un tono grisáceo. También el pelo y los dientes se deterioran.

Las sustancias que lleva el humo del tabaco producen radicales libres que son potentes sustancias químicas que causan deterioros orgánicos, provocan oxidación celular acelerando los procesos de envejecimiento de los tejidos y la aparición de enfermedades (tales como patologías cardiovasculares y cáncer). Al fumador debemos recomendarle que deje de fumar de forma inmediata, pero también que aumente su ingesta de frutas y verduras/hortalizas frescas ricos en antioxidantes, para ayudar a su organismo a contrarrestar los efectos oxidativos del tabaco.

Tabaco y medicamentos

Se han identificado muchas interacciones farmacológicas con el tabaco. La mayoría de las interacciones farmacocinéticas se producen como consecuencia de la inducción de las enzimas del Citocromo P450 hepático (principalmente CYP1A2). Además, debido a la capacidad inductora enzimática de los hidrocarburos policíclicos del tabaco, el fumador presenta un metabolismo hepático acelerado de algunos fármacos. Normalmente esta interacción conduce a la reducción o incluso la pérdida de la actividad terapéutica del medicamento afectado. Ejemplos de interacciones clínicas:

- Medicamentos que experimentan una disminución de las concentraciones plasmáticas en personas fumadoras: "clorpromazina", "clozapina", "flecainida", "fluvoxamina", "haloperidol", "tacrine", etc.
- Los pacientes en tratamiento con "heparina" que son fumadores, requieren dosis más elevadas, ya que se ha observado una disminución de la vida media por mecanismos aún desconocidos.
- La absorción de "insulina" puede verse disminuida por vasoconstricción periférica. Fumar favorece la liberación de factores endógenos que antagonizan los efectos de la insulina. Los endocrinos ven diariamente en su

consulta que en los pacientes diabéticos fumadores, tratados tanto con "insulina" como con "antidiabéticos orales", resulta más difícil controlar sus niveles de glucemia.
- "Opiáceos": en fumadores se observa una disminución del efecto de estos fármacos, siendo necesario administrar dosis mayores.
- "Teofilina": las dosis de mantenimiento son mayores en fumadores, pues el metabolismo aumenta y la vida media se reduce. Los niveles deben ser monitoreados si se inicia, deja o cambia el consumo.
- En oncología: estudios realizados han demostrado que las personas que nunca han fumado tienen mejores porcentajes de respuesta a la quimioterapia. Los antecedentes de tabaquismo empeoran la respuesta a los fármacos. El tabaco hace disminuir la eficacia de los tratamientos.
- Está demostrado igualmente que el tabaco incide sobre el perfil lipídico, pues disminuye la concentración del "colesterol bueno" o colesterol unido a las lipoproteínas HDL y aumenta la concentración del "colesterol malo" o colesterol unido a las lipoproteínas LDL. El tabaco también contrarresta el efecto farmacológico de los hipolipemiantes.
- Fumar aumenta la tendencia de la sangre a coagularse, lo que incrementa el riesgo de padecer un ictus (también llamado infarto cerebral; se produce una interrupción del flujo sanguíneo al cerebro. Origina una serie de síntomas variables en función del área del cerebro afectada). En las mujeres fumadoras que toman anticonceptivos orales aumenta el riesgo de padecer efectos cardiovasculares adversos (ictus, infarto de miocardio, enfermedad tromboembólica), pues está demostrado que el tabaco potencia los efectos adversos cardiovasculares de los anticonceptivos orales. El riesgo se incrementa con la edad siendo muy grande en mujeres mayores de 35 años y en grandes fumadoras (más de 15 cigarrillos al día).
- Los cardiólogos afirman que dejar de fumar disminuye el riesgo de muerte tras una cirugía de revascularización coronaria (bypass) o de un infarto.
- Por mencionar un último ejemplo, nos podemos referir a la enfermedad ocular tiroidea. Los especialistas indican que los fumadores son más propensos a experimentar la progresión de la enfermedad y obtener peores resultados con los tratamientos.

Cuando se habla de los efectos del tabaco es fácil pensar en enfermedades que afectan a los pulmones o al corazón, sin embargo pocas personas relacionan el fumar con otros problemas de salud. El tabaquismo afecta de muchas y diversas formas a la salud de las personas. El único tratamiento para evitar las consecuencias es dejar de fumar, no existen fórmulas mágicas para eliminar los efectos del tabaco.

Síndrome de abstinencia

Los síntomas de abstinencia generalmente empiezan a las pocas horas después del último consumo y alcanzan su pico máximo aproximadamente de 2 a 3

días después. Pueden ser severos dependiendo de cuánto tiempo haya fumado la persona y cuántos cigarrillos fumaba al día. Los síntomas más comunes son:
- Un deseo exaltado de nicotina.
- Ansiedad, tensión, inquietud, frustración o impaciencia.
- Dificultad para concentrarse y prestar atención.
- Perturbaciones en el sueño: problemas para dormir y pesadillas.
- Dolores de cabeza.
- Irritabilidad, hostilidad, disminución de su aptitud de cooperación social.
- Incremento del apetito y aumento de peso.
- Depresión.

También se produce una forma leve de abstinencia de nicotina que incluye algunos de estos síntomas, cuando un fumador cambia de cigarrillos regulares a cigarrillos bajos en nicotina o cuando reduce significativamente el número de cigarrillos que fuma.

Terapia de reemplazo de nicotina

El abandono del hábito de fumar debe ser un proceso gradual, los síntomas de abstinencia son menos graves en quienes lo hacen poco a poco que en quienes dejan de fumar de repente. La tasa de recaída es grande en las primeras semanas pero se reduce mucho al cabo de 3 meses.

La terapia de reemplazo de nicotina ayuda a las personas a mantener la abstinencia, pues reduce los síntomas de ésta, con el objetivo de evitar una recaída. La nicotina administrada reemplaza a la que contienen los cigarrillos, puros o pipas y ayuda a los fumadores a dejar el hábito. Los estudios realizados demuestran que la farmacoterapia en combinación con la psicoterapia, da como resultado tasas más elevadas de abstinencia a largo plazo. La deshabituación es siempre un tratamiento mucho más largo y difícil que la desintoxicación.

Los suplementos de nicotina se comercializan en diferentes presentaciones: goma de mascar (chicles), inhaladores, grageas, aerosoles nasales, parches cutáneos. La goma de mascar y los parches cutáneos son generalmente los suplementos más utilizados.

Estos suplementos de nicotina deben ser utilizados siempre bajo supervisión médica y se deben mantener lejos de los niños, ya que no se debe olvidar que la nicotina es un tóxico. Es importante remarcar que si la persona fuma mientras está usando el reemplazo de nicotina, se produce una gran acumulación de ésta, provocando niveles muy tóxicos peligrosos para la salud.

Cualquier producto de suplemento de nicotina puede causar efectos secundarios, y los pacientes que usan dosis muy altas tienen mayor probabilidad de padecer estos síntomas. Los efectos secundarios más frecuentes son: dolores de cabeza, náuseas y otros problemas digestivos e insomnio.

Fumador pasivo

Cuando hablamos de los daños del humo del tabaco en los fumadores pasivos, debemos referirnos a daños inmediatos y no sólo a largo plazo. Investigaciones concluyentes confirman que el fumador pasivo recibe un daño inmediato en su organismo, se produce daño celular y la inflamación de los tejidos. El delicado revestimiento de los pulmones se inflama en cuanto se expone a los componentes tóxicos del humo de tabaco, se dañan rápidamente los vasos sanguíneos y la más mínima cantidad de humo de tabaco también puede alterar su ADN que puede conducir al cáncer.

Tabaco y embarazo

Una mujer que está pensando en quedarse embarazada o ya lo está, tiene otro buen motivo para dejar de fumar: la salud de su bebé.

El tabaco es extremadamente nocivo para la mujer (no tiene sentido perder años y calidad de vida), pero además, el consumo de tabaco es extremadamente nocivo para el bebé. Si la mujer fuma, el bebé también lo hace. Con cada calada, la nicotina, el monóxido de carbono y la mayor parte de las más de 4.000 sustancias tóxicas del humo del tabaco atraviesan la barrera placentaria y llega a la sangre del bebé, de su sangre pasa a su cerebro y al resto de sus órganos.

Si se fuma durante el embarazo aumentan las posibilidades de padecer:
- Aborto espontáneo (pérdida del bebé).
- Alteraciones en la placenta: desprendimiento placentario que ocasiona hemorragias.
- Parto prematuro que se suele acompañar de inmadurez fetal.

Si la mujer fuma durante el embarazo aumentan las posibilidades de que el bebé presente:
- Más enfermedades y problemas de recién nacido, algunas de los cuales pueden dejar secuelas.
- Menos desarrollo al nacer: bajo peso al nacer, disminución del desarrollo pulmonar y alteraciones en las pruebas de función pulmonar.
- Taquicardia fetal: por la disminución crónica de oxígeno su corazón tiene que trabajar más.
- Síndrome de Muerte Súbita del Lactante durante su primer año.
- Trastornos por déficit de atención e hiperactividad que se manifiesta en los primeros años.

La Lactancia Materna (LM) es esencial e importantísima en la salud de todo bebé y de toda mujer. Es una experiencia maravillosa que ninguna mujer y ningún bebé debieran perderse. Se establece un vínculo de amor entre la mamá y el bebé eterno e imborrable.

La Asociación Española de Pediatría, la Asociación Americana de Pediatría, la OMS y UNICEF recomiendan dar Lactancia Materna exclusiva hasta los 6 meses y a demanda, esto quiere decir: las veces que el bebé quiera y el tiempo que éste quiera en cada toma; nos debemos olvidar del reloj. Se recomienda mantener la LM hasta los 2 años y medio para reforzar el sistema inmunológico y evitar infecciones. A partir de los 2 años y medio, si la madre y el niño desean seguir con la LM sigue estando recomendado. La LM siempre beneficia al niño y a la madre y se puede alargar todo el tiempo que se desee.

La nicotina llega al bebé a través de la leche. Esto puede producirle mayor irritabilidad, vómitos, diarreas, hiperexcitabilidad, alteraciones del sueño y cólicos intestinales. Por ello, estos niños lloran más y tienen más dificultades para ganar peso.

Fumar delante de los bebés y los niños perjudica seriamente la salud de éstos: tienen más catarros y enfermedades de pulmón y del oído, también aumentan sus posibilidades de padecer el Síndrome de Muerte Súbita del Lactante.

La mujer no puede engañarse pensando que fumar menos disminuye los riesgos; el tabaco perjudica la salud de la mujer y de su hijo desde la primera calada.

Si la mujer no ha podido dejar de fumar hasta ahora, en este momento de su vida tiene el motivo más poderoso para conseguirlo: la salud de su hijo. La mujer ahora tiene un doble motivo para cuidarse. Ahora podrá luchar con fuerza para desprenderse de esta adicción y poder mejorar su calidad de vida.

Toda persona que crea que no puede conseguir dejar de fumar sola, puede acudir a su centro de salud, los profesionales sanitarios podrán ayudarle.

La mujer no fumadora embarazada debe tener también mucha precaución de no sufrir ella y su bebé los efectos nocivos del tabaco como fumadores pasivos.

Cannabis

El cannabis o planta del cáñamo, cuyo nombre científico es Cannabis Sativa, se conoce desde hace muchísimos años, ya que en documentos chinos de 2700 años a. C ya lo mencionan. En 1948 la Organización Mundial de la Salud (OMS) llegó a la conclusión de que el cannabis era peligroso desde todo punto de vista físico, mental y social.

El cannabis debe sus efectos fundamentalmente a la acción de una sustancia psicoactiva conocida como THC (delta-9-tetrahidrocannabinol), cuya concentración varía según las partes de la planta y también de unas plantas a otras. En los últimos años se ha verificado el aumento de la concentración de THC en esta planta, pues las modernas técnicas de cultivo de la planta del cáñamo han conseguido aumentar la concentración de THC. Por lo que los consumidores actuales están expuestos a dosis muy superiores a las de las generaciones anteriores.

Se consume normalmente en forma de marihuana (una combinación de hojas, tallos y flores del cáñamo, que todo ello una vez seco, es picado finamente) y de hachís (un preparado de la resina de la planta, se presenta como polvo fino comprimido en pastillas o tabletas de color pardo oscuro). Pero también existe un concentrado líquido conocido como "aceite de cannabis" o "aceite de hachís", que se obtiene mezclando la resina con algún disolvente como acetona, alcohol o gasolina, el cual se evapora en parte, dando lugar a una mixtura viscosa cuyas proporciones de THC son muy elevadas (hasta un 85%).

La marihuana contiene aproximadamente entre un 5% y un 10% de THC y el hachís puede contener hasta un 20%, por lo que la toxicidad del hachís es potencialmente mayor que el de la marihuana. Aunque puede consumirse por vía oral (en infusiones, tortillas y repostería), la forma más extendida es mezclado con tabaco y fumado, lo que popularmente se conoce como "porro" o "canuto". Sus efectos no se manifiestan en todas las personas de la misma manera: se pueden producir reacciones de euforia, tranquilidad o inquietud, agitación, vómitos...

El THC es una sustancia difícil de eliminar y se elimina lentamente, por lo que permanece durante bastante tiempo en el organismo. Cuando el consumo es regular se produce una gran acumulación. Como término medio, se puede decir que un mes después de su consumo todavía puede detectarse en los análisis habituales, que generalmente son en orina o sangre.

Este tiempo siempre es variable, dependiendo del porcentaje de THC que se consuma, la frecuencia del consumo, el ritmo personal de metabolización del mismo, etc. Cuanto más alta sea la dosis y más largo el periodo de consumo, durante más tiempo será detectable. Análisis actuales muy precisos pueden determinar hasta tres meses después si se ha consumido THC en las personas que han tenido un consumo reiterado.

En la actualidad se puede rastrear la presencia de drogas en saliva, sudor, orina, sangre e incluso pelo. El cabello nuevo recoge los metabolitos activos de las drogas mientras éstas se consumen. Hay análisis de pelo tan precisos que pueden llegar a determinar un perfil cronológico del consumo y decir si la persona consume ocasionalmente o de forma continua. En función de la longitud del pelo se puede detectar drogas consumidas varios meses atrás e incluso años.

En todas sus modalidades (en forma de marihuana, de hachís o de "aceite de cannabis"), esta planta afecta a la mente, es decir, altera la función normal del cerebro debido a que contiene sustancias psicoactivas como el THC. El THC es soluble en aceite por lo que tiende a concentrarse en los tejidos grasos del organismo; el cerebro es uno de los órganos donde el THC se acumula con mayor facilidad.

En Europa el consumo de hachís y marihuana se popularizó a finales de la década de los 60 junto a tantas otras sustancias. Se trata de una de las drogas más consumidas por la juventud actual, después del alcohol y el tabaco. A veces se ha presentado como una droga blanda, incluso menos perjudicial que el alcohol o el tabaco, pero en la actualidad se sabe con toda certeza que no sólo es más nocivo que el tabaco (además el hachís y el "aceite de cannabis" se fuma mezclado con tabaco), sino que sus productos de combustión son más carcinogénicos que los de un cigarrillo normal. Y también se sabe que prácticamente el 100% de los jóvenes enganchados a diversas drogas (heroína, cocaína...) comenzaron su andadura en el mundo de las drogas con el cannabis. El consumo de hachís, marihuana o de "aceite de cannabis" abre la puerta al adolescente al consumo de otras drogas, pues se asocian con amigos y delincuentes que comercializan o consumen también otras sustancias. Se sabe con toda certeza que el cannabis genera vulnerabilidad adictiva, es decir, da más vulnerabilidad a la persona a tener otras adicciones.

En la actualidad, sólo algunos derivados del cannabis se utilizan con fines terapéuticos: para el tratamiento de la espasticidad en enfermos de esclerosis múltiple, como analgésico en enfermos de SIDA, cáncer, pacientes con dolores neuropáticos y para estimular el apetito, principalmente en personas que padecen cáncer o SIDA. SATIVEX® es el nombre comercial de este medicamento, compuesto principalmente de dos cannabinoides "delta-9-tetrahidrocannabinol" y "cannabidiol", es un *spray* que se administra sublingualmente. No está disponible en farmacias, se dispensa sólo en hospitales.

¿El cannabis ("el porro") potencialmente terapéutico?, la respuesta es un no rotundo, la diana terapéutica está en el sistema endocannabinoide que está por estudiar. El cannabis como droga siempre es perjudicial.

Los efectos buscados por el consumidor en el cannabis y producidos fundamentalmente por el THC son los siguientes:
- Euforia.
- Sensación de bienestar.
- Atemporalidad.
- Agudizamiento de los sentidos visual y auditivo.

Tolerancia, dependencia y síndrome de abstinencia

Está demostrado que el consumo de cannabis provoca el desarrollo de tolerancia, el consumidor necesita ir subiendo la dosis para notar los mismos efectos. Existe, también, dependencia psíquica y dependencia física.

El síndrome de abstinencia se caracteriza por temblores, náuseas, diarrea, anorexia, insomnio e irritabilidad.

Efectos secundarios

Los principales efectos negativos son los siguientes:
- Taquicardia.
- Hipotensión.
- Disminución de la coordinación espacial y motora (equilibrio, capacidad para calcular las distancias, reflejos, fuerza...).
- Percepción distorsionada (visual, auditiva y del tacto) y del sentido del paso del tiempo.
- Reacciones agudas de pánico y ansiedad.
- Alteraciones en el funcionamiento de los ovarios y los testículos (alteraciones en el ciclo menstrual y reducción en el número y movilidad de los espermatozoides).

- Reducción de la actividad del sistema inmunitario.
- Problemas con la atención y la memoria. Disminuye la capacidad de aprendizaje.
- Problemas para pensar claramente y para resolver problemas. Disminuye la capacidad de resolución de problemas.

El consumo de cannabis está detrás de muchos fracasos escolares, se produce lo que los expertos llamamos "mente dispersa", pues al interferir con la atención y la memoria el aprendizaje se altera, afectando al rendimiento en los estudios y/o en el trabajo.

Los efectos secundarios son aún más graves cuando se mezcla esta droga con otras. Incluso en muchas ocasiones, la persona ni siquiera sabe qué otro tipo de drogas pueden haber sido agregadas a la marihuana, al hachís o al "aceite de cannabis".

A dosis altas acumuladas los efectos que se producen son muy graves:
- Pérdida de motivaciones, se pierde la iniciativa personal, apatía.
- Incapacidad para mantener una actividad intelectual normal.
- Estados de agitación.
- Reacciones hipomaníacas.
- Alucinaciones.
- Sentimientos paranoides.

Cada vez más psiquiatras afirman que el cannabis es un inductor de psicosis. Afirman que en personas predispuestas, el THC puede desencadenar trastornos psiquiátricos del tipo esquizofrénico. Asímismo, los expertos también señalan que puede producir trastornos psíquicos graves en personas con antecedentes psicóticos o neuróticos.

Testimonio de un adolescente durante una clase de drogodependencias referente al cannabis: «*De salir con los amigos a pasarlo bien y fumar un porro, a salir con los amigos sólo para fumar porros sin interesarte nada más, es una línea muy fina que pasas sin darte cuenta*». La explicación está en que la persona desarrolla lo que se denomina el síndrome amotivacional: todo te da igual, te aíslas de la gente y no te relacionas con casi nadie. Las cosas que antes te interesaban dejan de importarte.

En la actualidad, hay un aumento muy importante en la demanda de tratamiento de desintoxicación y deshabituación por parte de los consumidores de cannabis y muchas urgencias sanitarias por crisis de pánico. Los consumidores de cannabis entre 14 y 18 años que demandan tratamiento de desintoxicación y deshabituación lo que más verbalizan son pérdida de memoria y tristeza o apatía.

España es en la actualidad uno de los países clave para la entrada de cannabis en Europa, y ya no sólo por la tradicional vía de los países del Magreb, sino también por la latinoamericana.

EDUCACIÓN EN LA Prevención de las Drogodependencias

Cocaína

La cocaína procede de las hojas de un arbusto que se llama Erytroxilon Coca. Estas hojas de coca son sometidas a distintos procesos químicos de los cuales se obtienen diferentes variedades de cocaína que determinarán la vía de administración: esnifada, inyectada, fumada...

Es una de las drogas adictivas más potentes. Una vez que una persona ha probado la cocaína, no puede prever ni controlar hasta qué punto seguirá usándola.

Hace 3.000 años que los quechuas del Perú ya masticaban hojas de coca para poder soportar el hambre y la fatiga originada por el trabajo. Su consumo en polvo es de finales del siglo pasado, se popularizó y disparó en la década de los 80 y 90 convirtiéndose en la reina de las fiestas de la clase alta. En la actualidad tiene adictos en todos los estratos sociales y entre personas de edades dispares de entre 15 y 40 años principalmente.

El número de consumidores de cocaína en polvo crece preocupantemente y se calcula que más de un 3% de la población española la ha probado. España es el gran receptor europeo de cocaína, pues la mayor parte de la que se distribuye en el continente entra por nuestras costas. La cocaína se ha convertido en una de las drogas más consumidas, traídas y llevadas por todo el mundo. Se ha convertido en producto nacional en algunas zonas del centro y sur de América, exportada y reciclada en crack y otras variantes en Estados Unidos, Canadá y México, está causando grandes problemas en numerosos países de Europa y comienza a extenderse por el este y las naciones del antiguo bloque soviético.

En el argot popular también se le llama "nieve" o "perico", suele venderse en polvo, en pequeñas bolsitas. La forma más corriente de consumo es en forma de clorhidrato de cocaína a través de las fosas nasales esnifando. La forma intravenosa es menos frecuente, aunque también es utilizada por muchos adictos. A veces es combinada con heroína (en el argot popular se le llama "*speed ball*") para evitar los efectos de rebote desagradables producidos por la cocaína. Otras formas de presentación es fumada o incluso por vía oral. "Crack", es el nombre en el argot popular de la cocaína obtenida a partir de clorhidrato de cocaína y convertida en cristales que se pueden fumar (aspirando sus vapores o humos). El término "crack" se refiere al crujido que se oye cuando se fuma (o se calienta) la mezcla. Se difunde muy rápidamente de pulmones a cerebro, sus efectos son inmediatos, muy intensos y muy fugaces, su "bajada" resulta tan insufrible que entraña un uso compulsivo y muy frecuente. El crack produce una dependencia psicológica tan grande y esclavizante, que para aquellos adictos que lo han probado varias veces, resulta casi imposible abandonar su consumo.

La cocaína es poderosamente adictiva

Las pruebas científicas indican que la potente propiedad de refuerzo neuropsicológico de la cocaína, lleva a la persona al uso continuo a pesar de las consecuencias físicas y sociales nocivas. Aunque se utilice de forma esporádica o recreativa, los cambios bioquímicos en el sistema nervioso central producidos de forma acumulativa y combinados con el apoyo psicológico progresivo en la droga, pueden hacer que el consumo esporádico se convierta en compulsivo. Llegado este punto de consumo compulsivo, la cocaína lo controla todo. Sus consecuencias negativas en la persona a nivel psicofísico, social y profesional son muy visibles, la cantidad de cocaína consumida, la frecuencia, duración de uso y el coste económico que conlleva, se incrementan de tal modo que la persona no puede controlar su situación.

Efectos secundarios

La cocaína es un fuerte estimulante del sistema nervioso central, vasoconstrictor y anestésico local. Los efectos físicos de su uso incluyen constricción de los vasos sanguíneos periféricos, dilatación de las pupilas (midriasis), aumento de la temperatura, la frecuencia cardiaca y la tensión arterial. Las dosis elevadas, el uso prolongado de cocaína o ambas cosas pueden desencadenar paranoia. El fumar cocaína, puede producir una conducta paranoide particularmente agresiva en los usuarios. Cuando los adictos dejan de usar cocaína, el síndrome de abstinencia que provoca puede durar meses, se caracteriza fundamentalmente por profundas depresiones, acompañadas también de insomnio, irritabilidad, ansiedad, anorexia... requiriendo tratamiento farmacológico y psicoterapia.

La inhalación prolongada de cocaína puede ulcerar la membrana mucosa de la nariz y puede lesionar tanto el tabique nasal como para provocar su colapso. Las muertes relacionadas con el uso de cocaína se producen a menudo como consecuencia de paro cardíaco, seguido de paro respiratorio.

La acción y los efectos de la cocaína son bastante rápidos. A los cinco minutos de haberse esnifado comienza un estado de euforia. El sentimiento más predominante es el de grandiosidad. A los 10-20 minutos se llega al punto máximo y al cabo de una hora el efecto ha desaparecido casi por completo.

Los efectos conscientes de la cocaína duran poco y sus consumidores desarrollan pronto una tolerancia que les lleva a duplicar, triplicar o incluso más, la cantidad administrada en una hora. Es decir, si al principio con el efecto de "media raya" se mantenían eufóricos durante una hora, con la costumbre se llegan a necesitar hasta tres.

Los adictos a la cocaína tardan tiempo en tomar conciencia de su condición y pedir ayuda. En los últimos años se ha producido un aumento del 1.000% en el número de personas que acuden a centros de atención al toxicómano para deshabituarse de la cocaína.

A modo de resumen, los efectos negativos más frecuentes tras el consumo de cocaína son los siguientes:
- Taquicardia.
- Aumento de la presión arterial, pues la cocaína es un vasoconstrictor.

- Midriasis.
- Hipertermia.
- Inquietud.
- Agitación psicomotora.
- Agresividad.
- Ansiedad.
- Pérdida del apetito.
- Actúa sobre la dopamina, destruyendo las vías cerebrales dopaminérgicas.
- Ataques epilépticos.

A dosis altas la cocaína produce los siguientes efectos en el organismo del consumidor:

- Astenia (cansancio, falta de fuerza y debilidad).
- Pérdida de peso.
- Agresividad.
- Perforación del tabique nasal.
- Alteraciones de la conciencia.
- Hipertermia severa.
- Convulsiones.
- Pérdida de memoria.
- Ansiedad.
- Depresión.
- Merma de la autoestima.
- Paranoia, siendo frecuentes las psicosis paranoiedes agudas.
- Alucinaciones visuales, auditivas y táctiles.
- Impotencia y/o esterilidad.
- Arritmias.
- Paro cardiaco.
- Hemorragia cerebral.

Los síntomas psiquiátricos producidos por la cocaína son habituales, hasta el extremo de que el 80 por ciento de los consumidores ha experimentado síntomas psicóticos, consistentes en ideas delirantes y también en el característico Síndrome de Magnan, que consiste en alucinaciones de carácter táctil, en el que el enfermo cree percibir bajo su piel o su ropa pequeños insectos parásitos.

Dosis altas de cocaína provocan la muerte, pero no se puede olvidar que también bajas dosis pero continuas pueden provocar una muerte súbita.

Se debe señalar que existe una dependencia cruzada entre la cocaína y el éxtasis, es decir, que cuando se está desarrollando tolerancia hacia una de las dos sustancias se está desarrollando hacia la otra, y se va haciendo necesario para el consumidor subir la dosis de ambas para notar sus efectos.

Los trastornos emocionales convierten al adicto en un individuo insoportable e incapaz de mantener una relación estable. Los familiares y amigos expresan que "la cocaína cambia la mente de la gente, se vuelven monstruos", pues la cocaína aumenta la agresividad.

Éxtasis

El éxtasis es un derivado de las anfetaminas conocido como "3-4 Metilendioximetanfetamina" (MDMA). Es una droga sintética psicoactiva, con propiedades similares a las de las anfetaminas. Su estructura química es similar a la de otras drogas sintéticas causantes de daños cerebrales.

La denominación más común y extendida es "XTC" (que se pronuncia como algo parecido a éxtasis). Al ser la droga de diseño más demandada suele denominarse también simplemente "pastilla".

Normalmente se presenta en pastillas, aunque puede distribuirse también en polvo. Las pastillas pueden ser de múltiples colores y pueden llevar grabados diferentes distintivos.

El MDMA o éxtasis fue sintetizado por primera vez a principios del siglo pasado y patentado por la compañía alemana Merck en 1914, con la intención de comercializarlo como medicamento anorexígeno para reducir el apetito en las personas con problemas de obesidad. Debido a que no dio el resultado que se esperaba y a sus efectos secundarios, se retiró y no llegó a ser comercializado.

A finales de los años 70 es empleado por psiquiatras estadounidenses como parte de los tratamientos dirigidos a superar problemas de comunicación por sus efectos empatógenos, aumentando la sociabilidad y la locuacidad. Sus efectos secundarios provocaron su inclusión en la lista de sustancias psicotrópicas de la ONU y su consiguiente prohibición.

Al término de la década de los 60 y principios de los 70 se produjo su explotación y comercialización ilegal. Tras la desaparición de los movimientos juveniles típicos de la época pasó prácticamente desapercibido su consumo hasta los años 80, momento en que comenzó su expansión en Londres, donde pasó directamente a la isla de Ibiza.

Acompañando a los movimientos musicales conocidos como "acid-house", "máquina", "trance", "bakalao" se fue convirtiendo en la sustancia protagonista de las macrodiscotecas. De Ibiza pasó a Valencia, Alicante y después Barcelona, y desde 1996 ya se puede encontrar en prácticamente todas las ciudades de la península. A medida que se dispara su consumo y distribución, baja la edad de inicio entre los más jóvenes, que en estos momentos ya puede situarse en torno a los 15 años, abarcando un amplio espectro de edades que alcanza hasta los 28 años.

La falta de información, unida a la información errónea o falseada, ha contribuido a su expansión y aún hoy en día un número importante de adolescentes la siguen considerando una "droga blanda".

Los efectos "buscados" del éxtasis se producen en la mayoría de los casos, pero no siempre, en dosis que oscilan entre 70-100 miligramos, aunque esto depende en gran parte del peso de la persona. Una pastilla con esta concentración actúa como droga empatógena (favorece las relaciones sociales, que es lo que busca el consumidor). Suele hacer efecto apenas media hora después de haber sido ingerida.

Las principales sensaciones son las siguientes:
- Sociabilidad, aumenta la capacidad de relacionarse con los demás. Mayor cercanía a los demás.
- Euforia.
- Sensación de autoestima aumentada.
- Aumento de la sensibilidad emocional.
- Locuacidad, desinhibición, sensualidad, despreocupación, afectividad, aumento de empatía.
- Reducción de la sensación de hambre.
- Reducción de la sensación de sed.
- Reducción del cansancio y del sueño.

Los efectos suceden en 3 fases: desorientación, euforia y exagerada sociabilidad. En resumen, produce euforia, disminuye radicalmente las sensaciones de cansancio, sueño, hambre y sed, y facilita la comunicación y las relaciones personales aumentando el deseo de relacionarse y hablar. Como dicen los adolescentes "facilita el ligar y el pasarlo bien".

Pero los efectos secundarios con esa dosis no solo quedan aquí. Esta droga provoca dificultades psicológicas, incluyendo confusión, depresión, problemas con el sueño, aumento del deseo de consumir drogas, ansiedad grave y paranoia, y no sólo mientras se toma la sustancia sino que a veces varias semanas después de tomarla.

La dosis de MDMA varía extremadamente de unas pastillas a otras, incluso entre las procedentes de una misma remesa, de tal forma que se puede llegar a consumir una pastilla de éxtasis con 0 mg de MDMA o hasta con 260 mg, con lo cual una pastilla pasa de no producir ningún síntoma a producir la muerte. Sólo con un análisis químico previo es posible determinar la cantidad exacta que hay en ella.

Tolerancia y dependencia

Esta droga psicoestimulante provoca tolerancia, dependencia física y psíquica y por supuesto síndrome de abstinencia. Según la tolerancia que se haya desarrollado, el efecto de la dosis puede durar hasta cuatro horas, comenzando a disminuir ya una hora después de la ingesta.

En los consumidores más regulares se observa que deben ingerir dosis cada vez mayores para encontrar los mismos efectos que en las primeras ingestas. Al existir tolerancia, lleva a muchos consumidores a mezclar el éxtasis con otras drogas como el speed (sulfato de anfetamina), la cocaína o el cannabis. Por otro lado está demostrado, y es especialmente preocupante, el hecho de que según se aumenta la dosis se van aumentando también los efectos tóxicos del MDMA, pero no los empatógenos, con lo que el riesgo de sobredosis es muy grande: el efecto psicológico se pasa pronto por la tolerancia desarrollada, pero el efecto sobre el sistema cardiovascular se mantiene mucho tiempo. La persona que se toma una pastilla, pronto pasa el efecto psicológico por la tolerancia, por lo que enseguida la persona se toma otra; con cada pastilla que se tome, aunque el efecto psicológico se mantenga, el efecto cardiovascular aumenta progresivamente, pudiendo provocar una sobredosis que se caracteriza con una parada cardiovascular o golpe de calor/choque térmico.

En las personas que consumen éxtasis esporádicamente, la dependencia psicológica también se produce en ellas con gran rapidez e intensidad. Cuando se suprime el consumo de éxtasis, por ejemplo entre el lunes y el jueves, la persona desarrolla un permanente estado de ansiedad y arrastra una sensación de agotamiento, depresión, pesimismo, irritabilidad y actitud negativa general; la persona desarrolla el síndrome amotivacional. Muchos jóvenes consumidores describen este síntoma amotivacional expresando, que entre el lunes y el jueves están "muy mal, sin mostrar interés por nada" y están deseando que llegue el viernes para poder consumir éxtasis.

Síndrome amotivacional

El éxtasis produce una estimulación potente de los sistemas cerebrales de recompensa. Estos sistemas determinan las conductas, las actividades que el organismo debe realizar porque le gratifican. Con el consumo de esta droga, el organismo de la persona se acostumbra a buscar estas sustancias o estas actividades relacionadas con estas sustancias y va perdiendo el interés por todas las cosas que habitualmente nos gratifican a los seres humanos.

Síndrome de abstienecia

El síndrome de abstinencia se caracteriza por lo general por: insomnio, anorexia, depresión, agotamiento, irritabilidad, ansiedad, dolores de cabeza, dolores musculares...

Potencial neurotóxico

Otra de las cuestiones preocupantes del MDMA es su potencial como sustancia neurotóxica. Las experiencias desarrolladas hasta el momento con primates ponen de manifiesto que el MDMA produce destrucción de las neuronas serotoninérgicas en diversas zonas del cerebro. Para ocasionar problemas de este tipo es suficiente con una sola dosis y todo apunta a que su efecto en los seres humanos puede ser el mismo.

Una sola dosis de 5 mg/kg por vía oral produce en el ser humano una depleción de serotonina. Los consumidores de éxtasis terminan registrando niveles de serotonina iguales a los de las personas aquejadas de depresión que han protagonizado intentos de suicidio. La serotonina (5-hidroxitriptamina) se encuentra distribuida entre las células del sistema nervioso central, en las plaquetas, en la circulación sanguínea y también en la mucosa intestinal. Actúa como neurotransmisor y vasoconstrictor. Disminuye la sensación de dolor al actuar como desinhibidora en las vías del dolor de la médula espinal, regula el apetito mediante la saciedad, equilibra el deseo sexual, controla la temperatura corporal, la actividad motora y las funciones perceptivas y cognitivas, determina nuestros ciclos de sueño y vigilia y también parece ser que ayuda a regular el estado anímico de la persona, pues niveles bajos de serotonina se han asociado repetidamente al riesgo de padecer depresión.

Las experiencias en animales han puesto de manifiesto que el daño neurotóxico puede ser irreversible, ya que la regeneración de las fibras perjudicadas sólo puede producirse si el cuerpo celular no ha sido afectado y, aun así, no es posible asegurar que se restablezca el funcionamiento normal.

Se sabe también que una sola dosis de MDMA modifica la acción de la dopamina, aunque aún no se ha podido demostrar que provoque un déficit. La dopamina es otro neurotransmisor (del grupo de las catecolaminas) que se encuentra fundamentalmente en el sistema nervioso central. Tiene efecto sobre el corazón, la frecuencia cardiaca, la tensión arterial, etc.

Por otro lado las adulteraciones a las que son sometidas las pastillas multiplican el número de alteraciones psíquicas. En declaraciones recogidas por la prensa, fuentes médicas del Hospital Clínico de Valencia especializadas en toxicología, señalaban que: «*Los jóvenes llegan a urgencias con esquizofrenias terribles de las que no se recuperan fácilmente*».

Los efectos negativos de tipo neuropsiquiátrico que se han descrito en relación al consumo de MDMA son los siguientes:

- Crisis de ansiedad.
- Trastornos psicóticos: los síntomas psicóticos más frecuentes son los delirios de tipo paranoide como los delirios de persecución.
- Alucinaciones visuales y auditivas: el sujeto oye o ve cosas cuando en realidad nadie le está hablando o no hay nada delante.
- Fenómenos de despersonalización y desrealización, caracterizados por la sensación de que nada alrededor, incluso uno mismo, es real.
- Reacciones catatónicas de varios días de duración.

La causa de dichas reacciones pueden ser por los adulterantes del éxtasis, sobredosis y/o por problemas en el metabolismo del consumidor.

El golpe de calor o choque térmico

Uno de los efectos más graves que pueden producirse tras una dosis alta es el golpe de calor o choque térmico: el éxtasis es una sustancia hipertérmica (hace que aumente la temperatura corporal) y también aumenta la frecuencia cardiaca, al mismo tiempo que disminuye la sensación de sed, de calor y de cansancio. Todo esto, unido al ambiente donde se consume el éxtasis (normalmente la persona se encuentra bailando en la discoteca hace calor y está sudando), hace que la persona pierda líquidos y sales a gran velocidad y no los recupera, pues al no tener sed y al no estar cansado sigue bailando, sigue sudando y no toma suficientes líquidos. La temperatura se eleva hasta los 41 grados centígrados, pudiendo ser incluso más alta. Se producen cambios electrolíticos y termina llegando una coagulación intravascular diseminada y un fallo renal, hepático y cardiaco agudo, desencadenando muerte súbita. En algunos casos, los graves daños producidos pueden desembocar en un coma que irremediablemente llevará a la muerte.

La hipertermia y el golpe de calor suelen producirse tras dosis altas de MDMA, pero hay personas que pueden llegar a desarrollar una hipertermia maligna sin haber consumido dosis altas. En la actualidad no se entiende muy bien por qué sucede, pero sucede. El MDMA no sólo aumenta la temperatura corporal sino que también influye en los mecanismos del cerebro que la regulan.

A modo de resumen, se puede decir que esta droga provoca efectos negativos y deja otros residuales sin necesidad de pasar de pequeñas dosis. Los efectos secundarios del éxtasis son en su mayor parte debidos a la sobreestimulación simpática.

El éxtasis provoca:
- Insomnio.
- Pérdida del apetito.
- Temblores.
- Sudoración anormal.
- Sequedad en la boca.
- Tensión mandibular.
- Movimientos compulsivos de la lengua.
- Movimientos oculares rápidos.
- Desmayos.
- Destrucción de las fibras musculares por ejercicio brusco y prolongado.
- Náuseas.
- Merma de la capacidad de concentración.
- Cambios en la percepción de los colores.
- Destrucción de neuronas serotoninérgicas.
- Taquicardia.
- Hipertensión.
- Hipertermia.
- Deshidratación.
- Edema pulmonar agudo.
- Fallo renal agudo.
- Fallo hepático.
- Hemorragia cerebral.
- Fallo cardiaco.
- Muerte súbita.
- Coma ↦ muerte.

Por otro lado, hay que señalar que aproximadamente un 10% de la población presenta un déficit en una enzima esencial para poder metabolizar el MDMA. Las consecuencias tras ingerirlo son mucho peores para este 10% de la población.

Tan importante como los efectos negativos de la droga en sí, son las otras sustancias que se añaden a cada pastilla. Son las sustancias de relleno económicas y fáciles de conseguir: cafeína, analgésicos, antibióticos, antidepresivos, efedrina, ketamina, desparasitantes animales, estricnina, barniz, laca, etc. Según las sustancias con la que se ha fabricado la pastilla, los daños causados en el organismo pueden multiplicarse por diez, y el éxtasis que se vende en España como en otros sitios está cada vez más adulterado.

En Norteamérica se producen decenas de muertes por éxtasis entre los jóvenes. Sólo en Los Ángeles la policía ha detectado más de 200 fallecimientos debidos al consumo de MDMA y MDA. En lugares tan distantes como Gran Bretaña o Australia el éxtasis también está provocando muerte entre los jóvenes. En España ya se han producido los primeros casos por consumo de drogas de diseño, aunque no es posible asegurar de qué sustancia se trataba en cada uno de ellos, pues con frecuencia hay policonsumo (se mezclan varias drogas).

Alucinógenos

El LSD (dietilamida del ácido lisérgico) es una de las principales drogas en la categoría de alucinógenos. Los alucinógenos son drogas perturbadoras del cerebro que dislocan el funcionamiento del cerebro humano y diluyen los límites entre la persona y la realidad (la persona no sabe lo que es real y lo que no lo es).

El LSD fue descubierto en 1938 y es una de las sustancias químicas más potentes que se conocen. A nivel cerebral se produce una gran desestructuración, de tal forma que la persona es capaz de ver objetos donde no los hay o de oír sonidos que no existen. El LSD se fabrica a partir del ácido lisérgico, presente en un hongo que crece en el centeno y otros cereales. El LSD se llama en el argot popular "ácido" o "tripi". Se consume de forma oral ingiriendo cuadraditos de papel impregnados con él.

Efectos secundarios

Los efectos del LSD son impredecibles. Los usuarios dan el nombre de "viaje" a su experiencia con el LSD y de "mal viaje" a las reacciones adversas agudas. Incluso los consumidores experimentados tienen poca idea de lo que les va a suceder. Los consumidores a los que aún les queda "raciocinio" y que conocen bien lo impredecible que puede ser esta droga, la consumen en lugares anteriormente "escogidos y acondicionados", es decir, quitan todos los objetos con los que pueden lesionarse, que no haya ventanas...

Los usuarios del LSD pueden manifestar confusión mental, euforia, ilusiones visuales (objetos que se convierten en otra cosa), cambios perceptivos ondulatorios (las paredes y el suelo se ondulan), alteraciones en la percepción.

Estas experiencias en la persona le pueden ocasionar lo que ellos denominan "mal viaje", que se caracteriza por episodios de angustia, ansiedad y crisis de pánico (por las alucinaciones que están experimentando) o intentos de suicidio y suicidio (o bien porque la persona piensa que es un pájaro y se tira por la ventana, o lo que está viviendo le produce tal pánico que intenta quitarse la vida).

Esta droga puede producir psicosis relativamente prolongadas, tales como esquizofrenia y también depresión severa.

Muchos consumidores de LSD tienen *flash-backs* memoria neuronal: el *flash-back* es la reaparición espontánea de la experiencia alucinógena sin haber consumido LSD. Este hecho ocurre con más frecuencia en personas que han utilizado alucinógenos de forma crónica o que tienen problemas de personalidad, aunque personas que no tienen otros problemas de salud pueden también experimentarlos. Esta reaparición ocurre súbitamente, sin previo aviso y puede ocurrir desde unos días, hasta un año después del uso de LSD. El *flash-back* es el efecto negativo que más asusta a los consumidores y hace que abandonen su consumo.

El LSD produce tolerancia, de manera que los usuarios constantes deben tomar dosis cada vez mayores para lograr el estado de intoxicación previo. Esta es una práctica sumamente peligrosa, dada la naturaleza impredecible de los efectos de esta droga.

Anfetaminas

Los psicofármacos los podemos clasificar en dos grupos: estimulantes y depresores. Entre los psicofármacos estimulantes del sistema nervioso central destacan las anfetaminas, que son producidas de forma sintética en laboratorios. Inicialmente fueron fármacos de frecuente prescripción médica: para tratar la narcolepsia (necesidad imperiosa de dormir, se caracteriza por la presencia de una somnolencia irresistible durante el día), para tratar la depresión, para suprimir el apetito, para tratar el trastorno por déficit de atención y el trastorno de hiperactividad por déficit de atención.

Hoy en día la utilización terapéutica es muy limitada, pero su presencia en el mercado clandestino sigue siendo habitual. Al igual que la cocaína, es utilizada con frecuencia para aguantar sin dormir las noches de los fines de semana, pues produce hiperactividad, disminuye la fatiga y reduce el sueño. Generalmente se presenta en forma de polvo y se consume por inhalación como la cocaína y también en forma de pastillas.

Una de las anfetaminas más frecuentes en el mundo de las drogas es el sulfato de anfetamina, conocido en el argot popular como "*speed*" (velocidad en inglés).

Efectos secundarios

Los efectos secundarios son: sensación de euforia que se manifiesta con excitación nerviosa, hiperactividad, aumento de la frecuencia cardiaca, aumento de la presión arterial, insomnio[3], sudoración, sequedad de boca, vértigo, temblores, contrac-

---

3. La anfetamina retrasa la aparición de sueño, pero no de manera indefinida, por lo que al suspender la administración de las anfetaminas aparece un sueño más profundo y una necesidad

ción de la mandíbula, agitación, agresividad, ausencia de apetito y de fatiga[4]. A dosis altas aumenta la temperatura corporal, causa inquietud, alucinaciones, delirios persecutorios, irritabilidad, convulsiones e incluso la muerte. El aumento de la presión arterial por la toma de anfetaminas desencadena con frecuencia derrames cerebrales.

Las anfetaminas tienen una dependencia psicológica muy fuerte y con el abuso crónico la tolerancia se desarrolla muy rápidamente.

Los síntomas más preocupantes en la intoxicación por anfetaminas y drogas de diseño, y por los que se suele acudir al hospital, son la agitación (que es el síntoma más frecuente), las convulsiones, las arritmias y la hipertermia. La actuación a tener ante una itoxicación por anfetaminas y/o drogas de diseño depende de las manifestaciones clínicas que ocasione:

- En caso de *agitación violenta*, se deberá mantener una actitud firme y segura, hablando claramente al paciente, diciéndole que queremos ayudarle y en ningún caso discutir con él o llevarle la contraria. Se precisa normalmente contención mecánica entre cuatro o cinco personas, sujetando de las extremidades y la cabeza; además será necesario administrar fármacos para controlar la agitación, como la "clorpromazina" (que es sedante y antipsicótico) y mejora también la hipertensión y la fiebre, o el "haloperidol" (antipsicótico) que disminuye las alucinaciones. Puede ser útil dormir al paciente para procurarle descanso psíquico y mental. Se suele emplear el "diazepan", que es una benzodiacepina.
- En caso de *convulsiones* se tendrá que desabrochar la ropa ajustada y retirar los objetos cercanos que puedan ocasionar lesiones. Además se debe administrar sustancias anticonvulsivantes, en caso de repetirse la crisis o durar más de tres minutos.
- Si hay *aceleración del ritmo cardiaco y dolor en el pecho*, se debe realizar un electrocardiograma y administar tratamiento farmacológico específico.
- Si hay *hipertermia*, se administrarán antitérmicos y colocará paños de agua fría en la cara y el pecho. Se realizará un ingreso hospitalario para su control y para evitar las complicaciones como las convulsiones.

En el hospital, además de tratar cada uno de los síntomas, se perfunden sueros para favorecer la eliminación del tóxico y se realizan análisis toxicológicos. En caso de peligrar la vida, se realizan medidas de soporte vital y reanimación.

Benzodiacepinas

Casi un 4% de la población española tiene problemas de dependencia con los ansiolíticos y los antidepresivos. Son fármacos que en muchos casos se consu-

---

imperiosa de dormir. El patrón del sueño se altera y puede tardar varios meses en volver a la normalidad.
4. La fatiga es un mecanismo regulador del organismo mediante el cual frenamos la actividad. El hecho de que la sensación de fatiga esté disminuida no significa que no exista. La persona bajo los efectos de esta droga no sabe dosificar su esfuerzo y puede terminar en un agotamiento agudo con serias consecuencias para su salud.

men sin prescripción médica. Su uso continuado genera una importante adicción, al mismo tiempo que causan daño en el tejido cerebral. Los daños cerebrales se traducen en falta de concentración, menos capacidad para reaccionar o pérdida de memoria debido a que estos fármacos causan alteraciones neuroquímicas.

Las benzodiacepinas se emplean principalmente como ansiolítico (para la ansiedad), hipnótico (para dormir), anticonvulsivante y relajante muscular.

Las personas que se hacen adictas a estos fármacos buscan un estado de euforia placentero, pues normalmente inducen a un estado de relajación muscular y somnolencia. En algunas ocasiones la persona que los utiliza puede llegar a mostrarse excitable o incluso agresiva. En dosis elevadas provocan náuseas, aturdimiento, confusión, disminución de la coordinación psicomotriz... y al ser un depresor del sistema nervioso central la persona puede sufrir una sedación profunda.

Las benzodiacepinas tienen capacidad de desarrollar dependencia. Estos fármacos, si se consumen con regularidad y sin prescripción médica, crean dependencia física y psicológica. Cuando la persona quiere dejar de tomarlos e interrumpe su consumo, experimenta el "síndrome de retirada", que es un síndrome de abstinencia ante la interrupción brusca de las benzodiacepinas que generalmente aparece en individuos que estaban tomando dosis altas, aunque también se han descrito síndromes de abstinencia en personas que han tomado dosis bajas durante un largo período de tiempo.

Síndrome de abstinencia

El cuadro de abstinencia a las benzodiacepinas puede ser de baja intensidad o presentar un síndrome grave y que cursa con:
- Ansiedad.
- Cefalea.
- Dolor generalizado.
- Disforia (trastorno de las emociones, cambios repentinos y transitorios del estado de ánimo).
- Anorexia.
- Insomnio.
- Náuseas.
- Vómitos.
- Alteraciones de la memoria.
- Alucinaciones.
- Ataxia (disminución de la capacidad de coordinar los movimientos).
- Temblor fino.
- Calambres musculares.
- Rigidez.
- Alteraciones de la percepción acústica y visual.
- Psicosis aguda, despersonalización, ideación paranoide.
- Depresión psíquica.
- Convulsiones.

El síndrome de abstinencia a las benzodiacepinas puede ser muy duro y de larga duración. Ante estos síntomas, la persona, para poder dejar estos fármacos, tiene que recibir indicación médica de cómo ir haciendo la retirada y tratamiento médico adecuado.

El tratamiento inicial de este síndrome de abstinencia dependerá de la intensidad de los síntomas. Irá encaminado a las medidas de soporte cardio-respiratorio si se precisaran, un tratamiento sintomático y a la administración de benzodiacepinas, se toma como fármaco de elección generalmente el "diazepan" a dosis de 10-20 mg por vía oral o en algunos casos de forma intravenosa con posterior reducción gradual.

Barbitúricos

Los barbitúricos son derivados del "ácido barbitúrico". Tienen propiedades sedantes, hipnóticas, anestésicas y anticonvulsivantes. Son drogas que actúan como depresores del sistema nervioso central siendo capaces de producir desde sedación suave e hipnosis, hasta coma profundo y anestesia.

Los barbitúricos en la actualidad se utilizan poco, principalmente como tratamiento anticonvulsivo, en el tratamiento del status epiléptico y, en menor ocasión, se utilizan en anestesia quirúrgica y en algún trastorno psicológico.

En forma endovenosa el "tiopental sódico" (Pentothal®) ha sido el barbitúrico más utilizado para la inducción de la anestesia, aunque en los últimos años está siendo desplazado por otro fármaco, el "propofol", de vida media más corta.

Los barbitúricos en dosis bajas provocan sedación suave y también actúa como hipnóticos. Cantidades más elevadas disminuyen los reflejos y provocan enlentecimiento respiratorio que puede llevar hasta el coma y la muerte. Tras un consumo prolongado aparecen trastornos físicos como anemias, hepatitis, depresión, descoordinación motora y entorpecimiento del habla.

Manifestaciones clínicas ante una intoxicación

La manifestación más importante de intoxicación con barbitúricos es la depresión cardiovascular, respiratoria y del sistema nervioso central. Los síntomas de intoxicación con barbitúricos incluyen ataxia, letargo, convulsiones, delirio, dolores de cabeza y confusión. Un aumento en la dosis puede provocar estados comatosos. Las muertes por intoxicación se deben a colapsos cardiovasculares y complicaciones respiratorias.

Los barbitúricos de acción corta e intermedia pueden ser detectados en orina de 24 a 72 horas después de la ingestión y los de larga acción hasta más de 7 días.

El consumo continuado provoca la instauración de tolerancia y dependencia, por lo que si se disminuye o suprime la dosis habitual sobreviene un peligroso síndrome de abstinencia. Los síntomas más frecuentes son:

- Náuseas.
- Vómitos.
- Malestar.
- Astenia intensa.
- Temblor.
- Depresión.
- Ansiedad.
- Irritabilidad.
- Taquicardia.
- Sudoración.
- Hipotensión arterial.
- Insomnio.
- Anorexia.
- Convulsiones tónico-clónicas.
- Delirio.

En los síndromes de abstinencia de inicio precoz, un considerable número de pacientes presenta convulsiones que son graves y responden mal al tratamiento con "fenitoína", que es un anticonvulsivo y es el que generalmente se utiliza. El tratamiento consistirá en administrar un barbitúrico ("fenobarbital" por ejemplo) o "diazepan" (que es una benzodiacepina) con reducción gradual. Es necesario el ingreso hospitalario.

Metanfetamina

La metanfetamina es otra de las sustancias que más rápido se está extendiendo entre los jóvenes. Es una droga estimulante muy adictiva que activa fuertemente ciertos sistemas del cerebro. Tiene una relación química muy estrecha con la anfetamina, pero los efectos de la metanfetamina sobre el sistema nervioso central son mayores. Puede fumarse, inyectarse, inhalarse o tomarse por vía oral. En el argot popular se conoce por muchos nombres, entre ellos "met" y "tiza". El clorhidrato de metanfetamina en trozos grandes de cristal claro similares al hielo se conoce como "hielo", "cristal" y "vidrio" (en inglés *ice*, *crystal* y *glass*) se consume fumado.

La metanfetamina aumenta la liberación y bloquea la reabsorción del neurotransmisor dopamina, produciendo concentraciones muy altas de esta sustancia química en el cerebro. Este mecanismo de acción es común en la mayoría de las drogas de abuso, ya que la dopamina juega un papel importante en la gratificación, la sensación de placer y la motivación. La habilidad de la metanfetamina de liberar rápidamente la dopamina en las regiones de gratificación del cerebro, es lo que produce una sensación intensa conocida como "arranque de euforia", en inglés "rush" o "flash", de corta duración, descrito como sumamente placentero, que muchos consumidores sienten después de inhalar, fumar o inyectarse la droga. Los usuarios se hacen dependientes rápidamente y la usan con más frecuencia y en dosis más altas.

La metanfetamina ocasiona una fuerte dependencia y alta tolerancia

El abuso repetido de metanfetamina lleva a una fuerte adicción caracterizada por la búsqueda y el consumo compulsivo de la droga, que viene acompañada por cambios químicos y moleculares en el cerebro. Algunos de estos cambios perduran mucho tiempo después del cese del consumo de metanfetamina. Sin embargo, se ha observado que algunos cambios se revierten después de periodos sostenidos de abstinencia superiores a 1 año.

Las acciones sobre el sistema nervioso central como resultado de tomar metanfetaminas, aún en cantidades pequeñas, dan muchos de los mismos efectos físicos de otros estimulantes como la cocaína o la anfetamina. Estos son:
- Prolongación del estado de vigilia.
- Aumento de la actividad física.
- Disminución del apetito.
- Desinhibición.
- Aumento de la frecuencia respiratoria.
- Aumento de la frecuencia cardiaca.
- Aumento de la frecuencia arterial.
- Arritmias cardiacas.
- Hipertermia.
- Euforia.
- Irritabilidad.
- Insomnio.
- Confusión.
- Temblores.
- Convulsiones.
- Ansiedad.
- Paranoia.
- Agresividad.

La hipertermia y las convulsiones pueden desembocar en la muerte.

Con el abuso prolongado, la metanfetamina tiene consecuencias negativas muy graves:
- El aumento en la frecuencia cardiaca y en la tensión arterial puede causar daño irreversible a los vasos sanguíneos del cerebro, produciendo hemorragias.
- Problemas respiratorios.
- Arritmias cardiacas.
- Anorexia extrema, produciendo una pérdida extrema de peso.
- Ansiedad.
- Confusión.
- Insomnio.
- Problemas dentales severos (boca de metanfetamina o "*met mouth*").
- Problemas en la piel: la cara se va picando y la piel se desgaja.
- Perturbaciones en el estado de ánimo y comportamiento violento.

- Disminución en el rendimiento motor.
- Problemas cognitivos importantes. Deterioro en el aprendizaje verbal. Pérdida de memoria.
- Trastornos mentales severos. Paranoia, alucinaciones visuales y auditivas, delirio, por ejemplo, la sensación de tener insectos que caminan debajo de la piel.
- Cuadros similares al Alzehimer o el Parkinson.
- Colapso cardiovascular.
- Muerte.

Los estudios no invasivos de neuroimágenes del cerebro humano, han mostrado que el abuso crónico de la metafetamina cambia de forma significativa el funcionamiento del cerebro, pues produce alteraciones en la actividad del sistema dopaminérgico, que están asociadas con una disminución en el rendimiento motor (la dopamina también juega un papel importante en la función motora) y un deterioro en el aprendizaje verbal. Asimismo, estudios recientes en personas que han abusado de metanfetamina por periodos prolongados, también revelan cambios graves de estructura y función en las áreas del cerebro asociadas con las emociones y con la memoria. Esto podría explicar muchos de los problemas emocionales y cognitivos que se observan en los abusadores crónicos de metanfetamina[5].

La metanfetamina tiene un efecto neurotóxico

La metanfetamina tiene un efecto neurotóxico afectando a las células cerebrales que contienen dopamina y serotonina (neurotransmisores). Este efecto neurotóxico ocurre ya con las primeras dosis, sin necesidad de abusar. Con el tiempo el consumo de metanfetamina puede producir síntomas parecidos a los del Alzheimer o el Parkinson.

Ante la pregunta: ¿cuál es la dosis que tiene que tomar una persona para que ocurra neurotoxicidad? La respuesta es que basta con que se consiga un nivel de concentración mantenido durante un tiempo. No se sabe muy bien a qué nivel crítico hay que llegar, pero sí se sabe que si ese nivel se mantiene entre 4 y 6 horas este efecto neurotóxico ocurre.

Los estudios invasivos con primates confirman que con 2 ó 3 dosis repartidas en intervalos de 4 horas, ya se produce neurotoxicidad, demostrando que no es necesario un historial de abuso con esta droga para que ésta se produzca.

---

5. Todas las drogas, sea cual sea su vía de administración, alteran el juicio de la persona y hacen llevar a cabo actividades peligrosas (conducir un vehículo, comportamientos sexuales de riesgo sin protección produciéndose embarazos no deseados y/o enfermedades de transmisión sexual). Los toxicómanos que se inyectan la droga también pueden transmitir el VIH, hepatitis B y C y otras enfermedades infecciosas a través de agujas o jeringuillas contaminadas u otros equipos utilizados para inyectar la droga, cuando éstos se comparten.

En otras especies de animales, como en ratas, también se han probado los efectos de la metanfetamina y todas las especies estudiadas son afectadas.

Los estudios realizados también indican que la temperatura ambiental influye en el efecto neurotóxico de la metanfetamina. Si se toma esta droga en un ambiente por debajo de los 20°C comienza a disminuir el efecto neurotóxico. A 4°C la neurotoxicidad baja considerablemente.

Síndrome de abstinencia

El síndrome de abstinencia provoca: ansiedad, ataques súbitos de hambre, sueño, violencia y depresión severa que puede durar varias semanas.

En ocasiones se observa apatía general prolongada después de haber consumido dosis elevadas. Los adulterantes de esta droga son frecuentes por lo que su peligrosidad aumenta. Las falsificaciones más comunes se hacen con Lacteol o Lactofil en polvo más éter, aunque pueden mezclarse con sustancias aún más nocivas para abaratar costes.

Gammahidroxibutírico (GHB)

El Gammahidroxibutírico o GHB se conoce como éxtasis líquido entre los jóvenes, pero no tiene nada que ver con el éxtasis (3-4 Metilendioximetanfetamina). El GHB es un inductor del sueño, produce depresión psíquica y somnolencia. Se consume en pastillas, líquido vía oral (se vende en unos pequeños tubos y se bebe de un trago, por lo que muchos jóvenes lo llaman "biberón") y vía endovenosa.

El GHB no tiene olor y apenas sabor. Los usuarios informan que induce un estado de relajación. Los efectos aparecen entre los 5 y 20 minutos después de ingerirse y pueden durar hasta 4 horas.

La Administración de Drogas y Alimentos de los Estados Unidos prohibió el GHB en 1990 después de haberse reportado 57 casos de enfermedades inducidas por esta droga en centros y salas de emergencias, que incluyeron náuseas y vómitos, así como problemas respiratorios, convulsiones y coma.

Los efectos secundarios del GHB son:
- Náuseas y vómitos.
- Insuficiencia hepática.
- Problemas respiratorios potencialmente mortales.
- Temblores y convulsiones.
- Coma.

El GHB ha sido vinculado en casos de violación. Debido a que no tiene olor ni apenas sabor, puede ser añadido a cualquier bebida sin que sea detectable. Los adolescentes deben ser conscientes del peligro que corren dejando su bebida sin control. Se les debe explicar, que si van al WC, a bailar… es siempre preferible que se lleven su vaso con ellos.

Otras drogas

Nombrar todas las drogas que se encuentran en curso en nuestra geografía es "misión imposible". De muchas de ellas no tenemos datos fiables y en cualquier momento, sin esperarlo, se pueden poner en circulación muchas otras[6]. Por nombrar alguna de ellas podemos decir que:

- Dentro del grupo de las drogas de diseño o de síntesis, a parte del Éxtasis (MDMA: 3,4-metilendioximetanfetamina) que es la más popular, nuestros jóvenes pueden encontrar también el MDA: metilendioxianfetamina, y el MDEA, también conocida como EVA: 3,4-metilenedioxi-n-etilanfetamina. Entre las "nuevas" drogas de diseño detectadas está "el nuevo éxtasis" o MBDB: 3,4-metilenedioxi-fenil-butano.
- El Popper: nitrito de amilo.
- Anestésicos disociativos: Ketamina, Fenciclidina.
- La burundanga en el argot popular, escopolamina en medicina.
- Las llamadas drogas verdes: Herbal Ecstacy, Ultimate Xforia, Nexus.
- Los inhalables.

En agosto del 2011 se alerta de la entrada en España de una nueva droga denominada comercialmente "*Paloma roja*" o "*Doves red*". Está relacionada con varias muertes en distintos países europeos. Entre sus componentes está una sustancia llamada PMMA, calificada como muy peligrosa, pues la dosis activa está muy cerca de ser tóxica. El PMMA mezclada con otras sustancias la hace aún más peligrosa e impredecible con un potencial tóxico muy alto. Se ha detectado esta sustancia combinada en la misma pastilla con MDPPP, 4-MEC, diluyentes, etc. También se han incautado pastillas que contenían principalmente PMMA, pero también pequeñas cantidades de metanfetamina y MDMA. Todas estas mezclas son extremadamente peligrosas, pudiendo ser mortales. Como efectos secundarios, tras el consumo de esta droga, se ha detectado: elevación del ritmo cardíaco, hipertermia, hipertensión, hiperactividad, convulsiones. El edema cerebral se identifica en varias autopsias como la causa oficial de muerte debido al consumo de esta droga. Circula en forma de comprimidos y normalmente se ha vendido como si fuera MDMA o éxtasis. Se presenta en diferentes comprimidos con diferente color y diferentes logotipos: comprimidos de color blanco con un trébol de cuatro hojas, comprimidos de color rosa con el logotipo de la corona de Rolex®. Principalmente se venden a través de Internet.

2_ A destacar

Los análisis de pastillas que se realizan in situ (principalmente en discotecas), por expertos en toxicología y en educación a jóvenes están ofreciendo buenos resultados:

---

6. En noviembre del 2010 en un acto conmemorativo del 25 aniversario de la creación del Plan Nacional sobre Drogas en España, el Ministerio de Sanidad, Política Social e Igualdad junto con el Ministerio del Interior, alertaron de la aparición de nuevas drogas de laboratorio de enorme peligrosidad y de nuevas formas de comercialización.

- Permite entrar en contacto con grupos de población difícil de contactar y atraer su interés hacia los mensajes preventivos y de reducción de daños.
- Estas intervenciones están siempre estrechamente unida a la provisión de información con mensajes preventivos y ofrecen una amplia gama de soportes informativos.
- Son una importante fuente de información sobre nuevas sustancias y tendencias de consumo.
- No hay evidencia alguna de que tales intervenciones promuevan en modo alguno el uso de drogas.

En los últimos años los adolescentes y jóvenes han comenzado a tener miedo a las pastillas, empieza haber desconfianza y la desconfianza funciona.

3_ Lecciones aprendidas y enfoques eficaces

- Hay cambios rápidos de patrones de consumo con la experimentación y combinación de diferentes sustancias. Se necesitan sistemas de alarma tempranos.
- Hay una clara tendencia al uso experimental o instrumental de diferentes drogas en relación a situaciones y necesidades.
- Es más relevante hablar de policonsumo y no centrarse en una sola sustancia.
- En el tema de la prevención nunca se deben separar las drogas legales de las ilegales.
- Las drogas tienen un papel como lubricante social.
- El uso experimental o instrumental es presentado como seguro, aceptable y atractivo.
- El uso experimental o instrumental forma parte de un estilo de vida.
- Los *night clubs* y las discotecas están en el centro de lo que llamamos ambiente tolerante haciendo un amplio uso y distribución de las drogas, pero no son los únicos ambientes tolerantes.
- El uso de las drogas afecta a los jóvenes de manera desproporcionada en comparación con otros grupos de población.
- En los países industrializados la prevalencia llega a su máximo alrededor de los 20 años.
- Los hombres consumen más drogas que las mujeres, pero las diferencias de género son menores entre los estudiantes.
- El consumo normalmente se extiende durante un periodo limitado, pero en una pequeña aunque significativa minoría desarrolla uso a largo plazo y graves problemas.
- La imagen tradicional del usuario de drogas como persona marginal ya no es válida.
- Las drogas son consumidas por jóvenes "normales" y con una vida relativamente "estándar".
- El cannabis y el éxtasis forman parte de algunas subculturas juveniles.

- Los riesgos y daños del uso de drogas en muchas ocasiones son ignorados y su uso forma parte de la actividad "normal".
- La edad de la primera experiencia con las drogas ha disminuido.
- Las investigaciones han demostrado que cuanto más temprana es la edad a la que se consumen drogas por primera vez, tanto mayor será la gravedad del problema de toxicomanía.
- Se hace imprescindible que la educación preventiva comience en la escuela de primaria.
- La participación y la intervención activa de los jóvenes influye positivamente en la prevención del uso de drogas. Hay sólidas bases que demuestran que la participación de los jóvenes como agentes de prevención en iniciativas que utilizan el grupo de iguales dan buenos resultados.
- Implicar a los líderes juveniles (cantantes, actores, deportistas...) en las campañas de prevención también influye positivamente.
- La evaluación de las experiencias en las escuelas muestra que los enfoques de prevención basados en habilidades son eficaces.
- Los programas de prevención deben integrarse en las instituciones y organizaciones más cercanas a los niños y jóvenes y a sus familias.
- La familia y la comunidad, en su sentido más amplio, deben participar a fin de fortalecer la información que se transmite a los jóvenes en el contexto de las actividades de prevención.
- No todos los jóvenes son iguales y no todos son igualmente vulnerables, por ello, las estrategias deben adecuarse cuidadosamente a grupos claramente definidos.
- Los programas de prevención se deben ejecutar durante un periodo prolongado para que sean eficaces.
- La prevención del uso de drogas es un proceso continuo que requiere fortalecerse en diferentes etapas del desarrollo de los niños y adolescentes, en particular en los momentos de transición importantes en la vida.
- El comportamiento de quienes consumen drogas se modifica muy lentamente. La estrategia preventiva debe incidir en aumentar el conocimiento sobre esas sustancias, sus efectos y las consecuencias de su uso, y centrarse en minimizar los riesgos para prevenir futuros abusos. Debemos posibilitar cambios de actitudes, de formas de pensar y de comportamiento.
- La prevención debe influir en el contexto social, las modas y las normas del grupo de iguales del mundo de las discotecas y los bares.
- Se deben tener en cuenta valores, percepciones, expectativas y creencias que los jóvenes asocian a las drogas y sus usos.
- Aumentar la percepción de los riesgos, proporcionar información objetiva y motivarles para el cambio.
- Un factor que influye positivamente en las pautas de consumo de drogas es la peligrosidad asociada a las diversas sustancias, lo que apoyaría el esfuerzo preventivo basado en la información sobre los efectos. Se deben aprovechar experiencias adversas para edificar mensajes de prevención y de reducción de daños.

- Se deben desarrollar aptitudes prácticas y competencias sociales para aumentar la capacidad de elegir con conocimiento de causa y de manera saludable. El adolescente debe saber elegir de forma saludable y gestionar bien sus riesgos.
- Crear un entorno en el que los niños y jóvenes puedan participar en actividades saludables, y el grupo de iguales, la familia, los medios de información y otros protagonistas influyentes en la comunidad no promuevan el uso indebido de sustancias.
- El adolescente debe disponer de información correcta y suficiente, tener una actitud de prevención ante el consumo y debe conseguir las habilidades personales y sociales necesarias para poder llevar adelante la decisión de abstinencia.
- Orientar la industria del ocio y la diversión (la industria recreativa) hacia objetivos saludables y de calidad puede hacer mucho en prevención.
- El consumo de drogas está interrelacionado con el espíritu consumista.
  La sociedad actual transmite a todas las personas que tienen que consumir. A los adolescentes, como jóvenes, les transmite que tienen que divertirse y consumir.
- La droga se ha convertido para ciertos jóvenes en un ritual de paso del trabajo/estudios a la fiesta, "para sentirse de fiesta". Estos jóvenes ven que la diversión sólo se consigue con las drogas. Deben llegar a comprender con premura que es una diversión muy limitada, muy condicionada, es una actividad encarcelada. Las personas debemos llegar a la diversión y al placer por métodos autónomos.
- Debemos crear de forma urgente más formas de diversión no sólo centradas en la noche. España es el destino preferido de muchos turistas jóvenes, pero sus sociedades comienzan a criticar nuestras discotecas y esto puede dar problemas económicos al turismo a la larga.
- El uso de drogas se está difundiendo rápidamente. Es preciso compartir experiencias de prevención entre los países, para permitir a los países donde el fenómeno es nuevo tomar medidas tempranas.
- Debemos evitar consecuencias irreversibles de una experimentación temporal.

4_ Datos a destacar de la bibliografía científica

4.1_ El tabaco y las enfermedades oculares

El tabaco puede agudizar multitud de enfermedades oculares, pero las más evidentes y frecuentes son las cataratas y la degeneración macular. Se ha comprobado que la presencia de estas patologías es más común en personas fumadoras o fumadores pasivos. El efecto de envejecimiento que ejerce el tabaco en el organismo es lo que hace empeorar estas enfermedades que, principalmente, son atribuibles a la edad.

La diabetes y la degeneración macular son las principales causas de ceguera en las personas mayores de 60 años en los países occidentales.

Cuando se inhala el humo de un cigarro, miles de elementos tóxicos se van depositando en el organismo y éstos, a través de la sangre, llegan a los ojos. Las sustancias tóxicas del tabaco afectan a la circulación del organismo y eso también repercute en la vista. Estas sustancias tóxicas favorecen la aparición de enfermedades cardiovasculares y los ojos, como cualquier otro órgano del cuerpo, tienen vasos sanguíneos que se ven afectados por la falta de circulación sanguínea.

El tabaquismo repercute en la aparición de enfermedades vasculares del ojo, la enfermedad ocular tiroidea o sequedad ocular, entre muchas otras. Esta última es muy frecuente en el mundo occidental por el estilo de vida y el entorno en el que vivimos y el tabaco la empeora.

- *Cataratas*: se llama catarata a la opacificación total o parcial del cristalino. El cristalino del ojo normalmente es transparente. Si se torna nublado u opaco, la afección se conoce como catarata. El cristalino es un componente del ojo con forma de lente biconvexa que está situado tras el iris y delante del humor vítreo. Su función principal consiste en permitir enfocar objetos situados a diferentes distancias. Este objetivo se consigue mediante un aumento de su curvatura y de su espesor, proceso que se denomina acomodación.

    Las cataratas en adultos se desarrollan muy gradualmente con el paso de los años, se desarrollan lentamente y sin dolor y la visión en el ojo u ojos afectados empeora también de manera lenta. Las cataratas se desarrollan más rápidamente si hay factores ambientales, como el tabaquismo, la exposición a otras sustancias tóxicas y la exposición a la excesiva luz ultravioleta o luz solar. Se pueden desarrollar en cualquier momento después de una lesión ocular. También aumentan enormemente el riesgo de desarrollar cataratas enfermedades como la diabetes y ciertos medicamentos como la "cortisona" que pueden acelerar su formación. Por lo tanto, las causas de las cataratas son varias y se clasifican como:
    - Catarata senil: la edad avanzada es la causa más frecuente.
    - Catarata traumática: se puede producir por heridas penetrantes en los ojos, descargas eléctricas, radiaciones ionizantes, que opacifican el cristalino. Es la causa más frecuente de catarata unilateral en personas jóvenes.
    - Catarata producida por ciertos fármacos ("corticoides"...): depende de la dosis del fármaco y el tiempo de administración.
    - Catarata secundaria: al tabaco, a otras enfermedades como uveítis anterior crónica, rubéola congénita, etc.

- *Degeneración macular*: es una enfermedad del ojo ocasionada por degeneración, daños o deterioro de la mácula. La mácula se encuentra en la parte posterior del ojo en el centro de la retina, proporcionando la agudeza visual que permite al ojo percibir detalles finos y pequeños, haciendo que nuestra visión sea más nítida y detallada. Esta parte de la retina es la que permite leer, ver la televisión o reconocer caras a distancia. En la degeneración macular la visión periférica normalmente se mantiene inalterada, por lo que estos pacientes pueden manejarse sin ayuda para tareas cotidianas como la deambulación, comer, realizar la higiene personal, etc. El síntoma principal que perciben las personas que sufren degeneración macular es una pérdida progresiva de la vista manifestándose en dificultad para leer, conducir, etc. Los fumadores aumentan las posibilidades de perder la visión a causa de esta patología, ya que el tabaco acelera su progresión.

    Existen dos tipos de degeneración macular:
    - La degeneración macular atrófica (seca): los vasos sanguíneos bajo la mácula se vuelven delgados y frágiles. Se forman pequeños depósitos amarillos llamados engrosamientos localizados. Normalmente no provoca una pérdida de visión incapacitante, aunque en ocasiones puede haber una progresión de la enfermedad hacia una forma más grave.
    - La degeneración macular exudativa (húmeda): esta degeneración macular es menos frecuente, ocurre cuando crecen nuevos vasos anormales y muy frágiles bajo la mácula. Estos vasos dejan escapar sangre por lo que se producen hemorragias, edemas... provocando daños importantes. La forma húmeda de la degeneración macular a menudo ocasiona una pérdida significativa de la visión.

4.2_Fumar incrementa el riesgo de padecer uveítis y ceguera

Un estudio publicado en la revista **Ophthalmology** aporta los primeros datos sobre la estrecha relación que existe entre la uveítis y el consumo de tabaco. En comparación con los no fumadores, los fumadores y ex fumadores tienen un riesgo relativo 2,2 veces mayor de padecer uveítis, así como agravarla en las personas que ya la sufren.

La uveítis se define como la inflamación de la úvea, lámina intermedia del ojo que se encuentra entre la esclerótica y la retina, la cual aporta la mayor parte del suministro sanguíneo a la retina. La uveítis es una de las causas del "ojo rojo", suele acompañarse de disminución de la agudeza visual de curso lento y progresivo y dolor. Es una enfermedad grave que puede afectar de forma irreversible a la visión provocando ceguera. Debe de ser evaluada y tratada por un oftalmólogo.

Existen varios estudios que indican que el estrés oxidativo inducido por algunos componentes del tabaco provoca procesos inflamatorios, por lo que se podría estimular el desarrollo de uveítis. Los radicales libres existentes pueden llevar a la inflamación vascular o al desarrollo de enfermedades sistémicas, dos de los desencadenantes de la uveítis.

En el estudio se indica que existe una estrecha relación entre el tabaco y la uveítis infecciosa, porque se facilitaría que agentes infecciosos llegaran a los tejidos intraoculares sin una inoculación directa. Asimismo, los componentes proinflamatorios del humo del cigarrillo pueden también incrementar la reacción inflamatoria celular ante estos organismos.

En la actualidad existen un amplio número de investigaciones que confirman la relación entre el tabaco, la degeneración macular y la enfermedad ocular tiroidea. Gracias a este estudio se da un paso más, haciéndonos saber que también existe relación entre el tabaco, y la uveítis, sobre todo en pacientes con uveítis intermedia y panuveitis con edema macular quístico, cuadros que suelen producir un serio daño en la visión. Agosto de 2010.

4.3_Una variación genética predispone a los humanos a la adicción a la cocaína

Según un estudio de la Fundación IMABIS de Málaga se ha descubierto que una variación genética predispone a los humanos a ser adictos a la cocaína. El trabajo se publica en la edición digital de la revista **Proceedings of the National Academy of Sciences**. El descubrimiento fue realizado mediante experimentos en ratones que muestran que la versión en ratones de un gen es un factor importante para calibrar la respuesta del animal a la cocaína.

La identificación de este gen es un primer paso para encontrar los genes de la vulnerabilidad a la cocaína, y poder así entender y prevenir el impacto que esta droga tiene en poblaciones susceptibles. Dado que la ausencia de este gen incrementa la sensibilidad a este psicoestimulante, podemos considerarlo como un gen protector contra la cocaína. El estudio de los mecanismos de actuación de este gen permitirá conocer más piezas moleculares de los efectos de la cocaína y desarrollar herramientas diagnosticas y terapéuticas.

El gen, llamado CAMK4 en humanos, codifica una enzima cuya principal función es modificar un factor de trascripción del ADN común. Sin embargo, los investigadores descubrieron que la versión en ratones de CAMK4 ejerce su efecto sobre la adicción mediante un mecanismo diferente.

Durante el trabajo, los científicos desarrollaron cepas de ratones en los que CAMK4 y otros genes estaban inactivos. En comparación con los controles, los ratones en los que estaba desactivado el gen se volvían adictos a la cocaína más rápido y se veían afectados de forma más severa.

Los científicos realizaron después un estudio con encuesta estadística de 670 adictos a la cocaína y 726 individuos control de Sao Paulo en Brasil. En este caso, una variación de CAMK4 se asoció de forma clara con la adicción.

Los investigadores señalan que es un gen recesivo, es decir, que sólo se expresa si están presentes dos copias, una de cada progenitor. Los estudios en animales y humanos podrían suponer un punto de partida para los investigadores que buscan conseguir la recuperación de la adicción.

El estudio indica que hoy por hoy no se conoce si existen poblaciones susceptibles de hacerse adictos a la cocaína, pero sí está claro que existen factores genéticos y ambientales que facilitan el consumo y la adicción a esta droga. Los investigadores apuntan que la identificación de los factores que faciliten la adquisición, persistencia del consumo y pérdida del control sobre el uso de la cocaína, es crucial para establecer tratamientos más efectivos. Noviembre de 2008.

5_ Esquema de trabajo con los adolescentes en sus IES

El esquema de trabajo con los adolescentes se va a basar en incrementar conocimientos y modificar actitudes inadecuadas. Esto lo conseguiremos mediante:

- Diagnóstico inicial de las características del barrio, pueblo o zona donde se mueven los alumnos y también del clima educativo del centro de estudios. Analizar datos de oferta y consumo de drogas, drogas más consumidas y edad de inicio, la percepción social del problema, las características de los alumnos, familias, grupos de iguales, características socioeconómicas de la comunidad, alternativas de ocio y planes de prevención en la comunidad existentes, prestando mucha atención a los posibles factores de riesgo y de protección que nos podemos encontrar. Podemos obtener información importante de los servicios sociales del ayuntamiento.
- Realizar una lluvia de ideas (*brain-storming*) sobre el concepto de droga, un debate sobre las drogas o un cuestionario para saber conocimientos, necesidades y expectativas que tienen los alumnos. A partir de los resultados debemos tratar de desactivar los estereotipos presentes en nuestros adolescentes, pues estos preconceptos pueden dificultar nuestra labor.
- Analizar con los alumnos las motivaciones que llevan al consumo.
- Promover una conciencia social sobre la importancia de los problemas, los daños y los costes personales y sociales relacionados con las drogas, sobre la posibilidad real de evitarlos y sobre la importancia de que la sociedad en su conjunto sea activa en su solución.
- Estudiar la sociedad actual a través de las experiencias de las chicas y chicos. Familia, ocio y diversión.
- Los medios de comunicación clave a la hora de contribuir a la creación de estados de opinión, analizar la información difundida, así como los mensajes más o menos explícitos que contiene dicha información.
- Amigos y ocio. Actitudes saludables frente la utilización del tiempo libre.
- La influencia del grupo de iguales. Reforzar la capacidad de resistencia a la presión del grupo, puesto que el consumo experimental de drogas es una conducta grupal.

- La poca percepción de riesgo que tienen los adolescentes respecto a las sustancias que toman.
- La percepción de control, pues los adolescentes consideran que la pauta de consumo centrado en el fin de semana no genera dependencia.
- La autojustificación del propio consumo por parte del adolescente, por percibir el consumo de drogas como un fenómeno muy extendido en su generación.
- Aumentar las capacidades y habilidades personales de resistencia a la oferta de drogas y a los determinantes de los comportamientos relacionados con las mismas. Promover el desarrollo de recursos propios que faciliten las actitudes y las conductas de rechazo.
- La comunicación y el diálogo con las familias y el grupo de iguales.
- La familia como referencia más sólida para el adolescente y el ámbito más importante de su vida.
- Atenuar la relación que existe entre alcohol y tabaco como ritual de ingreso en la sociedad adulta, y cannabis y pastillas como instrumentos potenciadores de la cohesión grupal.
- Las conductas de consumo de las diferentes sustancias adictivas. Tratar de impedir, y en el peor de los casos debemos poder retrasar, la aparición de las conductas de consumo, pues cuanto más joven es la persona al probar las drogas, la posibilidad de adicción y el daño ocasionado por estas es mayor y se alarga también el tiempo de exposición potencial.
- Analizar de forma crítica las informaciones que por distintas vías recibimos sobre las drogas.
- Conceptos generales: droga, drogodependencia, sustancias psicoactivas, estupefacientes, narcóticos, tolerancia, tolerancia cruzada, dependencia, dependencia física, dependencia psicológica, toxicidad, desintoxicación, deshabituación. Las drogas y los trastornos psiquiátricos.
- No todas las drogas son iguales, hay drogas depresoras del Sistema Nervioso Central (SNC), otras son estimulantes y otras en cambio son perturbadoras.
- De cada droga se explica qué tipo de droga es, composición, como actúa en nuestro organismo, su potencial adictivo, dependencia física y psicológica, efectos secundarios adversos a corto, medio y largo plazo. Particularidades de cada droga. Ejemplos reales de sucesos trágicos con esa droga. Debate.
  - Alcohol.
  - Tabaco.
  - Cannabis: hachís y marihuana.
  - Opiáceos: heroína.
  - Cocaína.
  - Anfetamina.
  - Metanfetamina.
  - Alucinógenos: LSD (dietilamida de ácido lisérgico).

EDUCACIÓN EN LA Prevención de las Drogodependencias

- Drogas de diseño o de síntesis: Éxtasis: MDMA: 3,4-metilendioximetanfetamina, MDA: metilendioxianfetamina, MDEA también conocida como EVA: 3,4-metilenedioxi-n-etilanfetamina.
- Éxtasis líquido: GHB: ácido Gammahydroxybutírico.
- Fármacos con potencial adictivo: Anfetaminas, Barbitúricos y Benzodiacepinas.
- Popper: nitrito de amilo.
- Anestésicos disociativos: Ketamina, Fenciclidina.
- Nuevas drogas: la burundanga en el argot popular, escopolamina en medicina.
- Drogas verdes: Herbal Ecstacy, Ultimate Xforia, Nexus.
- Las nuevas drogas de diseño: "nuevo éxtasis" o MBDB: 3,4-metilenedioxi-fenil-butano.
- Inhalables.

○ El policonsumo: patrón de consumo cada vez más generalizado que aumenta el peligro de los efectos secundarios adversos de las drogas.
○ Una realidad alarmante: cada año más personas con trastornos psiquiátricos a causa de las drogas. Enfermedades mentales como la esquizofrenia o la depresión, derivadas del consumo de cocaína y de drogas de diseño principalmente.
○ El consumo actual de las drogas nos obliga a hablar de un nuevo modelo de enfermedad.
○ Trabajo en grupo[7].
○ Seminarios:
- Cambios llamativos en los últimos años en los consumidores de sustancias psicoactivas (drogas).
- Las drogas y el comportamiento de riesgo: las drogas y los accidentes y las drogas, los embarazos no deseados y las ETS.
- El perfil de los consumidores adolescentes.
○ Vídeos:
- Las adicciones.
- Alcohol y adolescencia.
- Adolescencia: cannabis y cerebro.
- Cannabis y psicosis.
- Las drogas de diseño. Éxtasis.
- Adolescentes en peligro[8].

---

7. Véase el apartado Propuesta de actividades de trabajo en grupo a realizar con adolescentes.
8. El vídeo, Adolescentes en peligro. Marzo 2006, muestra: como el SAMUR (112) atiende 2 comas etílicos en Madrid un fin semana, el testimonio de un joven que con 13 años comenzó a beber, ahora con 22 años es alcohólico, Jóvenes de 16 años que se prostituyen para conseguir dinero para droga, un cocainómano cuenta como pasó una sobre dosis, el Olivar (un centro de desintoxicación), los latin-king, la violencia de estos grupos. Cada vez más se suman a estas bandas chicas españolas. Testimonio de una chica que estuvo metida en esta banda durante año y medio, en este momento está amenazada de muerte por abandonar el grupo. Emilio Calatayud, juez de menores de Granada. Conocido en toda España por el marcado carácter de reinserción que imprime a sus sentencias. Da su opinión de la realidad actual que viven nuestros jóvenes: «*Los jóvenes más que pagar tienen que repa-*

- CRACK la droga del diablo.
- Metanfetamina. Unas de las drogas más devastadoras.

◦ Los testimonios de antiguos consumidores, contando sus terribles experiencias como una forma lenta de suicidio. Estos testimonios son muy bien valoradas por los alumnos.

---

rar». Centro de menores de Granada, testimonios de jóvenes con sentencias del juez Emilio Calatayud y el testimonio de padres con hijos drogodependientes.

07 TEMAS varios

1_ Las infecciones

Infección es el término clínico para la colonización de un organismo huésped por especies exteriores. En la utilización clínica del término infección, el organismo colonizador es perjudicial para el funcionamiento normal y la supervivencia del huésped, por lo que se califica al microorganismo como patógeno. Este microorganismo patógeno puede ser un virus, una bacteria, un hongo, etc. Las infecciones se pueden presentar en cualquier parte del cuerpo y según donde se presenten pueden causar fiebre y otros síntomas. A menudo muestro sistema natural de defensa puede luchar contra los gérmenes y prevenirlas.

1.1_La gripe

La gripe es una enfermedad infecciosa aguda del aparato respiratorio causado por el virus de la gripe. De presentación principalmente invernal, ya que los virus se ven favorecidos por temperaturas bajas y de gravedad variable. Su importancia viene dada por su gran incidencia anual, debido a que el virus que la causa sufre frecuentes mutaciones, por lo que el enfermar una temporada no proporciona inmunidad para contactos con el microorganismo en temporadas sucesivas. La incidencia mundial es muy elevada 15-20% de la población, por lo que constituye un problema de salud pública de considerables dimensiones.

Hay tres tipos de virus de la gripe:
- *Tipo A*: es el que causa más porcentaje de contagios y el que presenta más gravedad. La pandemia de mayo del 2009 fue del tipo A. GRIPE A/H1N1.
- *Tipo B*: se sitúa en una zona geográfica determinada, no presenta tanta gravedad como el anterior.
- *Tipo C*: es el menos severo, con síntomas parecidos al catarro.

Según la OMS, los virus de la gripe se caracterizan por la rapidez a la que muta y por su comportamiento impredecible.

Una pandemia de gripe es el brote de una enfermedad provocada por un nuevo virus de gripe que se disemina por todo el mundo. Debido a que el virus es nuevo para las personas, casi todos estarán en riesgo de contraerla.

La sintomatología de la gripe comienza con fiebre igual o superior a 38°C, dolor de cabeza, dolores musculares, pesadez general, tos seca, cansancio, estornudos, escalofríos, sudoración, dolor de garganta, secreción por la nariz, falta de apetito, mareos... Los síntomas de la gripe pueden durar hasta una o dos semanas, pero la fiebre no suele ser tan persistente. La complicación más frecuente es la neumonía, que puede ser producida por el propio virus o por una sobreinfección bacteriana.

La gripe es muy contagiosa y se puede transmitir de persona a persona a través de los microorganismos que flotan en el aire producidos por otro enfermo al respirar, toser y estornudar. También nos podemos contagiar al tocar un objeto contaminado con el virus (el pomo de una puerta, una toalla, etc.) y poner las manos en contacto con nuestros ojos, boca o nariz.

No existe tratamiento específico para los virus, nuestro sistema inmunitario debe vencerlos. Los antivirales pueden ayudar en los casos graves. La vacuna, cuando ésta existe, es la mejor prevención. El tratamiento para aliviar los síntomas consiste en analgésicos que a la vez son antipiréticos para bajar la fiebre. Nunca se deben tomar antibióticos, pues la gripe es causada por un virus y éstos no mejoran los síntomas ni aceleran la curación.

Recomendaciones

Para evitar el contagio de la gripe es conveniente seguir las siguientes sugerencias:
- Mantener una buena higiene de las manos. El contacto de las manos con la nariz, la boca o los ojos es una de las formas más probables de contagio. Lavarse las manos siempre:
  - Antes de comer y cocinar.
  - Después de ir al baño.
  - Después de limpiar la casa.
  - Después de tocar animales, incluyendo las mascotas familiares.
  - Antes y después de visitar o cuidar de cualquier amigo o familiar enfermo.

- Después de limpiarse la nariz, toser o estornudar.
- Después de estar fuera de casa, al llegar a casa siempre hay que lavarse las manos con agua y jabón.

    ¡No debemos subestimar el poder de lavarnos las manos! El tiempo que pasamos lavándonos las manos, nos ahorrarán viajes al centro de salud.

    Si al niño no le gusta lavarse las manos, se puede intentar lo siguiente:

- Mientras los niños se estén lavando, cantar o poner sus canciones favoritas; cuando la canción haya terminado, los gérmenes se habrán ido con el agua.
- Utilizar jabones coloridos o con formas agradables para hacer que lavarse las manos sea algo divertido.

○ Ventilar y permitir la entrada del sol en la casa, en colegios, institutos, oficinas y en todos los lugares cerrados. Es imprescindible airear bien las habitaciones para que los microorganismos no se concentren.
○ Mantener limpia y desinfectada toda nuestra casa, principalmente cocina y baño, también utensilios, así como juguetes, teléfonos, ordenador u otros objetos de uso común.
○ Mantener un buen grado de humedad ambiental. En unas mucosas resecas se facilita la proliferación de microorganismos. En invierno debemos tener precaución con el exceso de calefacción. Utilizar humidificadores o colocar recipientes con agua cerca de los radiadores es una buena manera de aumentar la humedad ambiental y evitar que las mucosas se resequen. Es importante tomar abundantes líquidos como zumos de frutas, caldos vegetales y agua para mantener todo nuestro organismo bien hidratado.
○ Evitar los espacios cerrados con mucha gente, pues el peligro de contagio es muy grande.
○ No saludar con besos ni dando la mano.
○ No compartir alimentos, vasos o cubiertos.
○ Cubrirse la nariz y la boca al toser o estornudar con un pañuelo, desechar los pañuelos a la bolsa de basura. Si no se tiene pañuelo se debe utilizar el ángulo del codo para toser, nunca la mano.
○ Abrigarse y evitar cambios bruscos de temperatura.
○ Cuidar la alimentación manteniendo una alimentación saludable.
○ Dejar descansar el cuerpo cuando estamos enfermos: el cuerpo necesita de todas sus fuerzas para combatir la enfermedad.
○ Reducir el estrés, pues merma las defensas del organismo.
○ La fiebre es necesaria: es un recurso que tiene nuestro organismo para impedir que los microorganismos se reproduzcan con facilidad. Es una parte importante de las defensas del cuerpo contra la infección. La temperatura que no supere los 38°C axilar no debe tratarse con antitérmicos. La temperatura axilar se considera normal hasta 37°C, entre 37 y 38°C se denomina febrícula y a partir de 38°C se trata de fiebre.

- La tos es necesaria: es un recurso que tiene el organismo para expulsar los microorganismos. La supresión de la tos en pacientes con enfermedades de las vías respiratorias puede ser contraproducente, porque deja al aparato respiratorio sin un mecanismo defensivo. Sólo se debe tratar cuando sea excesiva y en casos excepcionales.
- El estornudo consiste en expulsar de forma violenta el aire contaminado en las vías respiratorias, con el objeto de eliminar mucosidades y sustancias extrañas que las obstruyen.

La alimentación puede jugar un papel muy importante para prevenir y curar la gripe. Los alimentos recomendados son:
- Alimentos ricos en *vitamina C*: esta vitamina la encontramos en todas las frutas y verduras/hortalizas. Frutas (naranjas, limones, pomelos, kiwi, papaya, fresas, fresones, grosellas...) y verduras/hortalizas (coles, brécol, perejil, pimientos...). La destrucción de esta vitamina se inicia tan pronto el alimento ha sido recolectado y, en el caso de la fruta, al pelarlas o trocearlas.
- Alimentos ricos en *vitamina A*: productos lácteos no desnatados (queso curado, mantequilla), pescado azul, almejas y otros moluscos, verduras/hortalizas (zanahorias, perejil, berros y espinacas), huevo, frutas como el mango, caquis y papaya.
- *Alimentos con propiedades inmunoestimulantes*: el ajo y la cebolla.
- Beber abundantes *zumos de frutas, caldos vegetales y agua*.
- *Alimentos ricos en Zinc*: aseguran un buen funcionamiento del sistema inmunitario (ostras, gambas, langostinos, legumbres, carne, frutos secos, queso, huevos y germen de trigo).
- *Alimentos ricos en proteínas*: legumbres, carne, pescado, huevos (en la clara), lácteos y frutos secos.

Gripe y resfriado común

Según cómo se presenten los signos y síntomas se puede hacer una diferenciación básica entre gripe y resfriado común:

	GRIPE	RESFRIADO COMÚN
Virus	Altamente contagioso	Menos contagioso
Incubación	18-72 horas	48-72 horas
Duración	De 1 a 2 semanas	De 4 a 7 días
Aparición de los síntomas	De forma súbita	De forma gradual
Fiebre	Superior a 38°C. Pueder durar de 3 a 5 días	Sin fiebre o poco elevada
Dolor de cabeza	Fuerte	Poco frecuente y si se produce es leve
Dolor muscular	Siempre e intenso	Leve

Dolor de garganta	Raramente y si se produce es leve	Muy frecuente, la garganta está reseca y dolorosa
Irritación ocular	Raramente	Frecuentemente
Tos	Seca y suele agravarse	Irritante
Congestión nasal	Raramente y si se produce es leve	Intensa e incómoda
Cansancio y debilidad	Intenso e incapacitante	Muy leve
Dolor en el pecho	Frecuentemente	Raramente y si se produce es leve
Complicaciones	Se debe estar alerta ante las complicaciones, se puede producir: neumonía, otitis media, etc.	Muy poco frecuente

Cuadro comparativo de los síntomas de la gripe y el resfriado.

Signos de peligro que requieren intervención médica urgente tanto para niños como para adultos.

- Sensación de falta de aire, ya sea en reposo o al hacer esfuerzos físicos.
- Dificultad para respirar.
- Respiración acelerada.
- Aspecto azuloso o amoratado de piel y labios.
- Saliva o moco de color anormal.
- Dolor en el pecho.
- Dificultad para despertarse.
- Alteraciones de la conciencia.
- Fiebre elevada que persiste más de 3 días.
- Caída de la tensión arterial.
- Náuseas y vómitos frecuentes.
- Erupción en la piel.

Para finalizar con este apartado de la gripe, se debe hacer mención de la pandemia de gripe A/H1N1 que se produjo en abril del 2009 y azotó todo el mundo, llegando a elevar un 28% el número de muertes infantiles (entre los 5 y 14 años) en Europa. La mayoría de las víctimas fueron jóvenes, con una media de 37 años de edad, frente a los 75 años de las personas que mueren tradicionalmente de gripe estacional. La hemos superado, pero debemos aprender de ella, pues no será la última pandemia vírica que padezcamos dado el mundo tan globalizado en el que vivimos. Esta crisis sanitaria vivida refuerza aún más la necesidad de una asignatura de Educación para la Salud en colegios e IES dirigida a los alumnos y a sus familias, asignatura necesaria para que nuestra población aprenda y ponga en práctica unos hábitos higiénico-dietéticos correctos para prevenir infecciones y para evitar contagios en todas las situaciones de la vida, pero que en épocas de riesgo sanitario se hace aún más necesario.

La salud y el cuidado de sí mismo y de los demás es un valor que hemos de educar desde la primera infancia. Debemos tener el conocimiento científico pero luego hay que asumirlo como un elemento más de nuestra forma de vivir y comportarnos. Una asignatura de Educación para la Salud no sólo proporcionaría conocimientos de este virus que cambió la vida de nuestro planeta durante meses, el objetivo general sería conseguir una actitud positiva hacia el cuidado de uno mismo y de los demás.

Esta pandemia nos demostró una vez más que la salud es la mayor de las preocupaciones del ser humano, por ello debe tomar un peso más importante en el sistema educativo.

2_ Los fármacos

Los medicamentos son uno de los grandes avances y logros en la medicina que han logrado erradicar, controlar o prevenir muchas enfermedades y/o controlar sus síntomas (dolor, insomnio, ansiedad, etc.).

El consumo de fármacos debe ser totalmente controlado y recomendado por un profesional sanitario, ya que todos los medicamentos tienen efectos secundarios adversos e incluso muchos de ellos, a la larga, pueden ocasionar nuevos daños en la salud. Nuestros jóvenes y sus familias deben conocer el peligro al que se exponen al consumir fármacos sin prescripción médica o enfermera, por ello se hace necesario trabajar con los alumnos y sus familias los aspectos más importantes de algunos fármacos de uso más habitual (analgésicos, antipiséticos, antiinflamatorios, etc.).

En referencia a los antibióticos, se debe destacar un aspecto muy importante: un consumo injustificado de antibióticos provoca que las personas generen resistencias que los hacen inservibles cuando estos son necesarios[1].

Sólo es aconsejable utilizar los antibióticos en las patologías en las que estén indicados, a dosis eficaces y durante el tiempo necesario para evitar la aparición de resistencias[2].

3_ Las vacunas

Nuestros jóvenes y sus familias deben conocer la importancia de estar bien vacunados y deben conocer con detalle el calendario vacunal de su comunidad autónoma. La implantación sistemática de las vacunas ha hecho disminuir de manera muy importante la incidencia de muchas enfermedades infecciosas que en el pasado eran muy comunes, sus complicaciones y la mortalidad que causaban. En nuestra sociedad actual, la inoculación de vacunas es uno de los procedimientos básicos y más importantes de la prevención.

---

1. España se encuentra entre los países europeos con tasas más altas de resistencia a los antibióticos.
2. La REIPI (Red Española de Investigación en Patología Infecciosa) ha subrayado en un comunicado en noviembre 2010 que: *«(...) en la actualidad, el uso prudente y adecuado de los antibióticos disponibles ya no es una recomendación, sino una urgencia»*. Hay una necesidad urgente de limitar el consumo de antibióticos para preservar su eficacia futura.

Las vacunas son productos biológicos que sirven para prevenir enfermedades. Actúan estimulando al organismo a producir sus propias defensas (los anticuerpos). Tras administrar la vacuna por medio de una inyección subcutánea, intramuscular o por vía oral, nuestro organismo produce anticuerpos frente a los gérmenes que contiene la vacuna causantes de enfermedad. Estos anticuerpos protectores permanecen en alerta en nuestro cuerpo para protegernos de futuros contactos con estos gérmenes; si el contacto se produce, nuestro cuerpo ya está preparado para destruirlos, haciendo que la enfermedad no se produzca y por lo tanto no enfermaremos. Este encuentro con el germen desencadenará de nuevo la producción de más anticuerpos defensores.

La vacuna, por lo general, contiene parte del microorganismo causante de la enfermedad o el germen entero, pero muerto o debilitado.

Enfermedades para las que hay vacunas

- La *difteria* es una enfermedad infecciosa producida por el Corynebacterium difteriae. Se contagia desde individuos infectados a los sanos a través de las secreciones de las vías respiratorias al hablar, toser, estornudar, etc. Afecta principalmente a las vías respiratorias, se producen unas membranas en la garganta que causan dificultades respiratorias graves y en ocasiones asfixia. La bacteria también puede liberar la llamada toxina diftérica, que puede causar lesiones neurológicas, problemas cardiacos, problemas renales e incluso la muerte.
- El *tétanos*: es una enfermedad infecciosa producida por exotoxinas de la bacteria Clostridium tetani. La bacteria del tétanos penetra en el organismo a través de cortes, arañazos o heridas en la piel. Las heridas especialmente propensas a la infección son las quemaduras, heridas profundas o heridas contaminadas con suciedad, polvo, estiércol o astillas de madera. Estas exotoxinas pueden causar rigidez muscular, espasmos musculares dolorosos, convulsiones e incluso la muerte.
- La *tos ferina*, también llamada *pertussis*: es una enfermedad infecciosa producida por la bacteria Bordetella pertussis. Se contagia desde individuos infectados a los sanos a través de las secreciones de las vías respiratorias al hablar, toser, estornudar, etc. Produce una tos espasmódica muy intensa, los ataques de tos pueden llegar a ser tan graves que puede interferir con la respiración normal. Provoca en ocasiones neumonía, convulsiones, alteraciones neurológicas, daño cerebral e incluso la muerte.

Estas tres enfermedades están producidas por bacterias. En las vacunas, según la edad de la persona, el preparado vacunal puede cambiar. Por poner un ejemplo, en el caso de la vacuna triple bacteriana (difteria, tétanos y tos ferina), en la actualidad tenemos la DTPa que está indicada para la inmunización primaria en niños a partir de los 2 meses de edad hasta los 7 años. También tenemos la Tdpa, que es una vacuna de carga antigénica reducida. La ficha técnica establece su uso como dosis de recuerdo a partir de los 4 años en adelante, adolescentes y adultos. Los datos de inmunogenicidad y de seroprotección de la vacuna Tdpa como dosis de recuerdo son similares a los de la vacuna DTPa de alta carga antigénica y su seguridad es algo superior en caso de las reacciones locales.

Y finalmente nos encontramos con la Td, que es una vacuna que induce niveles protectores de anticuerpos antitetánicos y antidiftéricos. Está indicada en la inmunización activa frente al tétanos y difteria en niños desde 7 años de edad en adelante, adolescentes y adultos.

- *El virus de la polio*: la poliomielitis es una enfermedad contagiosa que produce síntomas digestivos y neurológicos que, en ocasiones, son muy graves. Este virus puede causar una parálisis aguda que puede traer como consecuencia incapacidad física permanente e incluso la muerte.

    Se transmite fundamentalmente por ingestión de alimentos o de agua contaminados por este virus, vía fecal-oral y por vía aérea a través de gotitas de saliva. Para prevenir la vía fecal-oral es muy importante el lavado de las manos después de ir al lavabo y antes de las comidas.

    Antes de que existiera la vacuna frente a la polio, cada año había miles de casos de polio paralizante en España, en su mayoría niños condenados a usar muletas o sillas de ruedas. Las vacunas contra la polio la han erradicado en toda Europa y en los países del hemisferio occidental. Sin embargo, en una sociedad con tanta movilidad como la nuestra, cada día llegan personas de países donde aún no se ha erradicado.

- *Hepatitis B*: es una infección causada por el virus de la hepatitis B (VHB) que pertenece a la familia de los hepadnavirus y origina inflamación del hígado. El virus se encuentra en los fluidos corporales como la sangre, el semen, las secreciones vaginales o en la saliva de las personas infectadas. Da lugar a una infección aguda (hepatitis aguda) con cansancio, pérdida del apetito, ictericia (coloración amarillenta de la piel y las mucosas, aunque no siempre), náuseas o vómitos, dolor de barriga, heces arcillosas o blanquecinas, orina de color oscuro, dolor en las articulaciones y sensación de estar enfermo como signos y síntomas más comunes. En muchos casos, una persona que tiene la infección puede no presentar ninguno de estos síntomas o presentar alguno de ellos pero de forma muy leve, sin embargo, puede transmitir la hepatitis B a otros y no saberlo. El verdadero problema de esta infección son las complicaciones que pueden aparecer al cabo de un tiempo (hepatitis crónica) y que son principalmente cirrosis, cáncer de hígado y muerte. Las tres vías principales de contagio son:

    - Transmisión de una madre infectada a su hijo durante el parto.
    - Transmisión a través de contacto con sangre contaminada: pinchazos accidentales, drogadicción, acupuntura, tatuajes, etc.
    - Transmisión por relaciones sexuales sin protección.

- *Haemophilus influenzae del serogrupo b (Hib)*: se trata de una bacteria que puede causar infecciones graves, principalmente en los niños menores de 5 años. Estas infecciones graves pueden ser:
  - Meningitis: inflamación de las membranas que cubren el cerebro y la médula espinal, provocando cambios en el líquido cefalorraquídeo que rodea el cerebro y la médula espinal.
  - Epiglotitis: enfermedad potencialmente mortal. La epiglotis es el pedazo de cartílago ubicado en la parte posterior de la lengua que cierra la tráquea durante la deglución, e impide que el alimento ingrese a las vías respiratorias, por eso no tosemos ni nos ahogamos después de tragar. La epiglotitis es la inflamación de la epiglotis, lo cual puede bloquear la tráquea y llevar a problemas respiratorios.
  - Mastoiditis: infección de la apófisis mastoides o hueso mastoideo del cráneo. Este hueso está localizado por detrás de la oreja, generalmente causada por una infección del oído medio.
  - Artritis: inflamación de una o más articulaciones. Provoca dolor, hinchazón, rigidez y movimiento limitado.
  - Neumonía: enfermedad inflamatoria de los pulmones causada por una infección.

  El Hib, antes de la vacunación, era una de las causas más frecuentes de meningitis bacteriana, un tipo de meningitis muy grave que podía dejar secuelas como sordera, diversas alteraciones del sistema nervioso e incluso provocar la muerte.

  Se transmite de una persona a otra a través de las gotas de saliva producidas por la tos o los estornudos, entrando a través de la boca o la nariz. Una vez en esta zona puede invadir zonas contiguas como el oído o la sangre. Desde ahí puede posteriormente infectar el pulmón, huesos, articulaciones, epiglotis o meninges.
- *Meningococo del serogrupo C*: se trata de una bacteria que puede causar infecciones graves como meningitis o sepsis (presencia de bacterias o sus toxinas en la sangre o los tejidos, produciendo una infección generalizada) en los niños y adolescentes. El 85% de los casos se dan en personas menores de 20 años de edad.

  La infección se contrae por contacto directo o próximo con las secreciones nasofaríngeas de un enfermo al estornudar, toser, hablar, o de un portador sano que alberga la bacteria (meningococo) en su nariz o garganta pero que no le produce enfermedad. Desde estos sitios, la bacteria puede invadir el torrente sanguíneo (infección de la sangre) y llegar a las meninges produciendo la enfermedad.
- *Sarampión, Rubéola y Parotiditis*: son infecciones producidas por tres virus distintos que afectan principalmente a los niños. Por regla general cursan sin complicaciones pero en ocasiones pueden complicarse y llevar a situaciones graves. Asimismo, cuando se dan en personas con problemas de defensas o con enfermedades de base, pueden incluso ser mortales. Estas tres enfermedades se contagian por vía aérea con

las secreciones que se expulsan al hablar, estornudar, toser, y entran por la boca y la nariz. Una vez el virus en el cuerpo tarda entre dos y tres semanas en comenzar a dar los síntomas típicos de la enfermedad.

Disponemos de la vacuna triple vírica (sarampión, rubeola y parotiditis) y también de vacunas monovalentes (una vacuna específica para cada virus).

- Sarampión: es una enfermedad aguda altamente contagiosa, producida por un virus RNA de la familia de los Paramyxovirus. Produce un cuadro febril severo con manchas muy rojas por todo el cuerpo, síntomas respiratorios como tos muy irritativa y aumento de la mucosidad, conjuntivitis (ojos rojos) y unas lesiones blanquecinas como puntos con un halo rojizo en la mucosa de la boca que solo aparecen en esta enfermedad y se denominan manchas de Koplik. En ocasiones se complica con infecciones en el pulmón (bronconeumonía) y en el sistema nervioso (encefalitis).
- Rubéola: está producida por un virus que pertenece a la familia de los Togaviridae y al género Rubivirus. Produce fiebre, manchas por el cuerpo, ganglios inflamados por el cuello, la región occipital y detrás de las orejas. En adolescentes y adultos puede producir afectación de las articulaciones. En ocasiones puede haber alteraciones de la coagulación por afectación de las plaquetas. Esta enfermedad es muy grave en una mujer embarazada que no haya pasado la enfermedad y no se haya vacunado, ya que puede afectar al feto y producirle graves malformaciones en el corazón y en el sistema nervioso (se llama rubeola congénita).
- Parotiditis: la parotiditis es una enfermedad infecciosa, de etiología viral debida a un mixovirus. Es una infección que afecta a las glándulas que producen la saliva (parótidas) situadas en la cara, justo debajo de las orejas. Se produce una inflamación de las mismas y aparece un dolor que puede ser intenso. En ocasiones puede complicarse con una meningitis de características benignas o con inflamación de los testículos o de los ovarios. La parotiditis se conoce también con el nombre de paperas.
- *Neumococo*: se trata de una bacteria que puede causar infecciones graves como meningitis, bacteriemia (presencia de bacterias en la sangre) o neumonía, principalmente en niños pequeños. El 85% de los casos se dan en personas menores de 5 años, en especial en edades comprendidas entre los dos meses y los dos años, debido a que su sistema inmunológico no ha madurado lo suficiente para hacer frente a estas enfermedades. También afecta especialmente a aquellos niños mayores de dos años con patologías de base como procesos tumorales, diabéticos, enfermedades crónicas cardiopulmonares, así como los pacientes inmunodeprimidos. El neumococo se encuentra habitualmente en la nariz y en la garganta de niños y adultos sanos. El 40-60% de los niños menores de cinco años son portadores de neumococo, lo

tienen y lo transportan aunque no les produzca enfermedad. La bacteria entra por la boca o la nariz y una vez en esta zona puede invadir, el oído medio, los senos paranasales, el pulmón, la sangre y las meninges y causar enfermedad.

- *Varicela*: es una infección producida por el virus varicela-zóster y que afecta principalmente a los niños. El 90% de los niños pasan esta enfermedad antes de los 15 años de edad. Por regla general cursa sin complicaciones pero en ocasiones pueden complicarse y llevar a situaciones graves. Asimismo, cuando se da en personas con problemas de defensas o con enfermedades de base puede incluso ser mortal.

    La varicela es una de les enfermedades más contagiosas que existen. El período de contagio va desde 2 ó 3 días antes de la primera aparición de la erupción en la piel, hasta en el momento en que todas las lesiones son costras (5 a 7 días desde el inicio de la erupción). Se contagia por vía aérea con las secreciones que se expulsan al hablar, estornudar y toser y por contacto cutáneo con las lesiones. Una vez el virus en el cuerpo tarda entre 10 y 21 días en comenzar a dar los síntomas típicos de la enfermedad. Éstos consisten en la aparición de un exantema (erupción en la piel), que al principio son pequeñas lesiones de color rojo y en los días siguientes van evolucionando a pequeñas vesículas con líquido claro en su interior, que suelen estar rodeadas de un pequeño halo rojizo y que finalmente en 24 horas aproximadamente se convierten en costras. Pueden aparecer de 20 lesiones hasta 1.000 pero habitualmente aparecen entre 250 y 500 lesiones. La erupción produce un picor intenso, también se produce fiebre alta, en ocasiones dolor de garganta, inflamación de los ganglios del cuello y pérdida de apetito.

    Las complicaciones de la varicela son poco frecuentes pero entre ellas se encuentran las sobreinfecciones bacterianas cutáneas (estas lesiones al picar provocan que los niños tengan tendencia a rascarse, con la posibilidad de que las lesiones se infecten), sobreinfecciones bacterianas respiratorias como neumonía y otitis, complicaciones neurológicas e infecciones invasivas por el estreptococo del grupo A.

    Este virus varicela-zóster puede producir dos enfermedades: la varicela en una infección primaria y el herpes zoster en su reactivación.

- *Rotavirus*: se trata de un virus que causa gastroenteritis, una infección aguda que se caracteriza por vómitos, diarrea, dolor abdominal y fiebre, que suele durar de 4 a 8 días. Las complicaciones más importantes son la deshidratación con el consecuente ingreso hospitalario. El rotavirus se contagia básicamente por vía fecal-oral. Este virus se adapta muy bien al medio ambiente y puede sobrevivir durante varias horas en las manos y durante días en superficies sólidas como mesas, pasamanos, juguetes, ropa de cama, etc. La persona que padece la enfermedad mantiene su poder infeccioso en la materia fecal durante una semana.

El contagio de este tipo de gastroenteritis por lo tanto es alto, ya que es una infección que se puede contagiar tanto por contacto con las heces, como por contacto con manos u objetos contaminados por éstas. Además el período de contagio puede ir desde 4 días antes del inicio de los síntomas (período de incubación) hasta 8 días después. Esto hace que se transmita frecuentemente en guarderías y/o escuelas. De ahí la importancia del lavado de manos siempre después de ir al lavabo, antes de preparar las comidas, después de cambiar un pañal, etc.

- *Virus del papiloma humano*: el papilomavirus humano (PVH) constituye la infección de transmisión sexual más frecuente del mundo. La infección persistente por algunos tipos de PVH de alto riesgo oncogénico, constituye un factor causal indispensable, aunque no suficiente, para el desarrollo del cáncer de cérvix y se ha relacionado también con otras formas de cáncer anogenital, de vía aérea y digestivo. La infección por otros tipos de PVH denominados de bajo riesgo oncogénico producen verrugas y lesiones anogenitales de bajo grado.

  El cáncer de cervix aparece generalmente entre los 40-50 años, pero el contagio con el PVH se puede producir ya con el inicio de las relaciones sexuales en la adolescencia. Hecho que hace necesario que la vacuna se aplique antes de que la persona pueda entrar en contacto con el PVH. En la actualidad en España esta vacuna es solo para chicas, se recomienda administrarla entre los 11-14 años y se necesitan 3 dosis[3]. La pauta vacunal es según el preparado comercial: Gardasil® pauta 0, 2, 6 meses y Cervarix® pauta 0, 1, 6 meses.

  El papilomavirus se contagia por medio de las relaciones sexuales (vaginal, anal y oral). La probabilidad de desarrollo de cáncer es mayor cuanto más precoz sea el inicio de estas relaciones y mayor el número de parejas. También influyen otros factores como el tabaquismo y los problemas inmunitarios.

- *Gripe*: la vacuna contra la gripe estacional 2010-2011 contiene entre sus componentes el de la gripe A/H1N1 pandémica 2009.

  De esta forma, la actual vacuna de la gripe A/H1N1 pasa a formar parte del preparado que se administrará en la campaña anual de vacunación antigripal en España, destinada especialmente a las personas, incluidos los niños, con riesgo de complicaciones de la gripe.

  Los niños que van a la guardería y los niños y adolescentes que están en la edad escolar son los más expuestos al contagio. A su vez, los niños griposos son habitualmente fuente de diseminación de la enfermedad entre sus familiares convivientes[4].

---

3. La Comisión Europea, bajo la recomendación de la Agencia Europea del Medicamento, ha autorizado también el uso de la vacuna Gardasil® en varones de 9 a 26 años. La ficha técnica se ha actualizado en agosto del 2011 y la vacuna podrá ser administrada en ambos sexos. La vacunación en varones frente a este virus se espera que tenga importantes beneficios: un beneficio directo en ellos (prevención de verrugas genitales, de lesiones precancerosas en ano y pene), ayudar a disminuir la circulación del virus entre la población y mejorar la aceptación de la vacunación entre las chicas.

4. Véase tema específico de la gripe en el apartado sobre infecciones.

○ *Hepatitis A*: es una inflamación del hígado causada por el virus de la hepatitis A. Este virus se contagia fundamentalmente por vía fecal-oral a través del contacto directo con personas infectadas. El mayor riesgo de infección se produce en contactos domiciliarios, guarderías, colegios, campamentos, etc. Existe también transmisión indirecta a través del agua o los alimentos contaminados. Su difusión está favorecida en situaciones de hacinamiento y de mala situación sociosanitaria.

Una vez más se debe recordar que es muy importante el lavado de las manos antes de preparar la comida, antes de comer, después de ir al lavabo...

Su vacunación está indicada en personas con indicación por viajes internacionales a países con endemicidad intermedia o alta (África, América Central y del Sur y Asia, fundamentalmente) o por pertenecer a grupos de riesgo:

- Niños y adultos que residen en instituciones cerradas (centros de acogida, internados, etc.)
- Brotes de hepatitis A en guarderías, colegios u otras instituciones.
- En personas con enfermedad que aumente el riesgo de desarrollar hepatitis fulminante: hepatitis B o C, enfermedad hepática de cualquier causa.
- Personas receptores de hemoderivados: hemofílicos, etc.

La fase sintomática cursa con manifestaciones clínicas similares a otras hepatitis y con un cuadro inespecífico de fiebre, anorexia, malestar, decaimiento, náuseas, dolor abdominal, cansancio y en ocasiones también diarrea. Posteriormente puede evolucionar con ictericia, heces blanquecinas y orinas oscuras, pero las formas anictéricas (sin ictericia) también son habituales, sobre todo en niños.

La ictericia en esta hepatitis se observa en el 5-10% de los niños menores de 5 años, en el 60% de los adolescentes y en el 90% de los adultos. La ictericia habitualmente dura entre 1-3 semanas, aunque ocasionalmente se puede prolongar durante más tiempo.

La evolución habitual es lenta (semanas) hacia la curación, pero existe un pequeño porcentaje de casos que desarrollan una hepatitis fulminante con alta mortalidad. La posible evolución de esta hepatitis fulminante también depende mucho de la edad, ya que en niños menores de 14 años su incidencia es menor que en los adultos mayores de 40 años.

En la hepatitis A, a diferencia de la hepatitis B, no existe riesgo de evolución a hepatitis crónica.

En los niños, especialmente los menores de 6 años, la infección con frecuencia es asintomática y pasa desapercibida, pero pueden ser una fuente de contagio.

La vacuna de la hepatitis A se encuentra actualmente en España incluida en el calendario de vacunación de recomendación general, sólo para la población en Ceuta y Melilla, dada la importante circulación del virus en África y en Cataluña.

Se disponen también de otras vacunas (contra la rabia, tuberculosis, fiebre amarilla, cólera, fiebre tifoidea, tifus exantemático, etc.) que se aplican sólo a determinados grupos de población o en situaciones especiales (como viajar a determinados países).

Actividad a realizar con los alumnos

Comparar el calendario vacunal en vigor en ese momento de la comunidad autónoma, con la propia cartilla de vacunación del adolescente. Analizar y buscar explicación a las diferencias que se encuentren. Detectar posibles faltas de vacunación.

4_ El sol y las quemaduras solares

El sol es indispensable para la vida de los vegetales, los animales y los hombres; pero su radiación puede tener una incidencia nociva en el organismo, sobre todo en la piel.

La energía que llega a la Tierra está constituida por:

- *Rayos infrarrojos*: son responsables de la sensación de calor. Como efectos positivos podemos decir que nos aportan calor y bienestar. En cambio como contrapunto negativo nos pueden conducir a la deshidratación e insolación.
- *Luz visible*: se compone de los siete colores del arco iris (violeta, índigo, azul, verde, amarillo, naranja y rojo). Sus efectos positivos son varios, entre ellos es que es antidepresivo y modulador de las funciones hormonales. En cambio su efecto negativos es el envejecimiento cutáneo.
- *Ultravioletas* (UVA, UVB y UVC): son invisibles al ojo humano y de energía superior a la luz visible.
  - UVA: efectos positivos (bronceado). Efectos negativos (envejecimiento cutáneo y cánceres cutáneos).
  - UVB: efectos positivos: bronceado, síntesis de la vitamina D "antirraquítica". Efectos negativos: quemaduras solares, cánceres cutáneos.
  - UVC: afortunadamente estos rayos no alcanzan la superficie de la tierra, pues son absorbidos por la atmósfera.

    Se debe recordar que un cielo nublado deja pasar a los rayos UVA y UVB del sol y únicamente para los rayos infrarrojos, por eso no sentimos sensación de calor pero podemos llegar a quemarnos. Asimismo, nos olvidamos a menudo que la luz visible y los rayos ultravioletas del sol pueden alcanzar la piel humana también indirectamente al reflejarse sobre diversas superficies (agua, hierba, nieve y arena).

El exceso de sol en nuestra piel provoca graves daños:
- Envejecimiento prematuro de la piel; el exceso de sol destruye los tejidos elásticos de la piel.
- Manchas en la piel, pues ésta se hace más sensible.
- Riesgo de padecer cáncer en la piel.

¿Para qué es bueno el sol? El sol estimula la síntesis de vitamina D, fundamental para la absorción de calcio y para la salud de los huesos, previene el raquitismo y la osteoporosis. Favorece la circulación sanguínea, influye de forma positiva en nuestro estado de ánimo y actúa en el tratamiento de algunas dermatosis.

La exposición solar los primeros 3 ó 4 días no debe superar los 15 minutos al día, después podemos ir aumentando ese tiempo paulatinamente, pero nunca sobrepasar las 2 horas de exposición. De esta forma conseguimos que la piel se vaya adaptando y no se produzcan quemaduras. Debemos protegernos los ojos y los labios.

¿Qué es una quemadura solar?

La quemadura solar es una inflamación de la piel y de los tejidos situados inmediatamente por debajo de ella, a causa de una exposición excesiva a los rayos ultravioletas provenientes del sol. Existe mucha confusión entre la población acerca de lo que son las quemaduras solares, por lo que es muy importante advertir que el mero hecho de observar un eritema (enrojecimiento) en la piel ya implica un cierto grado de quemadura.

Los rayos ultravioletas pasan la capa superficial de la piel, la epidermis, hasta la capa situada debajo, la dermis. Los capilares (pequeños vasos sanguíneos) situados en la dermis se dilatan, esta dilatación facilita que más cantidad de sangre circule hacia la piel para intentar calmar la agresión que está sufriendo. El área afectada adquiere una coloración roja, está caliente, es dolorosa a la presión y está hinchada, y en los casos graves pueden formarse ampollas.

Las quemaduras pueden clasificarse en:
- *Quemadura de primer grado*: afecta a la capa superficial de la piel: la epidermis. La piel está roja e hinchada. Se denomina también quemadura leve/moderada. Produce dolor al menos 2 días y da como consecuencia final la descamación de la piel (típicas peladuras de la piel).
- *Quemadura de segundo grado*: traspasa la primera capa de la piel y daña la segunda: la dermis. Se denomina quemadura severa. Produce ampollas y dolor en la piel durante al menos 2 días e incluye también las llamadas "insolaciones".
    Las ampollas nunca se deben romper: el líquido de la ampolla se va absorbiendo gradualmente, aporta hidratación al tejido dañado y lo protege, lo aísla evitando que se infecte.
- *Quemadura de tercer grado*: penetra por todo el espesor de la piel y destruye el tejido. Si se destruyen los folículos pilosebáceos y las glándulas

sudoríparas, se compromete la capacidad de regeneración. Se la puede llamar necrosis (destrucción de tejidos vivos, hay muerte de un conjunto de células). Produce pérdida de capas de piel. La piel se ve seca, pueden aparecer manchas blancas, marrones o negras, puede haber ruptura de piel con grasa expuesta y edema. La lesión es indolora, porque los nervios quedan inutilizados, si se produce dolor, éste es producido por áreas de quemaduras de primer grado y segundo grado que a menudo rodean las quemaduras de tercer grado.
- *Quemadura de cuarto grado*: hay daños en músculos y huesos. Se produce necrosis. Suele presentarse en quemaduras por congelación en las extremidades (brazos o piernas), pudiendo incluso provocar la caída de éstas.

Las quemaduras solares se producen con facilidad sobre todo en la playa. El sol calienta con fuerza en verano y tanto el agua como la arena, son dos superficies donde los rayos del sol se reflejan. Este reflejo hace aumentar la intensidad de los rayos solares produciendo quemaduras.

No debemos olvidar que también las quemaduras solares se producen con mucha facilidad en la nieve. La nieve refleja también los rayos solares aumentando la intensidad de estos, produciendo graves quemaduras solares.

Aunque todas las quemaduras a lo largo de la vida favorecen el cáncer de piel, las más relevantes son las que se producen durante la infancia o adolescencia. Las que se producen durante la edad adulta no se deben menospreciar, puesto que también han demostrado ser un factor de riesgo, sobre todo durante los 10 años siguientes.

La crema o spray solar se debe aplicar sobre la piel limpia, hidratada, seca y exenta de productos que contengan alcohol y perfumes. Es necesario agitar bien el envase antes de su uso y se debe aplicar 30 minutos antes de tomar el sol de forma generosa, no siendo aconsejable realizar una fricción excesiva ya que se disgregan las partículas y disminuye su actividad. Se debe aplicar en todas las partes del cuerpo expuestas al sol (sin olvidar las orejas, los pies...). Volver a aplicar cada 2 horas y después de cada baño o ejercicio intenso. Sin embargo, cabe recordar que ninguna crema o spray solar salvaguarda totalmente de la radiación, al utilizarlos se puede tomar el sol durante más horas sin que la piel enrojezca y se tiene la falsa creencia de que no está siendo dañada por el sol.

Cómo actuar ante una quemadura solar:
- Aplicar compresas de agua fría sobre la piel a intervalos.
- No se debe aplicar hielo sobre la quemadura pues se puede dañar el tejido.
- Si hay ampollas no se deben romper y es necesario que esta quemadura siempre la valore una enfermera o un médico.
- Si no hay ampollas, aplicar crema hidratante sobre la piel.

La nueva recomendación de la comisión europea respecto a la reglamentación solar indica que:
- No puede emplearse el término "protección solar".

- El factor de protección solar (FPS) frente a la radiación UVB debe estar comprendido entre 6 y 50+.
- El índice de protección frente a los rayos UVA debe ser como mínimo 1/3 del declarado para la radiación UVB en el estuche de la crema o del spray.
- La eficacia de las cremas o spray solares debe figurar en el estuche mediante 3 categorías de protección, según la tabla siguiente:

CATEGORÍA DE PROTECCIÓN DEL FPS	
Baja	6-8-10
Media/Alta	30-50
Muy alta	50+ (es decir > =60)

Las características que deben tenerse en cuenta a la hora de elegir una crema o spray solar son que estos nos proporcionen:
- Protección solar de amplio espectro UVA-UVB, es decir, que nos proteja frente a ambos tipos de rayos. Que nos proteja de las quemaduras (causadas por los UVB), del fotoenvejecimiento (envejecimiento cutáneo acelerado debido al exceso de radiación UVA) y de la fotocarcinogénesis (inducción del cáncer de piel por ambos tipos de radiación, UVB y UVA).
- Protección frente a los radicales libres (aceleradores del envejecimiento cutáneo) mediante un agente anti radicales libres, normalmente Vitamina C o E o precursores de las mismas.
- Fotoestabilidad, es decir, que los filtros químicos de su composición no pierdan efectividad con la acción de los rayos solares.

Elegir el factor de protección solar (FPS) más indicado en función del tipo de piel, pues no todas las personas somos iguales ante el sol. Todo depende de nuestro fototipo y éste está genéticamente programado. Nuestro fototipo viene definido por el color de la piel, el color de los cabellos, la tendencia a las quemaduras solares y la aptitud al bronceado. Conociendo nuestro fototipo podemos elegir la fotoprotección mejor adaptada a nuestra "sensibilidad" natural al sol.

FOTOTIPO	TIPO DE PIEL	REACCIÓN SOLAR	FPS RECOMENDADO
Fototipo I	Piel muy clara. Ojos azules. Pecas. Casi albino	Se quema siempre. Gran descamación. No se broncea	Mínimo 50
Fototipo II	Piel clara. Ojos azules o claros. Pelo rubio o pelirrojo	Se quema con frecuencia. Descamación. Ligero bronceado	40-50
Fototipo III	Piel blanca (caucasicaiana). Ojos y pelo castaño	Se quema con moderación. Bronceado suave	30-40
Fototipo IV	Piel mediterránea. Pelo y ojos oscuros	Se quema mínimamente. Bronceado fácil	20-30

Fototipo V	Morena. Tipo india o sudamericana	Raras veces se quema. bronceado fácil e intenso	20
Fototipo VI	Piel negra	No se quema nunca y se broncea inmediatamente	10

Para conseguir un bronceado seguro hay que seguir los siguientes consejos:
- Adquirir cremas o spray solares que resguarden tanto de los rayos UVB como de los UVA.
- Aplicarse la crema o spray solar antes de salir de casa y renovar frecuentemente la aplicación, sobre todo después de cada baño. La cantidad ha de ser abundante. Se debe recordar que la crema o spray solar disminuye los riesgos de tomar el sol, pero no los elimina. Todos los niños necesitan un FPS 50+. El niño no tiene desarrollado todavía el sistema natural de protección, posee una escasa presencia de melanina, sudor, sebo y una capa córnea más fina y permeable.
- Protegerse con gorra y gafas de sol con cristales homologados capaces de filtrar los rayos UVA y UVB. A los niños, además, protegerlos con una camiseta seca y opaca, una camiseta mojada deja pasar los rayos ultravioletas.
- Secarse bien después de cada baño. El "efecto lupa" de las gotas de agua favorece las quemaduras solares y disminuye la eficacia de las cremas o spray solares aunque éstos sean resistentes al agua.
- Exponerse progresivamente al sol y evitar la exposición solar entre las 12 h y las 16h. Es cuando el sol tiene mayor intensidad. No se deben sobrepasar las 2 horas de exposición al sol.
- Evitar las sesiones bronceadoras con lámparas de rayos UVA, ya que contribuyen a la aparición de cánceres cutáneos y aceleran el envejecimiento cutáneo.
- No exponer a insolación fuerte a los niños menores de 3 años (hasta los 3 años los niños no deben ser expuestos al sol). En las horas de débil insolación, protegerles con un fotoprotector de muy alta protección FPS 50+ a fin de preservar el mayor tiempo posible su capital solar.
   La piel conserva la memoria de todas las radiaciones recibidas durante la infancia, cuanto más importante ha sido la dosis de radiación recibida, mayor es el riesgo de aparición de cánceres en la edad adulta.
- No olvidar que también se pueden producir quemaduras realizando cualquier actividad al aire libre (ir en bicicleta, jugando en el parque, paseando a pie o a caballo, practicando la jardinería, etc), en todas estas ocasiones se debe aplicar un fotoprotector.
   Los síntomas de las quemaduras solares aparecen entre 6 y 24 horas después de la exposición al sol.
- No fiarse de las circunstancias que comportan un riesgo suplementario o una falsa seguridad: altitud, nubosidad, superficies reflectoras (nieve, arena, hierba, agua), viento fresco, etc.

- Beber agua en abundancia y frecuentemente. El sol deshidrata nuestro organismo. Vigilar sobre todo a las personas mayores, cuya sensación de sed está atenuada, y a los niños, cuya necesidad de agua es importante y sus centros de termorregulación son todavía inmaduros.
- Tener precaución con determinados fármacos fotosensibilizantes (leer siempre el prospecto, preguntar al médico o al farmacéutico) y evitar aplicar productos tópicos en la piel como colonias o desodorantes si se va a tomar el sol.
- Si se advierte que una peca o lunar cambia de forma, tamaño o color, se debe consultar siempre al dermatólogo.

5_ Cánceres cutáneos

Actualmente el cáncer de piel ocupa el primer lugar en la clasificación de tumores de mayor incidencia. El exceso de radiación solar y las características genéticas de cada persona son los principales factores que determinan el riesgo de desarrollarlo. Los tipos de cáncer más frecuentes son el epitelioma basocelular, epitelioma espinocelular y melanoma.

- Epitelioma: cáncer desarrollado en los queratinocitos, células mayoritarias de la epidermis. Epitelioma basocelular o también llamado carcinoma de células basales y el epitelioma espinocelular o también llamado carcinoma de células escamosas.
- Melanoma: cáncer que se desarrolla a partir de los melanocitos (células responsables de la pigmentación de la piel).

	EPITELIOMA	MELANOMA
Origen	Multiplpicación de queratinocitos	Multiplicación de melanocitos
Factores favorecedores	Sol. Herencia piel clara. Defensas inmunitarias debilitadas	Sol. herencia piel clara. Defensas inmunitarias debilitadas
Tipo de exposición solar	Crónica (marinos, agricultores...)	Aguda en la infancia
Edad	A partir de 50 años, en general.	A cualquier edad
Localización	Sobretodo en la cara	En todo el cuerpo
Aspecto	Costras, verrugas, heridas que no se curan	Pecas o lunares que cambian de acpecto
Riesgo evolutivo	Menor riesgo de metástasis (diseminación en órganos alejados del tumor original)	Riesgos de diseminación (metástasis) a otros lugares del organismo
Tratamiento	Crioterapia, fármacos tópicos, terapia fotodinámica, cirujía precoz, radioterapia, quimioterapia	Cirujía precoz, inmunoterapia, radioterapia, quimioterapia

Todas las personas estamos expuestas a padecer un cáncer de piel y, en particular, un melanoma, por lo que todos debemos realizar una prevención eficaz.

Hay factores de riesgo que hacen que algunas personas tengan más riesgo y que por ello requieran especial atención y seguimiento por un dermatólogo. Es importante tener en cuenta que cuantos más factores de riesgo acumule una persona, más probabilidad tiene de desarrollar un melanoma. Los factores de riesgo son:

- Múltiples lunares.
- Piel sensible.
- Exposición profesional.
- Ocio al sol.
- Quemaduras solares.
- Antecedentes familiares.

¿Qué es un lunar?

Un lunar (en latín nevus, como se denomina en medicina) es una acumulación benigna de células pigmentarias. El lunar puede ser de tamaño, forma y color variables, en función de su localización y de su modo de aparición. Pueden estar aislados o en grupos.

Los lunares se describen como máculas (manchas) o pápulas (lesiones que tienen relieve o están abultadas) pigmentadas de color marrón o negro que están razonablemente bien definidas y que son más oscuras que la piel de alrededor. Además, no tienen las características de las pecas, los léntigos o manchas solares, las queratosis seborreicas, las manchas café con leche, ni de otras lesiones no melanocíticas. Puntos a destacar:

- Prácticamente todas las personas tienen algún lunar.
- Algunos lunares pueden ser congénitos, aunque la mayoría son adquiridos, es decir, aparecen de forma progresiva a lo largo de la vida. A partir de la pubertad hay un mayor aumento del número y a partir de los 50 años los lunares van disminuyendo en número pues desaparecen. Por lo tanto, el número máximo de lunares que va a tener una persona se alcanza entre los 20 y los 50 años, por eso tener 20 lunares a los 10 años puede ser mucho pero a los 30 es casi normal.
- El número de lunares totales que tiene una persona está directamente relacionado con sus genes y con la cantidad de sol que recibe durante la infancia.
- Se considera un factor de riesgo a partir de 50 lunares, de tal manera que las personas con este número de lunares deben ser evaluadas por un dermatólogo.
- Existen, además, algunos lunares atípicos (por su tamaño, forma o color) que, por sí solos, ya se consideran un factor de riesgo.

5.1_El epitelioma basocelular y el espinocelular

El epitelioma basocelular y el epitelioma espinocelular son los dos tipos de cáncer de piel más frecuentes en el ser humano. Su aparición está relacionada directamente con la sobreexposición al sol, por lo que suelen aparecer sobre zonas de la piel expuestas al sol durante largo tiempo. El epitelioma basocelular y el epitelioma espinocelular se diferencian por matices importantes.

El epitelioma basocelular

El epitelioma basocelular se trata de un tumor cutáneo maligno que se origina en las células basales (las células más profundas) de la epidermis o de sus anejos. Tiene un crecimiento lento (crece lentamente a lo largo de los años) y es agresivo localmente. Con frecuencia aparece en la cara porque es la zona expuesta continuamente al sol. Sólo tiene capacidad de provocar crecimiento y destrucción local y es excepcional que se extienda a distancia y que provoque metástasis (diseminación en órganos alejados del tumor original). Es importante tratarlo para evitar que continúe creciendo y destruyendo los tejidos de su alrededor.

Son los epiteliomas cutáneos más frecuentes. El 80% se localizan en la cabeza y el resto por orden de frecuencia en cuello, tronco y extremidades. Son más frecuentes en el varón y se suelen presentar en torno a los 50 años de edad. Suelen aparecer sobre piel sana.

El epitelioma espinocelular

Se trata de un tumor cutáneo maligno con un crecimiento habitualmente más rápido que el basocelular y tiene capacidad de producir destrucción local y metástasis por vía linfática y sanguínea si es dejado a su evolución natural. Al contrario que el basocelular, aparece casi siempre sobre alguna lesión precancerosa.

Es el segundo tumor cutáneo maligno más frecuente, afecta a la piel y mucosas. Es más frecuente en zonas del cuerpo expuestas a la luz solar, particularmente la cara (mejillas, orejas y mucosa del labio inferior), seguido de las extremidades superiores, tronco y las extremidades inferiores. Son más frecuentes en el varón y se suelen presentar en torno a los 40-50 años de edad aunque también puede darse en personas más jóvenes.

Ambos tumores basocelular y espinocelular afectan de forma muy habitual a personas con profesiones que se realizan al aire libre, apareciendo en las zonas descubiertas donde habitualmente toca el sol (cara, pecho, manos...), ya que el principal factor implicado en su aparición es la acumulación de radiación solar en la piel durante largo tiempo.

En los casos concretos de carcinoma espinocelular del labio en fumadores, la causa principal es el tabaco.

El tratamiento para eliminar el carcinoma basocelular y espinocelular superficiales y en fases tempranas se lleva a cabo mediante frío (crioterapia), fármacos tópicos como el "Imiquimod" y la terapia fotodinámica. En el caso de que los tumores se localicen con mayor profundidad en la piel o aparezcan en zonas de riesgo, se recurre a la cirugía. La Cirugía Micrográfica de Mohs permite el estudio completo de todo el tumor a través del microscopio.

- *Cirugía Micrográfica de Mohs*: es una técnica quirúrgica para la solución de los tumores de la piel, mucho más precisa y eficaz que la cirugía convencional. El procedimiento es lento y sofisticado, y precisa de personal muy especializado y con formación adecuada.

  Consiste en la extirpación del tumor mediante control microscópico. La técnica se debe realizar de forma ordenada y seriada y consiste en un conjunto de pasos o fases. Se necesita la colaboración de un dermatopatólogo experimentado en la lectura en tejido fresco que lleve a cabo el procesado anatomo-patológico en el mismo momento de la cirugía, y que pueda conseguir la preparación minuciosa y sofisticada de pequeñas porciones del tejido extirpado y la especial colocación de este material que permita examinar todo el área sin que exista la posibilidad de dejar de visualizar un solo islote del tumor. Tras este análisis se determina la necesidad o no de continuar ampliando los márgenes de escisión.

  El 100% de los bordes de extensión del tumor tanto laterales como en profundidad son estudiados, permitiendo guiar al cirujano en las sucesivas persistencias tumorales hasta la completa extirpación del mismo. Este procedimiento lleva más tiempo para su realización, ya que no se plantea el cierre de la herida con su posterior reconstrucción hasta que no se confirma que el tumor ha sido completamente eliminado.

  La Cirugía Micrográfica de Mohs obtiene un mayor índice de curación respecto a la cirugía convencional habitual. Los expertos aseguran que la cirugía convencional con escisión simple, aun realizando amplios márgenes de seguridad a ciegas alrededor del tumor, alcanza porcentajes de curación menores que la Cirugía Micrográfica de Mohs. Está demostrado que esta cirugía es la técnica quirúrgica con el menor porcentaje de recidivas respecto a la cirugía convencional. Esta cirugía no debe confundirse con el estudio per-operatorio de la pieza extirpada, el anatomo-patológico habitual estudia un corte vertical representativo del tumor, no estudia el 100% de los bordes tumorales, solo estudia esa pequeña parte de la pieza tumoral, por lo que puede dar falsos negativos.

  Con esta cirugía se ofrecen más garantías de que el tumor cutáneo ha sido extirpado en un único acto quirúrgico y de que se obtienen los mejores resultados estéticos (dejar la mínima secuela estética posible) ya que se evita al máximo, la destrucción de tejido sano peritumoral.

- *Crioterapia*: la crioterapia consiste en el tratamiento de lesiones de piel superficiales mediante la aplicación directa de frío intenso con nitrógeno líquido (este nitrógeno está a -196ºC), liberándose de forma controlada y local sobre la lesión durante unos segundos con un aparato de crioterapia (parecido a un termo-sifón). Este procedimiento logra la congelación y destrucción de las células anormales de la piel. El objetivo del tratamiento es congelar y destruir las lesiones a tratar respetando el tejido sano de alrededor de la lesión. Tiene la ventaja de que se hace sin anestesia, no requiere una preparación especial del paciente y el procedimiento se puede realizar durante una consulta médica de rutina en la consulta del dermatólogo.

Las lesiones que suelen tratarse con mayor frecuencia mediante este sistema son las verrugas, las queratosis seborreicas y las queratosis actínicas y en ocasiones también se tratan determinados procesos cancerosos cuando éstos se encuentran en fases tempranas.

Durante la fase de congelación, el paciente puede referir una sensación de quemazón y/o escozor que en ocasiones puede llegar a ser dolorosa, pero siempre es un dolor local de intensidad leve o moderada que desaparece a los pocos segundos de finalizar la congelación. En particular este dolor aparece si se aplica en la punta de los dedos o en determinadas regiones de la cara como la nariz.

Suele lograrse una congelación completa de la lesión entre 5 y 20 segundos, dependiente de su tamaño, y a veces puede ser necesario aplicar un segundo ciclo de congelación.

Posibles efectos secundarios: la crioterapia, de forma similar a otras técnicas que implican la destrucción de tejidos, también tiene complicaciones y efectos secundarios, pero estos son casi siempre leves y bien tolerados. Estos efectos secundarios se pueden clasifican como:

- Frecuente: la formación de ampollas.
- Infrecuente: sangrado, infección, alteración en la coloración de la piel (una mancha blanquecina (hipopigmentación) u oscura (hiperpigmentación) que mejora con el tiempo auque a veces puede llegar a ser irreversible), formación de cicatrices, irritar o dañar una terminación nerviosa superficial y producir sensación de adormecimiento o acorchamiento en la zona tratada (que por lo general se recupera en poco tiempo) y lesión del tejido sano alrededor de la lesión.

Una vez realizado el tratamiento en la mayoría de los casos, el dermatólogo recomendará utilizar una crema antibacteriana o líquido antiséptico para evitar posibles infecciones, ya que la zona se inflamará durante las primeras horas/días tras el procedimiento.

Para evitar que en la zona tratada quede una mancha de forma permanente, se debe proteger la zona del sol durante todo el tiempo que nos indique el dermatólogo.

Tras la aplicación del tratamiento con crioterapia si se observa la aparición de un enrojecimiento, hinchazón e incluso la formación de una ampolla en la zona tratada, se recomienda ir al dermatólogo que aplicó la técnica. Habitualmente se prescribe un antiséptico tópico (tipo Cristalmina Solución Tópica® o Betadine solución®) y cubrir la herida con un pequeño apósito cada 12 horas durante unos 7-10 días. Posteriormente, suele formarse una costra que se desprende espontáneamente.

También siempre se debe consultar al dermatólogo si la herida supura, duele y/o si la persona presenta fiebre.

Cuando la lesión tratada reaparece o no desaparece por completo, se repite el procedimiento o se pasa a la cirugía, dependiendo de cada caso el dermatólogo decidirá el tratamiento más adecuado.

- *Terapia fotodinámica*: la terapia fotodinámica es un tratamiento nuevo y eficaz de afecciones oncológicas y no oncológicas de la piel sin cirugía. En el campo de la dermatología, la terapia fotodinámica ha llenado de emoción y esperanza el futuro gracias a sus excelentes resultados. Es un procedimiento no invasivo, altamente selectivo, de fácil aplicación y aceptación por parte del paciente y muy efectivo.

  Consiste en aplicar sobre la lesión una crema de "metil-amino-levulinato" (una crema fotosensibilizante) que es absorbida de forma selectiva por las células tumorales. La zona se cubre con un apósito oclusivo que se retira al cabo de 3 horas, entonces se ilumina con una lámpara de luz roja de 635 nm de banda estrecha, que activa las porfirinas intracelulares (se activa un tipo de porfirinas endógenas fotoactivas que hacen que el tumor se vuelva sensible a la luz, por el contrario hay poca acumulación de estas porfirinas en las células sanas) estimulando la producción de una serie de radicales libres de oxígeno e iniciándose así el proceso de destrucción tumoral. Es decir, la crema fotosensibilizante y la aplicación posteriormente de la luz roja de 635 nm de banda estrecha, forman una combinación que destruye las células inflamatorias o alteradas, la excitación por la luz induce reacciones citotóxicas que llevan a la lisis celular y la destrucción del tumor. Actualmente se están investigando las posibilidades de este tratamiento en otras alteraciones no cutáneas, en EE.UU. se está probando su efectividad vía venosa para otros tipos de cánceres iniciales.

  Sus grandes ventajas son: su especificidad, selectividad (ya que no daña el tejido sano), su seguridad y sus escasos efectos secundarios. Su aplicación puede mejorar también los resultados de otras técnicas como la cirugía, reduciendo el tamaño de la lesión y haciendo más fácil la intervención.

  El dolor es leve, local y transitorio, produciéndose aproximadamente en 7 de cada 10 pacientes. Si el paciente está muy preocupado por el dolor se puede poner anestesia local.

  Después del tratamiento se produce una costra que se desprende a los 7-10 días tras la iluminación. Puede producirse eritema y edema. Cuando se cura la lesión las células tumorales muertas son remplazadas por tejido sano. Después de 3 meses, la piel es en general completamente normal.

  Una lesión puede ser tratada en varias ocasiones si esto fuese necesario. En los ensayos clínicos algunas lesiones se pudieron tratar hasta 4 veces.

  La terapia fotodinámica no está indicada en cánceres de piel profundos o para lesiones altamente pigmentadas como el melanoma. Su eficacia sí está ampliamente demostrada en epiteliomas superficiales.

  Muchos expertos definen este tratamiento como una "quimioterapia selectiva", ya que sólo se logran destruir las células malignas respetando las benignas.

Para los casos de carcinoma espinocelular avanzado que se haya extendido y haya provocado metástasis, las opciones son la cirugía complementada con la radioterapia o la quimioterapia dependiendo de cada caso. La elección de un determinado tratamiento se realiza analizando la lesión en cada persona de forma individualizada.

5.2_ El melanoma

Es el cáncer de piel más agresivo, se desarrolla a partir de los melanocitos de la piel (células encargadas de la pigmentación de la piel y de protegerla de las radiaciones ultravioletas). Puede aparecer en cualquier zona del cuerpo donde haya melanocitos, por lo que se puede desarrollar en cualquier superficie de la piel: piernas, brazos, tórax, espalda..., pero también puede desarrollarse debajo de las uñas, en las palmas de las manos, en las plantas de los pies, entre los dedos y en el cuero cabelludo.

Surge espontáneamente o sobre un lunar que se altera (cambia de tamaño y aspecto). Su diagnóstico precoz hace posible su curación, pero en una fase más tardía puede extenderse (por metástasis) a otros órganos del cuerpo por lo que disminuye mucho las posibilidades de curación. Este tumor posee una gran capacidad de metástasis a través de los ganglios linfáticos y de la sangre.

Cuando la piel se expone al sol, los melanocitos producen más melanina como defensa contra la acción de los rayos ultravioletas. La melanina actúa como un fotoprotector evitando que la radiación solar dañe las estructuras o los tejidos del cuerpo, pero debemos recordar que la piel no es una barrera infranqueable.

El melanoma puede aparecer en personas de todas las edades, aunque la mayor frecuencia se da entre los 40 y 50 años.

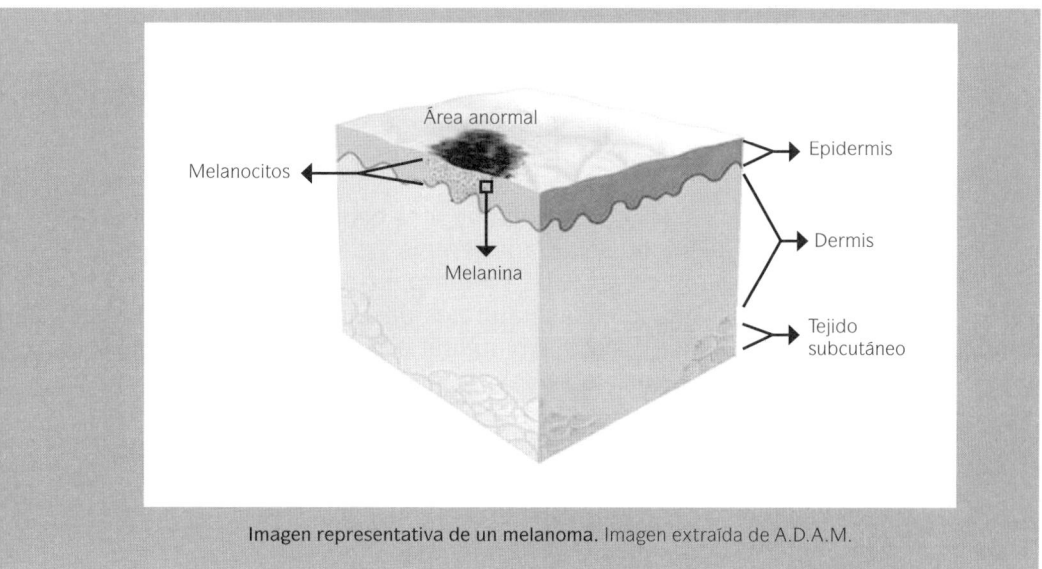

Imagen representativa de un melanoma. Imagen extraída de A.D.A.M.

La excesiva exposición a los rayos ultravioletas que provienen del sol o de cámaras de bronceado son la causa principal del melanoma maligno. Hay una serie de factores que aumentan el riesgo de padecer un melanoma:
- Haber tomado en exceso el sol durante la infancia y/o adolescencia. El efecto de la irradiación solar es acumulativo.
- Tener la piel o el pelo claro (rubio o pelirrojo).
- Quemaduras solares con ampollas antes de la edad de 18 años.
- Numerosos lunares, en una cantidad superior a 50.
- Los lunares presentes desde el nacimiento y los atípicos tienen mayor probabilidad de transformarse en malignos.
- Antecedentes familiares de melanoma: en prácticamente todos los cánceres existe un cierto grado de predisposición genética. En el caso concreto del melanoma en la actualidad se conoce, que si se tiene algún familiar con melanoma se tiene más riesgo de padecerlo. El riesgo es mayor cuanto mayor grado de parentesco exista con el familiar, cuanto más número de familiares hayan padecido la enfermedad y cuanto más jóvenes lo hayan desarrollado.

Se conocen tres genes que confieren este mayor grado de susceptibilidad: el CDKN2A el CDK4 y el MC1R. La determinación de estos genes está todavía en una fase de investigación y no se realiza de forma rutinaria porque no hay suficiente evidencia de que su determinación cambie la actitud que se debe seguir con los familiares de pacientes con melanoma. Existen varios centros en España que investigan en este tema y que disponen de la técnica, entre ellos están el Hospital Clínic (Cataluña), el Instituto Valenciano de Oncología (Comunidad Valenciana) y el Hospital Virgen de la Arrixaca (Murcia). El tratamiento del melanoma depende del tipo y del estadio del tumor, así como de otros factores como el estado de salud y la edad del paciente. Existen cuatro tipos de tratamiento que pueden utilizarse de forma combinada:
- *Cirugía*: es el tratamiento más común y consiste en la total extirpación del tumor junto a una parte del tejido sano que hay a su alrededor. La Cirugía Micrográfica de Mohs es mucho más precisa y eficaz que la cirugía convencional. Además, en función del grosor y la posible extensión del tumor se llevan a cabo tratamientos complementarios como la inmunoterapia, quimioterapia, radioterapia... según los casos.
- *Inmunoterapia*. También llamada bioterapia o terapia biológica: consiste en aumentar las defensas naturales del cuerpo ante la enfermedad. De esta manera el sistema inmunitario de las personas afectadas se fortalece. Las sustancias más utilizadas son los interferones-alfa, sustancias naturales derivadas de los leucocitos que el propio cuerpo produce en pequeñas cantidades como reacción a ciertos estímulos (virus, toxinas, etc.). Los interferones-alfa han demostrado ser eficaces en los melanomas con alto riesgo de recaída. La vía de administración es subcutánea.

- *Quimioterapia*: consiste en la administración de fármacos anticancerígenos, pueden combinarse para incrementar su eficacia e incluso aplicarse localmente. Este tratamiento es de gran utilidad cuando el melanoma se ha extendido desde el lugar de origen a otras partes del cuerpo.
- *Radioterapia*: se trata del uso de radiación ionizante de alta intensidad para destruir las células cancerígenas y detener su crecimiento. El tratamiento es local, lo cual significa que sólo afecta a las células de una zona determinada. En el caso del melanoma, se utiliza para tratar metástasis en los huesos o en el cerebro.

La extirpación quirúrgica es la primera medida en los melanomas localizados y de pequeña profundidad de invasión, permitiendo unas tasas de curación muy altas. Cuando la lesión tiene mayor profundidad, se utiliza la técnica del ganglio centinela[5], que consiste en la inyección de un contraste radioactivo para localizar el primer ganglio de drenaje y poder extraerlo también para su estudio. Si al extraer este ganglio el análisis es negativo, no será necesario realizar más intervenciones y si fuese positivo, habría que extirpar la cadena ganglionar afectada.

Para prevenir el melanoma, es de suma importancia realizar un examen periódico de la piel. Familiarizarnos con la piel y con el patrón de lunares, pecas y otras marcas que tengamos, nos ayudará a detectar los cambios que se puedan producir. Debemos fijarnos en la cantidad, tamaño, forma y color de las zonas pigmentadas.

Existen cuatro signos, conocidos como el ABCD del melanoma, que deben buscarse cuando se realiza una autoinspección de los lunares y otras manchas en el cuerpo. Son señales de alerta. La apariencia de los melanomas es muy variada. Algunos presentan todas las características ABCD mientras que otros sólo muestran cambios en una o dos. Ante uno solo de estos síntomas, se debe acudir al dermatólogo. El ABCD del melanoma es: *asimetría* (el melanoma es usualmente asimétrico, lo cual significa que una mitad tiene una forma diferente de la otra mitad), *borde* (la irregularidad del borde puede indicar la existencia del melanoma. El borde o contorno de un melanoma es típicamente desigual, ranurado o borroso), *color* (el melanoma es típicamente una mezcla de colores o matices, más que un color único y sólido) y *diámetro* (el melanoma crece en diámetro, mientras que los lunares permanecen pequeños. Una mancha que es mayor de 5 mm (el tamaño del borrador de un lápiz) es causa de preocupación).

---

5. El ganglio centinela se define como el primer ganglio de drenaje de un tumor. Se ha demostrado que se localizan antes células del tumor en este ganglio que en el resto de ganglios regionales. Por lo tanto, su estudio permite una predicción correcta del estado de la cadena ganglionar, ya que en el caso de ser negativo el resto de ganglios igualmente lo serán. Saber si los ganglios centinelas están afectados por la enfermedad cancerosa, es el factor más importante junto al tamaño tumoral para predecir el pronóstico y por lo tanto la gravedad de la enfermedad. Mediante estos dos factores se clasifican los tumores en estadios y se pueden planear tratamientos específicos en cada caso.

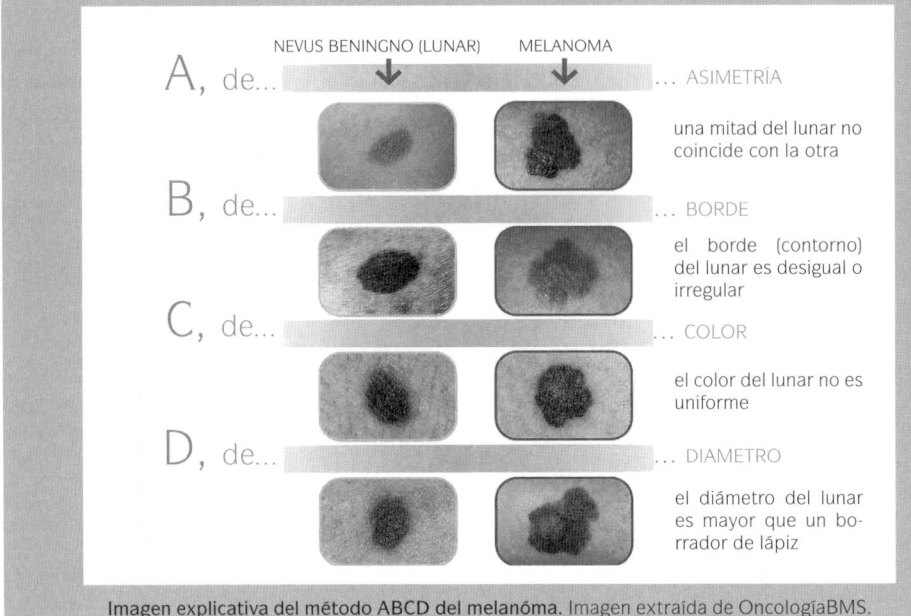

Imagen explicativa del método ABCD del melanóma. Imagen extraída de OncologíaBMS.

En la XI campaña nacional de diagnóstico precoz del melanoma 2010, la Academia Española de Dermatología y Venereología nos explica el signo del "patito feo" como señal de alarma. Estos expertos nos explican que la regla del ABCD ayuda a detectar muchos melanomas; sin embargo, hay un grupo de melanomas que no presentan esto signos y escapan al diagnóstico precoz. Recientemente, un grupo de especialistas han desarrollado un nuevo método de detección precoz para lesiones cutáneas pigmentadas que podrían ser melanomas y lo han denominado "el patito feo".

Este nuevo método se basa en el concepto de que el melanoma tiene una apariencia distinta (es "el patito feo") del resto de lesiones pigmentadas (lunares) que tiene una persona. Mirando, por ejemplo, la espalda de una persona que tenga muchos lunares, si hay alguna con una apariencia distinta, éste es el "patito feo".

Se debe resaltar que las probabilidades de detección precoz del melanoma se incrementan si se examinan mensualmente las lesiones pigmentadas de una persona combinando la regla del ABCD y el signo del "patito feo".

La lesión pigmentada que se llama "patito feo" parece diferente de los otros lunares de la persona, o cambia de manera diferente que los otros lunares de la persona (cambio de forma, tamaño, sensaciones de repente pica o sangra...).

Si se detecta un "patito feo", debe despertar sospecha y siempre debe ser motivo de consulta al dermatólogo. Los expertos explican:

- Ejemplo 1: examinando la espalda observamos que hay un modelo de lunares dominante con pequeñas variaciones de tamaño. El "patito feo" es claramente más oscuro y grande que los otros lunares.

- Ejemplo 2: examinando la espalda observamos que hay dos modelos predominantes, uno de lunares grandes de color marrón claro y otro de lunares más pequeños y oscuros. El "patito feo" es el pequeño pero poco pigmentado o más claro.
- Ejemplo 3: hay una única lesión en la espalda. Si esta lesión cambia o es claramente atípica, es un "patito feo".

Para evaluar los lunares los dermatólogos emplean una técnica denominada dermatoscopia o epiluminiscencia. La dermatoscopia es una técnica diagnóstica indolora y no invasiva y es útil para el estudio de lesiones pigmentadas y no pigmentadas. Permite observar estructuras de la epidermis y de la dermis mediante un sistema óptico de amplificación de la imagen y un sistema de iluminación. Gracias a esta técnica, se puede realizar el análisis de estructuras imposibles de ver simplemente con la vista, detectando cualquier alteración precoz que pueda indicar una posible malignidad, determinando si las lesiones deben o no ser biopsiadas o extirpadas.

La introducción de la dermatoscopia de 10 aumentos (dermatoscopio de mano) de uso rutinario en la práctica clínica, es fundamental en la valoración de todo dermatólogo. En algunos casos, para la realización de esta técnica es necesario el uso de aceite mineral, mientras que en otras ocasiones se realiza el examen de la lesión sin ninguna interfase. En ocasiones la dermatoscopia de 10 aumentos puede no ser suficiente para diagnosticar un melanoma en fases iniciales y por este motivo en los últimos años la tecnología utilizada para la dermatoscopia ha mejorado notablemente, como la digital que permite estudiar con detenimiento una imagen sospechosa de malignidad en un ordenador para su valoración detallada y permite realizar un seguimiento exhaustivo de pacientes con alto riesgo de melanoma, siendo la técnica más eficaz para la detección precoz de éste. La dermatoscopia digital está especialmente indicada en:

- Pacientes con síndrome del nevus atípico con gran número de lesiones (>100) o con gran número de lesiones equívocas que pudieran requerir múltiples biopsias diagnósticas.
- Personas con antecedentes de melanoma personal y/o familiar.
- Seguimiento de nevus congénitos atípicos o de gran tamaño.
- Personas portadores de mutaciones en genes de susceptibilidad.

En el síndrome del nevus atípico, el diagnóstico de melanoma resulta complejo. Los llamados nevus con atipia (también llamado nevus displásicos, que son lunares que presentan una morfología atípica, como los bordes irregulares) se consideran lesiones benignas marcadoras de riesgo, pues pueden ser en ciertos casos precursoras de melanoma. El seguimiento clínico de estos pacientes obliga a la realización de un gran número de biopsias debido a la falta de especificidad en el diagnóstico clínico. En estos casos, el diagnóstico y seguimiento con dermatoscopia digital incrementa de forma notable la fiabilidad de diagnóstico y un ahorro considerable de biopsias innecesarias en lesiones estables.

La dermatoscopia digital permite la obtención de mapas corporales (se registran las imágenes de toda la superficie corporal de forma estandarizada) y se examinan todas las lesiones del paciente mediante este equipo, registrándose las lesiones seleccionadas con signos de atipia (algo que no es típico o normal. En el campo de la medicina, la atipia es una anomalía de las células de un tejido).

Esta técnica proporciona la localización de todas las lesiones melanocíticas y se puede obtener una imagen digital de los distintos lunares, tanto a tamaño natural como con dermatoscopia, se archivan estas imágenes y se van haciendo comparaciones posteriores para poder comprobar si estos lunares está cambiando. Gracias a este estudio detallado y comparativo de las lesiones, se consiguen detectar cambios estructurales y diagnosticar el melanoma en fases precoces indetectables por la clínica. Gracias a estas técnicas de seguimiento digital, también se reduce el número de biopsias de lesiones benignas estables en pacientes con riesgo de melanoma.

Existen dos medidas a nuestro alcance para prevenir el cáncer de piel: la protección adecuada frente al sol y la autoexploración de nuestra propia piel.

Respecto a la autoexploración, es una sencilla medida que, si bien no evita que desarrollemos un cáncer de piel, sí que nos permite detectarlo de forma precoz y permite incluso la curación.

Los expertos recomiendan realizar una autoexploración de toda la superficie cutánea corporal (debe incluir el cuero cabelludo, las zonas genitales, la planta de los pies, etc.) una vez al mes o, como mínimo, cada dos meses. Podemos utilizar como ayuda la realización de fotos de nuestro cuerpo, de varios espejos o de una persona de confianza.

Durante la infancia y la adolescencia se debe realizar una adecuada protección frente a las radiaciones ultravioletas. Como norma general, los expertos nos dicen que una persona cuya actividad profesional no vaya a realizarse al aire libre, recibirá antes de los 18 años hasta un 80% de toda la radiación ultravioleta que recibirá a lo largo de toda su vida.

Durante los primeros 6 meses de vida los bebés no se deben exponer al sol, no se les puede aplicar cremas o spray fotoprotectores porque su piel tiene una capacidad muy alta de absorción y se desconocen los posibles efectos nocivos de las cremas o spray solares. Para la síntesis de vitamina D es suficiente con las exposiciones breves durante los paseos habituales, incluso sin recibir el sol directo.

Después es importante educar a los niños/as para que incorporen a su rutina la adecuada aplicación de las cremas solares, al igual que les enseñamos a cepillarse los dientes después de las comidas o a lavarse las manos antes de estas.

La incidencia del melanoma en España

La incidencia del melanoma aumenta en España, así se desprende de los registros existentes sobre melanoma en nuestro país. Los dermatólogos consideran que las campañas de sensibilización de la población han sido útiles para que la gente acuda al dermatólogo ante la aparición de una mancha en la piel o cuando se detecta la modificación de un lunar ya existente.

Se debe recordar una vez más que, aunque la exposición al sol pueda resultar placentera, no debemos olvidar que es muy peligroso y es el principal responsable del cáncer de piel. El diagnóstico precoz y la extirpación quirúrgica son la base para conseguir con éxito la curación del melanoma, pero no debemos olvidar que la evolución del tumor puede producir metástasis a distancia en un corto periodo de tiempo e incluso la muerte.

El cuidado y la protección de la piel antes de la exposición solar son hábitos de gran importancia a la hora de prevenir graves consecuencias. Sin embargo, todavía existe un grupo importante de población que no lo hace de forma adecuada. Lograr que la población acepte e, incluso, esté satisfecha de tener la piel blanca, hasta el momento sólo se ha logrado en Australia, país en el que no sólo ha disminuido la mortalidad por melanoma sino que además también ha disminuido la incidencia. Lograr cambios de costumbres o de hábitos poblacionales requiere una buena Educación para la Salud junto con campañas tenaces y permanentes. Debemos insistir en el riesgo de exponerse al sol durante largos periodos y en horas en las que la intensidad es mayor, y repetir hasta la saciedad, que la radiación solar es la principal causante de este cáncer. Se debe luchar sin descanso por conseguir bajar la incidencia del melanoma, un cáncer que acaba con la vida de muchas personas. En el 2008 murieron en España 455 hombres y 379 mujeres y se estima que en 2020, si no cambia este aumento de la incidencia, esta cifra será de 564 hombres y 447 mujeres, como se ha manifestado en el Día Europeo para la Prevención del Cáncer de Piel.

El exceso de exposición solar es el principal factor de riesgo para padecer melanoma, pero tiene también otro efecto, no tan grave, aunque sí con consecuencias importantes que no debemos olvidar, que es el envejecimiento cutáneo. Este envejecimiento cutáneo prematuro lleva a mucha gente a la búsqueda de tratamientos e intervenciones peligrosas que en muchas ocasiones dañan la salud.

Evitar la exposición solar es el consejo básico más importante para lograr un correcto envejecimiento cutáneo. Los expertos nos dicen, que *«(...) las consecuencias del envejecimiento cronológico son minimizables con los tratamientos dermatológicos existentes, pero las del envejecimiento ambiental son evitables en gran parte»*. Los dermatólogos son conscientes de la gran oferta de productos cosméticos que prometen a sus usuarios evitar los estragos del tiempo y del sol en su piel. A este respecto, los profesionales subrayan que dichos tratamientos deben personalizarse dependiendo de la edad, el tipo de vida y sobre todo del tipo de piel. Siempre el profesional que debe avalar el tratamiento escogido debe ser un dermatólogo.

Los milagros en cosmética no existen. Los tratamientos antienvejecimiento tópicos actuales son los que se basan en el ácido hialurónico y en los antirradicales libres, y las principales terapias intervencionistas son los implantes, la toxina botulínica[6] y los diferentes tipos de láser y se debe remarcar que nunca están exentos de efectos secundarios adversos y complicaciones graves para la salud.

Según los datos de un estudio realizado por la Asociación de Ligas Europeas Contra el Cáncer y Garnier Delial®, las personas que muestran un mayor comportamiento de riesgo a la hora de tomar el sol corresponden al perfil de "hombres y jóvenes" en un 66%.

El barómetro, que analiza el comportamiento de los europeos cuando se exponen al sol en países como Francia, Noruega, Inglaterra, Italia, España, Polonia y Alemania, muestra un incremento positivo en la conciencia sobre los ricsgos del sol. A pesar de que España es el país más consciente de entre los países estudiados, todavía alrededor de un 35% de los españoles toma el sol en las horas de más riesgo, como a la hora de comer. No obstante, como aspecto positivo, el trabajo destaca que dos tercios de los encuestados creen que un moreno excesivo es algo pasado de moda.

Francia es el país que menos protección utiliza para los niños, mientras que Inglaterra es el que más se protege e Italia es el que más importancia da al bronceado desde el punto de vista estético.

Para concluir, cuatro puntos a destacar sobre el melanoma:
- Es necesario conseguir reducir el número de muertes, pero también frenar la incidencia y para ello son imprescindibles las campañas de prevención.
- Es imprescindible la educación de la población y la formación de las enfermeras y los médicos que no son dermatólogos en la detección precoz de los síntomas.
- La creación de unidades de diagnóstico precoz para detectar el melanoma, permitiría atacar a tiempo el tumor y lograr reducir la mortalidad.
- La OMS ya lo ha definido como una epidemia del siglo XXI.

6_ Otras alteraciones pigmentarias

Los angiomas adquiridos, los léntigos solares, la queratosis seborreica, los acrocordones y la queratosis actínica son alteraciones pigmentarias de carácter

---

6. La toxina botulínica es una neurotoxina, elaborada por la bacteria Clostridium botulinum, que actúa impidiendo la liberación de acetilcolina en las uniones neuromusculares o en otras uniones colinérgicas y produce una denervación parcial reversible de los músculos donde se inyecta o de las glándulas ecrinas.

Sobre la toxina botulínica, la Agencia Española de Medicamentos y Productos Sanitarios (AEMPS) informó a los profesionales sanitarios sobre nuevos datos de seguridad en relación con los medicamentos que contienen toxina botulínica y la aparición de reacciones adversas graves relacionadas con la diseminación de la toxina botulínica a lugares distantes del lugar de administración, en un comunicado:

«*Comunicación sobre riesgos de medicamentos para profesionales sanitarios Ref: 2007/11, 6 de julio de 2007. Sobre la Toxina Botulínica (Botox®, Dysport®, NeuroBloc®, Vistabel®): por riesgo de efectos adversos graves por diseminación de la toxina*». (Véase bibliografía).

benigno y que, si son típicas, no deberían producir ningún tipo de alarma. Sin embargo siempre es conveniente una valoración de un dermatólogo.

6.1_Angiomas adquiridos

Se denominan también angiomas seniles o "puntos rubí". Son pequeños tumores vasculares benignos que se presentan como pequeños bultitos de color rojo por su contenido vascular, de superficie brillante, de pocos milímetros de diámetro, asintomáticos y no desaparecen espontáneamente. Aparecen generalmente en la mayoría de los adultos a partir de los 30-40 años. El número y tamaño de los angiomas aumenta con la edad y una persona puede tener desde unos pocos hasta más de 100. Estos angiomas suelen localizarse principalmente en el tronco (abdomen, tórax y espalda), aunque también en extremidades.

6.2_Léntigos solares

Se manifiestan como manchas de color marrón claro uniforme, de borde regular y bien delimitado. Miden ente 1 y 2 cm y se localizan en las áreas de piel expuesta al sol (ya que son un signo de daño producido por el sol), sobre todo aparecen en la cara y el dorso de las manos. Son muy frecuentes a partir de los 40 años y están presentes en más del 90% de las personas mayores de 70 años. Se producen por un aumento en la proliferación benigna de queratinocitos y de melanocitos (células de la epidermis). A diferencia de las pecas, los lentigos solares son persistentes, no desaparecen en invierno.

6.3_Queratosis seborreica

La queratosis seborreica, a veces llamada "verrugas seborreicas", se produce por un acumulo de queratina de la capa córnea de la epidermis. Suele aparecer a partir de los 40-50 años y se manifiesta como una lesión sobreelevada, bien delimitada, puede ser redonda u ovalada, hiperpigmentada (cuyo color varía del marrón claro al negro), siendo su superficie abullonada con fisuras y tacto untuoso. La queratosis seborreica es de tamaño variable (su tamaño por lo general varía de 0,5 a 2 cm), y suele localizarse en la cara y la parte superior del tronco.

6.4_Acrocordones

Denominados también "verrugas blandas". Se presentan como excrecencias de piel blanda y suave de 1 a 3 mm que cuelgan, son del color de la piel o ligeramente oscuros. Aparecen generalmente en el cuello, las axilas o las ingles. En contra de lo que muchas personas creen, no se contagian. En ocasiones la ropa o la piel cercana puede rozarlos e irritarlos. El dermatólogo puede extirpar fácilmente un acrocordón congelándolo con nitrógeno líquido.

6.5_Queratosis actínica

Se presenta como una lesión rojiza cubierta por una escama blancoamarillenta adherente y seca con tacto áspero. Se localiza en zonas expuestas al sol (frente, dorso de nariz, mejillas, cuero cabelludo calvo, pabellones de las orejas, dorso de manos) y suele medir de 0,3 a 1 cm. Principalmente aparece a partir de los 60-70 años en personas de piel clara con antecedentes de exposición solar prolongada. La queratosis actínica en sí es benigna, pero en algunas ocasiones puede transformarse en cáncer de piel. Se debe examinar por un dermatólogo periódicamente.

7_ Vocabulario solar

- *ADN* (ácido desoxirribonucleico): se encuentra en los cromosomas y es la molécula que contiene la información genética de la persona. Si es lesionado por los rayos UV u otros agresores, la célula corre el riesgo de mutar y volverse cancerígena.
- *Alergia solar/fotoalergia*: los rayos ultravioletas pueden originar la formación de moléculas que causan alergias (urticaria solar, eczema solar...). Algunos medicamentos son fotosensibilizantes, es decir, aumentan este riesgo de alergia solar.
- *Capital solar*: expresión destinada a dar a entender que no podemos exponernos ilimitadamente al sol, porque la piel no lo soporta ya que no tiene un "capital" de defensas ilimitado. Este "capital" debe economizarse desde la infancia, evitando las quemaduras solares. Las personas de piel, cabello y ojos claros tienen un "capital solar" más reducido.
- *Eritema solar*: es el nombre que recibe la quemadura solar de primer grado, que se traduce en un enrojecimiento más o menos intenso de la piel.
- *Quemadura*: se produce por una exposición excesiva al sol. La piel no tiene tiempo de fabricar melanina suficiente para protegerse. Hay que tener en cuenta que, si bien la melanina amortigua un poco las quemaduras debidas a los rayos UVB, no protege del envejecimiento ni de los cánceres inducidos por el sol.
- *Filtros químicos*: substancias de origen químico que absorben los rayos ultravioletas del sol y por tanto protegen la piel de la agresión de los mismos.
- *Fotodermatosis*: enfermedad de la piel provocada o agravada por el sol.
- *Envejecimiento cutáneo*: los rayos UVA, a lo largo de los años, acaban por provocar una degradación de las fibras de colágeno y de elastina de la dermis y, por consiguiente, la piel pierde su suavidad y su firmeza, y las arrugas pueden marcar prematuramente nuestra piel.
- *Fotoestabilidad*: cualidad de algunos protectores de no ser degradados por la exposición al sol y conservar así sus propiedades fotoprotectoras.
- *Fototipo*: nuestro fototipo viene definido por el color de la piel, el color de los cabellos, la tendencia a las quemaduras solares y la aptitud al bron-

ceado. Existen 6 fototipos distintos, cuanto más claro (fototipos I y II) más hay que protegerse frente al sol.
- *Índice de protección-IP-FPS*: cifra que indica la importancia de la protección ultravioleta proporcionada por los protectores solares. Hay que elegirlo más o menos elevado en función del fototipo y de las condiciones de exposición solar.
- *Infrarrojos*: parte de la radiación solar responsable de las sensaciones de calor. Son los responsables de las insolaciones.
- *Insolación*: se produce cuando el sistema de regulación de la temperatura corporal, asegurado por la transpiración, se satura, y existe el riesgo de una deshidratación grave. Los rayos infrarrojos responsables de las insolaciones son especialmente peligrosos para los bebés y los niños, ya que su sistema de termorregulación es hipersensible y se desajusta fácilmente.
- *Melanocitos*: células de la piel responsables de la pigmentación (tanto del color de la piel como del tono del bronceado).
- *Melanoma*: cáncer grave de la piel, producido a partir de los melanocitos.
- *Nevus*: lunar benigno.
- *Pantallas físicas/pantallas minerales*: substancias que reflejan la luz solar al formar pequeños cristales en la superficie de la piel. Las principales pantallas físicas son el dióxido de titanio y el óxido de zinc. Al ser de origen mineral, son inocuos para la piel y están especialmente formulados para las pieles alérgicas o atópicas.
- *Queratinocitos*: células mayoritarias de la epidermis.
- *Epitelioma*: cáncer de la piel desarrollado a partir de los queratinocitos. Tiene menor gravedad que un melanoma.
- *Remanencia*: cualidad de un protector solar de persistir largo tiempo sobre la piel, incluso después de baños o de la transpiración.
- *Ultravioleta*: parte de la radiación solar. Los ultravioletas se dividen, según su longitud de onda, en UVA, UVB y UVC. Los dos primeros alcanzan la superficie de la tierra y tienen efectos nocivos sobre la piel, por ello los protectores solares deben proteger a la vez contra los rayos UVA y UVB.

8_ Acné

El acné se presenta durante la adolescencia. Es una parte normal de la pubertad y es importante hablar de ello con los adolescentes por la preocupación que les produce.

En la pubertad, la cantidad de hormonas del organismo aumenta. Este aumento en las hormonas estimula a las glándulas sebáceas que aumentan la producción de sebo.

La mayoría de adolescentes varones de entre 14 y 18 años presentan cierto grado de acné. El acné también lo sufren las chicas adolescentes, pero si es cierto que en ellas es menos frecuente. Algunas chicas que no tienen problemas de acné, solo les aparecen granos unos días antes de tener su período menstrual. Este es un problema común llamado acné premenstrual y se presenta debido a los cambios hormonales en su organismo.

Afortunadamente, el acné mejora en la mayoría de las personas a partir de los 20 años.

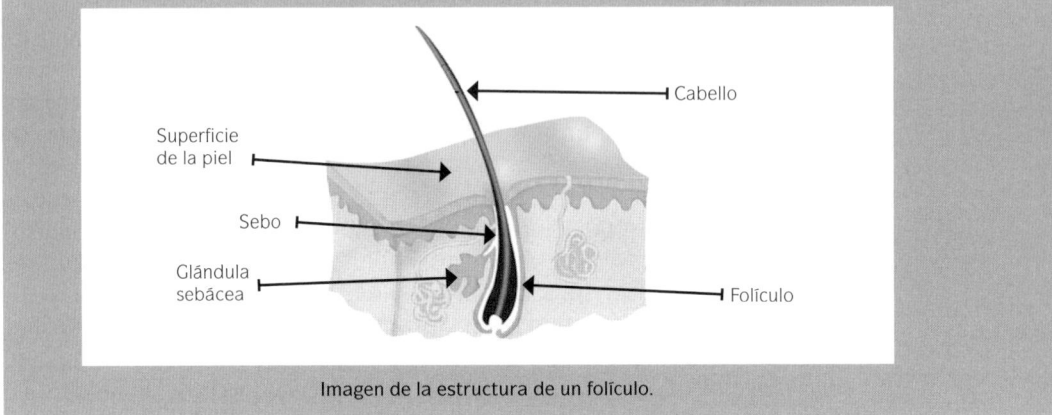

Imagen de la estructura de un folículo.

El acné consiste en una alteración cutánea frecuente que está causada por la inflamación de los folículos pilosos y las glándulas sebáceas:

- Todos los pelos crecen en un folículo. Dentro de cada folículo se encuentran las glándulas sebáceas que producen una sustancia aceitosa llamada sebo, que lubrica la piel y el cabello. El sebo sale al exterior a través del folículo.
- En la pubertad las glándulas sebáceas producen demasiada cantidad de sebo, que junto con las células cutáneas muertas, provoca que el folículo piloso quede obstruido.
- Las glándulas sebáceas siguen produciendo sebo y éste no puede salir, por lo que se va acumulando en el interior del folículo obstruido. Este sebo acumulado, retenido dentro del folículo, ocasiona un entorno perfecto para que la bacteria epidérmica propionibacterium acnes produzca una infección que excretará pus, provocando que el acné se multiplique. En respuesta, la piel se inflama produciendo la lesión visible.
- Los granos suele concentrarse en la cara, pero a veces aparecen en la nuca, la espalda, el tórax, las nalgas y, en algunos casos, en los antebrazos y los muslos.
- El grano curado deja una marca púrpura en la piel que suele desaparecer. No se deben tocar ni apretar los granos pues, al producirse lesiones, pueden llegar a convertirse en marcas permanentes.
- El acné puede adoptar la forma de un pequeño tapón blanco que se llama comedon cerrado, pero también se puede presentar como un tapón negro (punto negro, barro, espinilla) y entonces se le llama comedon abierto. Los puntos negros, son debidos a la melanina y no a la suciedad como suele creerse. Se producen porque el depósito de melanina en contacto

con el oxígeno del aire, hace que el tapón se oscurezca (oxidación). Los comedones no se deben reventar, pues el riesgo de que una parte de las bacterias ingrese profundamente en la piel y se formen abscesos es muy grande. Los comedones se retiran bajo tiritas queratolíticas, estas cintas, parecidas a tiritas, sueltan el tapón y lo sacan suavemente. Hay pacientes con acné que no tienen puntos negros.

Si la obstrucción causa una ruptura en la pared del folículo a nivel profundo de la piel, se pueden provocar infecciones más grandes que reciben el nombre de quistes, estos al tacarlos son firmes y dolorosos.

8.1_Cuidados y tratamientos actuales

- Mantener la piel limpia. Lavarla con agua y jabón dos veces al día, pero no más a menudo a no ser que se ensucie o se vuelva grasienta.
- No se debe frotar con demasiada fuerza la piel, se causa más daño. Se debe recordar que apretar y tocarse los granos empeora el problema.
- Si se usan fijadores en aerosol o gel para el cabello, tratar de que al aplicarlos no entren en contacto con la cara, ya que pueden obstruir los poros.
- Las chicas es mejor que no utilicen maquillaje. Pero si la chica se siente mejor maquillada, deberá utilizar un maquillaje de base acuosa, debiéndose retirar todas las noches. Es importante desmaquillarse correctamente y después lavarse la cara con agua y jabón.

Hay muchos productos en venta para el tratamiento del acné, desde lociones limpiadoras, hasta tratamientos que pueden tener efectos secundarios adversos importantes. Estos efectos adversos pueden llegar a ser más graves si combinamos varios de ellos. El acné es importante que siempre lo valore un dermatólogo para que prescriba el tratamiento actual más efectivo y seguro. Como resumen, en la actualidad nos podemos encontrar:

- Agentes exfoliantes químicos como el "ácido salicílico" y el "ácido glicólico", los cuales facilitan que se produzca el desprendimiento de la capa más superior de la piel, previniendo que las células muertas se combinen con el sebo y bloqueen los poros.
- Bactericidas tópicos: un ejemplo es una crema o gel bactericida que contenga "peróxido de benzoilo". El "peróxido de benzoilo", posee actividad antimicrobiana frente a propionibacterium acnes mediante la liberación de radicales libres de oxígeno que oxidan las proteínas del germen. Además posee actividad exfoliativa y queratolítica que produce comedólisis. Reacciones adversas: irritación de la piel con sensación de calor, picor o dolor; dermatitis de contacto.
- Tratamiento con antibióticos: para el acné moderado en ocasiones se recurre al tratamiento con antibióticos de forma tópica ("fosfato y clorhidrato de clindamicina", "clorhidrato de tetraciclina" y "eritromicina base"). Para el acné severo, en ocasiones, se recurre a un tratamiento sistémico con antibióticos por vía oral.

- Tratamientos hormonales: sólo para pacientes que presentan alteraciones hormonales.
- Retinoides tópicos. Retinoides por vía oral: este medicamento tiene muchos efectos secundarios graves conocidos (daños en el hígado, irritación ocular...), además, no debe tomarse durante el embarazo porque existe un importante riesgo de dañar gravemente al feto. Este tratamiento sólo está permitido bajo prescripción médica como último recurso, después de tratamientos más suaves que hayan demostrado ser insuficientes. El tratamiento con retinoides requiere controles analíticos y un estrecho seguimiento por parte del dermatólogo.
- Fototerapia: durante un tiempo se ha creído que se podía conseguir una mejora a corto plazo mediante la luz solar. Sin embargo, hay estudios que demuestran que la luz solar empeora el acné a largo plazo, presuntamente debido al daño que produce la luz ultravioleta. Más recientemente, se ha empleado luz visible con resultados satisfactorios, en particular luz azul generada con bombillas fluorescentes especiales y también se usan LEDs o láser.
- Terapia de calor: tratamiento que utiliza calor a una temperatura específica para eliminar la bacteria propionibacterium acnes, causando que ella misma se autodestruya.
- La terapia fotodinámica para tratar casos severos y moderados. La diana es la bacteria propionibacterium acnes. La luz azul activa un fotosensibilizador endógeno hallado en la bacteria (coproporfirina III), destruyendo de este modo la bacteria.

Cuando se utiliza un producto para el tratamiento del acné, nos debemos asegurar de seguir las indicaciones al pie de la letra. No se debe usar o tomar más cantidad de la indicada ya que se podrían producir más efectos secundarios adversos. Además, para asegurarnos de que no somos alérgicos al producto, si es una crema o loción, las 3 primeras veces que se utilice se debe administrar sólo una pequeña cantidad.

Introducir en la dieta diaria[7] importantes dosis de: zanahoria, frutas tropicales, pepino, melón y polen. A parte de estos alimentos no se debe olvidar otros de interés para el cuidado de la piel: germen de trigo, cebollas, ajos, miel y pescado. Además es muy importante que tomemos un mínimo de litro y medio de agua al día.

9_ La higiene personal y la higiene postural

Se produce una mayor activación sudorípara en la adolescencia, por lo que se debe incidir en la importancia de la higiene diaria.

---

7. ¿El chocolate y los alimentos muy grasos causan acné? Los estudios de investigación indican que ningún alimento ha demostrado causarlo. Sin embargo algunas personas se dan cuenta de que sufren de acné después de comer ciertos alimentos y éstos suelen variar dependiendo de cada persona. Por ejemplo, algunas personas desarrollan acné después de comer chocolate, mientras que a otras les ocurre después de tomar alimentos o bebidas muy azucaradas. Siempre debemos escuchar a nuestro cuerpo y, si esto es así, deberemos disminuir el consumo de estos alimentos.

Los buenos hábitos de higiene se deben entender como una manera de mantener un buen estado de salud.

Actividad a realizar por los alumnos

Los alumnos rellenarán un cuestionario[8] de forma anónima "Higiene personal", se comentaran las respuestas y se elaboraran unas normas básicas de higiene.

9.1_Postura y ergonomía

Se debe sensibilizar a los adolescentes y sus familias de la importancia que tiene el cuidado de la espalda y de todo el aparato locomotor para lograr una buena calidad de vida en el presente y en el futuro. Este apartado debe trabajarse conjuntamente con el departamento de Educación Física del instituto.

- La prevalencia de dolor en la columna vertebral entre niños y adolescentes se cifra entorno a un 20%. Se estima que uno de cada cinco jóvenes consultará a su médico o pediatra por molestias en la espalda.
- Existe un consenso en la literatura médica sobre el peso máximo que debe tener una mochila: no debe sobrepasar del 10% del peso corporal del niño. A partir de ese peso se ha comprobado que puede producir dolor de espalda.
- Los factores que han demostrado asociarse a un mayor riesgo de padecer dolor de espalda y que se dan con mayor frecuencia entre los jóvenes son:
  - El sedentarismo, que conlleva falta de fuerza muscular.
  - Los hábitos posturales incorrectos.
  - La inadecuada práctica competitiva de algunos deportes.

  Se debe trabajar con los adolescentes y sus familias para prevenir lesiones en el aparato locomotor, entre los temas a tratar están:
- Se debe reducir el peso de la carga que transportan los alumnos y la duración de su transporte, para ello se debe fomentar la instalación de taquillas en los colegios e IES y fraccionar en varios volúmenes los libros de texto. Si el material escolar debe cargarse, la mejor opción para que la espalda no padezca es una mochila con ruedas, especialmente si permite ajustarla a la altura de la persona, de modo que pueda arrastrarla de manera cómoda y ergonómica.
- Si se opta por una mochila sin ruedas, se debe utilizar una cómoda de anchos tirantes. Se debe usar correctamente, repartiendo el peso entre los dos hombros y no utilizarla como una cartera de mano o una bandolera.

---

8. Véase el cuestionario en Propuesta de actividades de trabajo en grupo a realizar con los adolescentes.

- Debemos sentarnos tan pegados al respaldo como sea posible, con ambos muslos en contacto con el asiento y con ambos pies apoyados en el suelo. Las rodillas deben estar al mismo nivel o por encima de las caderas. La altura ideal de la mesa de trabajo es aquella que permite el apoyo de los antebrazos sin inclinarse hacia delante. Mientras se está sentado debemos mantener la espalda recta y apoyar los brazos en los reposabrazos o en los muslos.
- Movimientos al estar sentado: debemos evitar giros parciales, lo correcto es girar todo el cuerpo a la vez. También es conveniente levantarse y andar cada 45-50 minutos.
- Si se camina cargado con bolsas, se debe repartir equitativamente el peso a ambos lados del cuerpo.
    Al cargar peso siempre se debe transportar el peso cerca del cuerpo y levantar los pesos tan solo hasta la altura del pecho.
- Carga vertical (levantar un peso del suelo), por ejemplo, levantar la mochila cuando está muy cargada: nos debemos agachar doblando las rodillas, con la espalda recta y la cabeza levantada, apoyando los dos pies en el suelo, ligeramente separados (aproximadamente la separación entre las caderas) y lo más cerca posible del peso que debemos cargar. Agarrar entonces el peso con los brazos, manteniéndolo tan próximo al cuerpo como se pueda, y levantarnos estirando las piernas (hacer fuerza con las piernas para levantar el peso), manteniendo la espalda recta o ligeramente arqueada hacia atrás, en ningún caso hacia adelante. Si el peso es considerable, debemos mantener las piernas ligeramente flexionadas mientras debamos cargarlo.
- Transporte de la carga: si debemos transportar la carga debemos hacerlo lo más cerca posible del cuerpo. Llevar el peso con los brazos extendidos puede hacer que nuestra columna soporte una carga hasta 10 veces superior al peso que está cargando. Si el peso de la carga es considerable, mientras la transportamos debemos andar con las rodillas flexionadas. No debemos inclinarnos nunca con las piernas estiradas, ni girar, mientras estamos sosteniendo un peso en alto.
- Levantar pesos: levantar los pesos tan solo hasta la altura del pecho, con los codos flexionados para asegurar que la carga está lo más pegada al cuerpo posible. Si debemos colocarlos más arriba, nos subiremos a una banqueta o escalera.
- Para pasar de sentado a de pie debemos apoyarnos con los brazos. Si nos levantamos de una silla, debemos apoyarnos en los reposabrazos. Si nos levantamos de la cama o de una silla sin reposabrazos, debemos apoyarnos en nuestros muslos o rodillas. Debemos mantener la espalda recta o ligeramente arqueada hacia atrás mientras nos incorporamos.
- Cómo entrar en el coche: nos sentaremos primero con los pies fuera del automóvil y luego nos giramos y los introducimos, uno después de otro, apoyando mientras nuestro peso en las manos, que están apoyadas en el asiento del coche.

- Cómo levantarse de la cama: nunca debemos levantarnos directamente desde la posición decúbito supino (boca arriba) a la posición sentada. Levantarnos frontalmente para pasar de acostado a sentado, especialmente con las piernas estiradas, es uno de los peores movimientos que podemos hacer. Para levantarnos de la cama, giramos para apoyarnos en un costado y después, apoyándonos con los brazos, nos incorporamos de lado hasta sentarnos. Una manera correcta de hacerlo es la siguiente: si nos hemos apoyado en el costado izquierdo, flexionamos el brazo izquierdo y apoyamos el codo contra la cama, cerrando el puño izquierdo y manteniéndolo en alto. Cruzamos la mano derecha hasta apoyarla contra el puño izquierdo. Al levantarnos, apoyamos con la mano derecha en el puño izquierdo hasta quedarnos sentados. Si nos hemos apoyado en el costado derecho, realizamos el mismo movimiento al revés.
- Calzado: debemos evitar los zapatos de tacón alto si vamos a estar mucho tiempo de pie o caminando. Un zapato completamente plano, sin ningún tacón, tampoco es lo ideal, especialmente si existen problemas de rodilla. Un tacón de 1.5 a 3 cm suele ser adecuado.
- Trabajar con el ordenador: pasar muchas horas frente al ordenador genera dolores musculares debido a la adopción de malas posturas. Frecuentemente si no cuidamos nuestra higiene postural aparece dolor de cuello, espalda y muñecas principalmente. Nuestros ojos también se resienten y pueden llegar a dolernos por fatiga visual.

Recomendaciones[9]

- La pantalla debe situarse a unos 45 cm de distancia, frente a los ojos y a su altura o ligeramente por debajo. Debe colocarse en una posición que evite los reflejos y siempre en frente, nunca a un lado. Es importante que la pantalla pueda orientarse e inclinarse.
- El teclado debe estar bajo, para no levantar los hombros, o se debe poder apoyar los antebrazos en la mesa. La elevación del teclado sobre la mesa no debe superar los 25°.
- Las muñecas y los antebrazos deben estar relajados, rectos y alineados con el teclado, con el codo flexionado a 90°. Hombros relajados y muñecas apoyadas.
- Se recomienda alternar la mano con la que se maneja el ratón.
- Debemos aprovechar la luz natural para trabajar con el ordenador. Siempre debemos evitar los reflejos en la pantalla.
- Para descansar la vista hay que apartar los ojos de la pantalla y mirar hacia puntos de la habitación que estén cerca y lejos alternativamente. No es conveniente trabajar únicamente con la luz de la pantalla, debemos tener una buena iluminación en la habitación, a poder ser natural.

---

9. El dolor de espalda no entiende de edades. La mejor medicina es la prevención. Evitar una lesión es mucho más fácil que reparar una, y por supuesto, menos costoso.

- Es recomendable moverse cada hora (levantarse, andar un poco, beber agua, tomar una pieza de fruta), relajar el cuerpo y la mente para volver de nuevo al trabajo si es necesario.

10_ El descanso

El sueño no es una mera "pausa" en la actividad diaria, es vital para el bienestar y el buen estado de salud. Cuando dormimos bien, se consolida el aprendizaje diario en memoria y mejora nuestra habilidad para asimilar y recordar los conocimientos. Un buen dormir renueva energía y ayuda a prepararse para el día siguiente.

Cuando dormimos mal tenemos más tensión, más errores y más dificultad para concentrarse.

Los estudios sugieren de una manera clara que un tiempo total de sueño acortado y unos horarios irregulares están estrechamente asociados con un rendimiento escolar bajo en los adolescentes. También hay argumentos científicos que relacionan la falta de sueño con el riesgo de obesidad.

10.1_La higiene del sueño

Los hábitos de conducta que nos facilitan el comienzo y el mantenimiento del sueño son:
- Procurar un horario de sueño regular: acostarse y levantarse a la misma hora.
- Siesta corta: las personas que necesitan una siesta, no pasa nada, son recomendables. La siesta no debe ser larga, 30-40 minutos está bien. Cuando dormimos 2 horas de siesta es muy probable que esa noche durmamos mal.
- Cena adecuada y no muy próxima a la hora de acostarse: la cena es muy importante para descansar. No debe ser escasa, pues con hambre no podemos dormir, pero tampoco debe ser demasiado abundante, pues una cena fuerte disminuye la calidad del sueño y nos impiden realizar un desayuno adecuado.
- El ejercicio aeróbico regular es muy importante pero no cerca de la hora de acostarse (se debe evitar por lo menos en las 2-3 últimas horas antes de acostarnos). Se ha demostrado que el ejercicio aeróbico regular ayuda a conciliar el sueño con más facilidad y a tener un sueño más reparador.
- Se debe bajar el ritmo de la actividad física y mental a medida que se acerca la hora de acostarse, por lo que se debe evitar utilizar videojuegos.
- Habitación sin ruidos, sin luz y con una temperatura apropiada.
- Colchón y almohada confortables y adecuados.

Entre los alimentos que nos ayudan a mejorar la calidad del sueño podemos destacar:

- Leche caliente con cacao: un vaso de leche caliente con cacao nos relaja y nos ayuda a conciliar el sueño. Tanto la leche como el cacao son ricos en triptófano, aminoácido esencial involucrado en la regulación del sueño.
- Los hidratos de carbono de absorción lenta como la patata, el arroz y la pasta: nos ayudan a conciliar y mantener el sueño.
- Los alimentos ricos en melatonina (neurohormona relacionada con la regulación de los ciclos vigilia y sueño): las nueces, el maíz, el arroz, los tomates (principalmente se encuentra en las pepitas del tomate), las patatas, los frutos rojos como las cerezas, los plátanos y la cebolla.

Posturas al estar acostado

Al estar acostado es mejor situarse en una posición boca arriba. Dormir boca abajo no es recomendable, pues al hacerlo se suele modificar la curvatura de la columna lumbar y para poder respirar, se debe mantener el cuello girado durante varias horas. Si no se puede dormir en otra postura, se debería intentar hacerlo ligeramente de costado. Se recomienda que si, por ejemplo, se gira hacia el lado izquierdo, se deberá flexionar la cadera y la rodilla derecha, aún manteniendo estirada la izquierda, y procurar girar los hombros y adaptar la forma de la almohada a la cabeza, de modo que la postura relativa del cuello en relación a la columna dorsal, sea lo mas parecido posible a la que forman al estar de pie.

Características del colchón

- Actualmente se sabe con certeza que es falsa la creencia de que en los casos de dolencias de espalda el colchón deba ser muy duro. Un colchón de firmeza media (5,6 puntos en la escala del Comité Europeo de Estandarización) mejora la intensidad del dolor y el grado de incapacidad física en mayor número de pacientes, en comparación con un colchón muy duro (2,3 puntos). El rango de la escala va de 1 que es la mayor dureza posible a 10 que es la menor dureza posible.
- El colchón debe ser firme y recto, pero debe ser suficientemente mullido como para adaptarse a las curvas de la columna (cifosis y lordosis). Un colchón muy duro es tan perjudicial como un colchón excesivamente blando donde la columna está sin sujeción. El colchón debe prestar apoyo a toda la columna, al estar acostado en decúbito supino (boca arriba) con las piernas estiradas, se debe notar que la columna lumbar está apoyada en él, y no forma un arco por encima de él.

Características de la almohada

Si se duerme boca arriba la almohada debe asegurar que la columna cervical forma con la columna dorsal el mismo ángulo que al estar de pie. Si se duerme apoyándose sobre un hombro, la almohada debe mantener el cuello en el eje de la columna dorsal, asegurándose de que no caiga ni rote.

11_ Los accidentes

11.1_Los accidentes de tráfico

Los accidentes de tráfico son la principal causa de mortalidad juvenil, por ello es un punto muy importante a trabajar con los adolescentes. Se hablará de las cifras actuales proporcionadas por la Dirección General de Tráfico y se creará un debate para reflexionar sobre las causas y posibles soluciones para evitar que se produzcan.

11.2_Otros accidentes relacionados con la imprudencia

También se trabajará con los adolescentes y sus familias los siguientes puntos:
- Ahogamiento. Decálogo del nadador. Conocer las normas de seguridad y respetarlas.
- Utilización del casco y otras protecciones según el deporte a practicar.
- Adquisición de buenos hábitos peatonales.
- Accidentes domésticos y de ocio.

La hidrocución

El término médico hidrocución se refiere, por lo general, al trastorno conocido popularmente como "corte de digestión", pero este síncope no siempre está relacionado con la digestión.

Se denomina hidrocución a un shock producido por una diferencia brusca de la temperatura entre el cuerpo y la del agua. Se produce un estado sincopal provocado por el contacto brusco de la piel y de las vías respiratorias superiores con el agua fría, lo que desencadena un reflejo de inhibición de la respiración y la circulación generando una sobrecarga cardiaca que puede ocasionar una parada cardiorrespiratoria. Es la imposibilidad del cuerpo a adaptarse en tan poco tiempo a un cambio radical de la temperatura de su entorno.

La hidrocución puede aparecer cuando se ingresa en el agua de forma brusca teniendo una elevada temperatura corporal debido al fuerte calor de un día de verano. También este shock se puede producir cuando una persona ingresa en el agua de forma brusca tras haber realizado ejercicio físico intenso. Tres ejemplos más que pueden desencadenar una hidrocución pueden ser ingresar en el agua de forma brusca tras haber tomado el sol, tras haber comido (corte de digestión) y también cuando se entra en el agua relativamente fría cuando se tiene fiebre. A más diferencia de temperatura, mayor riesgo de que la hidrocución se produzca.
- En la playa, la piel expuesta al sol alcanza altas temperaturas, por lo que la red venosa y arterial periférica está muy dilatada y acumula un volumen sanguíneo importante. Al sumergirse de golpe en el agua fría, se

produce constricción inmediata que envía esta masa sanguínea con una elevada presión a la red circulatoria profunda y se puede producir la hidrocución.
- La preocupación de "guardar las horas de digestión" antes de bañarnos, es una preocupación acertada, pues también es un factor predisponente para que se pueda producir la hidrocución. Después de comer, durante la digestión, el cuerpo concentra más sangre en el tracto digestivo, que es donde se necesita para poder extraer el oxígeno necesario para poder realizar el trabajo de la digestión, por lo que los vasos sanguíneos del aparato digestivo están más dilatados. En consecuencia el resto del organismo recibe menos sangre de lo habitual (de ahí la somnolencia tras comidas copiosas). El cerebro recibe menos aporte sanguíneo porque el aparato digestivo tiene preferencia en esos momentos. Si durante este tiempo sufrimos algún sobresalto importante como es una zambullida en agua fría, puede producirse un espasmo de glotis y paro cardiorrespiratorio o presentarse un estado de sopor que impide pedir auxilio. Al sumergirse la persona en agua fría durante el proceso de digestión, va a provocar, entre otras muchas reacciones, que la sangre que está en el aparato digestivo responda rápidamente desplazándose hacia otros órganos para intentar contrarrestar el efecto del cambio tan brusco de temperatura, es decir, se desplaza rápidamente para subir la temperatura en otras partes del cuerpo. Todo el organismo responde rápidamente para intentar adaptarse a un cambio tan radical de la temperatura, pero esa rápida zambullida en el agua fría impide que el organismo tenga tiempo de reaccionar eficazmente, por lo que se produce la hidrocución.
- La recomendación de ducharse o tomar un baño cuando se tiene fiebre para bajar la temperatura es una recomendación acertada, siempre y cuando la temperatura del agua esté ligeramente inferior a la de nuestro cuerpo (no más de 2°C menos que la del cuerpo). Por ejemplo, en el caso de que la temperatura sea de 40°C, prepararemos el baño a 38°C pero nunca más fría. Sin la administración de un antitérmico y sólo con el baño tibio, la temperatura podría volver a subir en seguida.

La mayoría de las veces la hidrocución es precedida por unos síntomas llamados "señales de alarma". Estos son: escalofríos intensos, náuseas, vómitos, alteraciones en la visión, sensación de vértigo, zumbido en los oídos, enrojecimiento intenso de la piel, dolor de cabeza, visión borrosa, fatiga, dolores de localización variable que se presentan en forma de hinchazón, calambres musculares o dolores articulares, erección de folículos pilosos (piel de gallina). Al sentir uno sólo de estos síntomas debemos salir del agua de inmediato y abrigarnos bien. Dos puntos importantes a recordar:
- No entrar nunca bruscamente en el agua, se debe entrar despacio tomando contacto con ésta poco a poco. Debemos dar tiempo a nuestro organismo para que se pueda acostumbrar a la temperatura del agua, generalmente siempre bastante más fría que nosotros. El consejo de ducharse poco a poco antes de entrar al agua de la piscina no es sólo por higiene, sino también para evitar la hidrocución.

- Debemos evitar bañarnos o ducharnos con agua fría mientras se está haciendo la digestión. Se aconseja esperar entre 2 y 3 horas, dependiendo de si la comida ha sido copiosa o pesada.

12_ Las alergias

Tanto la alergia, como la intolerancia alimentaria y el asma son enfermedades que afectan a los jóvenes de forma especial en la actualidad, por lo que resulta necesario su abordaje con los adolescentes y sus familias.

La alergia es una reacción del sistema inmunológico frente a sustancias que comúnmente no causan problemas, y que son aceptadas normalmente por la mayoría de las personas. Cuando un virus o una bacteria penetra en el cuerpo, éste se defiende produciendo anticuerpos que destruyen el agente invasor; en el caso de la alergia ocurre algo similar, solo que los anticuerpos se producen contra una sustancia normalmente inocua (polen, alimento, ácaros, etc.). Estas sustancias capaces de provocar una reacción alérgica se conocen como sustancias alergénicas o alergenos.

Esta reacción anticuerpo-alergeno es la responsable de los síntomas que va a provocar la reacción alérgica, pero estos síntomas no aparecen hasta que los niveles de anticuerpos producidos (y por tanto, la intensidad de la reacción) sobrepasan el nivel de tolerancia individual de cada persona. La mayor parte de las personas alérgicas lo son a varios alergenos. Las reacciones alérgicas pueden ser:

- Mediadas por IgE, es decir, aquellas en las que el anticuerpo responsable de la reacción inmunológica frente al alergeno es la Inmunoglobulina E.
- No mediadas por IgE, es decir, aquellas en las que la respuesta inmunológica tiene un mecanismo diferente. Se cree que se debe a inmunidad mediada por células, pero estos mecanismos aún no están del todo claros en la actualidad.

12.1_Las alergias respiratorias

Este tipo de alergias se han multiplicado en las últimas décadas, especialmente en las sociedades industrializadas. Las enfermedades por alergia respiratoria que afectan más habitualmente a la población son la rinitis y conjuntivitis alérgica (también mal llamada "fiebre del heno[10]") y el asma bronquial.

---

10. El término "fiebre del heno" se comenzó a emplear en 1819 por el médico inglés John Boston que comunicó a la "Royal Medical Society" la existencia de una «(...) *afección de los ojos y nariz que aparecía sólo durante el verano*» haciendo una descripción de su propio caso. Debido a que se pensó que el heno era su causa y el término fiebre era entonces empleado para designar cualquier proceso, tanto febril como afebril. En la actualidad sabemos que es una rinoconjuntivitis producida por alergia a los pólenes y que resulta ser el trastorno inmunológico más frecuente. Alrededor de un 20% de la población presenta tests cutáneos positivos a los pólenes, cerca de un 10% presentan además síntomas clínicos y alrededor de un 5% reciben por ello tratamiento. Parece ser que la contaminación ambiental puede estar contribuyendo a este incremento observado sobre todo en las 2-3 últimas décadas, ya que esta produce una inflamación de la mucosa nasal facilitando la absorción de los antígenos polínicos.

Es muy importante la vigilancia de los niveles de polen, es decir, conocer los niveles de los principales tipos de polen en el aire que respiramos. Existe una relación directa entre los recuentos de polen alergénico y los síntomas de una serie de enfermedades alérgicas, denominadas polinosis, que afectan a una parte importante de la población. Estos recuentos ayudan a los médicos y a los pacientes a diagnosticar y tratar de forma más eficaz las enfermedades por alergia respiratoria:

- Estos datos ayudan a los médicos de familia y pediatras a determinar si una rinitis es de origen catarral o polínico.
- Al médico de urgencias le puede ayudar a sospechar si una crisis de asma puede haber sido agudizada por la exposición al polen.
- Ayuda también al alergólogo, neumólogo, internista, otorrinolaringólogo, oftalmólogo, etc, a relacionar los cuadros clínicos.
- Es útil de forma muy especial para el paciente, ya que puede comprender mejor la variabilidad de su enfermedad, saber el nivel a partir del cual presenta síntomas, para poder aplicar medidas preventivas y planificar mejor sus viajes y vacaciones, así como para constatar la efectividad de su tratamiento.

Sólo las plantas anemófilas (las plantas que polinizan a través del aire) son las que cargan el aire de pólenes que de forma inadvertida podemos respirar. Por el contrario, las plantas entomófilas (que polinizan a través de los insectos), al no verter el polen al aire difícilmente pueden producir alguna alergia respiratoria. El 80% de las plantas son entomófilas y se caracterizan por tener flores de colores vivos con pétalos vistosos y ser aromáticas, para así atraer la atención de los insectos, ejemplos de plantas entomófilas son las rosas, los claveles, hortensias, geranios etc. Las flores de las plantas anemófilas apenas son vistosas, pues no deben atraer a los insectos, un ejemplo de estas plantas son las hierbas que crecen en los márgenes de las carreteras.

Según el comité de aerobiología de la Sociedad de Alergología, los pólenes de las gramíneas son la causa más importante de la rinoconjuntivitis alérgica en España y en casi todo el mundo.

Considerando los pólenes alergénicos globalmente en España, las gramíneas de crecimiento espontáneo tal como el Trisetum, Dactylis y otras muchas más (malas hierbas que crecen en los bordes de las carreteras, campos de cultivo, descampados, praderas, etc.) resultan ser la causa más importante de polinosis.

La sensibilización a gramíneas es dominante en el Centro y Norte de la Península. En el litoral Mediterráneo, la Parietaria judaica (una maleza) ocupa el primer lugar y las gramíneas pasan a un segundo lugar. Igual ocurre con la Olea (olivo) en el sur de España, en Jaén, Córdoba o Granada con extensas superficie de olivares; este polen resulta ser la principal causa de polinosis, ocupando las gramíneas un segundo puesto.

Además, se ha demostrado que las partículas procedentes de la combustión del diesel presentan un efecto adyuvante para la producción de IgE específica contra los pólenes. Esto podría explicar por qué en el medio urbano la frecuencia de polinosis es el doble que en el medio rural, a pesar de que en este último la exposición polínica es mucho mayor.

Otros pólenes alergénicos importantes son los Plantagos, Artemisia y Salsola y Chenopodium. También pueden producir polinosis aunque con un carácter mas local la Betula (abedul) en los montes gallegos y cornisa cantábrica, las Cupresáceas "arizónicas" y "cipreses" (enero-febrero) en Madrid o Barcelona, el Platanus (plátano de sombra) (marzo-abril) en Madrid, Mercurialis (una maleza febrero-noviembre) en Tarragona, Pinus (febrero-abril) en Bilbao y Palmáceas en Elche (febrero-abril).

Gracias a las estaciones de muestreo de aeroalérgenos ubicados ya en casi la totalidad de las comunidades autónomas, los niveles de los distintos tipos de polen son medidos y se ofrecen datos diarios en números absolutos, en gráficas del mes en curso y anuales en las páginas web de la Consejería de Sanidad de cada comunidad autónoma. También se representan en mapas los datos cualitativos de los principales tipos de polen más alergénicos y abundantes de cada región en función de la capacidad alergénica de cada uno, se representan los niveles bajo, medio y alto con diferentes colores fácilmente interpretables para todos los ciudadanos.

Los datos sobre los niveles de polen también se pueden consultar en las principales redes españolas de vigilancia del polen:

- Comité de Aerobiología de la Sociedad de Alergología: www.polenes.com
- Red Española de Aerobiología: www.uco.es/rea/

Medidas preventivas que pueden adoptar las personas alérgicas al polen:

- Es importante conocer los tipos de polen a los que la persona está sensibilizada, los periodos de polinización de estas plantas y los recuentos de pólenes, para así conocer los momentos de máximo riesgo en los que se debe extremar las precauciones para evitar padecer un brote alérgico. Se deben considerar que en días de fuertes vientos y tormentas primaverales, los niveles de polen suelen elevarse.
- La persona alérgica a gramíneas debe evitar el contacto con el césped, sentarse o cortarlo, ya que el corte del césped remueve el polen. Tampoco se recomienda realizar tareas de jardinería.
- Viajar en coche con las ventanillas cerradas. Poner filtros antipolen en el aire acondicionado del automóvil y cuidar de su mantenimiento.
- Evitar la bicicleta y la moto, pues el aire que contiene granos de polen entrará con fuerza por las vías respiratorias aumentando los síntomas, siendo un factor de riesgo para la conducción. Si se utiliza la moto se debe hacer con un casco cerrado.
- Mantener el interior del vehículo limpio, incluidos los conductos de ventilación.
- Si se dispone de aire acondicionado en la casa con filtros antipolen es conveniente utilizarlos, estos filtros evitan que el polen se mantenga en el interior de la vivienda.
- Proteger los ojos del contacto directo con el aire utilizando gafas que sean lo más envolventes posible. Estas gafas evitan, en parte, la entrada de polen en los ojos y alivian las irritaciones oculares.
- No se debe conducir si se toman antihistamínicos que provocan sueño. Hay que tener en cuenta que el grado de somnolencia es alto en los primeros días del tratamiento.

- Limpiarse con frecuencia la nariz y los ojos con suero fisiológico.
- Evitar peluches, moquetas, alfombras, cortinas, mantas de lana y edredones de plumas, pues poseen un elevado poder de retención de polvo, polen, etc.
- No barrer o sacudir el polvo para limpiar la casa. Utilizar el aspirador y limpiar con bayeta húmeda, a poder ser, siempre en ausencia de la persona alérgica.
- Pasar el aspirador como mínimo una vez por semana. Si es posible, utilizar aspiradores especiales para alérgicos, pues poseen un poder más elevado de retención de polvo, polen, etc.
- Evitar secar la ropa al aire libre. Secar la ropa en secadora o tendederos dentro de la casa, ya que en la ropa colgada en el exterior se acumula el polen.
- Evitar los parques y jardines, así como salir al campo en la época de polinización de las especies a las que se es alérgico.
- Disminuir las actividades al aire libre durante las 5-10 horas de la mañana (emisión de pólenes) y de 19-22 horas de la tarde (periodo de descenso del polen desde lo alto de la atmósfera, al enfriarse el aire).
- Mantener las ventanas de la casa cerradas sobre todo durante las horas de sol. Dormir siempre con las ventanas cerradas y ventilar la casa al atardecer, después de las 22 horas.
- Debe procurarse también tener las ventanas cerradas cuando haga viento, para prevenir que entre el polen en la casa.
- Lavarse el pelo por la noche para limpiarlo del polen acumulado durante el día.
- No ingerir preparados de polen.
- Evitar factores añadidos que puedan producir un empeoramiento de los síntomas como humos y vapores, olores fuertes, contaminación atmosférica, cambios bruscos de temperatura y realizar ejercicio físico sin preparación.
- Reducir las actividades al aire libre los días de mayor concentración de pólenes y los días de viento.
- Si fuese necesario utilizar mascarillas que filtren el aire, estas han de abarcar boca y nariz, ser desechables y han de contar con válvula de exhalación: modelos FFP2 o FFP3.
- Si es posible, se recomienda tomarse las vacaciones durante el periodo álgido de polinización del polen al que se es alérgico en una zona geográfica libre del mismo.
- Utilizar la medicación antialérgica según las pautas prescritas por el alergólogo, atendiendo a sus posibles efectos secundarios.

12.2_Las alergias alimentarias

En los últimos 20 años, se ha suscitado un gran interés por las alergias y las intolerancias alimentarias dado el incremento exponencial de su incidencia en los países industrializados, de modo que la OMS las ha considerado como uno de los problemas de salud importantes del siglo XXI. Tanto las cifras de prevalencia como los alergenos alimentarios, varían considerablemente de unas regiones geográficas del mundo a otras debido a las variaciones en la dieta según las diferentes culturas.

La alergia alimentaria es una respuesta inmune exagerada del organismo cuando entra en contacto con un alimento al considerarle un alergeno. Esto se produce por un error del sistema inmunitario, que detecta el alimento como una sustancia perjudicial para el organismo y responde con más o menos intensidad ante su ingesta. Este alimento por si mismo es inofensivo para las personas no alérgicas.

Los componentes de los alimentos causantes de las reacciones alérgicas son normalmente las proteínas. Así, por ejemplo, en el caso de la leche de vaca, las proteínas que con más frecuencia producen alergia son la Caseína, la Alfa-lactoalbúmina y la Beta-lactoglobulina. También pueden producir reacciones alérgicas algunos aditivos alimentarios (colorantes, conservantes, emulgentes, espesantes, etc.). En general, se puede decir que las grasas y los hidratos de carbono no causan alergia.

Las alergias alimentarias pueden presentarse a cualquier edad, pero son más frecuentes en los niños.

Ante la pregunta de si la alergia es hereditaria, se debe puntualizar que las personas alérgicas pueden transmitir a sus descendientes la predisposición de hacerse alérgico, lo que, sumado a una favorable exposición ambiental, dará lugar con mucha probabilidad a la enfermedad alérgica. Por lo tanto, tenemos dos factores fuertemente influyentes a la hora de desarrollar una sensibilización alérgica contra un alimento: una predisposición genética a la alergia heredada de los padres y entrar en contacto con el alérgeno durante un periodo crítico de la vida y a una dosis crítica.

Los primeros meses de vida son el periodo de mayor riesgo para sufrir una sensibilización alérgica a los alimentos. Se recomienda a las mujeres que den lactancia materna a sus bebés el máximo tiempo posible, debiendo ser leche materna de forma exclusiva durante los primeros 6 meses de vida. La lactancia materna exclusiva y después el seguimiento de la lactancia materna, junto con la introducción de los distintos alimentos en la dieta de los niños, de forma lenta y suave respetando la madurez y el desarrollo del bebe según las recomendaciones de la enfermera pediátrica o del pediatra, son aspectos muy importantes a tener en cuenta para prevenir las alergias alimentarias. La leche materna protege al bebé y al niño de infecciones, es la alimentación más completa y equilibrada para él y se sabe con toda certeza que juega un papel importantísimo en la prevención de las alergias alimentarias y que actúa positivamente previniendo alergias respiratorias que suelen aparecer en edades más tardías. Por ello la OMS recomienda que se informe a las mujeres gestantes y a las madres de recién nacidos de los beneficios y la superioridad de la lactancia materna frente a las leches infantiles comerciales.

La alergia alimentaria mediada por IgE se produce en dos fases:
- Primero se produce una sensibilización al alimento: el sistema inmunológico considera, por error, que el alimento ingerido es nocivo y genera una

respuesta defensiva del organismo generando anticuerpos específicos contra éste, una Inmunoglobulina E (IgE) específica.
- El encuentro del alergeno y la IgE específica desencadena la reacción alérgica: si se repite la ingesta del mismo alimento, se produce una reacción inmunológica en que los anticuerpos específicos (IgE) provocan la liberación de sustancias, una de ellas la histamina, que son causantes de la sintomatología de la alergia.

Las manifestaciones clínicas pueden ser leves, graves o muy graves, llevando incluso a una situación de emergencia vital. Los síntomas pasan por: picor en manos, pies, garganta, cara... lesiones eritematosas, habones (manchas rojas elevadas de la piel que generalmente pican), inflamación de párpados, labios, articulaciones (inflamación en las manos, rodillas...) e incluso inflamación de la garganta que dificulte el tragar, dolor abdominal, náuseas, vómitos, diarrea, mareo, inflamación de las vías respiratorias que den dificultad respiratoria, hiperactividad bronquial, reacciones asmáticas, rinoconjuntivales (estornudos, picor nasal y ocular, lagrimeo y congestión nasal). También puede llegar una situación de emergencia vital que se denomina anafilaxia, que puede provocar, entre otros muchos síntomas, hipotensión, arritmias y colapso vascular. En este punto se deben puntualizar varias cosas:
- La cantidad de alimento que provoca una reacción alérgica varía según la persona. Hay personas que desencadenan una alergia con pequeñísimas cantidades de ese alimento, lo que se denomina trazas, y hay otras que para desarrollar la reacción alérgica tienen que consumir cantidades bastante elevadas.
- También hay que tener en cuenta que un mismo alérgeno alimentario no produce siempre la misma sintomatología y que la intensidad también puede variar, por eso nunca hay que confiarse aunque las reacciones sufridas con anterioridad fueran leves.
- Los valores de IgE (que se detectan y se contabilizan mediante un análisis de sangre específico) en ocasiones tampoco guardan relación con los síntomas. Hay casos de reacciones graves con valores no muy altos y con esas mismas cifras otro paciente puede tolerar ya el alimento.
- Lo más frecuente es que la sintomatología comience de forma inmediata (normalmente menos de 30 minutos) después de haber ingerido el alimento, aunque en ocasiones sucede de forma más tardía, una vez pasadas unas horas o días (en general en las primeras 2-3 horas y en menor ocasión pueden aparecer al cabo de 24-48 horas).

Los alimentos que más alergias provocan son: pescado, marisco, frutos secos, leche, huevo y soja. Llegados a este punto es recomendable hablar del anisakis, parásito que puede encontrarse en muchos pescados y cefalópodos, es un nuevo alergeno alimentario que no debe subestimarse, ya que tiene una gran potencia alergénica. Cada vez está siendo más frecuente encontrar a personas sensibilizadas al anisakis.

La alergia a las proteínas de la leche de vaca: es una hipersensibilidad mediada por IgE, que conlleva no solo manifestaciones gastrointestinales, sino cutáneas (eccemas y pruritos), respiratorias (inclusive asma) y cardiovasculares (*shock*). Normalmente se inicia en el primer trimestre de vida cuando el bebé toma leche infantil comercial, originándose una sensibilización inmunitaria a las proteínas de la leche de vaca. Los alérgicos a la leche de vaca deben sustituir los lácteos por alimentos que aporten los nutrientes de la leche, principalmente proteínas, calcio, vitamina B2 (riboflavina) y vitamina B12 (cianocobalamina). Las necesidades de proteína se pueden cubrir con otros alimentos ricos también en proteínas, como son las legumbres, carnes, pescados, huevos (en la clara) y los frutos secos. El calcio, consumiendo otros alimentos que también contienen este mineral, como son el calamar, las gambas, los langostinos, el boquerón, las sardinas en aceite (comiendo sus espinas), las aceitunas, las verduras/hortalizas como el brécol, las endibias, las espinacas, el perejil, las judías verdes, las zanahorias, e incluso frutas como la naranja, la mandarina, los limones, el higo, el kiwi, la mora y los fresones. La riboflavina con las carnes, el jamón serrano, los huevos, los champiñones, las setas, las lentejas, los garbanzos, las almendras, las sardinas, las espinacas y los guisantes verdes, y la vitamina B12 principalmente con la carne y los huevos.

Diagnóstico de la alergia (alimentaria, al polen, ácaros, medicamentos...)

El diagnóstico se basa en la historia clínica y en pruebas complementarias como:

- Pruebas cutáneas, que consiste en inocular en la piel extractos de los diferentes alergenos sospechosos y ver si se produce reacciones locales. La técnica habitual empleada es la técnica prick. Ésta se lleva a cabo de la siguiente manera:
  - Se realiza en la cara anterior del antebrazo.
  - Se limpia la piel con alcohol de 70°.
  - Se marcan círculos en la piel con el número de alergenos a estudiar, más uno para el control positivo y otro para el negativo (se utiliza un control positivo con Histamina y uno negativo con suero fisiológico). La lista se evalúa y se confecciona según los alérgenos más habituales.
  - Sobre la gota de reactivo (que contiene el extracto del antígeno) se hace una pequeña punción, con la lanceta de prick, con el objetivo de asegurar la penetración a la epidermis.
  - Se espera durante 20 minutos.
  - Se procede a medir el halo de la reacción en cada sitio y se anotan en la hoja de registro. El resultado positivo generalmente suele ser un habón rodeado de una zona de enrojecimiento.
- Análisis de sangre específico, para determinar anticuerpos IgE específicos frente al alérgeno e IgE total.
- Cuando el diagnóstico aún no es claro por tener pruebas cutáneas y serología de IgE dudosas, se realizan pruebas de exposición controladas. La prueba de exposición controlada se basa en que la persona

se ponga en contacto con el alérgeno, por ejemplo, si es una alergia alimentaria, ingerir los alimentos sospechosos para comprobar la relación entre la ingesta y los síntomas. Se basan en dar a la persona dosis orales crecientes de alérgenos alimentarios, comenzando por una dosis muy baja. Las dosis se administran en intervalos de tiempo predeterminados, hasta que los primeros síntomas aparezcan. Estas pruebas se realizan normalmente en un medio hospitalario para tener a la persona en todo momento vigilada y poder controlar a tiempo una reacción de emergencia vital si ésta se produjera.

Tratamiento de la alergia alimentaria

El único tratamiento eficaz para prevenir la alergia a alimentos es la estricta eliminación de este alimento de la dieta.

Es necesario tener la máxima información sobre el alimento o grupo de alimentos que provocan la alergia, se debe conocer en qué comidas, conservas o preparados se puede encontrar y así poder evitar consumirlo. Muchos alimentos alergénicos pueden aparecer en numerosos productos de forma enmascarada o con denominaciones desconocidas y pueden ser ingeridos inadvertidamente. Igualmente se deben extremar las precauciones en el manipulado y cocinado de los alimentos.

Pasado un tiempo y según los resultados de las pruebas de control, el alergólogo puede indicar en algunos casos la reintroducción progresiva del alimento causante de la alergia.

Las alergias alimentarias con frecuencia terminan curándose. Ello depende en gran medida del alimento implicado, de la edad del paciente y de la severidad del problema:
- Así, por ejemplo, es más probable que desaparezca una alergia a las proteínas de la leche de vaca, que una alergia al pescado o a los frutos secos.
- También es más probable que termine curándose una alergia cuando el niño es pequeño (lactantes) que en niños mayores (escolares o adolescentes).
- Es más probable que desaparezcan alergias que son causantes de reacciones leves, que las alergias que provocan casos graves.

Puntos importantes a recordar

- La única forma de evitar la reacción alérgica a un alimento es ser muy estricto y no consumir el alimento o los alimentos que la causan.
- Se debe tener en cuenta que las madres que tienen un hijo alérgico y que dan lactancia materna, deben evitar ellas también la ingesta de los

alimentos que provocan la alergia a su hijo, pues pueden llegar a él a través de la leche materna.
- Leer bien las etiquetas de los productos antes de consumirlos y asegurarse de que no hay ningún ingrediente que pueda provocar la alergia. En caso de duda o falta de información no se debe consumir.

13_ La intolerancia alimentaria

Es importante diferenciar la alergia de la intolerancia, ya que en algunos casos la sintomatología puede ser parecida. Las intolerancias alimentarias más frecuentes son la intolerancia a la lactosa y al gluten.

13.1_La intolerancia a la lactosa

La intolerancia a la lactosa (intolerancia a la leche) es debida a una disminución o ausencia de una enzima, la lactasa, en el conducto digestivo. Puede iniciarse en la infancia, la adolescencia o en la edad adulta.

La lactosa es el azúcar que se encuentra de forma natural en la leche. Para digerirla, el organismo humano necesita la enzima lactasa, que transforma la lactosa en sus componentes glucosa y galactosa (esta enzima se encarga de romper la lactosa, que es un disacárido, en los monosacáridos que la forman: glucosa y galactosa). La intolerancia a la lactosa se presenta cuando el intestino delgado no produce lactasa o la cantidad que produce es insuficiente.

En las culturas donde el consumo de leche y sus productos derivados ha sido habitual generación tras generación (se consume leche de forma habitual a lo largo de la vida de los individuos), la probabilidad de padecer esta afección es menor que en aquellas culturas en las que tradicionalmente no se consume leche. Ante esto, podemos pensar que el organismo es muy sabio, lo que no necesita, no lo fabrica, si no tomamos lactosa el organismo dejará de fabricar lactasa[11].

Las causas de intolerancia a la lactosa pueden ser varias:
- Congénita: cuando el déficit de lactasa existe desde el nacimiento. El intestino delgado no produce la lactasa por un error del metabolismo y se pone de manifiesto en las primeras semanas de vida. Es bastante infrecuente.
- Se produce una pérdida progresiva de la producción de la lactasa y por tanto una pérdida gradual de la capacidad de digerir la leche. Suele darse a lo largo de la vida. Puede tener una causa genética. Las personas con esta intolerancia van notando cómo la ingesta de leche les causa cada vez más molestias digestivas.

---

11. El consumo regular de lactosa en estudios a doble ciego (considerado el tipo de ensayo clínico que aporta mayor evidencia científica) y en estudios abiertos, demuestran que la historia alimentaria y la adaptación son factores determinantes muy importantes de la tolerancia.

- Como consecuencia de una agresión a la mucosa intestinal: por gastroenteritis, enfermedad inflamatoria intestinal crónica, enfermedad de Crohn, colitis ulcerosa, quimioterapia, ingesta excesiva de alcohol, etc.
- También puede aparecer una deficiencia temporal de lactasa como resultado de infecciones virales o bacterianas con episodios agudos de diarrea, especialmente en niños cuando se lesiona la mucosa intestinal.

Los síntomas de la intolerancia a la lactosa son: dolor abdominal, distensión abdominal (hinchazón del vientre), flatulencias, deposiciones explosivas, heces flotantes, heces con olor fétido, diarrea, en ocasiones náuseas y con el tiempo si no hay un diagnóstico del problema y no se deja de consumir lactosa, puede aparecer desnutrición, pérdida de peso y crecimiento lento en niños y adolescentes.

Habitualmente, lo que verbaliza la persona con intolerancia a la lactosa es que entre los 30 minutos a las 2 horas después de haber ingerido alimentos que contengan lactosa, experimentan dolor intestinal, flatulencia y diarrea, desapareciendo los síntomas 3-6 horas más tarde. Esto se produce porque la lactosa no es digerida en el intestino delgado y llega íntegra al intestino grueso, allí es fermentada por las bacterias intestinales produciendo hidrógeno, anhídrido carbónico, ácido láctico y ácido acético, que aumentan la presión osmótica y producen el dolor intestinal, las flatulencias y la diarrea.

Diagnóstico

La intolerancia a la lactosa se diagnostica por la historia clínica, la exploración y se acaba confirmando mediante las siguientes pruebas:
- *Prueba de tolerancia a lactosa*: tras tomar por boca una cierta cantidad de lactosa (alrededor de 100gr), se toman muestras de sangre a los 30, 60 y 120 minutos, debiendo aparecer normalmente un aumento de 2 mg/dl de glucosa en sangre a las 2 horas de la ingesta de la lactosa (al descomponerse la lactosa se produce glucosa). Si el aumento es menor, sugiere malabsorción de lactosa.
- *Prueba del aliento*: esta prueba es la más empleada y busca comprobar si aumenta el hidrógeno en el aire espirado tras la ingesta de una solución de lactosa. Normalmente hay poco hidrógeno en el aire exhalado, pero si el cuerpo tiene problemas para descomponer y absorber la lactosa, los niveles de hidrógeno se incrementan.
    Al paciente se le suministra una solución con lactosa y, a intervalos posteriores de tiempo, se le hace soplar en unas bolsas herméticas de donde se recogen muestras. Cuando los azúcares no digeridos son transportados al intestino grueso, las bacterias presentes allí lo utilizarán como alimento y crearán hidrógeno como producto de desecho. El hidrógeno es absorbido por el caudal de sangre y expedido en la respiración. El hidrógeno detectado en la respiración indica que los azúcares han entrado en el intestino grueso no habiendo sido bien absorbidos en el intestino

delgado. Para que la prueba sea positiva, se debe constatar un aumento del hidrógeno en la respiración tras la ingesta de la lactosa.
- *Biopsia del intestino delgado*: en ocasiones, puede que sea necesario practicar una biopsia (obtención de una muestra de tejido para su examen) con el fin de detectar anormalidades en el intestino delgado. La biopsia se lleva a cabo mediante un endoscopio (un tubo flexible de visualización). Se introduce el endoscopio a través de la boca o la nariz hacia el tracto gastrointestinal superior y se cogen muestras de tejido. Las muestras de tejido obtenidas, son enviadas al laboratorio para ser examinadas en el microscopio y analizar su actividad enzimática sometiéndose a un análisis para lactasa.
- *Prueba de acidez fecal*: la acidez de las heces es alta en la intolerancia a la lactosa. Se emplea pocas veces.

Tratamiento

La solución de este problema pasa por eliminar la lactosa de la dieta en los casos graves. Aquellas personas con una actividad parcial de la enzima pueden tolerar del orden de 10 a 12 gr de lactosa al día, por lo que un vaso pequeño de leche ingerido junto con una comida puede ser bien tolerado, pues se retrasa el tránsito intestinal (el consumo de alimentos lácteos junto con otros alimentos se tolera mejor, pues la velocidad a la cual la lactosa pasa al intestino es menor. Dicha velocidad está en función del vaciamiento gástrico y de la comida ingerida). También suelen aceptar yogures o determinados quesos, dado que ciertos tipos de microorganismos que intervienen en la fermentación serían los encargados de aportar la actividad enzimática que falta. La lactosa se transforma en ácido láctico por acción de las bacterias lácticas en el caso del yogur. Actualmente se recomiendan leches fermentadas con probióticos (en forma de yogur). A estas leches fermentadas con probióticos se le atribuyen múltiples beneficios para la salud y de forma muy especial para la salud intestinal (véase en el tema Educación Nutricional el apartado Los Probióticos y la Salud).

Cuando la intolerancia a la lactosa sea de carácter genético, no existe curación posible puesto que el intestino delgado no puede producir la lactasa y los síntomas sólo se alivian con la suspensión de los productos lácteos en la dieta. En cambio, cuando sea de carácter secundario, es decir, como consecuencia de otro problema, sí puede tener solución siempre y cuando el problema que ha provocado la lesión en la mucosa intestinal se pueda solucionar.

Puntos importantes a recordar

- La mayor parte de las personas intolerantes a la lactosa responde bien a una dieta sin lactosa. El resto, si mantiene síntomas, es probablemente debido a que además padezca un síndrome de intestino irritable.
- Para aquellas personas con una actividad parcial de la enzima, la ingesta pequeña de leche al día junto con la comida y/o cena suele tolerarse

bien, y el yogur y los quesos curados suelen tolerarse mejor. Estas personas con el tiempo, probando, saben qué productos lácteos pueden tomar y en qué cantidad sin presentar molestias y cuáles deben evitar. Muchos podrán disfrutar de los productos lácteos en pequeñas cantidades.
- En el mercado existen leches bajas en lactosa.
- La leche de soja no contiene lactosa, se puede tomar con tranquilidad.
- Si se sigue una dieta baja en lácteos, se debe aumentar la ingesta de otros alimentos ricos en calcio para evitar la osteoporosis, e incluso en ocasiones se recomienda la toma de suplementos de calcio.
- Existen productos comerciales que contienen lactasa (en cápsulas, tabletas masticables...) que se toman justo antes de la ingestión de un producto lácteo. Siempre será el médico el que deba aconsejar esta alternativa.
- Hay que tener cuidado con los medicamentos (ver el prospecto) ya que muchos de ellos contienen lactosa.
- Muchos alimentos preparados tienen lactosa en su composición. Leer con cuidado los etiquetados de los alimentos para evitar la ingestión accidental de estos productos.

13.2_La intolerancia al gluten

También llamado celiaquía o enfermedad celíaca. Es una enfermedad intestinal crónica que provoca malabsorción debido a la alteración de la mucosa del intestino delgado. Esta intolerancia al gluten ocasiona lesiones en la mucosa intestinal y se produce una atrofia de las vellosidades intestinales que intervienen en la absorción de los nutrientes, con el desencadenamiento de cuadros de malabsorción intestinal (los alimentos no se absorben adecuadamente en el intestino delgado y no pasan al torrente sanguíneo) y como consecuencia aparecen deficiencias nutricionales importantes. La mayor parte de los casos de celiaquía se diagnostican durante la infancia, aunque también puede presentarse en la adolescencia y la edad adulta.

Causa y manifestaciones clínicas

El gluten es una proteína contenida en el trigo, centeno, avena, cebada y triticale (híbrido de trigo y de centeno) y en alimentos que contienen dichos cereales. En concreto, es la gliadina, uno de los componentes del gluten, la sustancia que resulta perjudicial para las personas que sufren esta intolerancia. Cuando estas personas comen alimentos que contienen esta sustancia, se produce daño en su intestino. Pero esta lesión es reversible, al suspender el gluten de la dieta, el intestino se repara y poco a poco recupera la normalidad.

Aún así, esta intolerancia es permanente, es decir, se mantiene durante toda la vida. La persona deberá hacer una dieta sin gluten para siempre, debiendo ser muy cuidadosa en la elección de su alimentación leyendo bien las etiquetas de los productos antes de consumirlos.

La gravedad de la enfermedad dependerá de la edad de presentación y del tiempo que transcurra hasta el diagnóstico y tratamiento. Por este motivo y para evitar formas graves, en todos los niños pequeños se comienza con la introducción de las papillas de cereales sin gluten (contienen arroz y/o maíz) y se recomienda retrasar la introducción del gluten, por lo menos, hasta los seis meses de edad. En la actualidad la mayoría de los expertos están ya recomendando esperar hasta los nueve meses.

Hay predisposición genética. Se sabe que la enfermedad celíaca aparece con más frecuencia entre miembros de la misma familia, por lo que suele haber más de un paciente celíaco dentro de la misma familia.

La enfermedad celíaca clásica tiene los siguientes síntomas: dolor abdominal, distensión abdominal, deposiciones frecuentes, malolientes, espumosas y voluminosas, irritabilidad, inapetencia, en ocasiones vómitos y pérdida de peso. En el caso de los niños se ve un claro retraso en el crecimiento. Por lo general, el aspecto que muestra el niño es un aspecto desnutrido, triste, con distensión abdominal y nalgas aplanadas.

La enfermedad celíaca atípica es aquella en la que predominan los síntomas no digestivos. Puede aparecer a cualquier edad, pero según la edad predominaran unos u otros síntomas, siendo estos muy variados y complejos, pudiendo ser neurológicos, óseos, psiquiátricos, etc.

Diagnóstico

Su diagnóstico es difícil, requiere de una determinación de anticuerpos antigliadina (a través de un análisis de sangre específico) y en ocasiones biopsia intestinal. Se dan casos en los cuales la biopsia no muestra lesión característica, pero los síntomas desaparecen con una alimentación sin gluten, lo que confirma el diagnóstico.

Tratamiento

Esta intolerancia es permanente, es decir, se mantiene durante toda la vida. El único tratamiento posible en la actualidad es hacer una dieta sin gluten para siempre. No existe un tratamiento farmacológico.

Hay nuevas perspectivas terapéuticas y una de ellas es el tratamiento oral con una enzima que pueda asegurar la degradación del gluten en el estómago antes de que alcance el intestino delgado. Se ha investigado el uso de una nueva propil-endoproteasa derivada de un hongo común, el Aspergillus níger, utilizado habitualmente en la elaboración de ácido cítrico y en determinadas enzimas de uso alimentario.

Sin duda alguna, hay avances en la enfermedad celiaca, y es previsible que haya en el futuro próximo alternativas terapéuticas a la dieta sin gluten, pero por el momento se debe esperar.

Alergia al gluten

Algunas personas tienen intolerancia al gluten y otras alergia al gluten. Existen ambas entidades, pero no tiene nada que ver la una con la otra, ya que el mecanismo a través del cual el gluten es perjudicial para la persona es totalmente diferente. Pero en ambos casos se tiene que hacer dieta libre de gluten. La respuesta alérgica aparece cuando el sistema inmunológico produce anticuerpos contra el gluten al considerarle un alergeno. Esto se produce por un error del sistema inmunitario, que detecta el alimento como una sustancia perjudicial para el organismo y responde con más o menos intensidad ante su ingesta.

La alergia al gluten puede desencadenar eccemas e hinchazón de boca y labios, puede afectar al aparato gastrointestinal con vómitos, diarreas, puede provocar dificultad respiratoria, etc.

14_ El asma

El asma es una enfermedad respiratoria caracterizada por inflamación crónica de los bronquios. Causa episodios recurrentes de sensación de falta de aire (disnea), pitos en el pecho con la respiración (sibilancias), tos y sensación de opresión en el pecho. En la mayoría de los casos es de causa alérgica frente a algún agente externo, dando lugar a que las vías respiratorias se sensibilicen y se inflamen. La inflamación de los bronquios también provoca en ocasiones un aumento en la producción del moco, generalmente un moco viscoso muy difícil de expulsar.

Los tres síntomas más comunes en pacientes con asma son: sibilancias, tos y disnea. Es característico que los síntomas del asma ocurran de forma episódica y a cualquier hora del día, aunque es común que aparezcan predominantemente por la noche y durante las primeras horas de la mañana.

Aunque el asma puede aparecer a cualquier edad, es más común que debute en la infancia. Cuando aparece en la infancia, hay dos factores que se asocian a su aparición: causa alérgica, la alergia en niños es uno de los factores predisponentes más importantes para el desarrollo posterior de asma, y el segundo factor son los antecedentes de asma y tabaquismo en los padres.

En adultos, el asma relacionada con la alergia es menos frecuente y los mecanismos del asma intrínseco (no alérgico) aún no están establecidos con claridad en la actualidad. Generalmente se asocia con sinusitis, pólipos nasales, sensibilidad a la Aspirina®. También es habitual la inflamación bronquial, con la consiguiente sintomatología del asma, por la exposición a determinados ambientes donde trabaja la persona. En dicho caso, la persona puede llegar a necesitar ventilación adecuada del aire y uso de mascarillas de protección para evitar la aparición del asma y, en los casos severos, se ve obligada a cambiar de trabajo.

Los neumoalergenos más importantes que pueden desencadenar el desarrollo posterior del asma son: ácaros del polvo, pólenes de plantas, animales domésticos (pelo y escamas de la piel del perro, gato, hámster... y también las plumas de los pájaros), hongos microscópicos (crecen en lugares húmedos, en la vivienda y fuera de ella), factores ambientales y laborales (tabaco, harinas, polvo de madera, compuestos orgánicos, resinas plásticas y metales) e incluso algunos alimentos como los frutos secos y los mariscos.

Se debe distinguir entre los factores etiológicos (causa genética y la exposición a neumoalergenos) y los factores desencadenantes que, aunque no producen la enfermedad, pueden desencadenar una crisis en la persona asmática.

Factores desencadenantes

La inflamación crónica de los bronquios también es causante de que, ante numerosos estímulos irritantes, los pacientes con asma se sientan peor. Los más importantes son los relacionados con el clima (frío, humedad, nieve...), el ejercicio físico intenso, los ambientes contaminados especialmente por el humo del tabaco, los olores fuertes como el olor a pintura, neumáticos quemados, detergentes, perfumes y las infecciones respiratorias. Las infecciones respiratorias son una causa muy frecuente del empeoramiento del asma, que ocasiona que ésta se prolongue por varias semanas.

14.1_Puntos a destacar

- La palabra asma sólo define la inflamación de la mucosa bronquial y esta inflamación puede ser leve, moderada o grave.
- La falta de aliento del asma tiende a ser peor por las noches o durante las primeras horas de la mañana, cuando además de la dificultad para respirar, los pacientes pueden sentir una opresión en el pecho o congestión y sibilancias cuando respiran, indicando todo ello la obstrucción del flujo del aire.
- En los niños y adultos jóvenes la tos, sobre todo por las noches, suele ser un rasgo predominante.
- El ejercicio, sobre todo si se practica cuando el clima es frío, también es una causa frecuente de sibilancias en niños y adultos jóvenes que padecen asma.
- Aunque los pacientes con asma pueden sentir la presencia de esputo, rara vez expectoran en gran volumen.
- Cuando los síntomas del asma empeoran, se puede producir una crisis asmática severa. Las vías respiratorias pueden cerrarse tanto, debido a la inflamación, que los órganos vitales no reciben suficiente oxígeno pudiendo provocar la muerte si no se recibe asistencia médica urgente.
- El fumar durante el embarazo, sin duda alguna, se asocia con un aumento del riesgo del asma en la infancia.
- Los niños expuestos al tabaquismo pasivo, por lo general, debido a que sus padres son fumadores, tienen más probabilidades de sufrir enfermedades respiratorias y asma.

- La lactancia materna es un factor de prevención importantísimo de las alergias alimentarias y las alergias respiratorias.
- Alergias sin controlar ni tratar pueden desencadenar el desarrollo de asma, de tal forma que si una persona es alérgica (rinitis, dermatitis atópica, urticaria) y no es atendida adecuadamente, puede desencadenar el asma y complicarse su estado de salud. La inmunoterapia (a base de vacunas) en muchos casos, puede estar recomendada para que el paciente esté libre de sintomatología y para evitar el riesgo de desarrollar asma.
- Una dieta saludable es la mejor prevención para muchas enfermedades. Se recomienda una dieta rica en antioxidantes.

Pautas nutricionales para los pacientes asmáticos:

- Aumentar la ingesta de agua para mantener una buena hidratación de todos los tejidos pulmonares.
- Reducir el aporte de sodio en la dieta: la evidencia clínica muestra que al disminuir la dosis de sodio en la dieta, disminuye la sintomatología del paciente asmático.
- Aumentar la dosis de magnesio. Los alimentos ricos en este mineral son principalmente las legumbres, los frutos secos, y el arroz integral.
- Aumentar los antioxidantes. Necesitamos cantidades adecuadas de antioxidantes que protegen y evitan el deterioro pulmonar, tales como la vitamina A[12] (retinol), provitamina A (carotenos), vitamina C[13] (ácido ascórbico), vitamina E[14] (tocoferol), oligoelementos como el selenio[15] y el zinc[16], y flavonoides[17] presentes en los vegetales. Estos buenos protectores antioxidantes deben venir de nuestra dieta.
- Aumentar la ingesta de alimentos que contengan ácidos grasos omega 3, como el pescado y otros alimentos enriquecidos con este tipo de grasa[13].
- Mantener un correcto peso corporal: cuando se reduce el peso corporal en personas con sobrepeso que padecen asma, se observa una mejoría de la enfermedad. La dieta de adelgazamiento debe contener abundancia de productos vegetales, no suprimir los aceites vegetales (aceite de

---

12. La vitamina A la encontramos en la grasa de la leche (al ser una vitamina liposoluble), en los huevos, el pescado (principalmente el pescado azul) y en los vegetales en forma de carotenos, como en zanahorias, perejil, espinacas, mango, caquis, etc. La vitamina A y los carotenos desempeñan una función imprescindible en el correcto mantenimiento de las mucosas que recubren todo el tracto respiratorio, además de ejercer una acción antiinflamatoria.
13. La vitamina C la encontramos en todas las frutas, verduras y hortalizas.
14. La vitamina E la encontramos en los aceites vegetales (el aceite de oliva es muy rico en vitamina E), los frutos secos, el germen de los cereales y los vegetales de hojas verdes.
15. El selenio: son buenas fuentes dietéticas de selenio los huevos, las setas y los mariscos. Los niveles de selenio en los cereales dependerán del suelo en el que han sido cultivados. Otra buena fuente de selenio es la leche materna[13].
16. Alimentos ricos en zinc: los huevos y los mariscos, junto con la carne, son los alimentos que aportan zinc de una manera más fácilmente aprovechable para el organismo. También lo encontramos en el germen de los cereales, frutos secos y en las legumbres.
17. La quercitina, un flavonoide que se encuentra en abundancia en las cebollas, los puerros, los ajos, las frutas y el té, ayuda en el control de la producción de sustancias que provocan inflamación y puede frenar la acción de la histamina[13].

oliva) para asegurar una buena dosis de vitamina E y llevar un aporte importante de pescado[13].

14.2_Diagnóstico

- La *auscultación*: la presencia de sibilancias en la auscultación es importante para el diagnóstico.
- Las *pruebas de función respiratoria* (espirometría): con la espirometría se puede medir la velocidad a la que una persona expulsa el aire (flujo aéreo). En el momento de una crisis esta prueba demuestra la obstrucción al flujo aéreo que mejora significativamente, y a veces del todo, con broncodilatadores.

La diferencia principal con el enfisema o la bronquitis crónica producida por el tabaco, es que en estas personas la obstrucción al flujo aéreo no es reversible.

14.3_Tratamiento

El asma no es una enfermedad curable en la actualidad, es crónica, pero con el tratamiento adecuado los síntomas pueden desaparecer durante periodos de tiempo muy largos.

Los objetivos a conseguir con el tratamiento es reducir los periodos de crisis, evitar los episodios de tos nocturna y de sibilancias, además de reducir el uso de medicamentos de rescate. Se debe controlar el asma a largo plazo y no tratarla como una enfermedad que se caracteriza por ataques agudos intermitentes. Se considera que el uso excesivo del medicamento de alivio rápido indica que el asma del paciente no está controlada.

La vía inhalada es la mejor alternativa en el tratamiento del paciente con asma, ya que distribuye el medicamento directamente a los bronquios. Los dos fármacos principales son los corticoides inhalados (son los antiinflamatorios más potentes y eficaces) y los broncodilatadores vía inhalatoria.

- *Los corticoides inhalados*: son el medicamento más importante en el tratamiento del asma, puesto que el tratamiento de la inflamación es la parte más importante. Por vía inhalatoria, son eficaces y tienen ventajas muy importantes frente a los corticoides que se administran por vía oral, intramuscular o endovenosa, las dosis que se necesitan son muy bajas al ir directamente a los bronquios y por lo tanto tienen menos efectos secundarios.
- *Los broncodilatadores vía inhalatoria*: existen dos tipos fundamentales según la duración de su acción, los broncodilatadores de acción prolongada y los broncodilatadores de de acción corta, que se reservan para aliviar los síntomas de necesidad urgente (sensación de ahogo, tos). El objetivo es tener el asma controlada para que los pacientes recurran a los broncodilatadores de acción corta en muy contadas ocasiones.

Para las personas que tienen síntomas de forma muy esporádica, suele bastar con broncodilatadores. Por lo tanto el tratamiento del asma tiene dos tipos de tratamiento según las necesidades de la persona:
- Tratamiento *de rescate:* fármacos específicos para un alivio rápido o detenimiento de los síntomas, debiendo ser utilizado exclusivamente para el alivio de los síntomas de una crisis asmática o una exacerbación.
- Tratamiento *de control:* son los fármacos que se toman por periodos prolongados e incluso hay pacientes que los necesitan todos los días. Son fármacos que intentan prevenir los síntomas.

Para el asma que tiene componente alérgico se utilizan los antihistamínicos y la inmunoterapia (vacunas). No obstante, lo más eficaz en el tratamiento de las alergias es evitar o reducir en lo posible la exposición a los alergenos que la causan.

Los especialistas en Neumología indican que hay enfermedades, como el reflujo gastroesofágico y la sinusitis crónica, que pueden agravar o causar asma, por lo que es importante descartarlos en casos de asma que no responde al tratamiento usual. Indiscutiblemente, las personas con asma deben abstenerse completamente de fumar, puesto que el humo del tabaco es un irritante que produce inflamación de los bronquios.

Hay que tener en cuenta que el niño y el adolescente asmático pasan aproximadamente un tercio de todo su tiempo en el entorno escolar, por lo que es muy probable que durante eses tiempo sufra una manifestación de su enfermedad y deba ser atendido. Ante esto cabe destacar que los profesores admiten no estar preparados para afrontar una crisis asmática, pero alrededor del 30% de los profesores han tenido que atender a algún alumno con una crisis asmática en horario escolar. Este dato es uno más de los muchos que confirman la importancia de la presencia de una enfermera en el centro escolar.

El asma es la primera causa de absentismo escolar debido a enfermedad y es en otoño cuando se producen un mayor número de crisis asmáticas que precisan hospitalización. El otoño provoca un gran número de crisis asmáticas debido a que los niños y adolescentes están más expuestos a infecciones virales respiratorias que se transmiten con facilidad. La gran cantidad de alérgenos ambientales que hay al final del verano y el estrés de volver a la escuela, que también agrava los síntomas de la enfermedad, hacen que septiembre sea un mes especialmente relevante en crisis asmáticas.

15_ La diabetes mellitus, la hipertensión arterial y las hiperlipemias

Debemos trabajar en la prevención de estas enfermedades con los jóvenes y sus familias por la gran incidencia que tienen en nuestra sociedad actual. Estas patologías son unas de las principales causas de enfermedad crónica y muerte prematura en la mayoría de países. Tienen graves complicaciones y son muy costosas, están amenazando con abrumar a los sistemas de salud de todo el mundo, ya que están absorbiendo un porcentaje de recursos cada vez más importante y la tendencia muestra que se seguirán incrementando en el futuro. Los gobiernos que hoy inviertan en la prevención, se ahorrarán en el futuro los costes tan elevados que supone la atención crónica de estas patologías y sus complicaciones.

15.1_ La diabetes mellitus

La diabetes mellitus se caracteriza fundamentalmente por la presencia de elevadas concentraciones de glucosa en sangre (hiperglucemia), debido a la alteración en la acción de la insulina o ausencia de esta hormona, que es producida y secretada por las células β de los islotes de Langerhans del páncreas, para permitir la captación de glucosa por los tejidos que la utilizan como energía (la insulina es una hormona producida por el páncreas para controlar la glucemia).

Los síntomas principales de la diabetes mellitus son:
- Emisión excesiva de orina (poliuria).
- Aumento anormal de la necesidad de comer (polifagia).
- Incremento de la sed (polidipsia).
- Cansancio.
- Irritabilidad.
- Pérdida de peso sin razón aparente.

Hay tres grandes tipos de diabetes, cada una con diferentes causas y con distinta incidencia:
- *Diabetes mellitus tipo 1*: generalmente se diagnostica en la infancia o la adolescencia. Se le confiere un carácter autoinmune, es decir, el fallo original está en el sistema inmunitario, las células β del páncreas son atacadas y destruidas. El desencadenamiento de este ataque autoinmune se produce por una combinación de factores genéticos y ambientales. Entre los factores ambientales, los virus parecen los causantes más probables. El tratamiento siempre es muy personalizado e incluye tres pilares básicos: un plan especial de alimentación, un programa de actividad física y un tratamiento farmacológico, que en este tipo de diabetes es insulina inyectada.
- *Diabetes mellitus tipo 2*: es la diabetes mellitus más común y generalmente se presenta en la edad adulta, aunque en la actualidad se está diagnosticando cada vez más en personas jóvenes debido a la creciente obesidad y a la falta de ejercicio físico.

    En esta diabetes se produce una resistencia del cuerpo a la acción de la insulina y una secreción inadecuada de insulina por las células encargadas de su producción en el páncreas (las células del páncreas todavía producen insulina, pero pueden haber perdido su capacidad de reponer el suministro de insulina rápidamente, cuando es necesario). Esta diabetes tiene un componente genético, pero posiblemente para que aparezca también debe acompañarse de factores ambientales, relacionados fundamentalmente con los hábitos de vida: sedentarismo y alimentación inadecuada. El tratamiento debe ser muy personalizado e incluye un plan

especial de alimentación, un programa de actividad física y en la mayoría de los casos también fármacos por vía oral (hipoglucemiantes orales). La insulina puede ser necesaria en situaciones de cetosis, descompensaciones como consecuencia de infecciones, traumatismos, intervenciones quirúrgicas, etc.
- *Diabetes gestacional*: se producen niveles altos de glucemia durante el embarazo en una mujer que nunca antes había padecido diabetes. Generalmente esta diabetes suele desarrollarse durante la segunda mitad del embarazo y en la mayor parte de los casos el nivel de glucosa en la sangre retorna a la normalidad después del parto. La diabetes gestacional puede no causar síntomas, por lo que a todas las mujeres embarazadas se les realiza una prueba oral de tolerancia a la glucosa entre las semanas 24 y 28 del embarazo, para detectar o descartar la diabetes gestacional.

  El tratamiento, como en todos los tipos de diabetes, debe ser muy personalizado e incluye los tres pilares básicos del tratamiento: un plan especial de alimentación, un programa de actividad física y un tratamiento farmacológico, que en este tipo de diabetes es insulina inyectada.

  La causa de la diabetes gestacional no está aún clara en la actualidad, se cree que ocurre cuando las hormonas del embarazo interfieren con la capacidad del organismo de utilizar su propia insulina (resistencia a la insulina). Como factores de riesgo pueden estar: tener más de 30 años al quedarse embarazada, tener antecedentes familiares de diabetes, un parto previo de un bebé con un peso por encima de 4 kg y obesidad.

Los niveles de glucemia en sangre

El nivel normal de glucosa en la sangre en ayunas se considera entre 80 y 120 mg/dl. Para saber el nivel de glucosa en sangre se realiza una sencilla prueba. Esta prueba se realiza con un medidor de glucosa, "glucómetro", y con una gota de sangre obtenida mediante un pequeño pinchazo en el dedo. Se puede realizar en la consulta de la enfermera en nuestro centro de salud. El diagnóstico también puede realizarse midiendo la glucosa y los cuerpos cetónicos (acetona) en la orina, con una tira reactiva. En general, no existe glucosa en la orina si el nivel de glucosa en la sangre es inferior a 180 mg/dl.

La diabetes mellitus se diagnostica inicialmente mediante la determinación de glucosa en ayunas, actualmente se considera patológico un valor repetido de glucosa igual o mayor de 126 mg/dl. En un examen de glucosa aleatorio (sin ayunar) se sospecha la existencia de diabetes si hay niveles próximos a 180 mg/dl. En casos dudosos se recurrirá a la realización de una curva de glucosa (determinación de glucosa en sangre de forma seriada) tras la toma de un preparado con 75 g de glucosa.

Factores de riesgo que debemos evitar:
- La obesidad.
- La hipertensión.
- Hiperlipemias (exceso de colesterol y exceso de triglicéridos).
- El sedentarismo.

- El estrés.
- Automedicarse sin control médico.
- Consumo de drogas (tabaco, alcohol...). El consumo de alcohol se relaciona de manera importante con la aparición de diabetes.

Complicaciones agudas de la diabetes mellitus:

- *Hipoglucemia*: disminución de los niveles de glucosa en sangre. Unos niveles en sangre por debajo de 55 mg/dl deben ser muy preocupantes. Pueden ser consecuencia de ejercicio físico no habitual o sobreesfuerzo, exceso en la dosificación de los fármacos empleados, ingesta insuficiente de hidratos de carbono, diarreas o vómitos, interacciones con fármacos administrados simultáneamente, etc. Los síntomas pueden comenzar siendo leves como dolor de cabeza, sensación de ansiedad, debilidad, nerviosismo o irritabilidad, y llegar a ser más severos como mareos, náuseas, vómito, palidez, sudoración fría, sensaciones anormales, lenguaje confuso, desorientación. Si se sospecha o se identifica una hipoglucemia, la primera ayuda será dar a la persona una bebida con azúcar (agua con azúcar...), una cucharada o terrón de azúcar o un caramelo. Después buscar ayuda especializada. Si la persona tiene algún grado de disminución de la conciencia o se resiste a ser ayudado, no se le debe obligar por el riesgo de asfixia.
- *Hiperglucemia*: elevación de los niveles de glucemia. Niveles por encima de los 120 mg/dl en ayunas o por encima de 180 mg/dl después de las comidas deben considerarse preocupantes. Puede ser debido a infecciones, alimentación inadecuada, por una dosificación incorrecta en el tratamiento farmacológico empleado, por el uso de fármacos capaces de elevar los niveles de glucosa en sangre como ocurre con los glucocorticoides, etc. Cuando los niveles de glucemia suben, es que no se dispone de insulina, los tejidos no pueden captar glucosa y el organismo comienza a metabolizar grasas y proteínas y se producen cuerpos cetónicos. Un excesivo nivel de cuerpos cetónicos produce cefaleas, nauseas, vómitos y dolor abdominal. También se produce irritabilidad, un aumento de la frecuencia y la profundidad respiratoria, poliuria, polidipsia, deshidratación que se aprecia por sequedad de mucosas y mala turgencia cutánea. Pero la diferenciación entre los síntomas que se producen ante una hipoglucemia y una hiperglucemia en un paciente en muchas ocasiones es muy difícil. La evolución hacia un coma en la hiperglucemia es habitualmente más lenta que en la hipoglucemia. Hay que mirar los niveles de glucemia con un "glucómetro", corregir la deshidratación ofreciendo agua y buscar ayuda especializada.

Solamente en el caso de que los síntomas se agraven considerablemente, no encontremos ayuda especializada, no dispongamos de un "glucómetro" y ante la posibilidad de que en realidad se trate de una hipoglucemia, se dará un caramelo a la persona o un poco de azúcar para valorar si mejora. Siempre que la persona mantenga el nivel de conciencia, de lo contrario debemos recordar que hay riesgo de asfixia.

- El *coma diabético*: la persona sufre una alteración de la conciencia debido a un nivel de glucosa en sangre muy elevado o muy bajo. Es una urgencia médica, pone en peligro la vida de la persona.

Otras complicaciones de la diabetes

La hiperglucemia crónica se asocia, a largo plazo, con la aparición de complicaciones microvasculares, macrovasculares y neuropáticas. Se producen por unos niveles glucémicos elevados durante mucho tiempo, es decir, por un mal control de la diabetes:
- Retinopatías (daño en la retina que puede ocasionar ceguera).
- Nefropatías (daño renal que puede llevar a la insuficiencia renal).
- Enfermedades cardiovasculares (infarto agudo de miocardio, trombosis).
- Neuropatía diabética (lesiones en el tejido nervioso).
- Pie diabético (neuropatía diabética y alteración macrovascular): riesgo de úlceras en los pies y amputaciones.

Existen principalmente tres tipos de neuropatía diabética:
- *Neuropatía de predominio sensitivo*: alteraciones de la sensibilidad. Lo más frecuente es la pérdida de sensibilidad dolorosa y térmica y/o disminución del sentido del tacto, principalmente en piernas y pies. También son frecuentes los calambres musculares, entumecimiento, hormigueo o sensación de ardor en las extremidades.
- *Neuropatía motora*: afectación del control del movimiento y la función muscular. Manifestada por debilidad en brazos y piernas, el trastorno puede dar lugar a alteraciones en la forma de caminar y mal alineamiento de las articulaciones, fundamentalmente en los pies.
- *Neuropatía del sistema nervioso autónomo*: afecta al funcionamiento de órganos internos y vasos sanguíneos por deteriorarse aquellos nervios que están encargados de actuar sobre ellos. Los síntomas varían dependiendo del nervio o nervios afectados.
  Los síntomas pueden ser: mareos, sobre todo después de incorporarse de forma demasiado rápida, náuseas y vómitos después de las comidas, problemas al orinar, disfunción eréctil en los varones.

Hay diferentes tipos de insulina, todas de origen humano[18], que pueden dividirse en categorías, basadas en el comienzo de acción, en el pico máximo de actividad y en la duración de los efectos. Tenemos principalmente 4 categorías: la insulina de acción rápida, la insulina de acción intermedia, la insulina de acción prolongada y las mezclas, que son combinaciones de insulina de acción rápida con insulinas de acción intermedia en diferentes proporciones.

La vía de administración de las insulinas es habitualmente la subcutánea (el tejido subcutáneo se encuentra entre la piel y el músculo que se halla en la profun-

---

18. Actualmente todas las insulinas son de origen humano. Al principio se utilizaba insulina porcina y bovina (muy similar a la humana), en la actualidad son las insulinas humanas biosintetizadas (tecnología ADN-recombinante) las únicas comercializadas.

didad) y, en situaciones de urgencia, pueden emplearse insulinas especiales que se administran de forma intravenosa.

No existen insulinas que puedan administrarse oralmente. La insulina administrada oralmente no es eficaz, al ser degradada en estómago y duodeno.

Numerosos estudios han demostrado la relación que existe entre el estado emocional y el control metabólico de la diabetes. Los trastornos emocionales ocasionan una alteración en la velocidad de utilización de la glucosa (se produce un aumento de la secreción de hormonas contrareguladoras, por ejemplo, corticoides y catecolaminas suprarrenales).

Recomendaciones dietéticas para los diabéticos

La dieta en el diabético es uno de los pilares fundamentales para el control de la glucemia, debiendo ser recomendaciones dietéticas muy personalizadas en cuanto a combinación de alimentos y su cantidad. Se debe tener en cuenta: la edad, el estado de salud, otras patologías, que el tratamiento farmacológico sea con insulina o con antidiabéticos orales, etc. Las recomendaciones dietéticas deben ser estrechamente vigiladas por un experto en diabetes (endocrino, enfermera experta en diabetes).

Como recomendación general, unas normas básicas pueden ser:
- Control de los hidratos de carbono de absorción rápida (azúcar, miel, fruta y leche).
- Consumo adecuado de hidratos de carbono de absorción lenta (legumbres, pasta, arroz, pan y patatas).
- Minimizar el consumo de grasas saturadas (manteca, mantequilla y grasa de la carne).
- Consumo adecuado de grasas insaturadas: aceite de oliva, rico en ácido oleico (ácido graso monoinsaturado) y frutos secos.
- Se hace muy importante que exista un consumo adecuado de proteína (pescado, carne, huevos, frutos secos, lácteos y legumbres).
- Abundante fibra. Se recomienda tomar vegetales a diario. Los cereales deben ser preferiblemente integrales (pan integral y arroz integral).
- Productos lácteos desnatados.
- Litro y medio de agua al día.
- Se recomiendan 5 comidas al día (desayuno, media mañana, comida, merienda y cena).

En la diabetes se debe tener en cuenta un mineral importante: el cromo. Su función principal es participar en la regulación de la insulina, a través de la unión con sus receptores titulares. Esta función fue descubierta en 1977 cuando los signos y síntomas de diabetes en un paciente alimentado con nutrición parental total, remitieron al aportar cromo suplementario. Entre los alimentos con alto contenido en cromo se encuentran las setas, la levadura de cerveza y los cereales integrales (pues el refinado de los cereales elimina la mayor parte de este mineral). Tienen un contenido moderado de cromo las carnes, frutas y verduras. Su deficiencia produce intolerancia a la glucosa (una forma de prediabetes), además de irregularidades adicionales en el metabolismo de la glucosa y lípidos. También puede causar hipercolesterolemia.

15.2_La hipertensión arterial (HTA)

La tensión arterial es la presión de la sangre que circula por las arterias. Como consecuencia de varios factores: la fuerza del corazón, la elasticidad de la aorta y arterias principales, la resistencia de los vasos pequeños y por supuesto al volumen de sangre contenida dentro del sistema vascular, se genera esa presión arterial con un valor máximo o tensión arterial sistólica y un valor mínimo o tensión arterial diastólica.

La medición de la tensión arterial se debe realizar en posición de sentado y en un ambiente tranquilo, nunca después de un esfuerzo o actividad física. La temperatura ambiental debe ser adecuada, alrededor de 20 a 21ºC. Se recomienda también no haber ingerido en los 30 a 45 minutos previos tabaco, café o alcohol.

Es recomendable realizar tres mediciones y extraer la media de las tres antes de diagnosticar una hipertensión arterial.

El manguito de la tensión (esfingomanómetro) se coloca en el brazo, debiendo estar situado a nivel del corazón y ajustado perfectamente. El esfingomanómetro aplica una presión sobre el brazo hasta que obstaculiza la circulación arterial. Auscultando sobre la flexura del codo, el esfingomanómetro comienza a deshincharse reduciendo la presión que ejerce sobre el brazo, hasta que llega un momento que se reinstaura el flujo arterial escuchándose de nuevo el latido indicando la tensión arterial sistólica. La presión del esfingomanómetro sigue descendiendo hasta que desaparece cualquier presión sobre las arterias, disminuyendo la intensidad del latido escuchado, es entonces cuando se determina la cifra de la tensión arterial diastólica.

Existe hipertensión arterial cuando los valores objetivados en una persona están por encima de los límites normales. Esos límites no son iguales para todos, varían dependiendo de la edad, sexo y raza.

Se considera una tensión arterial normal cuando la sistólica se sitúa entre 120 y 140 mmHg y la diastólica entre 80 y 90 mmHg. Se recomienda habitualmente mantener una cifra de tensión arterial alrededor de 120/80 mmHg. Esos límites cambian con la edad y el sexo. En personas por encima de los sesenta años puede considerarse "tolerable" una tensión arterial sistólica hasta 160 mmHg pero en los jóvenes por debajo de los veinte años se recomienda una cifra alrededor de 100 a 110 mmHg. Las mujeres suelen tener unas cifras de tensión arterial sistólica y diastólica algo más bajas (con una diferencia de unos 5 a 10 mmHg).

Los valores de normalidad tensional han ido variando en los últimos años hacia cifras más bajas. En la actualidad, para adultos mayores de 18 años, se han establecido cuatro niveles de tensión arterial: TA optima (< 120/80), TA normal (< 130/85), TA normal-elevada (130-139/85-89), Hipertensión (> 140/90).

Hay que tener en cuenta que la TA sigue un ritmo circadiano con dos periodos más elevados (de 09:00 a 12:00 y de 19:00 a 21:00) y dos periodos más bajos (de 15:00 a 17:00 y de 02:00 a 04:00).

Hay dos tipos de hipertensión arterial:
- *Hipertensión arterial esencial*: es el tipo de hipertensión arterial más frecuente. Suele tener un debut por encima de los 50 años y existen habitualmente antecedentes familiares de hipertensión. Los factores de riesgo para padecer una hipertensión arterial esencial son: antecedentes familiares de hipertensión, el estilo de vida (estrés, consumo de drogas), la dieta (rica en sal o en grasas), la falta de ejercicio físico (sedentarismo), las alteraciones metabólicas (principalmente en relación con los lípidos) y la obesidad.
- *Hipertensión arterial secundaria*: es aquella hipertensión causada por un problema de salud ya existente en ese momento, puede ser por una enfermedad renal, arteriosclerosis, una malformación vascular, etc.

Factores de riesgo que debemos evitar:
- La obesidad.
- El sedentarismo.
- La dieta alta en grasas saturadas (pues ocasiona problemas cardiovasculares y ateroesclerosis).
- La ingesta elevada de sal (produce retención de agua y aumenta el caudal sanguíneo).
- El estrés.
- El consumo de drogas (tabaco, alcohol…).

Órganos afectados por la hipertensión arterial:
- Corazón (insuficiencia cardiaca e infarto agudo de miocardio).
- Cerebro (trombosis, embolias y hemorragias cerebrales).
- Ojos (retinopatía hipertensiva).
- Riñones (insuficiencia renal).
- Extremidades inferiores (úlceras vasculares y claudicación intermitente).

Tratamiento de la hipertensión arterial

Para tratar la hipertensión arterial en primer lugar se debe actuar sobre los factores implicados en su aparición. Evitar el sedentarismo, hacer un ejercicio físico suave y aeróbico, controlar el peso, seguir unas recomendaciones dietéticas, controlar el nivel de estrés y eliminar cualquier hábito tóxico. Es decir, actuar sobre los factores de riesgo. Si estas medidas no son suficientes, se recurre a un tratamiento farmacológico.

Existe una gran variedad de medicamentos para el tratamiento de la hipertensión arterial. Se empieza habitualmente por un tipo de medicamento y si no es suficiente se asocia otro. Cada vez más se está recurriendo al empleo combinado de medicamentos a dosis bajas. De esta forma se intentan reducir los efectos secundarios y mejorar la eficacia al combinar diferentes mecanismos de acción. El tratamiento farmacológico ideal para la persona es aquel que consigue regular la tensión arterial a lo largo de todo el día, con un mínimo número de pastillas, con una tolerancia perfecta y sin efectos secundarios.

Recomendaciones dietéticas a los hipertensos

Debemos conseguir una dieta baja en sodio y alta en potasio. La dieta rica en potasio favorece la excreción urinaria de sodio. Por lo que se debe suprimir la sal de los aliños, cocinar sin sal o cocinar con muy pequeñas cantidades de sal y moderar al máximo los alimentos que contienen sal incorporada. Se aconseja cocinar con hierbas aromáticas (perejil, orégano, tomillo) y otros condimentos como la pimienta y el ajo. Para asegurar un aporte adecuado de potasio, se debe aumentar el consumo de frutas y vegetales en general. Otro punto a tener en cuenta es que una dieta baja en calcio[19] y magnesio[20] son factores de riesgo de hipertensión.

Se debe evitar:
- El sobrepeso y la obesidad. El exceso de peso, especialmente entre personas de menos de 40 años, provoca una mayor incidencia de hipertensión.
- Cafeína, tabaco y alcohol.
- El consumo elevado de grasas saturadas.
- Sal.
- Cubitos de caldo (generalmente son muy altos en sal).
- Conservas saladas.
- Alimentos precocinados (generalmente son muy altos en sal).
- Embutidos.
- Quesos salados.
- Patatas fritas envasadas (que tengan sal).
- Helados, pastelería.
- Palomitas de maíz (que tengan sal).
- Bicarbonato y sales de frutas como antiácidos.

Alimentos beneficiosos:
- Verduras y hortalizas.
- Legumbres.
- Frutas.
- Productos integrales.

---

19. Alimentos ricos en calcio: productos lácteos principalmente, pero el calcio también lo encontramos en el calamar, gambas y langostino, los cítricos (naranjas, mandarinas, limones), moras, fresas, fresones, las aceitunas y algunas verduras y hortalizas como las espinacas, brécol, endibias, perejil y zanahorias.
20. Alimentos ricos en magnesio: el cacao, los frutos secos, las legumbres, germen de trigo, arroz integral, pan integral, acelgas, guisantes y perejil.

- Frutos secos sin sal.
- Alimentos ricos en calcio.
- Alimentos ricos en magnesio.
- Aceite de oliva.
- Pescado (rico en ácidos grasos Omega 3).

15.3_Las hiperlipemias

Las grasas que consumimos en nuestra alimentación, también denominadas lípidos, tienen funciones esenciales para el organismo:
- Fuente de combustible para los procesos metabólicos del cuerpo.
- Reserva energética: las grasas pueden ser almacenadas en las células adiposas para su uso en cualquier momento.
- Transporte de las vitaminas liposolubles (A, D, E, K).
- Son muy relevantes para la síntesis de hormonas.
- Las células adiposas también aíslan el cuerpo del frío y ayudan a protegerlo de las lesiones (capa protectora de los órganos vitales frente a los traumatismos físicos).
- Las grasas son componentes esenciales de las membranas celulares, de la vaina de mielina que envuelve a las fibras nerviosas y de la bilis.

Las hiperlipemias son alteraciones del metabolismo de las grasas, se aumentan los niveles normales de lípidos en la sangre, fundamentalmente colesterol y/o triglicéridos por ser las dos principales sustancias grasas presentes en la sangre.

El colesterol y los triglicéridos provienen de la alimentación y de la síntesis por parte del hígado. Ambos tipos cumplen diferentes misiones fisiológicas en el organismo, pero cuando su producción es excesiva o su metabolismo deficiente se produce una acumulación, que constituye un importante factor de riesgo para el desarrollo de arteriosclerosis, cardiopatía isquémica (angina de pecho, infarto de miocardio), enfermedad cerebrovascular (accidentes vasculares cerebrales) y trastornos de la circulación de las extremidades inferiores.

- El colesterol es una sustancia esencial para el organismo e imprescindible para la vida. Entre sus funciones está ser precursor de las hormonas córtico-adrenales, ováricas y testiculares, forma parte de las membranas celulares, es imprescindible para la formación de la bilis y la vitamina D y es un componente importante en la vaina de mielina.
- Los triglicéridos al igual que el colesterol son esenciales para el organismo. Se consumen como combustible aportando energía al organismo y sus ácidos grasos constituyen las células del cuerpo. Las grasas se adhieren a ciertas proteínas para desplazarse con la sangre, formando las lipoproteínas. Existen distintos tipos de lipoproteínas, las más importantes son los quilomicrones, las partículas LDL, HDL y VLDL.
- Los quilomicrones son las primeras lipoproteínas que hacen posible el transporte de la grasa. Se sintetizan (se forman) en las células del intestino delgado y recogen desde allí triglicéridos, colesterol y fosfolípidos

ingeridos en la dieta transportándolos por la sangre hacia los tejidos. Los quilomicrones están compuestos en un 90% principalmente por triglicéridos, el 10% restante son colesterol, fosfolípidos y proteínas especializadas llamadas apoproteínas. Estas apoproteínas tienen entre otras funciones una muy importante, que es la estabilización de las moléculas de lípidos en un entorno acuoso como es el plasma sanguíneo. Los quilomicrones transportan triglicéridos como fuente de energía a los tejidos que lo necesitan.

- Las partículas LDL son las que transportan colesterol a los tejidos. Se generan cuando se descomponen otras lipoproteínas (principalmente VLDL) en la sangre o por síntesis en el hígado. Cuando el colesterol unido a las LDL supera ciertos valores, es el llamado "colesterol malo", tiende a depositarse en la pared de las arterias formando las placas de ateroma, la aterosclerosis.

  Cabe resaltar que esta clasificación de "colesterol malo" no debe ser entendida literalmente, puesto que las LDL cumplen una función importante en el organismo. El problema viene cuando hay un exceso, pues tiende a depositarse en la pared de las arterias y resulta dañino.

- Las partículas HDL transportan el exceso de colesterol de los tejidos del cuerpo al hígado donde es reutilizado. Su misión, por tanto, es muy beneficiosa y evitan que el colesterol se deposite en otros·lugares. Al colesterol unido a las HDL se le llama popularmente "colesterol bueno" pues se considera un factor protector de enfermedades cardiovasculares.

- Las partículas VLDL transportan triglicéridos y ésteres de colesterol principalmente. Son precursoras de las LDL. Tienen la función principal de distribuir triglicéridos a diferentes tejidos, tales como el tejido adiposo y al músculo esquelético, donde se almacenan como fuente de energía. Se consumen principalmente cuando se hace ejercicio físico.

Llamamos hipertrigliceridemia al aumento de la concentración de triglicéridos en sangre por encima de los niveles considerados normales. Hipercolesterolemia, al aumento del colesterol en sangre por encima de los niveles considerados normales y las hiperlipemias mixtas son las que aumentan tanto el colesterol como los triglicéridos.

¿Cuáles son las causas?

Este aumento en los niveles normales de lípidos plasmáticos se puede deber a la dieta inadecuada, el estilo de vida y la síntesis endógena, por lo que se puede decir que en las hiperlipemias pueden intervenir factores hereditarios y dietéticos, junto a otros relacionados con la actividad física. También se pueden producir como consecuencia de otra enfermedad o de la toma de determinados medicamentos. Hay numerosas enfermedades que cursan con hiperlipemia como la diabetes mellitus descompensada, hipotiroidismo, síndrome nefrótico, ictericia obstructiva, anorexia nerviosa, lupus eritematoso, abuso de alcohol, tratamiento con gestágenos, con beta bloqueantes, etc.

Los valores de lipoproteínas, particularmente el colesterol LDL, aumentan con la edad. Son normalmente más altos en los varones que en las mujeres, pero en éstas comienzan a elevarse después de la menopausia.

Cuando las hiperlipemias tienen un componente hereditario se las llama entonces hipercolesterolemia familiar, hipertrigliceridemia familiar e hiperlipemia familiar combinada. Ante el caso de un diagnóstico de hiperlipemia, se debe investigar si existen antecedentes familiares, pues siempre se hace necesario evaluar la posibilidad de que la hiperlipemia diagnosticada pueda ser hereditaria. Las personas con hipercolesterolemia familiar tienen mayor probabilidad de presentar ateroesclerosis y cardiopatías a una edad más temprana de lo normal.

Diagnóstico de las hiperlipemias

En la mayoría de los casos la elevación de grasas es asintomática (no provoca síntomas). Algunas veces, cuando los valores son particularmente altos, los depósitos de grasas forman abultamientos en los tendones y en la piel denominados xantomas.

Para efectuar el diagnóstico es necesario realizar un análisis de sangre (una extracción de sangre con un ayuno previo mínimo de 12 horas). Es importante tener en cuenta la posible interferencia de medicaciones o de enfermedades previas como infecciones o intervenciones quirúrgicas, que de por sí alteran el metabolismo de las grasas.

Se debe tener en cuenta que las hiperlipemias se pueden presentan a cualquier edad. Las hiperlipemias familiares pueden manifestarse a edades muy tempranas.

Valores considerados normales

La concentración de colesterol total y la de triglicéridos deben ser inferiores a 200 mg/dl (miligramos por decilitro), los valores del colesterol LDL deben ser inferiores a 130 mg/dl, mientras que los valores del colesterol HDL deben ser superiores a 40 mg/dl.

Una vez se observan niveles elevados de lípidos tras una extracción de sangre con un ayuno previo mínimo de 12 horas, debe investigarse la posible causa o causas para poner el tratamiento adecuado.

Tratamiento

Las personas que presentan una hiperlipemia deben seguir un adecuado tratamiento personalizado, en cuyo cumplimiento debe implicarse seriamente no sólo el paciente sino también su familia.

- Es necesario conseguir una cifra de peso lo más próxima posible a la normalidad, debiéndose evitar tanto el sobrepeso u obesidad como la delgadez.
- No beber alcohol. El abuso de alcohol es una de las causas importantes de aumento de los triglicéridos.
- Suprimir totalmente el tabaco. El tabaco disminuye los valores de HDL en la sangre y aumenta de forma significativa el vasoespasmo arterial. Estos efectos junto con el deterioro endotelia[21] que produce, son razones suficientes para aconsejar a la persona con hiperlipemias el abandono total del consumo de tabaco.
- Se deben seguir unas recomendaciones dietéticas personalizadas.
- Realizar ejercicio físico de forma habitual. Este ejercicio físico será adecuado a la edad, al estado de salud general y la forma física de la persona. El ejercicio ayuda a disminuir las concentraciones en sangre de triglicéridos, colesterol LDL y aumentar las de colesterol HDL.
- Si después de la aplicación de estas medidas higiénico-dietéticas durante un período mínimo de tres meses, persiste la hiperlipemia, el médico valorará la necesidad de recurrir también al tratamiento farmacológico.

Alimentos ricos en colesterol: debemos recordar que sólo los alimentos de origen animal contienen colesterol. Haciendo una lista de los alimentos más ricos en colesterol en miligramos por cada 100 gramos de alimento, tenemos:

- Sesos: 2.000 mg.
- Riñones: 400 mg.
- Hígado: 300 mg.
- Paté de hígado: 300 mg.
- Huevo entero: 500 mg.
- Mantequilla: 250 mg.
- Bollería elaborada con grasa de origen animal: 130 a 250 mg.
- Embutidos: 100 mg.
- Queso curado: 100 mg.
- Queso fresco: 97 mg.
- Crema de leche: 100 mg.
- Leche entera: 14 mg.
- Leche semidesnatada: 9mg.
- Langosta, langostino, gambas: 150 mg.
- Salmón, arenque, sardina: 70 mg.
- Calamar, sepia: 60 mg.
- Rape, merluza, lenguado, atún, caballa, almejas y mejillones: 50 mg.
- Cordero: 78 mg.
- Cerdo: 72 mg.
- Ternera: 70 mg.
- Pollo con piel: 60 mg.

---

21. El endotelio es un tipo de epitelio que recubre el interior de todos los vasos sanguíneos y el corazón.

- Conejo: 50 mg.
- Flan y natillas: 74 mg.

No todo el colesterol de los alimentos se absorbe, en esto también la naturaleza demuestra su sabiduría. En contra de lo que muchas personas piensan, una persona adulta sana podría tomar hasta 1 huevo al día y los niños 4 a la semana. La alta dosis de fosfolípidos (lecitinas) que poseen los huevos en su yema, tiene un importante efecto de inhibición de la absorción intestinal de colesterol que aporta este alimento. También existen otras sustancias presentes en los vegetales que disminuyen la absorción del colesterol de los alimentos.

Recomendaciones para evitar y controlar el exceso de colesterol

- 5 comidas al día (desayuno, media mañana, comida, merienda y cena). La alimentación fraccionada influye positivamente sobre el nivel de lípidos en sangre.
- Verduras y hortalizas en abundancia, así como también consumir alimentos crudos como fruta y ensaladas todos los días, con el objetivo de aportar a nuestra dieta altas dosis de vitaminas, antioxidantes y fibra vegetal, así como esteroles vegetales que disminuyen la absorción del colesterol en el intestino.
- Cocinar y aliñar siempre con aceite de oliva (rico en ácido oleico, vitamina E y esteroles vegetales).
- Legumbres 3 veces a la semana. Las legumbres son ricas en fibra, vitaminas (B1, B2, B3 y ácido fólico), minerales (potasio, magnesio, zinc, hierro, fósforo), lecitina[22] y esteroles vegetales, son bajas en grasa y también nos aportan proteínas vegetales e hidratos de carbono de absorción lenta.
- Cereales como el pan, arroz y pasta por ser también bajos en grasa, nos aportan hidratos de carbono de absorción lenta, vitaminas, minerales y buena proteína. Si son integrales nos aportarán más fibra a la dieta. Debemos conseguir una dieta alta en fibra[23].

    Combinando en un mismo plato legumbres y cereales (garbanzos o lentejas con arroz, pasta con guisantes, etc.) se obtienen platos altamente saludables.
- Moderar el consumo de carne, predominando las carnes blancas (pavo, conejo y pollo) sobre las rojas, siempre sin piel y quitando la grasa visible antes de su cocinado. En la piel es donde se acumula principalmente la grasa.
- Evitar derivados cárnicos como embutidos grasos, foie gras y patés.
- Evitar hígado, riñones, sesos, etc.
- Aumentar el consumo de pescado, sobre todo pescado azul, por ser muy rico en ácidos grasos Omega 3, que ayuda a rebajar los niveles de colesterol en sangre.

---

22. Las lecitinas son fosfolípidos, elevan la fracción de las HDL.
23. La fibra es como una esponja que absorbe bilis (la bilis contiene colesterol), con la fibra aumenta el tránsito intestinal y se elimina colesterol por vía rectal.

- Entre 3 y 4 huevos a la semana. Alimento rico en proteínas de la mejor calidad, vitaminas, minerales, antioxidantes, fosfolípidos.
- Frutos secos en la dieta habitual. Los frutos secos tienen sustancias antioxidantes, aceites saludables y son ricos en esteroles vegetales, vitaminas y minerales. Se les atribuye propiedades anticancerígenas, antioxidantes y protectoras del aparato cardiovascular. Reducen el colesterol total y aumentan el nivel de la lipoproteína HDL.
- No esperar a tener sed para beber agua. Debemos mantener nuestro organismo bien hidratado para que éste pueda funcionar correctamente.
- Debemos recordar que el ejercicio físico moderado y regular ayuda a mejorar los niveles de colesterol en sangre.
- El estrés mantenido conduce a estados de ansiedad, que se relaciona con un aumento de colesterol. Es importante aprender a relajarse e intentar llevar una vida más sosegada.

El colesterol que se encuentra en la sangre procede de dos fuentes: el que aporta los alimentos de origen animal que consumimos en nuestra dieta, se le llama colesterol exógeno y al colesterol que se sintetiza (que se fabrica) en el hígado, le llamamos colesterol endógeno. Cuando una persona tiene elevados los niveles de colesterol en sangre, está en sus manos intentar reducirlo con las recomendaciones anteriores, para evitar o retrasar lo máximo el tratamiento farmacológico.

Los alimentos ricos en triglicéridos son: los aceites, la manteca, la mantequilla y las carnes grasas. Pero para evitar y controlar el exceso de triglicéridos en la sangre, es necesario también moderar los alimentos que nos aportan hidratos de carbono de absorción rápida y no abusar de las proteínas.

Las recomendaciones generales para una persona con valores elevados de triglicéridos en sangre son:

- 5 comidas al día. La alimentación fraccionada influye positivamente sobre el nivel de lípidos en sangre.
- Alimentos con poca grasa. Moderar el consumo de carne, predominando las carnes blancas sobre las rojas, siempre sin piel y quitando la grasa visible antes de ser cocinada.
- Consumir productos lácteos desnatados.
- Pescados blanco y azul cocinados con poco aceite (al vapor). Los ácidos grasos omega 3 del pescado ayudan a reducir los niveles de triglicéridos en sangre.
- Moderar siempre el consumo de aceites (también el de oliva), por su alta proporción de triglicéridos.
- Consumo moderado de hidratos de carbono, principalmente los de absorción rápida, para ello suprimir el azúcar y productos azucarados y sólo una o dos piezas de fruta al día. El abuso de hidratos de carbono de absorción rápida es una de las causas importantes de aumento de los triglicéridos.

- Potenciar el consumo de verduras y hortalizas.
- Dieta alta en fibra pues ralentiza la absorción de los hidratos de carbono y las grasas.
- Debemos recordar la importancia del ejercicio físico regular.

Los triglicéridos deben estar en niveles apropiados en sangre, su exceso provoca obesidad y son un riesgo importante para las enfermedades cardiovasculares, diabetes, etc.

Se debe recordar que un nivel elevado de triglicéridos puede ser originado por un consumo excesivo de grasa, un consumo excesivo de alimentos ricos en hidratos de carbono y también por exceso de proteínas, puesto que un exceso de proteínas da paso a la fabricación de triglicéridos.

Mantener el peso correcto

Para mantener el peso correcto y no engordar debemos vigilar los ácidos grasos saturados, pero también no debemos abusar de los hidratos de carbono de absorción rápida, que proporcionan los alimentos como el azúcar, la miel, las frutas y la leche. Muchas personas mantienen dietas bajas en grasa y han engordado por un aumento en el consumo de hidratos de carbono (como las mermeladas). Al aumentar la grasa corporal, nuestro cuerpo fabrica ácidos grasos que la mayoría son saturados. Debemos recordar que el ejercicio físico debe estar presente todos los días para mantener un peso saludable.

Para conseguir y mantener nuestro peso saludable, sólo existe una fórmula eficaz, debe haber un equilibrio entre el consumo de calorías y el gasto energético, es decir, realizar una dieta diaria que nos aporte un número de calorías de acuerdo con nuestro gasto energético diario.

Niveles bajos de colesterol y/o triglicéridos en sangre

Los niveles bajos de colesterol y/o triglicéridos en sangre también deben ser valorados y estudiados por un especialista, pues en ocasiones pueden indicar la presencia de otras enfermedades: tiroides hiperactivo, anemia, desnutrición, cáncer, malabsorción de alimentos en el aparato digestivo, etc.

16_ Alertas sanitarias de interés para los adolescentes

16.1_Pérdida de audición por el MP3

Hasta 10 millones de europeos podrían perder la audición por el MP3. Un comité científico asesor de la Unión Europea, denominado Comité Científico de los Riesgos Sanitarios Emergentes y Recientemente Identificados, ha dictaminado que hasta 10 millones de europeos corren el riesgo de perder la audición de manera irreversible, por utilizar reproductores de música personales (MP3) a un volumen muy alto durante un periodo prolongado. Alerta de que los usuarios de MP3 que escuchan estos aparatos durante tan sólo cinco horas a la semana a un volumen alto (por encima de los 89 decibelios), superan ya los límites de ruido autorizados actualmente en los lugares de trabajo.

16.2_Maquillaje permanente y tatuajes

Los maquillajes permanentes[24] (micro pigmentación) y los tatuajes[25] pueden ser perjudiciales para la salud si contienen sustancias tóxicas o si presentan contaminación microbiológica. La propia realización de la técnica, así como las condiciones de los locales donde se realiza, también puede ser una fuente de riesgos para la salud.

Es importante, por tanto, que las personas que vayan a realizarse un maquillaje permanente o un tatuaje tengan conocimiento de los productos que se encuentran autorizados para ello y exijan su aplicación en establecimientos que cumplan los requisitos legales, por un profesional cualificado y en unas condiciones higiénicas adecuadas.

El Consejo Interterritorial del Sistema Nacional de Salud estableció en el año 2003 unas directrices generales sobre los requisitos y condiciones mínimas de los establecimientos donde se realizan las técnicas de tatuado y maquillaje permanente. Las comunidades autónomas han desarrollado esas directrices, regulando las condiciones que tienen que reunir estos establecimientos así como el control y supervisión de dichas actividades.

En cuanto a la cualificación de los profesionales, las comunidades autónomas han establecido igualmente la formación mínima que deben poseer las personas que lleven a cabo estas prácticas. La legislación educativa contempla el Título de Técnico Superior de Estética así como la cualificación de maquillaje integral, entre cuyos módulos formativos y unidades de competencia se encuentra el tatuado y la micropigmentación.

Los productos para maquillaje permanente (micropigmentación) y tatuaje deben obtener la autorización sanitaria de comercialización que otorga la Agencia Española de Medicamentos y Productos Sanitarios (AEMPS), en base a la evaluación de la documentación toxicológica y de calidad que presentan las empresas que desean comercializar tales productos. Sólo los productos para maquillaje permanente (micropigmentación) y tatuaje que se encuentren autorizados y anotados en el registro de la Agencia Española de Medicamentos y Productos Sanitarios pueden distribuirse y utilizarse en España.

---

24. Un maquillaje permanente consiste en una inyección intradérmica de productos colorantes e ingredientes auxiliares destinados a acentuar los contornos de la cara.
25. Tatuar es una práctica que consiste en crear sobre la piel una marca permanente o un dibujo permanente, tatuaje por inyección intradérmica de productos que contienen colorantes e ingredientes auxiliares.

Las autorizaciones tienen una validez de 5 años y pueden ser revalidadas a solicitud del responsable de la puesta en el mercado en el último semestre de su vigencia.

16.3_La henna negra

Sobre todo durante el verano, es habitual que en las playas, ferias u otros eventos al aire libre se ofrezca la realización de tatuajes temporales[26] a base de henna. En los últimos años se están introduciendo los tatuajes de henna negra.

Se añaden a la henna otros colorantes no autorizados (por ejemplo la p-fenilendiamina o PPD) con lo que se obtiene un color negro brillante, se acelera su fijación y se aumenta su duración.

Los colorantes como la p-fenilendiamina o PPD que se añaden a la henna están prohibidos en los productos cosméticos de aplicación cutánea ya que pueden desencadenar reacciones alérgicas[27] cutáneas graves y sensibilizaciones permanentes[28].

Toda persona que presente una reacción en la piel de picor y ampollas tras haberse aplicado sobre la misma un colorante negro, debería acudir a un centro sanitario.

Teniendo en cuenta la posibilidad de que se produzcan reacciones alérgicas cutáneas graves y sensibilizaciones permanentes, las características del circuito de distribución de estos productos así como los lugares donde se realizan estos tatuajes, la AEMPS advierte de los riesgos y desaconseja la realización de tatuajes temporales de color negro que utilicen como base la henna.

¿Cómo reconocer la henna negra?

La henna se obtiene de las hojas y flores de un arbusto. El polvo que se obtiene de ellas es mezclado con distintos productos hasta formar una pasta que se aplica en la piel durante varias horas. La pasta de henna natural tiene un color marrón verdoso, si el color de esta pasta es más oscuro, lo más probable es que se le hayan añadido colorantes y debería evitarse.

El color del tatuaje de henna natural es rojo castaño, mientras que en la henna negra el tatuaje es negro.

---

26. Los tatuajes temporales no se realizan mediante inyección intradérmica sino por simple aplicación sobre la piel y tienen como base una sustancia colorante denominada henna.
27. Los síntomas de la reacción alérgica que puede desencadenar este colorante van desde picor, enrojecimiento, manchas, ampollas o incluso decoloración permanente de la piel y cicatrices en la zona donde se aplicó el tatuaje. Los síntomas de esta reacción alérgica pueden aparecer hasta semanas después de su aplicación.
28. Sensibilizaciones permanentes: la persona puede quedar permanentemente sensibilizada a esta sustancia y, si entra en contacto posteriormente con este colorante (este colorante se puede encontrar en tintes de la ropa), puede desarrollar un cuadro de dermatitis alérgica por contacto, donde estos eccemas pueden llegar a requerir atención médica urgente e incluso hospitalización.

17_ Datos a destacar de bibliografía científica

17.1_Una vacuna como terapia de la enfermedad de alzheimer comenzará sus ensayos en humanos

La vacuna no previene la enfermedad pero sí se espera que frene e impida que progrese.

La empresa biotecnológica Araclon Biotech®, ubicada en Zaragoza que lleva varios años investigando sobre el diagnóstico y tratamiento de la enfermedad de Alzheimer, ha obtenido su primera Patente Europea para una vacuna como terapia de esta enfermedad. La obtención de la patente en la Unión Europea es concedida por la Oficina Europea de Patentes y Marcas.

Se comenzarán los primeros ensayos en fase I con humanos a finales de 2011 en pacientes con un estadio leve o moderado de esta enfermedad neurodegenerativa. Estos pacientes recibirán la inmunización para demostrar que la vacuna es segura y no provoca toxicidad en el ser humano.

Para el 2012 la empresa prevé comenzar una fase II de ensayos clínicos multicéntricos en varios países europeos, entre los que se encontrará España, para seguir demostrando la no toxicidad de la vacuna y los primeros síntomas de eficacia.

Araclon Biotech® espera que la vacuna llegue al mercado en los próximos 8 ó 10 años y se prevé que se administre de forma anual o bianual en los pacientes ya diagnosticados de Alzheimer.

17.2_Vacuna en fase de investigación contra el meningococo B

Muchos casos de meningitis se evitan hoy gracias a las vacunas que se administran a los niños, pero la meningitis B (causa más frecuente de meningitis bacteriana), por su mayor complejidad, sigue siendo un problema sin poder resolverse en la actualidad, pues no se dispone aún de una vacuna global.

Los esperanzadores datos que se han presentado durante la Conferencia Internacional sobre Neisserias Patógenas en Banff, Canadá, hacen pensar que pronto podremos disponer de esta ansiada vacuna. Novartis ha desarrollado la Vacuna Multicomponente para el Serogrupo B (4CMenB) que se encuentra actualmente en fase de investigación.

Los resultados del estudio clínico de Fase III indican que la vacuna Meningocócica Multicomponente para el Serogrupo B (4CMenB), en fase de investigación, tiene el potencial de convertirse en la primera vacuna de amplia cobertura contra la enfermedad invasiva por meningococo B, gracias a que se han alcanzado sus principales objetivos clínicos.

Cabe recordar que la enfermedad meningocócica invasiva es repentina y agresiva, provoca una infección de la membrana que rodea el cerebro y la médula espinal, y sepsis, una infección del torrente sanguíneo. Puede provocar la muerte a las 24-48 horas de la aparición de los primeros síntomas.

La vacuna 4CMenB se desarrolló utilizando un enfoque innovador conocido como "vacunología inversa". De forma opuesta a los métodos convencionales de producción de vacunas, la vacunología inversa decodifica la composición genética de la bacteria y describe los componentes específicos que provocan con mayor frecuencia la infección. La vacuna 4CMenB contiene múltiples componentes y está diseñada para proporcionar una respuesta inmune óptima contra la mayoría de las cepas del serogrupo B, al tiempo que da respuesta a la naturaleza en constante cambio de la bacteria.

Diseño del estudio: este estudio de Fase III, aleatorio, controlado y multicentro, incorporó a 3.630 niños sanos en centros de estudio de toda Europa. Los principales criterios de evaluación del estudio fueron determinar la consistencia de la respuesta inmune a tres lotes de 4CMenB, y valorar la inmunogenicidad y la tolerancia de tres dosis de 4CMenB administrados de forma concomitante con las vacunas rutinarias de los niños.

Los resultados muestran que la 4CMenB presenta un aceptable perfil de tolerancia cuando se ha coadministrado junto a otras vacunas habituales en el calendario pediátrico actual y la gran mayoría de los vacunados con 4CMenB junto las vacunas habituales lograron una sólida respuesta inmunológica contra todos los antígenos de la vacuna.

Todos los datos de fase III presentados en esta conferencia, forman parte de un programa clínico integral con el fin de poder demostrar que la vacuna 4CMenB puede utilizarse en todos los grupos de edad (bebés, niños, adolescentes y adultos) y también puede coadministrarse con otras vacunas habituales o bien como parte de un programa de vacunación flexible. Se esperan para otoño los resultados adicionales de Fase III obtenidos de los estudios en curso. Los datos de este programa de más de 7.500 individuos conformarán la base de la solicitud de aprobación de la vacuna que está previsto presentar en la UE a finales de año.

El programa clínico completo de la vacuna 4CmenB está formado por estudios clínicos que analizan la inmunogenicidad, la seguridad y la tolerancia de la vacuna.

Los resultados de un estudio de Fase II realizado en adultos demostraron que la 4CMenB proporciona una respuesta inmune y se tolera generalmente bien.

En los próximos meses se esperan los primeros resultados de los estudios que están en curso para confirmar la cobertura esperada de la vacuna de amplio espectro contra las cepas circulantes de MenB en diversos países. Septiembre 2010.

17.3_Gripe A/H1N1

El asesor especial para gripe de la Organización Mundial de la Salud (OMS), Keiji Fukuda, señala que la gripe A/H1N1 ha causado la muerte de 17.770 personas en 213 países, según los datos de la OMS. La mayoría de las víctimas fueron jóvenes, con una media de 37 años de edad, frente a los 75 años de las personas que mueren tradicionalmente de gripe estacional. Además, apunta que esta pandemia aún esta vigente y que la OMS necesitará otro año o tal vez dos para determinar la tasa final de mortalidad de este virus. Abril 2010.

17.4_Los 5 factores de riesgo que provocan más muertes en el mundo

La Organización Mundial de la Salud (OMS) alertó de que la malnutrición infantil, el consumo de alcohol, las prácticas sexuales de riesgo, la hipertensión arterial y la falta de higiene y la insalubridad de las aguas, son los cinco factores de riesgo que de forma directa o indirecta más muertes provocan en todo el mundo.

Según el informe **Global Health Risk**, el 25% de los 60 millones de fallecimientos que se producen anualmente están relacionados con alguno de estos factores y de hecho, si se previnieran, la esperanza de vida en todo el mundo podría aumentar una media de cinco años.

En total, se han examinado hasta 24 condicionantes que afectan a la salud de los ciudadanos, entre los que se mezclan factores medioambientales, conductuales y fisiológicos, tales como la contaminación del aire, el consumo de tabaco y la mala nutrición.

Asimismo, en el informe se destaca el efecto combinado que pueden tener esos factores, causantes de muchas muertes y enfermedades anuales que, por contra, se podrían prevenir disminuyendo la incidencia de cualquiera de ellos.

Según la OMS, en el caso de los niños, más de un tercio de las muertes infantiles se pueden atribuir a riesgos nutricionales tales como una mala alimentación, una lactancia materna inadecuada o la carencia de zinc.

Por otro lado, hasta ocho factores de riesgo son responsables por sí solos de más del 75 por ciento de los casos de cardiopatía coronaria, la principal causa de muerte a escala mundial: el consumo de alcohol, la hiperglucemia, el consumo de tabaco, la hipertensión arterial, un índice de masa corporal elevado, la hipercolesterolemia, una baja ingesta de frutas, verduras y hortalizas y la falta de actividad física. Además, la mayoría de esas defunciones se registran en los países en desarrollo.

Los entornos insalubres y peligrosos causan el 25 por ciento de las muertes en la infancia.

Del mismo modo, hay hasta nueve riesgos medioambientales y conductuales responsables, del 45% de las muertes por cáncer en todo el mundo, mientras que casi el 71% de los fallecimientos por cáncer de pulmón están causados por el tabaquismo.

En los países de ingresos bajos, una serie de carencias nutritivas fácilmente remediables son la causa de que uno de cada 38 recién nacidos muera antes de cumplir los cinco años. De hecho los factores de riesgo prevenibles disminuyen en casi 7 años la esperanza de vida a nivel global y en más de 10 en la región de África.

Por otro lado, el informe advierte de que algunos factores de riesgo, como el tabaco, la obesidad o el sobrepeso, que tradicionalmente estaban asociados con países desarrollados o de altos ingresos, se han extendido a otros países, ya que el 75 por ciento de la carga sanitaria global que acarrean se localiza en países en desarrollo.

Según los datos de la OMS, la hipertensión es responsable del 13% de todas las muertes a escala mundial, seguida del consumo de tabaco (9%), niveles altos de glucosa en sangre (6%), la inactividad física (6%) y el sobrepeso o la obesidad (5%). De hecho, el aumento en la actualidad de estos factores de riesgo ha hecho que aumenten las enfermedades cardiovasculares, la diabetes o el cáncer, con independencia del nivel de ingresos de un país. Septiembre 2009.

17.5_Las cabinas bronceadoras

La Agencia Internacional de Investigación sobre el Cáncer de la Organización Mundial de la Salud (OMS) ha clasificado las cabinas bronceadoras de rayos ultravioleta en la primera categoría de riesgo de cáncer, el grupo 1 de carcinogénicos para humanos. Se publican sus conclusiones en la revista **The Lancet Oncology**.

El uso de cabinas solares estaba hasta el momento clasificado en el grupo 2A como "probablemente carcinogénicos para humanos".

Según los autores del informe el uso de dispositivos de bronceado que emiten rayos ultravioleta está extendido en muchos países desarrollados, en especial entre los más jóvenes, y el riesgo de melanoma aumenta en un 75% cuando el uso de estos dispositivos comienza antes de los 30 años de edad. Además, varios estudios proporcionan evidencias de una asociación positiva entre el uso de los dispositivos de bronceado y el melanoma ocular. Por este motivo, el grupo de trabajo planteó la clasificación del uso de estos dispositivos dentro del grupo 1 de carcinogénicos para humanos.

La mutación genética característica causada por la radiación solar ultravioleta (UV) ha sido atribuida durante largo tiempo a la radiación ultravioleta B (UVB). Sin embargo, la misma mutación fue detectada en la piel de ratones tratados con radiación ultravioleta A (UVA) y en tumores de piel de ratón inducidos con rayos UVA. Por este motivo se ha reclasificado la radiación UV al completo (UVA, UVB y UVC) como carcinogénica para los humanos o grupo 1.

El estudio también hace mención a las personas que trabajan como soldadores y afirma que hay suficiente evidencia para el melanoma ocular en estos trabajadores, sin embargo, debido a que estos profesionales están expuestos a otros agentes dañinos, el riesgo no se puede atribuir específicamente a la radiación UV. Todos los tipos de radiación ionizante han sido también clasificados en el grupo 1. Entre las fuentes de radiación ionizante se encuentran el gas radón, el plutonio, el radio, el fósforo-32 o los radioiodines. Julio 2009.

17.6_Altas tasas de resistencia a los antibióticos en España

España junto a otros países del arco mediterráneo, se encuentra entre los países europeos con una de las tasas de resistencia a los antibióticos más altas, doblando incluso la de países como Holanda.

En el XIII Congreso de la Sociedad Española de Enfermedades Infecciosas y Microbiología Clínica en Sevilla, se evidencia que:

- Las multirresistencias que están ofreciendo ciertas bacterias, como el acinetobacter baumanii, las pseudomonas o la escherichia coli, suponen hoy por hoy un verdadero problema de salud pública.
- Las acinetobacter baumanii y las pseudomonas son dos bacterias que se presentan en el ámbito nosocomial (dentro del hospital) y son resistentes a casi todos los antibióticos conocidos.
- A finales de la década de los 90, entre el 5 y el 10 % de las acinetobacter baumanii que se aislaban en el hospital, creaban resistencias a los "carbapenemes". Este porcentaje de resistencia ha crecido ahora al 50 por ciento del total de acinetobacter baumanii que se aíslan en el hospital. Respecto a la gran capacidad que tiene esta bacteria para defenderse de antibióticos del tipo de los "carbapenemes", ha provocado que los expertos utilicen la "colistina" para tratar esta bacteria, fármaco que se usaba en la década de los 70, pero que se desechó tras la sospecha de que generaba toxicidad renal. Los expertos señalan que están intentando aprender sobre la marcha y con mucha cautela el uso de este fármaco.

Junto a estas bacterias resistentes a los antibióticos en el ámbito hospitalario, se aludió en este congreso también a un fenómeno de reciente aparición; las bacterias multirresistentes en personas que no se encuentran en un hospital. En este punto, se refirieron a la resistencia que la escherichia coli presenta a ciertos antibióticos. Una de las hipótesis con las que se está trabajando ahora, es que los animales pueden estar actuando como vectores (portadores) de esta bacteria, ya que el uso de antibióticos en estos animales está siendo muy importante.

Se concluye diciendo que una de las principales causas que están detrás de que España sea uno de los países europeos con una de las tasas más altas de resistencia a los antibióticos, es el abuso injustificado que se hace de estos fármacos. Junio 2009.

PRIMEROS auxilios /08

Los primeros auxilios son las medidas que se adoptan inicialmente con un accidentado o enfermo repentino, en el mismo lugar de los hechos, hasta que se pueda obtener asistencia sanitaria.

1_ Soporte vital básico

1.1_Reanimación cardiopulmonar básica (RCP básica)

El 28 de noviembre de 2005 fueron editadas en la publicación científica **Resuscitation** y en la página web de la ERC (European Resuscitation Council) las nuevas recomendaciones sobre RCP. Estas nuevas recomendaciones han sido elaboradas a partir de la recopilación y revisión de trabajos científicos sobre reanimación, llevados a cabo en los últimos años por expertos de todo el mundo. Las modificaciones fueron establecidas en la reunión de consenso mundial de la ERC llevado a cabo en enero de 2005 en la ciudad de Dallas.

Las últimas guías sobre reanimación cardiopulmonar (RCP), con las que hemos trabajado estos últimos años, fueron publicadas en el año 2000. Con estas últimas recomendaciones se han intentado simplificar los algoritmos haciéndolos más comprensibles, de modo que sea más fácil su aprendizaje y puesta en práctica, tanto para el personal sanitario, personal de socorrismo y población general entrenada. En comparación con las anteriores, en estas nuevas recomendaciones se introducen cambios significativos.

Nuevas Recomendaciones. Principales cambios

- *Reconocimiento de la parada cardiorrespiratoria.* Intentar localizar el pulso carotídeo queda demostrado que es un método inapropiado para confirmar la presencia o ausencia de circulación. La existencia o no de signos de circulación tras la apertura de la vía aérea, como la presencia de movimientos respiratorios, tos, signos de deglución, etc., son los que nos van a determinar si hay que iniciar las maniobras de RCP. Durante la formación en RCP hay que hacer especial hincapié en no confundir respiraciones agónicas con movimientos respiratorios normales. La presencia de estas respiraciones agónicas es una indicación para iniciar inmediatamente las maniobras de RCP.
- *Respiraciones iniciales de rescate.* Los últimos estudios han evidenciado que en el momento en el que se produce una parada cardiorrespiratoria (PCR), no relacionada con asfixia, la reserva de oxígeno en la sangre arterial es alta, mientras que el aporte del mismo al cerebro y miocardio está drásticamente reducido. Consecuentemente tiene mayor importancia iniciar el masaje cardiaco externo con compresiones torácicas, para conseguir movilizar lo antes posible la sangre arterial y restablecer el aporte de oxígeno al tejido cerebral y miocárdico, que iniciar las maniobras de RCP con 2 respiraciones de rescate. De este modo, tras detectar una parada cardiorrespiratoria, se recomienda iniciar en primer lugar el masaje cardiaco, suprimiéndose las dos respiraciones boca a boca de rescate que recomendaban los algoritmos del 2000.
- *Ventilación.* Según recogen los últimos trabajos durante una PCR, el flujo sanguíneo pulmonar se ve sustancialmente reducido, de modo que con un bajo volumen tidal se puede obtener una ventilación eficaz. La hiperventilación que se produce con unos altos volúmenes y una alta frecuencia de ventilación es negativa para el accidentado ya que el incremento de la presión intratorácica que conlleva dificulta el retorno venoso al corazón, además de disminuir la precarga cardiaca. Además, con altos volúmenes se produce una mayor distensión gástrica por paso de aire al estómago que si se utilizan volúmenes de 500 ml aproximadamente. De modo que queda probado que con volúmenes y frecuencias ventilatorias inferiores, en las maniobras de resucitación, se puede mantener una oxigenación efectiva.

    En las nuevas recomendaciones se aconseja el realizar la técnica boca a boca como vía de elección, reduciéndose la duración de cada insuflación a la mitad, 1 segundo en lugar de 2, y con la suficiente fuerza para apreciar la elevación del tórax. El volumen tidal recomendado en cada insuflación se reduce a 500 ml.

    Se sigue considerando la técnica boca a nariz como la alternativa más adecuada en caso de lesiones orales graves, imposibilidad de abrir la boca o asistencia en el agua.
- *Compresiones torácicas.* Las compresiones torácicas producen flujo sanguíneo por el incremento de la presión intratorácica y por la compresión

cardiaca directa resultante de aprisionar y comprimir el corazón entre el esternón y la columna vertebral. También provoca un pequeño pero fundamental aumento en el flujo sanguíneo pulmonar y coronario.

Las recomendaciones del 2005 introducen sustanciales cambios en las compresiones torácicas:

- El lugar para realizar el masaje cardiaco se simplifica al establecerse en el centro del tórax. Se eliminan las anteriores recomendaciones de localizar el apéndice xifoides, utilizando para ello la técnica de continuar la última costilla flotante y colocar el talón de la mano dos dedos atravesados por encima del mismo.
- El ratio se establece en 100 compresiones por minuto, haciendo referencia el mismo a la velocidad y no al número total de compresiones por minuto que siempre es inferior por las interrupciones.
- En las actuales recomendaciones se sigue aconsejando deprimir el esternón entre 4 y 5 cms, dejarlo volver a su posición original en la relajación y que dure el mismo espacio de tiempo la compresión que la relajación.
  - *Ratio entre compresiones y ventilaciones*. Queda demostrado que el mejor ratio entre compresiones y ventilaciones es de 30/2, consiguiéndose de esta manera la mejor relación entre el flujo sanguíneo y el oxígeno proporcionado mediante las ventilaciones. En los nuevos algoritmos se recomienda este ratio, tanto para un socorrista en solitario como para dos. Con este ratio se reduce el número de interrupciones en las contracciones torácicas, reduce el riesgo de hiperventilación, a la vez que simplifica el aprendizaje y memorización de la técnica.
  - *Obstrucción de la vía aérea por cuerpo extraño*. En referencia a la obstrucción parcial de la vía aérea, sigue recomendándose como única medida el estímulo de la tos. En la obstrucción completa en victima consciente se recomiendan 5 palmadas interescapulares seguidas de 5 compresiones abdominales. Mientras que en victimas con obstrucción completa inconscientes, se recomienda el comienzo inmediato de la RCP con el inicio de las 30 compresiones torácicas.

Desde la European Resuscitation Council se aconseja la temprana implantación de los nuevos algoritmos, siendo necesario para la transición, difusión y reciclaje del personal sanitario asistencial y personal de socorrismo. A su vez se hace hincapié en la introducción de las nuevas recomendaciones en los cursos de RCP que se realicen desde la fecha, aunque se remarca que hasta que el cambio no sea efectivo la práctica actual no debe considerarse insegura o inefectiva.

1.2_Ahogamiento por inmersión

El ahogamiento por inmersión afecta principalmente a niños menores de 7 años (pico máximo de 1 a 3 años) y adolescentes de 15 a 18 años. La asfixia por inmersión es una causa frecuente de muerte en verano.

- Los ahogamientos en niños menores de 15 meses se producen principalmente en baldes y bañeras por falta de vigilancia. Los ahogamientos en niños mayores de 15 meses hasta 4-5 años se producen principalmente en piscinas por caídas accidentales sin vigilancia, produciéndose con mayor frecuencia en piscinas privadas que en públicas. Los ahogamientos en adolescentes se producen principalmente por corrientes de agua naturales en lagos, ríos y mar. Cabe destacar los ahogamientos por inmersión en jóvenes bajo los efectos del alcohol y otras drogas.
- Las principales lesiones que se asocian a la inmersión son: la hipotermia que puede por sí misma producir la muerte (más de seis horas en agua a 15°C o de quince minutos en agua a 4°C producen parada cardiaca). También pueden aparecer alteraciones cardiacas graves, la hipoxia y la situación de acidez interna del organismo. También es frecuente la neumonía por aspiración. La hipoxia cerebral será de leve a grave dependiendo del tiempo de inmersión y de la celeridad con que se realizan las maniobras de reanimación.

¿Qué podemos hacer?

Recordar los principios básicos (proteger, avisar y socorrer):
- Lo primero de todo es *proteger*: medidas de seguridad mínimas para disminuir el número de bajas. Impedir a las personas que no saben nadar o que sus fuerzas son limitadas, que se lancen al agua para ayudar a la persona. Con una persona en peligro ya es bastante.
- *Avisar* por teléfono a los servicios de emergencia para recibir ayuda profesional lo antes posible.
- *Socorrer*: sacar a la persona del agua. Aplicar las medidas de reanimación.

Lo más importante es sacar a la víctima del agua. Si está lejos es importante llevar algo para que la víctima pueda agarrarse, como por ejemplo un palo.

Una vez realizado el rescate, iniciar las maniobras de reanimación. Si la persona no responde es imprescindible comenzar la ventilación en el agua. Al llegar a la orilla, realizar RCP básica. Si comienza a vomitar, poner a la víctima de costado, en posición lateral de seguridad, para evitar que se pueda ahogar con el vómito. Si la persona reacciona respirando espontáneamente, retirar la ropa mojada para evitar el enfriamiento continuado y calentar a la persona lo más pronto posible tapándola con ropa seca. Retirar la ropa también nos va a permitir comprobar posibles lesiones asociadas. 5 puntos importantes a destacar:
- En todos los ahogados se produce algo de hipotermia. Esta hipotermia prolonga la resistencia cerebral a la falta de oxígeno, por lo que siempre se deben iniciar las maniobras de reanimación en todos los casos de ahogamiento, aunque haya estado sumergida la persona mucho tiempo.
- Es primordial la adecuada limpieza de la vía aérea antes de proceder a la ventilación, para ello se realiza un barrido digital para desobstruir la vía

aérea de arena, vómitos, algas. En todo momento el manejo del paciente será como si existiera lesión de la columna cervical, no se debe girar ni doblar el cuello.
- Nunca se deben dejar de hacer las maniobras de reanimación aunque se piense que la situación es irreversible. Realizar la RCP básica hasta que llegue la ayuda sanitaria.
- No se debe perder tiempo en iniciar el traslado.
- Se debe transportar al hospital a toda persona que haya padecido una inmersión aunque esté consciente y aparentemente bien. Siempre que sea posible, en UVI móvil.

El pronóstico de esta persona va a depender fundamentalmente del tiempo de inmersión, la temperatura (hipotermia), la calidad del líquido (agua dulce, de mar, fango, aguas residuales, etc.), la precocidad de la reanimación cardiopulmonar básica, el transporte adecuado en UVI móvil y la calidad de los Cuidados Intensivos.

1.3_Las picaduras

Picaduras de insectos

Ante las picaduras de insectos podemos hacer 2 clasificaciones: insectos *venenosos* o *picadores* (abejas, avispas, arañas y escorpiones) o insectos *parásitos* o *chupadores* (mosquitos, tábano, pulgas, chinches y garrapatas).

Hay 3 tipos de reacciones distintas a las picaduras de un insecto:
- *Reacción local*: se produce enrojecimiento, hinchazón y dolor. Lavar muy bien el área afectada con agua y jabón y utilizar un algodón empapado en agua y amoniaco, e incluso también nos puede aliviar un cubito de hielo envuelto en un trozo de tela (dejar 10 minutos, retirarlo 10 minutos y repetir el proceso). Si la reacción ha sido fuerte produciéndose una hinchazón desmesurada (10 cms de diámetro), conviene acudir a un servicio médico. Puede ser necesario aplicar cremas antiinflamatorias con corticoides o administrar antiinflamatorios vía oral. Se debe vigilar durante varios días que no se presenten señales de infección, como aumento del enrojecimiento, de la hinchazón o del dolor.
- *Reacción sistémica*: esta reacción sucede en personas que son alérgicas a la picadura del insecto. Sus síntomas son muy variables, apareciendo en los primeros 15 minutos. Se produce urticaria generalizada (ronchas), angioedema (inflamación de la cara y el cuello afectando a vías respiratorias, produciendo dificultad para respirar), arritmias. Puede llegar a producirse un shock anafiláctico.
- *Reacción tóxica*: ocurre en personas que padecen múltiples picaduras por un insecto o bien las picaduras están situadas en zonas denominadas de especial peligro, como son cabeza, cuello, párpados y labios. Los síntomas son náuseas, vómitos, cefalea, convulsiones, fiebre, urticaria, arritmias, angioedema. Estos síntomas se producen por efecto acumulativo del veneno.

Si la persona es alérgica o aparecen síntomas graves el tratamiento debe ser urgente en un centro hospitalario, pudiendo precisar antihistamínicos, corticoides o adrenalina.

Picaduras de medusas

Cada año bancos de medusas frecuentan nuestras costas. Si el número de medusas es importante o la especie detectada es peligrosa, las autoridades colocan indicaciones de peligro en la playa, o en su defecto, la bandera roja que señaliza el peligro de entrar en el agua.

Los científicos barajan diversas hipótesis para explicar los motivos por los cuales las medusas están en la costa, entre ellos está el aumento de la temperatura del agua debido al cambio climático, el aumento de nutrientes que la contaminación deposita en las costas y a la sobrepesca de sus depredadores naturales (tortugas, atunes, pez espada, etc).

Existen muchas especies de medusas. Las medusas se defienden y capturan sus presas inyectando veneno, este veneno según la especie puede ser más o menos peligroso para el hombre. Hay medusas que su picadura causa una simple, aunque muy dolorosa, afección cutánea, y hay otras medusas que poseen un potente veneno con propiedades neurotóxicas, citotóxicas y cardiotóxicas pudiendo llegar a provocar la muerte de la persona.

La mayoría de los incidentes con medusas ocurren por contacto accidental, al pisarlas o al manipularlas y con el roce al nadar. Aunque no veamos a la medusa, por la acción de las olas sus tentáculos se pueden romper y quedan flotando en el agua.

La gravedad de la picadura de una medusa está especialmente relacionada con la especie. Pero también influyen tres factores importantes:
- La reacción que se produce tras la picadura de una medusa, puede ser más peligrosa en personas con características especiales, como son: personas con antecedentes de alergias, las que padecen enfermedades cardiovasculares y los niños.
- La gravedad de esta picadura también va a depender de la cantidad de superficie corporal afectada y si estas picaduras están situadas en zonas de especial peligro, como son ojos, cuello y labios, pudiéndose producir una reacción tóxica.
- Las personas que ya han sido picadas una vez pueden estar sensibilizadas (ser alérgicas) y una segunda picadura puede producir una reacción más severa, pudiéndose producir una reacción sistémica grave.

El contacto con medusas vivas o muertas o con trozos de ellas, provoca una reacción que puede ir de leve a muy grave según la especie de medusa y las características personales:
- La reacción considerada leve y que es la más habitual, es una reacción local caracterizada por dolor y picor intenso e inmediato, enrojecimiento, inflamación y pequeñas vesículas en la zona afectada.

- En reacciones más graves pueden aparecer fiebre, náuseas, vómitos, calambres musculares.
- En reacciones extremadamente graves pueden aparecer complicaciones respiratorias, convulsiones, alteraciones cardiacas, pérdida de conciencia (con el consecuente riesgo de ahogamiento).

Las medidas que tenemos que tomar para prevenir las picaduras de medusas son:

- No bañarse ante alerta de medusas y mucho menos tocarlas o acariciarlas. No pasear ni jugar por la playa en la zona donde rompen las olas, ya que pueden existir fragmentos de medusa aún activos.
- Si nos informan de que las medusas se encuentran en zonas alejadas de las zonas de baño, se debe también tener precaución, no podemos olvidar que la acción de las olas rompe los tentáculos y los trozos flotantes de medusas están activos.
- Las barreras que evitan el contacto de la piel con la medusa es una buena forma de protección: existen cremas solares repelentes de medusas, o los bañadores que cubren el máximo de superficie corporal y otras ropas, como las camisetas, son medidas que nos protegen del contacto con los tentáculos de las medusas.
- No se deben tocar las medusas que se hallen en la arena, aunque parezcan muertas, ni restos de tentáculos, pues las células urticantes que poseen se mantienen activas durante un periodo de tiempo largo. En general, es necesario un día de sol para desactivar las células urticantes, que son las que contienen en su interior el veneno.
- Si observamos medusas, avisar a los otros bañistas y al puesto de socorro de la playa.

Ante el caso de que nos pique una medusa conviene seguir los siguientes consejos:

- Hay que limpiar la zona afectada por la picadura con agua salada, no con agua dulce ya que favorece la liberación del veneno, empeorando la sintomatología.
- No frotar la zona afectada ni con arena ni con la toalla ni con nada que pueda lesionar más, ya que favorece la liberación del veneno.
- Si hay algún resto de tentáculo adherido a la piel, no realizar movimientos bruscos para desprenderse de ellos, se deben quitar, pero nunca tocando la zona afectada con las manos, se utilizarán pinzas. Si no se dispone de pinzas nos podemos ayudar con algún objeto plástico, como por ejemplo una tarjeta de crédito.
- Aplicar frío sobre la zona afectada usando una bolsa de plástico que contenga hielo durante 10-15 minutos, retirar y repetir el proceso.
- Si el dolor es muy intenso o el estado de la persona empeora, se debe acudir con la mayor brevedad posible a un centro médico. Se puede necesitar corticoides, antihistamínicos e incluso adrenalina en los casos más graves.

- Para poder recibir una mejor asistencia médica y poder aplicar el tratamiento más efectivo, se recomienda intentar identificar la especie de medusa, para ello debemos dar información sobre morfología, color, tamaño, etc.

Sumergir la parte afectada en agua caliente es efectivo para calmar el dolor por la picadura de alguna especie de medusas, pero en otras especies podría ser contraproducente, y lo mismo pasa con la aplicación de vinagre. El vinagre previene la liberación de veneno en algunas especies, pero en otras puede provocar que se libere más veneno. Ante esto, la recomendación general para calmar el dolor y el picor es la aplicación de hielo.

Los puestos de socorro que se encuentran en las playas están informados de la especie que llega a la costa en ese momento. Serán ellos los que apliquen los primeros cuidados y quienes aconsejen el tratamiento a seguir.

Según el Ministerio de Sanidad: *«Se recomienda precaución, ya que el mayor riesgo es no tener conciencia del peligro que puede suponer el contacto con estos animales invertebrados».*

1.4_Botiquín de primeros auxilios casero

El botiquín casero debe ser un espacio especialmente pensado y diseñado, que nos permita disponer del material necesario para realizar una pequeña cura de pequeños accidentes domésticos y para tener a mano los medicamentos necesarios para tratar síntomas como el dolor o la fiebre. Igualmente, este espacio también guardará la medicación personal.

El botiquín debe poder cerrarse, puede ser un armario pequeño, una caja o un cajón y debe estar en un lugar conocido por todos los que puedan y sepan utilizarlo correctamente. Se debe tener en cuenta que tiene que estar ubicado lejos del alcance de los niños, en un lugar protegido de la luz, el calor y la humedad (no es adecuado tener el botiquín en la cocina o el baño).

Una lista orientativa de lo que debe contener puede ser:
- Analgésicos, antitérmicos y antiinflamatorios. Normalmente contienen "paracetamol" e "ibuprofeno".
- Un producto para aliviar el picor de las picaduras de insectos.
- Material de curas: gasas estériles, algodón, vendas, esparadrapo, tiritas, tijeras de punta redonda, pinzas, alcohol, agua oxigenada y povidona yodada.
- Termómetro.
- Lista breve de teléfonos útiles, incluyendo los teléfonos de los médicos de la familia: pediatra, endocrino, etc. Emergencias (112), Instituto Nacional de Toxicología y Ciencias Forenses (915620402), centro de salud más cercano, hospitales cercanos, bomberos y taxi.

Puntos importantes a destacar:

- Se deben guardar los medicamentos en sus envases originales. Esto evita confundir un medicamento con otro y no perder la trazabilidad del lote ni su fecha de caducidad. La fecha de caducidad se debe comprobar siempre antes de consumir un medicamento.
- Conservar el prospecto de cada medicamento dentro de su caja y leerlo siempre que surja cualquier duda sobre las instrucciones que se deben seguir.
- Asegurarse de ver correctamente lo que se está tomando (encender luces, ponerse las gafas). Muchos envases y medicamentos tienen formas y colores parecidos.
- Es muy importante respetar el horario de toma de la medicación. Si se olvida alguna toma, es mejor esperar a la siguiente. Nunca se debe tomar una dosis doble.
- No se debe partir, abrir o triturar ningún comprimido o cápsula sin asegurarnos de que esto es posible con ese medicamento. Consultar al médico, enfermera o farmacéutico.
- Nunca se debe tomar ningún medicamento que esté tomando otra persona. Se debe recordar que lo que es bueno para esa persona puede ser malo para nosotros.

2_ Esquema de trabajo con los adolescentes en sus IES

El esquema de trabajo con los adolescentes se va a basar en incrementar conocimientos y modificar actitudes inadecuadas, esto lo conseguiremos mediante:
- Principios básicos: proteger, avisar, socorrer.
- Posición lateral de seguridad.
- Soporte vital básico:
  - Permeabilidad de la vía aérea.
  - Comprobación ventilación eficaz: ver, oír, sentir.
  - Reanimación cardiopulmonar básica (RCP básica).
- Obstrucción de la vía aérea:
  - Estímulo de la tos.
  - Palmadas interescapulares.
  - Compresiones abdominales. Maniobra de Heimlich.
  - RCP básica.
- Heridas y traumatismos:
  - Heridas leves, graves y hemorragia.
  - Traumatismos.
  - Politraumatismos.
  - Principales inmovilizaciones.
- Urgencias cardiovasculares:
  - Cardiopatía isquémica aguda.

- Accidente vascular cerebral.
○ Intoxicaciones.
   - Medicamentos.
   - Alimentos.
   - Productos domésticos: gases de uso doméstico, productos de limpieza, productos cosméticos.
○ Alergias:
   - Alergias medicamentosas.
   - Otros tipos de alergias (por alimentos, por contacto...).
○ Electrocución:
   - Qué se puede hacer.
   - Qué no se debe de hacer.
○ Lesiones por calor:
   - Quemaduras.
   - Agotamiento por calor.
   - Golpe de calor.
○ Lesiones por frío:
   - Generales: hipotermia.
   - Locales: congelaciones.
○ Cuerpos extraños:
   - Oídos, piel, fosas nasales, faringe, ojos.
○ Urgencias neuropsiquiátricas:
   - Epilepsia.
○ Complicaciones agudas de la diabetes:
   - Hipoglucemia.
   - Hiperglucemia.
○ Ahogamiento por inmersión:
   - Cómo actuar. Pasos a seguir.
   - Consecuencia más importante: la hipoxia (disminución del aporte o contenido de oxígeno en el organismo).
   - Respiración de rescate: comenzar ventilación en el agua.
   - Reanimación.
   - Traslado.
   - Medidas preventivas a tener siempre en cuenta para evitar el ahogamiento por inmersión.
   - ¿Qué es y cómo se puede evitar la hidrocución o el corte de digestión?
   - Picaduras de insectos, medusas...
   - Botiquín de primeros auxilios.

09 TOLERANCIA, SOLIDARIDAD y convivencia

Dentro de la Educación en Valores, que tiene tanta importancia en el mundo educativo, nos encontramos con valores tan importantes como la tolerancia, la solidaridad y la convivencia.

Los expertos definen **tolerancia** como *«(...) la consideración y el respeto hacia las ideas u opiniones de los demás, aún cuando no se compartan. Se trata de la capacidad de admitir en los otros, formas de pensar o actuar distintas a las propias».*

Lo opuesto a la tolerancia es la intolerancia y *«(...) hace referencia a actitudes o comportamientos de exclusión, rechazo o menosprecio de aquellos que consideramos diferentes».*

Las posturas intolerantes dificultan la superación de los conflictos y la solución eficaz de problemas que afectan a varias personas. Una buena forma de solucionar problemas es la **cooperación**, que consiste en *«(...) el trabajo conjunto de varias personas para conseguir un objetivo común. Para cooperar con otra persona es fundamental respetar y considerar las ideas de los demás, no se puede dar la intolerancia».*

La tolerancia también se educa, es un beneficio general y garantiza una convivencia saludable de la que todos salimos beneficiados. Desarrollarla es una responsabilidad de todos, debemos trabajarla con nuestros adolescentes mediante la cooperación, trabajando en grupo, con respeto mutuo y en el valor de ser diferentes. Otro valor muy necesario en nuestra sociedad es el de la solidaridad, valor que incuestionablemente tiene que ir unido a la tolerancia. Los expertos definen la **solidaridad** como *«(...) una actitud permanente de apertura personal a la aceptación de la diversidad y a la necesidad de ayudar a otros en su propio crecimiento personal, desde su propia* cultura y sus propios valores. La solidaridad no es simplemente un sentimiento de compasión para los sufrimientos y los males de los demás, es comprometerse en el bien común de todos y de cada uno, que parte del convencimiento de que todos debemos ser responsables de todos. La solidaridad es un sentimiento de comunidad, de afecto hacia el necesitado, de obligaciones compartidas, de necesidades comunes. Todo lo cual lleva a la participación activa en el reconocimiento de ayuda al otro».

Tenemos que defender esos valores de tolerancia y solidaridad desde la **convivencia**. Para entender bien en qué consiste la tolerancia debemos tener claro lo qué no es. «*La tolerancia no es la indiferencia, ni la pasividad, ni la neutralidad, pues frecuentemente se la confunde. Para aprender a ser tolerantes debemos comenzar a practicar la tolerancia doméstica y cotidiana, es decir con la familia, los amigos, los vecinos, en la escuela, en las situaciones cotidianas de nuestra vida; con talante de escucha y de diálogo, valorando las opiniones y experiencias de los otros, con la convicción de que existen pocos absolutos, anteponiendo el juicio al prejuicio, teniendo actitudes participativas en nuestro entorno cercano, para luego poder desplegar nuestra tolerancia hacia toda la sociedad. Vivimos en una sociedad donde emergen colectivos que reclaman nuestra solidaridad unida a la tolerancia: los emigrantes, los mendigos, los drogodependientes, los enfermos de SIDA*».

La confianza en uno mismo constituye una actitud sana e imprescindible para practicar la tolerancia con los demás. Para alcanzar los objetivos de tolerancia, cooperación, solidaridad y convivencia con los alumnos hay que realizar una serie de trabajos con los adolescentes y sus familias:

- Identificar los distintos factores que favorecen o intervienen en las conductas de insolidaridad o rechazo hacia otras personas.
- Fomentar actitudes de respeto y tolerancia con los que son, piensan y/o sienten de forma distinta a la nuestra.
- Desarrollar habilidades que faciliten la diversidad y potencien una convivencia enriquecedora con los demás.
- Analizar los siguientes textos:
  - «La tolerancia y la solidaridad vividas en convivencia son estilos de vida, y este estilo de vida es al que se pretende llegar para crear una sociedad verdaderamente democrática y libre».
  - «La diferencia suscita inquietud porque altera lo que socialmente se considera como "normal" y "bueno" y, además, porque supone un esfuerzo personal importante para afrontar cambios en nuestros valores, diferentes aspiraciones y formas de vida, que no siempre estamos dispuestos a realizar».
  - «Normalmente no somos conscientes de los valores que culturalmente transmitimos, porque suelen ser valores de la cultura dominante a la que pertenecemos, están en nuestra forma de ser y pensar, y la costumbre nos impide darnos cuenta».
  - «La interculturalidad conserva la identidad cultural y las costumbres de las minorías y las mayorías».

••• /10 FACTORES DE RIESGO SOBRE LOS QUE HAY QUE TRABAJAR. Recomendaciones de los expertos[1]

Los factores de riesgo no son causas que automáticamente desencadenen problemas. Aislados puede que no signifiquen nada, pero cuando en la persona confluye más de un factor, la persona puede llegar a estar en una situación de riesgo. Los factores de riesgo pueden provenir:

- Del medio educativo.
- De las características personales: factores de riesgo individuales.
- De las relaciones con el grupo.
- De la familia.
- De los determinantes socioculturales.

Esta división es simplemente expositiva, pues las características personales no se pueden entender sin considerar la influencia de la familia, la escuela o el grupo de iguales. Al hablar del grupo de iguales nos debemos referir también a los valores imperantes de la sociedad. Estos factores de riesgo se trabajarán tanto con los adolescentes como con sus familias.

1_ Factores de riesgo en el medio educativo

El medio educativo juega un papel fundamental en la vida de los alumnos, pues en la escuela/IES pasan la mayor parte de su tiempo. Los valores implícitos en la acción educativa, como son las pautas

---

1. Alonso D, Freijo E, Freijo A. **Actuar es posible. La prevención de las drogodependencias en la comunidad escolar**. Ministerio del Interior. Delegación del Gobierno Plan Nacional sobre Drogas; 1996.

prevalentes de conducta, los códigos de disciplina, etc., son importantes en el desarrollo de la educación y en la prevención de problemas. El clima escolar no afecta solo a los resultados académicos del alumno, sino también a lo afectivo, a sus valores, a las actitudes y a su desarrollo personal. El estilo educativo del centro puede funcionar tanto como factor de riesgo como de protección.

Se debe crear un ambiente escolar saludable.
- Los profesores deben relacionarse de manera integradora y no dominante, favoreciendo la autonomía del otro, la iniciativa, la participación y el afán de buscar nuevas soluciones a los problemas.
- Fomentar la cooperación y la solidaridad.
- Potenciar la responsabilidad y la autonomía personal.
- Clima de respeto mutuo, se trata de manera igualitaria a todos, evitando marginaciones y discriminaciones.
- La comunicación entre todos los miembros es fluida y bidireccional con una feed-back explícito.
- Aprendizajes activos y significativos. Se debe elegir metodologías que favorezcan la participación activa de los alumnos en el proceso de enseñanza-aprendizaje.
- Los profesores son cercanos y accesibles a los alumnos atendiendo no solo a las dimensiones intelectuales, sino también a la socioafectiva y la emocional.
- Los profesores reconocen, explicitan y respetan los intereses de los alumnos. No se deben ignorar las características peculiares del alumnado.
- Se procura la adquisición o fortalecimiento de actitudes de confianza y seguridad.
- Promover los cauces de participación en la sociedad y fomentar el espíritu crítico.
- Se potencia la coordinación y el trabajo en equipo. Evitando enfrentamientos dentro del equipo docente, con los padres y en general.
- Se establecen vínculos positivos entre la escuela, la familia y la comunidad.

Algunos objetivos de la educación:
- Lograr la maduración de las personas.
- Dotar a los alumnos de las capacidades, habilidades y recursos personales necesarios para manejar adecuadamente las situaciones de riesgo.
- Favorecer el desarrollo de actitudes y valores favorables a la salud y la ocupación creativa del tiempo libre.
- Aprender a ser críticos, responsables y solidarios.
- Aprender a comunicarse y respetar las reglas.
- Aprender a ser uno mismo, trabajar para la construcción de una imagen positiva y ajustada a la realidad.

FACTORES DE RIESGO SOBRE LOS QUE HAY QUE TRABAJAR. Recomendaciones de los expertos

2_ Factores de riesgo individuales

2.1_Baja autoestima

Se manifiesta en el alumno al mostrar dificultad para manifestarse en clase, salir a la pizarra, intervenir en debates, preguntar dudas, etc. Tiene una excesiva sensibilidad a la crítica, y miedo a la censura de sus compañeros, por lo que colabora poco en los trabajos en grupo, desconfía ante los elogios, tiene excesiva influenciabilidad, falta de confianza en sus posibilidades y capacidades propias, rechazo por parte de sus compañeros, rendimiento escolar por debajo de sus posibilidades.

¿Cómo se puede mejorar la autoestima de este alumno[2]?

- Reforzar sus éxitos auque sean pequeños.
- Ayudarle a encontrar lo positivo de sus fracasos.
- Mostrar interés por sus inquietudes, aficiones y gustos, si coinciden con los nuestros hacérselo saber.
- Encargarle tareas que sabemos que es capaz de realizar y cuya resolución encuentre gratificante.
- Dándole responsabilidades, hasta donde sea capaz, en los trabajos de grupo.
- Valorar su trabajo académico y también otras capacidades que no tengan que ver con lo escolar.
- Hacerle elogios ajustados a la realidad y no ambiguos.
- Reforzarle en las ocasiones en las que se manifieste públicamente.
- Relativizar sus errores.
- Aceptarle tal y como es, evitando las comparaciones con los compañeros.

2.2_Poca tolerancia a la frustración

Se manifiesta en el alumno no sabiendo éste asumir un fracaso (una mala nota, no ser escogido para algo que deseaba...), tiene dificultades para trabajar en grupo por ser incapaz de postergar sus deseos en bien de los intereses del grupo, dificultad para respetar las normas, reacciones agresivas ante situaciones vividas como un reto, se muestra reacio a respetar los acuerdos y decisiones tomadas por consenso en el grupo y que no coincide con sus deseos.

Se puede aumentar la tolerancia a la frustración de la siguiente manera:

- Haciéndole ver que fracasar es a veces necesario para mejorar, ya que con los errores aprendemos.
- Haciéndole respetar las normas y los acuerdos, sin ceder ante sus rabietas ya que es necesario que aprenda a transigir.
- Fomentar en el alumno el trabajo en grupo.
- Asignándole lugares intermedios, por ejemplo de colaboración, en los trabajos de grupo.

---

2. Véase en páginas posteriores: mejorar la autoestima. Reflexionar acerca de la autoestima y desarrollar estrategias para su mejora.

- Enseñarle que en muchas ocasiones las cosas que deseamos no podemos obtenerlas inmediatamente.
- Haciendo que no sienta como propios aquellos fracasos que obedezcan a causas ajenas a él mismo.
- No haciendo público los malos resultados que tenga (por ejemplo una nota), sino comentándolo con el alumno de forma privada.

2.3_Falta de autonomía

El alumno que presenta una preferencia sistemática por trabajar en grupo, obtiene logros superiores en los trabajos en grupo en comparición a los individuales, tiene necesidad de que el profesor dirija totalmente su trabajo, es incapaz de organizarse por sí mismo, tiene poca disposición a la acción o poca iniciativa. Se puede mejorar la autonomía del alumno de la forma que sigue:
- Encargándole tareas individuales de su exclusiva responsabilidad.
- No guiar su trabajo, limitarnos a supervisarlo.
- Asignarle tareas claras en los trabajos de grupo.
- Reforzar sus comportamientos y manifestaciones de autonomía.
- Establecer normas que no sean tan rígidas que le impidan actuar autonomamente ni tan laxas que no le den seguridad para actuar independiente.
- Procurar aprendizajes activos y significativos con el que el alumno sienta que él es el protagonista del proceso de enseñanza-aprendizaje.
- No tomar nosotros las decisiones que le correspondan a él.

2.4_Falta de responsabilidad

Se manifiesta en el alumno que tiene frecuentes retrasos o faltas a clase, incumple las tareas diarias, tiene necesidad de que le recuerden constantemente sus obligaciones, tiene dificultad para hacerse cargo de sus actos. Podemos ayudar a aumentar la responsabilidad del alumno de la siguiente forma:
- Promover que cumpla sus obligaciones.
- Darle posibilidades para que asuma sus responsabilidades.
- Darle de forma progresiva la responsabilidad de que organice su trabajo.
- Estructurar la clase con su colaboración.
- Redactar y acordar entre todos las normas de disciplina imprescindibles así como las sanciones correspondientes (que se concretan en el Reglamento de Régimen Interno de IES).
- Hacer ver al alumno, cuando justifica sus acciones escudándose en los otros, cuál es la responsabilidad que le compete.

2.5_Dificultad para manejar la ansiedad

El alumno manifiesta abandono frecuente de las tareas antes de finalizarlas, tiene respuestas impulsivas, agresivas o anárquicas, extrema rigidez o cabezonería e inhibición exagerada.

FACTORES DE RIESGO SOBRE LOS QUE HAY QUE TRABAJAR. Recomendaciones de los expertos

Podemos ayudar a manejar la ansiedad a este alumno de la siguiente forma:
- Debemos mantener una actitud relajada y tranquila ante sus reacciones agresivas.
- Reforzarle cuando logre terminar sus tareas.
- Asignarle tareas de responsabilidad en los grupos.
- Frente a manifestaciones de rigidez, intentar persuadirle sin obligarle; si su actitud persiste, dejar pasar el tiempo y retomarlo en otro momento.
- Darle normas claras y sencillas, empleando el tiempo necesario para que pueda entender lo que se le exige.

2.6_Escaso sentido crítico

El alumno es incapaz de cuestionar lo que dice el profesor, tiene falta de creatividad o poca imaginación, se inhibe en situaciones de debate, no aporta nunca modificaciones propias a las tareas propuestas por el profesor, no cuestiona nunca a los compañeros en los trabajos en grupo.

Se puede mejorar el sentido crítico en este alumno con los siguientes consejos:
- Crear un clima de confianza en que los alumnos se sientan libres de expresar sus ideas.
- Provocarle un poco para que se pronuncie sobre el discurso del profesor.
- Dejarle espacios para que intervenga.
- Intentar que intervenga en actividades que requieran el uso de la imaginación y la creatividad.
- Asignarle el papel de portavoz en debates organizados.
- Reforzar sus manifestaciones críticas cuando estas sean acertadas.
- Encargarle tareas abiertas que requiera que improvise o invente.
- Favorecer que pueda evaluar sus tareas.
- Ayudarle a que clarifique sus ideas y confíe en sí mismo.
- Promover actividades en las que tenga que formular opiniones propias garantizando un clima exento de censura.
- Alentarle a que defienda sus opiniones, escuche a los otros y razone lógicamente.

2.7_Determinado sistema de valores y actitudes

Se manifiesta en el alumno que tiene dificultades para proponerse objetivos a medio o largo plazo, abandona frecuentemente las tareas que requieren un esfuerzo, ostenta de llevar marcas, tener cosas, etc. Tiene desprecio manifiesto por las actividades extraescolares de tipo social, cultural y artístico. ¿Cómo podemos modificar el sistema de valores y las actitudes?
- Mostrar de un modo atractivo valores alternativos que resalten el valor del futuro frente a la sobrevaloración del presente, la importancia de los valores morales y del compromiso ideológico y social.

- Tratar de que no solo valore el presente sino también el futuro, proporcionándole tareas que requieran el paso del tiempo para producir resultados.
- Favorecer que dé contenido ético, solidario y social a sus conductas.

2.8_Dificultades para resolver conflictos

El alumno tiende a evadir o ignorar los problemas, tiene dificultad para encontrar soluciones a situaciones problemáticas, dificultad para elaborar planes que le permita alcanzar sus objetivos, muestra confianza en soluciones mágicas a los problemas, intenta que otras personas resuelvan los suyos, delega su responsabilidad en situaciones conflictivas y muestra respuestas impulsivas ante los problemas. ¿Cómo podemos enseñar al alumno a resolver los conflictos?
- Fomentar actitudes tendentes a aceptar problemas en vez de ignorarlos.
- Hacerle comprender el proceso a seguir para resolver problemas y ayudarle a ponerlo en práctica. Técnica de resolución de problemas[3].

2.9_Dificultades en la toma de decisiones

El alumno delega en otros decisiones que él debe tomar, muestra indiferencia ante las distintas opciones que se le presentan para elegir sobre los temas que le afectan, tiene excesiva dependencia del grupo y se deja llevar por él. ¿Cómo podemos mejorar la capacidad para tomar decisiones?
- Incrementar progresivamente, tanto en número como en importancia, las ocasiones en que tiene que tomar decisiones.
- Asignarle tareas en el grupo en las que tenga que tomar decisiones que afecten a todos.
- Incluirle en grupos donde sus compañeros no le permitan ser indiferente.

3_ Factores de riesgo propios de la relación del individuo con el grupo

3.1_Debilidad frente a la presión del grupo

Se manifiesta cuando hay dificultad para desmarcarse del grupo en aquellas situaciones en que uno desearía hacerlo. Podemos mejorar la debilidad a la presión del grupo con los siguientes consejos:
- Hay que trabajar los aspectos de la persona que merman la resistencia, tales como la baja autoestima, falta de autonomía, falta de sentido

---

3. Véase Bases de Implantación del Programa de Educación para la Salud en los IES. Apartado Metodología, Actividades básicas de aplicación y resolución de problemas.

FACTORES DE RIESGO SOBRE LOS QUE HAY QUE TRABAJAR. Recomendaciones de los expertos

crítico, dificultad para tomar decisiones, etc, para poder enseñar a la persona lo importante que es mantener el criterio propio en ciertas situaciones, aunque ello suponga ser criticado por el grupo.
- Ser asertivos, en el doble sentido de saber defender sus derechos y sus peculiaridades y de respetar los de los demás.
- Saber tomar decisiones por consenso.
- Saber tomar decisiones de modo autónomo y responsable, sin ceder a la influencia de los amigos o de las modas.

3.2_Excesiva dependencia del grupo

La persona no contradice a la mayoría, tiene una actitud pasiva, dócil y débil, resignándose a las reglas y las condiciones dominantes del grupo.

Podemos reducir la dependencia del grupo de la siguiente forma:
- El objetivo es que los adolescentes sean capaces de establecer relaciones no dependientes con su grupo de amigos. Para poder lograrlo debemos potenciar los trabajos en grupo de modo que fomentemos valores tales como la colaboración frente a la competición potenciando la comunicación y la relación entre ellos, de tal forma que no se establezcan relaciones de competencia, rivalidad, enfrentamiento u hostilidad la necesidad de escuchar a los demás y el establecimiento de relaciones democráticas.

4_ Factores de riesgo familiares

La influencia de la familia es determinante tanto en la construcción de la identidad personal como en el desarrollo de pautas de relación con los otros.
- *Sobreprotección*: exceso de protección que no obedece a motivos reales, sino que es causado por la propia angustia de los padres.
- *Falta de comunicación*: dificultad para escuchar o responder adecuadamente al hijo.
- *Dificultades para fijar límites*: excesiva permisividad o rigidez, motivada por la incapacidad para dar al hijo la autonomía que por su edad requiere.
- *Situación familiar conflictiva*: relación conflictiva entre los padres.
- *Consumo de drogas por parte de los padres*.
- *Sobreexigencia*: exceso de expectativas de los padres respecto del hijo.
- *No fomentar la autonomía*: incapacidad para permitir que el hijo vaya asumiendo las responsabilidades que por su edad le correspondan.

Estos factores de riesgo influyen tanto en el individuo (poca autonomía, irresponsabilidad, introversión, inseguridad, ansiedad, falta de motivación, dificultad para aceptar los fracasos, dificultad para interiorizar normas de manera adecuada, cambios bruscos de comportamiento...) como en su relación con el grupo (dependencia exagerada, problemas de integración...). En los adolescentes procedentes de ambientes autoritarios puede darse una tendencia a ocupar el lugar de líder en los grupos, reproduciendo el modelo familiar, o por el contrario una tendencia a la inhibición.

5_ Factores de riesgo socioculturales

- *Concepción actual del ocio*: en la actualidad es visto por muchas personas como de "desconexión", como un tiempo vacío, pobre en actividades enriquecedoras. En algunos entornos existe una falta real de alternativas al ocio de carácter consumista y ligado al consumo del alcohol y otras drogas. En ocasiones, cuando estas alternativas existen, encontramos en los jóvenes (y también en los mayores) una escasa disposición a utilizarlas. Para solucionar esto debemos promover actitudes diferentes frente a la utilización del tiempo libre.
- *Publicidad*. Debemos estudiar la publicidad con nuestros adolescentes y ayudarles a desvelar los mecanismos de persuasión de ésta.
- *Sistema de valores dominante*: algunos valores dominantes de la actualidad son coherentes, por ejemplo con el uso de drogas, el predominio de lo estético frente a lo ético, el hedonismo excesivo y el consumismo. Para una correcta concienciación de los jóvenes debemos promover valores alternativos.

Como educadores debemos *ayudar a los adolescentes a formarse como adultos sanos y felices*:

- Que se dé un equilibrio de las funciones internas y eso suponga el autogobierno de la emotividad.
- Que puedan tener una visión global y objetiva del mundo, que sean conscientes de sus actos y no tengan prejuicios contra los otros. El respeto y la tolerancia hacia los demás.

Que desarrollen los 4 factores de protección es muy importante frente a las situaciones de riesgo: que se sientan seguros, independientes, que asuman sus responsabilidades y que sepan tolerar sus frustraciones.

••• AUTOESTIMA, PERSUASIÓN, DERECHOS, asertividad y relajación **11**

1_ Reflexionar acerca de la autoestima y desarrollar estrategias para su mejora

La autoestima es un tema que despierta cada día más interés en materia educativa, en el hogar y en el colegio. Hoy en día nadie duda de que una buena autoestima pueda conseguir que una persona tenga confianza en sus capacidades, no se deje manipular por los demás, sea sensible a las necesidades de las otras personas y esté dispuesta a defender sus principios y valores. Cuando una persona adquiere una buena autoestima se siente seguro, valioso, competente, se siente feliz y puede ser el motor que le impulse a triunfar en la vida en el terreno personal.

La autoestima es la percepción evaluativa de uno mismo, es como valoramos lo que pensamos que somos. Una persona con alta autoestima es aquella que se valora positivamente y está satisfecha con sus habilidades y acciones. Una persona con buena autoestima tiene confianza en sí misma, conoce cuáles son sus puntos fuertes, sabe identificar sus puntos débiles e intenta mejorarlos y la crítica que se hace a sí misma es suave y comprensiva. Nada en nuestra manera de pensar, de sentir, de decidir y de actuar escapa a la influencia de la autoestima.

¿Cómo podemos explicar al adolescente qué es la autoestima y cómo mejorarla? Explicaciones como las anteriores y otras muchas tan teóricas, con los adolescentes no son eficientes. Con el texto de

Nuria y sus explicaciones de la obra **Nuevos adolescentes, aprender a vivir** se muestra claramente para el adolescente el concepto de autoestima:

> «Hoy me he puesto el vestido de tirantes, me gusta el azul que tiene, es tan suave, tan ligero, cuando voy por la calle voy como flotando, me siento libre con él. En clase Ruth volvió a la carga de que este vestido no me disimulaba los michelines; casi me amarga el día. ¿Tendrá razón? ¿Me sienta mal? ¿Estoy gorda? Sé que alguna amiga se salta comidas para perder peso, algunas enferman y parece que no les importa. ¿Tendré que hacerlo yo? Ruth, déjame tranquila. Pero si yo no quiero perder. Quiero ganar mis estudios, quiero ganar mis amistades, quiero ganar mi libertad, quiero ganar unas buenas relaciones, quiero disfrutar, quiero ser yo. Quiero ganar mi puesto en la sociedad. Mi cuerpo soy yo y estoy contenta como soy porque me vale para todo lo que quiero ser. Me gusto. Me gustan mis vestidos. Me gusto. Voy ligera[26].»

Tras la lectura del texto trabajaremos sobre él con los alumnos y les preguntaremos: ¿cómo consigue Nuria esta actitud en la vida? La respuesta es que Nuria tiene una buena autoestima.

La autoestima es el aprecio y la valoración que sentimos hacia nuestras características personales. Cada uno de nosotros tenemos una autoestima general de carácter positivo o negativo, que afecta a cómo nos comportamos. Pongamos como ejemplo el texto anterior:

- *Nuria se valora:* lo que realmente tiene valor es ella misma, por eso se pone el vestido que quiere. Reconoce y aprecia las cualidades que tiene y todo lo bueno que posee (ganas de estudiar, de relacionarse, de ser libre…). Acepta sus limitaciones con serenidad (no gasta la talla estándar del cuerpo de una top model).
- *Nuria se aprecia:* le gustan sus cualidades y sabe que es capaz de desarrollar otras muchas que posee. Nuria se quiere. Nuria sabe que lo importante es ella misma y no acepta lo que le imponen desde fuera.
- *Nuria se acepta:* se acepta como es y tiene una actitud cariñosa y comprensiva hacia sí misma. Todo esto lo consigue con un buen nivel de autoconciencia y conocimiento propio, se escucha a sí misma con cariño, y así descubre y conoce lo que necesita y debe evitar, y, en definitiva, lo que quiere conseguir.
- *Nuria se afirma:* se afirma en sus sentimientos y deseos porque está aprendiendo que es irrepetible y valiosa en sí misma, merece todo el respeto y consideración de sí misma. Así también alcanzará el respeto de los demás.

Gracias a que se valora y se aprecia, la inseguridad y las dudas que surgen en ella cuando su amiga le dice que le sobran unos kilos, le duran poco tiempo y reacciona con energía para superar los problemas. Nuria sabe que puede conseguir cosas muy importantes en su vida y ganarse un futuro bellísimo con su cuerpo. Se sintió mal y le dio cierta inseguridad la opinión de la amiga, pero tenía recursos suficientes para que esos comentarios no le estropearan el día.

AUTOESTIMA, PERSUASIÓN, asertividad y relajación

1.1_La autoestima no es innata, se aprende y se mejora

Todos somos diferentes. Del mismo modo que tenemos aficiones y gustos diferentes, también son distintos los aspectos que nos identifican y las cualidades y posibilidades que tenemos. Todos tenemos aspectos positivos y cosas en las que mejorar, por ello la autoestima se compone de las valoraciones que realizamos de nosotros mismos en aspectos y situaciones diversas, de este modo alguien puede ser un buen músico, un mal dibujante, un buen compañero, un mal deportista, una persona creativa, una persona distraída... todo al mismo tiempo[1].

Para mejorar la autoestima debemos comenzar realizando un autoconocimiento sensato y sanamente autocrítico, con el objetivo de conocer y reconocer tanto lo positivo como lo negativo de nuestro carácter y nuestra conducta. Pasaremos a fortalecer nuestros recursos personales, apreciándolos y utilizándolos debidamente. Aceptaremos nuestras deficiencias o limitaciones y trabajaremos para superarlas en la medida de nuestras posibilidades[2].

Son siete los puntos a tener en cuenta para mejorar nuestra autoestima[3]:
- *No generalizar a partir de experiencias negativas*: no debemos formarnos una mala imagen de nosotros a partir de unas malas experiencias. Podemos tener fallos en ciertos aspectos, pero eso no quiere decir que en todos los aspectos de nuestra vida seamos un desastre. Debemos observarnos de la forma más realista posible, identificando cuáles son nuestras mejores y peores cualidades.
- *Concentrarnos en lo positivo*: debemos observar las características buenas que tenemos. Todos tenemos cosas buenas de las cuales podemos sentirnos orgullosos, debemos apreciarlo y tenerlo en cuenta cuando nos evaluemos a nosotros mismos.
- *Hacernos conscientes de los logros o éxitos* que hemos tenido en el pasado e intentar tener nuevos éxitos en el futuro, para lo cual deberemos esforzarnos.
- *No compararnos con los demás*: todos somos diferentes, todos tenemos cualidades positivas en ciertos aspectos y negativas en otros. Aunque nos veamos peores que otras personas en algunas cuestiones, seguro que seremos mejores que ellos en muchas otras.
- *Confiar en nosotros mismos*: debemos confiar en nuestras posibilidades, capacidades y opiniones. Actuar siempre de acuerdo a lo que pensamos y sentimos, sin tener como base la aprobación o desaprobación de los demás.

---
1. Luengo Martín M. A., Gómez Fraguela J. A., Garra López A., Romero Triñanes E., Otero López J. M., **Construyendo Salud**. Universidad de Santiago, Ministerio de Educación y Cultura, Ministerio Sanidad y Consumo, Ministerio del Interior; 1998.
2. Casado Muñoz R., Corral Muñoz M. I., Criado Rodríguez E., Gómez González M. J., González Blanco N., González Lázaro A. M. *et al.* **Nuevos Adolescentes, aprender a vivir**. ALEZEIA, Asociación de educación para la salud. Ministerio de Trabajo y Asuntos Sociales, Real Patronato sobre Discapacidad, 3ª edición; 2002.
3. Ver nota número 1.

- *Aceptarnos a nosotros mismos*: debemos aceptarnos con nuestras cualidades y nuestros defectos, todos somos personas importantes y valiosas.
- *Establecer metas para desarrollar una imagen de nosotros aún más positiva*: decidir qué nos gustaría cambiar o qué nos gustaría lograr y trazar un plan para conseguirlo.

1.2_Propuestas de actividades para mejorar la autoestima

Actividad 1: observar cómo soy[4]

	Escribe tres adjetivos o frases cortas que tú consideres que te describen
¿Cómo soy en general?	1.
	2.
	3.
¿Cómo soy con los amigos?	1.
	2.
	3.
¿Cómo soy en casa con mi familia?	1.
	2.
	3.
¿Cómo soy en el IES?	1.
	2.
	3.
¿Cómo soy con mi pareja?	1.
	2.
	3.
Elige a alguien de confianza y comentad juntos esta descripción que habéis hecho de vosotros mismos	
¿Cómo te has sentido con esta descripción?	
¿Es una descripción completa de ti mismo?	
¿Crees que tu forma de verte es siempre igual?	

---
4. Ver nota número 1.

Elige dos cosas que te gustaría cambiar o mejorar de ti mismo. Establece un plan para conseguirlo	
1.	1.
2.	2.

Actividad 2: tomar conciencia de las cualidades y logros de los que podemos sentirnos orgullosos

El árbol de la autoestima[5]:
- Hacer una lista larga de los logros pasados y actuales de los que te sientas orgulloso/a. No tienen que ser espectaculares. Ejemplo: aprender a tocar la guitarra, te llevas bien con tus amigos...
- Anotar las cualidades que han hecho posible o han contribuido a esos logros. Ejemplo: tenacidad, simpatía...
- Escribir el título: tú nombre y a continuación "el árbol de mi autoestima".
- Dibuja un árbol con las raíces al descubierto.
- Escribe tus logros en cada una de las ramas, desliza tu lápiz hasta la raíz y escribe la cualidad que ha hecho posible cada logro. Ejemplo: ser buen compañero/a. Cualidad: generosidad.
- Contempla el árbol y date cuenta de lo que sientes y lo que el árbol dice de ti.
- Ponlo en tu cuarto como un póster y contémplalo.
- Sonríe y siéntete feliz.

La gente que tiene una autoestima positiva está satisfecha consigo misma, confía en sus posibilidades, es más popular entre sus amigos y obtiene mejores resultados académicos. Además, no suele tener la necesidad de implicarse en actividades que puedan perjudicarle (fumar, beber, utilizar otras drogas o involucrarse en acciones que puedan afectar negativamente a los demás[6]).

2_ Identificar las tácticas persuasivas habitualmente empleadas[7]

Hay muchas formas de intentar persuadir a alguien y todas persiguen la misma finalidad: que la persona haga algo que no quiere hacer.

Un ejercicio a realizar con los alumnos es preguntarles varios ejemplos de intentos persuasivos comunes en la vida. Lo que contestan se puede resumir en los siguientes ejemplos:
- *Ridiculizar*: "no te dejan tus papás", "eres un niñato".
- *Retar*: "¿a que no te atreves?", "seguro que no eres capaz de hacerlo".
- *Adular, hacer la "pelota"*: "con lo inteligente que eres, lo harías genial".
- *Amenazar*: "si no lo haces, paso de ti", "si no lo haces dejamos de ser amigos".

---
5. Ver nota número 2.
6. Ver nota número 1.
7. Ver nota número 1.

- *Insistir*: "venga di que sí, ven con nosotros, venga por favor".
- *Prometer recompensas*: "si lo haces, mañana te acompaño a buscar a tu hermano", "si lo haces, te invito al cine a ver esa película que tanto te gusta".
- *Engañar*: "yo lo hice y me gustó", "no pasa nada, yo ya lo he hecho antes".

Es muy importante que la persona actúe según lo que ella haya decidido y no se deje presionar ni convencer para hacer lo que no desea. Una de las principales razones por la que los adolescentes se dejan influir por los demás es por la necesidad de sentirse aceptado por el grupo y evitar el rechazo.

3_ Derechos básicos que toda persona tiene a la hora de relacionarse con los demás y que siempre deben ser respetados

Realizar una pregunta sobre los derechos que todas las personas tienen a la hora de relacionarse con los demás a los adolescentes y dejar que debatan entre ellos. A continuación, exponer los derechos básicos que toda persona tiene. Entre ellos se encuentran:

- Derecho a comportarnos de la manera que consideremos mejor, siempre y cuando no vulneremos los derechos de los demás.
- Derecho a poder expresar libremente nuestros sentimientos y opiniones.
- Derecho a escoger libremente y a responsabilizarnos de las consecuencias de nuestras elecciones.
- Derecho a tener nuestras propias necesidades, gustos... y a considerarlas tan importantes como las de los demás.
- Derecho a rechazar las peticiones de los otros sin sentirnos mal por ello.

La persona debe hacer valer sus derechos, debe poder expresar sus opiniones, sus sentimientos y sus deseos cuando le parezca oportuno y hacerlo de un modo claro y sincero. Debe haber respeto hacia uno mismo y los demás, considerando los derechos propios y los ajenos.

Ante una situación donde no se respetan los derechos de la persona, ésta puede reaccionar de tres formas diferentes:

- Con una *conducta pasiva*: se acepta la situación sin objeción ni resistencia o se hace frente la situación de una forma indirecta o poco clara. Se evitan conflictos, pero con esta conducta no defendemos nuestros derechos y los otros se aprovechan. La persona experimenta un sentimiento de frustración e inferioridad.
- Con una *conducta agresiva*: hay reacciones hostiles hacia la otra persona y la defensa de los propios derechos se hace a costa de los derechos de los demás. Nos hacemos respetar, pero la persona experimenta sentimientos de culpabilidad por haber tenido una reacción desproporcionada y va a sufrir rechazo social.

○ Con una *conducta asertiva*: se defienden los propios derechos de una manera directa y apropiada respetando los derechos de los demás. Se evitan conflictos, se produce satisfacción personal, incrementa la autoestima y hay un reconocimiento positivo de los demás.

4_ La asertividad

La asertividad hace referencia a la defensa de los propios derechos de una forma directa, honesta y apropiada, respetando los derechos de los demás. Hace que las personas más competentes en sus relaciones sociales. Nos puede ser muy útil para:
○ Afrontar situaciones en las que no se respetan nuestros derechos.
○ Afrontar situaciones en las que tenemos que expresar nuestro enfado.
○ Afrontar, situaciones en las que tenemos que negarnos a hacer algo que no queremos hacer.

Los adolescentes deben saber expresar su enfado, responder a las críticas y negarse a hacer algo que no desean, siempre evitando dar respuestas agresivas o pasivas. El éxito está en saber dar respuestas asertivas, pero para llegar a tener una conducta asertiva se necesita una práctica previa.

Para desarrollar la asertividad podemos utilizar frases como: "me he sentido mal con lo que me has dicho", "yo opino que...", "yo deseo estar fuera de este bar, hace mucho calor y está lleno de humo; pienso que es mejor que sigamos hablando fuera", "entiendo que no te guste mi vestido. Todos somos diferentes. A mí me gusta mucho".

Algunas sugerencias para ser más asertivos pueden ser:
○ Utilizar frases en primera persona, pues las frases que comienzan por "tu" pueden ser entendidas como crítica. Por ejemplo, en vez de decir "tu conducta es intolerable" podemos decir "yo no estoy a gusto con tu conducta". Debemos evitar decir "deja de...", "harías mejor en...", "ten cuidado".
○ No andar con rodeos, se debe decir lo que uno piensa o siente de forma clara y directa, pero teniendo cuidado con el vocabulario y el tono que empleamos para no herir los sentimientos de la otra persona.
○ Si queremos explicar nuestra postura se dan razones, pero no se buscan excusas.
○ Reconocer la postura de la otra persona es muy útil para que la situación sea menos tensa.
○ El tono de voz debe ser firme y calmado pues trasmite seguridad. Si la otra persona eleva la voz y habla rápido nosotros seguiremos calmados, con un tono de voz intermedio (ni muy bajo ni muy alto) y hablando pausadamente.
○ Es importante mantener un tono de voz constante: si bajamos el tono cuando estamos demandando algo o nos estamos negando a realizar algo, parecerá que nos sentimos inseguros.

- Conducta no verbal: se debe mantener un contacto visual con la otra persona mientras hablamos con ella y mantener una postura relajada pero firme. Por lo tanto debemos evitar desviar la mirada al suelo o mirar para otro lado o todo lo opuesto, con la mirada fija y agresiva. Evitar también movernos excesivamente, retorcernos las manos, mover los pies, etc. Los gestos son muy importantes y deben ser congruentes con la situación que estamos viviendo; por ejemplo, debemos evitar sonreír cuando desprecian o no consideran nuestros deseos o nuestras opiniones. Nunca debemos acostumbrar a los demás a negarnos el respeto que nos es debido.

4.1_Propuestas de actividades para mejorar la asertividad

- *Actividad 1. Practicar la conducta asertiva en distintas situaciones.*
  - Estás viendo un programa de televisión, llega tu hermano mayor y cambia de canal.
  - Enfado con un compañero al que le has contado un secreto y se lo anda diciendo a todo el mundo.
  - Estás en una fiesta de cumpleaños en la que alguien ha llevado bebidas alcohólicas. A ti no te gusta beber alcohol pero tus amigos te animan a que lo hagas.
- *Actividad 2. Debate* sobre el ofrecimiento de tabaco, alcohol u cualquier otra droga y las formas de responder ante estos ofrecimientos.

5_ Ante los agentes estresores, la relajación

En este periodo de transición entre la niñez y la edad adulta que llamamos adolescencia, hay momentos o etapas que presentan mayor complejidad, mayor dificultad para el adolescente. De forma generalizada podemos decir que todo adolescente pasa por pequeñas etapas más críticas, donde los agentes estresantes, a veces numerosos e intensos, pueden desencadenarle trastornos derivados de la ansiedad. El adolescente inmerso en esta etapa de tanta tensión puede presentar inestabilidad emocional, manifestada a través del llanto o hilaridad desproporcionada a la situación, conflictos con los padres, a veces comportamientos agresivos, e incluso puede llegar a padecer dolores de cabeza y/o dolores de estómago a causa de su tensión acumulada.

Una buena autoestima y una conducta asertiva le va a ayudar a superar estas etapas más críticas de su adolescencia, pero aún podemos hacer algo más, el adolescente puede aprender a reducir sus niveles de tensión a través de técnicas de relajación. Existen diversas técnicas de relajación, pero hay cuatro que son muy efectivas y fáciles de aprender:
- *Respiración abdominal*: también es llamada respiración profunda. La persona la puede realizar de pie, sentada en una silla o tumbada. Es

una técnica sencilla, eficaz y no requiere demasiada práctica para dominarla. Se puede realizar antes, durante o después de enfrentarse a una situación emocionalmente intensa.

Si se realiza con los adolescentes tumbados, debemos indicarles que se tumben en el suelo con las rodillas flexionadas, pies separados, columna recta, una mano sobre el abdomen y la otra sobre el pecho. Tomar aire por la nariz y sacarlo por la boca de forma suave y relajante. Debemos hacer respiraciones largas, lentas y profundas que eleven y desciendan el abdomen.

Para aprender el tiempo que debe durar cada etapa, al principio podemos contar mentalmente:
- Inspirar profundamente mientras se cuenta mentalmente hasta 4.
- Mantener la respiración mientras se cuenta mentalmente hasta 4.
- Soltar el aire mientras se cuenta mentalmente hasta 8.
- Repetir el proceso anterior.

Para comprobar que la respiración se hace correctamente se ha puesto una mano en el pecho y otra en el abdomen. La respiración es correcta si sólo se mueve la mano del abdomen al respirar.

○ *Relajación muscular*: técnica sencilla pero para su empleo requiere de un entrenamiento previo, deben empezar practicándola cuando se sientan tranquilos y en un lugar silencioso. Superado este aprendizaje, la persona podrá relajarse en muy poco tiempo y podrá utilizar esta técnica con garantías de éxito. Se puede realizar antes, durante o después de enfrentarse a una situación emocionalmente intensa.

Para realizar esta técnica con los alumnos debemos asegurarnos de que disponemos de tiempo suficiente para completar el ejercicio (20-25 minutos).

Esta técnica consiste en ir relajando progresivamente todo nuestro cuerpo. Se puede realizar estando la persona sentada tranquilamente en una posición cómoda o tumbada.

- Para la postura sentada, se recomienda estar con las piernas sin cruzar, las plantas de los pies bien apoyados en el suelo, los brazos bien descansados sobre las piernas, las manos abiertas, la cabeza ligeramente hacia delante y los ojos cerrados.
- En la postura tumbada, la persona estará estirada completamente en decúbito supino, piernas ligeramente abiertas, brazos estirados a lo largo del cuerpo con las manos abiertas y ojos cerrados.

Tenemos dos posibilidades, poner un CD de relajación o que realice la guía el profesor. Esta actividad está muy bien valorada por los alumnos pero es inevitable que el CD les haga reír, debemos explicarles que al principio la voz puede sonar rara. Con la voz del profesor también es inevitable que los alumnos se rían, pero debemos tomarlo con naturalidad, si esto ocurre se debe interrumpir la actividad y solicitar de nuevo el compromiso para seguir con la relajación.

Si la guía la realiza el profesor un ejemplo puede ser:
- Pedir al alumno que se tome el pulso.
- Luz tenue (no bajamos del todo las persianas del aula) e indicamos que todos deben estar en silencio para practicar el ejercicio.
- Iniciamos el ejercicio de relajación indicando que hagan una respiración profunda, para comenzar a relajar todo el cuerpo de forma progresiva hasta alcanzar una relajación completa.
- Comenzamos relajando la cabeza, nuestro cuero cabelludo, la frente, los ojos, la nariz, la boca, la barbilla, el cuello, los hombros, el pecho, los brazos, las manos, los dedos, el abdomen, los glúteos, las piernas, los pies y los dedos de los pies.
- Una vez relajados debemos imaginarnos en un lugar tranquilo y relajante, cada uno puede elegir el que más le guste. La persona debe imaginarse en ese lugar. Un ejemplo puede ser una playa tranquila, el cielo está azul, el sol nos ilumina, hay una ligera brisa que nos refresca, sentimos el agradable olor del mar, el sonido de las gaviotas... disfrutamos unos minutos de esta agradable sensación.
- Vamos sintiendo todas las partes de nuestro cuerpo y muy lentamente vamos abriendo los ojos. Nos estiramos.
- Pedimos al alumno que se tome el pulso y que lo compare con el que tenía previamente.

Para terminar, el grupo comentará y reflexionará acerca de cómo se ha sentido durante la relajación.

○ Pensamiento positivo: esta técnica se basa en sustituir pensamientos negativos por otros más positivos. Requiere entrenamiento previo para ponerla en práctica con éxito, ya que se necesita cierta capacidad para identificar los pensamientos negativos y darles la vuelta y convertirlos en positivos. Se puede realizar antes, durante o después de enfrentarse a una situación emocionalmente intensa.

Para ponerla en práctica se deben seguir los siguientes pasos:
- Cuando la persona comienza a sentirse incómoda, nerviosa o alterada, debe prestar atención al tipo de pensamientos negativos que está teniendo y debe intentar identificar todas aquellas connotaciones negativas.
- Debe decirse para si mismo "basta".
- Sustituir esos pensamientos por otros más positivos. Actividad: Pensamiento negativo ⇒ Pensamiento positivo. Para realizar esta actividad se le pedirá a los alumnos que describan una situación estresante, por ejemplo, hablar en público. Luego se anotarán en la pizarra los pensamientos negativos y al lado colocar los pensamientos positivos que nos van ayudar a superar esa situación. Ejemplos: "soy un desastre ⇒ voy a poder superar esta situación", "todo va a salir mal ⇒ esto va ir muy bien", "no puedo controlar esta situación ⇒ seguro que lo lograré", "toda la clase está notando que estoy muy nervioso ⇒ voy a relajarme, voy a respirar profundamente",

AUTOESTIMA, PERSUASIÓN, asertividad y relajación

"como siempre lo voy hacer mal ⇒ me he preparado bien, ésta vez lo voy a conseguir".
- Ensayo mental: esta técnica sólo sirve para aplicarla antes de enfrentarse la persona a la situación estresante. Consiste en que la persona se imagine ante esa situación estresante haciéndolo bien, sintiéndose segura y relajada (por ejemplo, pidiendo a la chica/o que te gusta que salga contigo). La persona debe practicar mentalmente todo lo que va a decir y hacer, repitiéndolo varias veces hasta que comience a sentirse más relajada y segura de sí misma.

••• LOS PADRES Y LA EDUCACIÓN PARA LA SALUD. Trabajo con las familias /12

La familia es la primera instancia socializadora del ser humano, dota de identidad a las personas y trasmite un modo de comunicación, un estilo de vida, unas actitudes, un ser y estar en la sociedad. Por todo esto y por mucho más, es una instancia prioritaria que hay que sensibilizar, motivar, informar y formar para que puedan desarrollar sus funciones, tanto preventivas como asistenciales.

La intervención con las familias es imprescindible, tanto si se trata de una familia con alto riesgo o con bajo riesgo.

1_ Objetivos con las familias

En las sesiones con las familias el objetivo fundamental es abrir vías de comunicación con sus hijos, por lo que se hace necesario darles formación en los temas del programa; si ambas partes reciben esta formación, pueden comentar en sus hogares los contenidos y sus impresiones. Otro objetivo del programa a familias es formar un grupo de apoyo entre los padres. Los padres van a poder intercambiar sus experiencias, miedos, preocupaciones, éxitos y fracasos. En los grupos de apoyo se encuentra muchas veces la comprensión y el respeto hacia los temas que preocupan al grupo y que es tan difícil de encontrar en personas que no están pasando por tu misma situación. El tercer objetivo es facilitar elementos de reflexión a las familias que contribuyan a conseguir una interpretación positiva de la adolescencia, y no quedarnos sólo con la imagen de etapa dura y difícil. Es una etapa de descubrimiento, de formación para la persona, y están necesitados de información rigurosa en los temas que les preocupan. Es una etapa clave en la vida que marcará las actitudes de los futuros adultos.

Cuando hay dificultades, no debemos definir a nuestros adolescentes como sujetos problemáticos, sino como sujetos que viven en una situación problemática. Sus intereses y experimentación están muy condicionados por los acontecimientos, por lo que va pasando en sus vidas.

2_ Familias y adolescentes

Es indispensable que los padres estén bien informados sobre los trastornos de la conducta alimentaria, nutrición, drogodependencias y Educación Afectivo-Sexual, para poder dialogar con sus hijos sobre estos temas. Se debe fomentar desde la primera infancia los hábitos de salud, la responsabilidad, la autoestima y establecer una relación de confianza que permita el diálogo sobre sexualidad, drogas, etc.

A medida que el joven crece hay que ir dándole una información más completa y coherente. Los padres debieran empezar a informar a sus hijos sobre las drogas y sexualidad desde los 9 ó 10 años. La información a dar será en función del grado de madurez de los hijos.

La Educación Afectivo-Sexual iniciada en casa tiene la gran ventaja de que el niño/a recibe una información correcta, no distorsionada ni cargada de morbosidad, que es lo que suele suceder cuando le llega a través de amigos, de conversaciones, etc. Un clima de confianza y libertad en casa y hablar con los hijos de forma clara, sencilla y natural es la clave del éxito.

Las cualidades de una buena información han de ser la exactitud y el tono justo. No conviene ni dramatizar ni minimizar las cosas, debemos indicar cuáles son los efectos de las diferentes drogas, los peligros que su consumo acarrea, (esto no significa ser un experto) y lo mismo con la sexualidad. La información ha de ser integrada en un diálogo entre padres e hijos, basado en la escucha y la compresión y no en un interrogatorio o un monólogo como ocurre muchas veces.

La información se puede ir dando aprovechando oportunidades: una noticia aparecida en los medios de comunicación, aprovechando alguna mención traída a casa por nuestros hijos... Un buen momento podría ser en el transcurso de escenas de consumo de alcohol en la televisión, cuando aparezcan anuncios publicitarios en una revista o cuando alguien beba demasiado en una fiesta. Los docentes llamamos a estas situaciones naturales "momentos clave" para enseñar, los comentarios que se hagan en estas situaciones tienen una mayor efectividad. Una información objetiva dotada de credibilidad y realizada en el momento oportuno es la mejor prevención.

No debemos olvidar que los padres son modelos que los hijos imitan, por lo tanto el ejemplo de los padres, cuando éstos poseen unas actitudes sanas y sin contradicciones, constituyen la mejor educación para los hijos. No les podemos hablar de drogas a nuestros hijos si nosotros fumamos una cajetilla diaria o si abusamos del alcohol o medicamentos cuando surge el menor dolor o problema. Éste es un argumento utilizado muy frecuentemente por los jóvenes: "tú que me vas a decir si fumas como un carretero...".

Para llevar a cabo esta labor los adultos debemos servir de modelo, de ejemplo, a nuestros jóvenes.

Hemos de comenzar la batalla contra la droga en nuestra propia casa, luchando por vencer nuestras propias actitudes y costumbres poco sanas. Debemos fomentar en nosotros mismos y en nuestros hijos una vida más sana, para lo cual es conveniente adiestrar a los padres en el fortalecimiento de la autoestima de los hijos, tratando de magnificar el alcance de sus pequeñas o grandes metas y de minimizar los errores o fracasos. Darles a entender que estos errores o fracasos son oportunidades para crecer, aprender y no para desanimarse.

Fomentar la escucha y la tolerancia, haciéndolas compatibles con normas educativas consistentes[20]. Prestar atención a las situaciones de estrés: problemas que no se hayan podido afrontar, conflictos en la familia, un fracaso amoroso o un incidente con los compañeros. Este último punto es muy importante a tener en cuenta en los trastornos de la conducta alimentaria, ya que es posible que lleve a la sospecha o incluso creencia, en la persona vulnerable, de que esto no habría ocurrido si su cuerpo fuera de otro modo[20].

Debemos prestar una especial atención al control/educación alimentaria, para ello es recomendable que al menos una comida al día se efectúe en familia, intentando que la experiencia sea agradable mediante un clima distendido y cordial. Los padres deben conocer los principios de una alimentación saludable e intentar que la comida de casa se ajuste a la misma[20].

Las relaciones de amistad ocupan un lugar fundamental en la adolescencia, favoreciendo sentimientos de confianza, seguridad, apoyo. Debemos respetar y favorecer este tipo de relaciones en nuestros hijos/as. Pertenecer a una pandilla supone un apoyo importante en un periodo en el que se busca una nueva identidad como persona, además facilita compartir intereses, ideas y puntos de vista; ayuda a entenderse con otras personas, a compartir, a dar y a recibir. Pero debemos conocer a los amigos de nuestros hijos y sus familias y tener relación con ellos.

3_ ¿Cómo fomentar la comunicación y la comprensión entre padres y adolescentes?

Los padres de hijos adolescentes piensan que sus hijos se han convertido en una gran incógnita: ¿con quién salen?, ¿qué hacen?, ¿qué les preocupa?

En los programas de Educación para la Salud, se intenta que los hijos comprendan que el apoyo social más importante que tienen son los padres y que también ellos deben ayudar a fomentar la comunicación y la comprensión.

Una combinación equilibrada de amor y disciplina es mostrada por todos los investigadores como estilo educativo con capacidad preventiva. Si conseguimos un clima de respeto con una comunicación serena y reflexiva, se podrá hacer desaparecer el fantasma de la desconfianza y surgirá la comunicación entre padres e hijos, donde se podrá hablar de la droga, de las relaciones sexuales... Nos debemos alejar de la inútil amenaza y situarnos en el plano de la comunicación.

Estimular los factores de protección y reducir los factores de riesgo constituye el objetivo preventivo deseado.

Algunos trucos para fomentar la comunicación entre padres e hijos pueden ser:

- *Explicarle cosas*: se trata de empezar a hablar. Dialogar es compartir y para ello hace falta que las dos partes participen. Si nuestros hijos no nos explican cosas, vamos a probar nosotros a explicarles alguna cosa que nos preocupe. Les demostraremos que confiamos en ellos y que su opinión, su manera de enfocar los problemas nos interesa. Descubrir su manera de enfocar los problemas nos sorprenderá seguro.
- *Preguntar sin agobiar:* el no sentirse presionados ayudará a que no tengan miedo de hablar con nosotros sinceramente.
- *Mostrarnos comprensivos*: se trata de que ellos se den cuenta que sus problemas, nos parecen importantes.

    Muchas veces podemos pensar que muchos de sus problemas son tonterías, pero para ellos son muy importantes. Debemos ser compresivos y no quitar importancia a sus cosas.
- *Ser intuitivos*: si un día están de mal humor, intentar adivinar qué les pasa y hablar del tema tratando de encontrar soluciones. Eso es lo importante.
- *Fomentar el diálogo, crear confianza y divertirse juntos*. Para ello debemos acercarnos a ellos y compartir alguna de sus cosas.

    Debemos realizar actividades con los hijos. Ir al cine, jugar en familia, salir de excursión, visitar el zoo, ir juntos a un parque temático, una exposición... la clave está en el compartir ilusiones, inquietudes, gustos y nuevos momentos de comunicación para afianzar aún más nuestra relación. Podemos comentar las noticias del mundo, el deporte, la cultura, pedirle su opinión y que valore lo ocurrido, y también, cómo no, recordar junto a él nuestra historia de adolescente. Las encuestas demuestran que los hijos aprecian mucho el tiempo que sus padres pasan con ellos. Se deben compartir momentos de diversión, relajados, distintos a aquellos en los que las tareas escolares o las responsabilidades familiares centralizan la relación.

    También debemos fomentar la participación de nuestro hijo de forma voluntaria en actividades recreativas. Actividades que procuren su diversión y desarrollo, sin presionarlo para que sea siempre el ganador o el mejor (deporte, lectura, música, asociaciones juveniles...) el adolescente que desarrolla intereses positivos va a estar menos interesado por el alcohol u otras drogas.

LOS PADRES Y LA EDUCACIÓN PARA LA SALUD. Trabajo con las familias

Ante una falta de comunicación entre hijos adolescentes y padres, ¿qué más podemos hacer?
- Estar en disposición de *manifestar la insatisfacción* que sentimos respecto a la relación padres/hijos si no es la deseada.
- Buscar el *momento apropiado* para entablar diálogo.
- Utilizar un *vocabulario* y un *tono de voz* ni agresivo ni violento.
- *Prestar atención* a la expresión, palabras y opiniones de la otra persona.
- Estar en disposición de llegar a *acuerdos básicos* relativos a la convivencia y saber ponerse en el lugar de la otra persona.

Una de las pautas educativas tendentes a fomentar la comunicación y la responsabilidad en los adolescentes es que las normas y las tareas derivadas de la convivencia sean elaboradas por todos los miembros de la familia en una relación igualitaria. Si los adolescentes colaboran en la creación de esas normas las cumplirán mejor.

3.1_Escuchar reflexivamente a nuestro hijo/a

Escuchar con atención a nuestros hijos demuestra respeto y amor hacia ellos. Pero escuchar supone algo más que no interrumpir mientras el otro habla, escuchar realmente requiere concentración y práctica.

Los adolescentes pueden hablar mejor sobre cualquier tema (drogas, problemas con los amigos...) con aquellos padres que saben escuchar reflexivamente.

A continuación se van a mencionar habilidades de escucha que pueden ayudar a llegar mejor a nuestros hijos, se basan en técnicas probadas de comunicación que pueden reforzar la relación padres-hijos.

- Poner en nuestras propias palabras los comentarios de nuestro hijo: una forma de demostrar a nuestro hijo que le comprendemos es repetir con nuestras propias palabras lo que él ha dicho. Esta habilidad cumple tres propósitos:
    - Asegura a nuestro hijo que hemos escuchado lo que estaba diciendo.
    - Permite a nuestro hijo oír en palabras de otro sus propias afirmaciones y así reconsiderar sus sentimientos.
    - Nos aseguramos de que hemos entendido correctamente a nuestro hijo.
- Cuando hablamos con nuestro hijo debemos observar su cara y el lenguaje no verbal de su cuerpo. Podemos ver a nuestro hijo triste o desilusionado, un temblor en el mentón, unos ojos demasiado brillantes... y al preguntarle, él nos asegurará que no le pasa nada. Cuando las palabras y el lenguaje corporal digan cosas diferentes, debemos hacer caso al lenguaje corporal.
- Brindar apoyo y estímulo no verbal. Incluye ofrecer una sonrisa, un abrazo, un guiño, mover la cabeza, tomar contacto visual, una palmada en el hombro o coger de la mano a nuestro hijo.

- Utilizar el tono adecuado a la respuesta que estamos dando. No podemos olvidar que nuestro tono de voz envía mensajes de una forma tan clara como nuestras palabras. Debemos asegurarnos de que no parezca sarcástico o el de un "sabelotodo".
- Emplear frases alentadoras que demuestren nuestro interés y mantengan viva la conversación. Pequeñas frases durante pausas apropiadas en la conversación, pueden comunicar a nuestro hijo lo mucho que nos importan todos sus asuntos: "¿de verdad?", "háblame de eso", "parece como si tu...", "¿qué pasó después?".

3.2_Educar en igualdad

En nuestra sociedad existen una serie de comportamientos, actividades, formas de vestir... que se consideran propios de niños y otras propias de niñas, pero esta distinta forma de actuar, de estar, incluso de sentir, no es innata si no que se aprende. Los niños y niñas se comportan de forma igual al nacer y su aspecto y forma de actuar se va diferenciando progresivamente fruto del aprendizaje. Las exigencias que les hacemos a chicas y a chicos son distintas. Los chicos han de ser valientes, activos, fríos... y estas características las fomentamos sin darnos cuenta. Quién no ha oído frases como: "ya estás hecho un hombre, ¿a cuántas has conquistado ya?", "esa ropa es de chicas. Vas a parecer una niña".

De esta forma se le impide al chico a desarrollar su sensibilidad, que expresen sus sentimientos. La sensibilidad y el saber expresar los sentimientos son positivos en sí mismos y se deben dar en los dos sexos.

Las exigencias en cuanto a responsabilidades, tareas, salidas... también son diferentes:

- A las chicas se le asignan más responsabilidades del hogar y se restringen más sus salidas que a los chicos. Situaciones como estas son las que nombran algunas chicas como los motivos por los cuales preferirían ser chicos.
- En un porcentaje mucho menor, también algunos chicos no aceptan las asignaciones que se le hacen en función de su sexo: "tienes que demostrar que eres fuerte", "te tienen que gustar los deportes".

Es importante que seamos conscientes de las asignaciones y conductas para hombre o mujer que se han asociado culturalmente.

3.3_El alcohol

Los padres, un buen ejemplo

Los padres son modelos para sus hijos, aunque no lo pretendan, por sus propios hábitos de consumo y por su actitud hacia los hábitos de los demás.

Los hijos no perciben sólo la cantidad de alcohol que beben sus padres si no que perciben también otros aspectos:

- La razón por la que se bebe (porque está deprimido, para relajarse, para celebrar algo...).
- Cuándo bebe (después del trabajo, mientras ve la televisión, en las comidas...).
- Si después de beber se conduce o se llevan a cabo actividades peligrosas.
- Los efectos que sobre la conducta tiene el alcohol.

Todos estos comportamientos son clave para que los hijos formen sus propias ideas sobre el uso del alcohol.

Pero los padres que no beben pueden cometer el error de no hablar del uso del alcohol con sus hijos. Ellos no son los únicos modelos que tienen sus hijos. Si estos padres no beben deben hablar con sus hijos acerca de las razones de su decisión. Explicarles por qué es importante no beber, que los adultos pueden abstenerse del alcohol o utilizarlo de modo ocasional y controlado.

Es muy importante nuestra forma de reaccionar ante situaciones en las cuales se bebe alcohol.

Algunas de las formas donde los padres pueden ser un buen modelo para su hijo son:

- No haga reuniones donde el alcohol constituya el centro de la actividad.
- Ofrezca bebidas no alcohólicas a aquellos invitados que las prefieran.
- Nunca presione a sus invitados a ingerir alcohol.
- Si alguno de sus invitados se excede con el alcohol, llévelo a su casa o llame a un taxi.
- No dedicar una parte de nuestro tiempo libre a beber alcohol.

Para afianzar el contenido de este punto debemos de realizar un debate y una posterior reflexión sobre "Beber de forma responsable[1]".

Romper mitos

Romper el mito de que beber alcohol es la mejor forma de alternar o celebrar un acontecimiento. El alcohol puede formar parte o no de un momento agradable, pero no tiene por qué estar siempre.

El alcohol está presente en muchos momentos de nuestra vida. Lo que más aparece es la cara buena y agradable porque en nuestra cultura se relaciona con fiesta y alegría. Pero el alcohol también tiene una cara amarga, esta cara no suele querer verse o incluso se intenta tapar.

Está detrás de muchos accidentes de trabajo, muchos accidentes de tráfico, muchas enfermedades. El alcohol está detrás de muchos disgustos y mucho sufrimiento de la gente, jóvenes y mayores, hombres y mujeres. Se presenta en nuestra sociedad como expresión y sociabilidad pero es la causa de problemas de muchas familias:

---
1. Lo que tiene de "malo" esta frase es que parece que lo único que "falla" es el consumidor y esto no es cierto, pues el alcohol es una sustancia tóxica.

- Malos tratos en el hogar.
- Marginaciones de muchas personas.

Nuestra cultura ha ido fomentando sin darse cuenta el alcohol, ha fomentado su consumo en los momentos de diversión y alegría, y sin darnos cuenta se está convirtiendo en un enemigo incontrolado para los jóvenes y mayores. Se ha convertido en la sociedad que vivimos en imprescindible compañero para la diversión de los jóvenes.

El alcohol es en España en los últimos años uno de los problemas más graves que afectan a jóvenes y adolescentes, tanto por la proporción de consumidores más o menos abusivos, como por la edad a la que se comienza a hacerlo y por las características de este consumo. Comenzar a beber con 13-14 años y beber prácticamente todos los fines de semana como si fuera la única manera de divertirse, produce alteraciones orgánicas y psicológicas muy graves.

Hay que reflexionar sobre el hecho de que muchos adolescentes verbalizan que cundo salen de fiesta y no beben alcohol se sienten marginados, sienten que hacen algo que "no toca".

Debemos ayudar a desarrollar en nuestros hijos un sentimiento de responsabilidad y criterio propio.

No es fácil saber cuándo el adolescente ha probado el alcohol ya que generalmente al principio no beben tanto como para que se produzcan efectos evidentes. El hablar de cómo ocupa su tiempo libre puede ponernos sobre aviso de que quizás se esté iniciando en su consumo. Si sospechamos que nuestro hijo está experimentando con el alcohol debemos actuar con premura. Los expertos nos proponen:

- Debemos hablar con él pero en un tono que no sea acusador. Las acusaciones harán que el adolescente se sitúe a la defensiva y dará más importancia al enfado de sus padres que al mensaje que le quieren transmitir sobre el alcohol.
- Debemos hablar con él de los efectos indeseables que tiene sobre el organismo en desarrollo y de los peligros que conlleva en que los adolescentes lo consuman.
- Debemos conseguir que el adolescente se comprometa a no volver a beber.
- Ayudarle a pensar en formas posibles de decir "no" al alcohol en el futuro y ensayarlas juntos.
- Aconsejar al adolescente que, si lo cree conveniente, ponga como excusa el enfado de sus padres si consume alcohol cuando se enfrente al grupo. Esto puede ayudar al adolescente sólo al principio cuando no quiera hacer lo mismo que los demás, pero con urgencia debe desarrollar sus propios motivos y atreverse a expresarlos.

Si nuestro hijo adolescente acude por propia iniciativa a contarnos que ha experimentado con el alcohol, las siguientes sugerencias pueden ser útiles:

- Debemos alabar su honestidad y decirle que agradecemos su confianza.
- Escuchar cómo se siente nuestro hijo con esta experiencia.

LOS PADRES Y LA EDUCACIÓN PARA LA SALUD. Trabajo con las familias

- Repetir las razones por las cuales los menores no deben beber.
- Conseguir que nuestro hijo se comprometa a no volver a beber.
- Ayudarle a pensar en formas posibles de decir "no" al alcohol en el futuro y ensayarlas juntos.
- También en este supuesto se puede aconsejar al adolescente que, si lo cree conveniente, ponga como excusa el enfado de sus padres si consume alcohol cuando se enfrente al grupo. Esto puede ayudar al adolescente sólo al principio cuando no quiera hacer lo mismo que los demás, pero con urgencia debe desarrollar sus propios motivos y atreverse a expresarlos.

En ambos casos:

- Nunca los padres deben ceder su protagonismo a otras instancias educativas (escuela, asociaciones...). No se debe delegar en ellos, no podemos pensar que son los que deben resolver el problema.
- Hablar con los otros padres para contrastar las opiniones y orientaciones y sobre cómo establecer normas compartidas. Se puede intercambiar opiniones acerca del dinero que dan a sus hijos los fines de semana, o para fijar la hora de regreso, el medio de transporte... y discutir las estrategias más convenientes para que éstas y otras normas sean aceptadas y respetadas. Se sentarán unas bases consensuadas para negociar luego con los respectivos hijos en casa. Cuando los padres se unen dan un paso importante para reforzar las orientaciones que ofrecen en el hogar.

    Debemos tener en cuenta que una de las razones para que los jóvenes comiencen a beber a una edad temprana es que pasan la mayor parte de su tiempo libre en la calle, en ambientes de consumo de alcohol. Es conveniente establecer como norma no frecuentar este tipo de ambientes y dedicar el tiempo libre a una diversidad de actividades gratificantes (deporte, lectura, teatro, cine...).

    Sólo el 12% de los adolescentes de 16 años regresan a casa antes de las 24 horas los fines de semana. Volver más tarde de esta hora multiplica por 2,5 el consumo de alcohol.
- Se puede utilizar la voz del grupo para presionar a las autoridades locales para que hagan cumplir la prohibición de vender alcohol a menores y pongan en marcha iniciativas de prevención. Así como para abordar el tema del alcohol y las otras drogas con organizaciones comunitarias como asociaciones de jóvenes, centros de salud, asociaciones de padres y profesores, etc.

Tres estrategias que se pueden empujar con la voz del grupo:

- Controlar la disponibilidad del alcohol (locales que lo dispensan, las horas...).
- Controlar la promoción del alcohol (publicidad, mensajes confusos como "beber moderadamente es bueno para el corazón"...).
- Impuestos y precios: los estudios demuestran que aumentar los impuestos y los precios es sin duda una de las estrategias más eficaces para limitar los daños del alcohol.

Toda la familia puede dialogar acerca de la dificultad que tanto adultos, niños y adolescentes tienen para decir "no" a la presión del grupo y poner en práctica esta habilidad.

Se pueden ensayar diversas situaciones, haciendo que el adolescente represente el papel de alguien que trata de presionar a los demás a beber alcohol o tomar otras drogas y los padres deberán mostrar cómo ser firme en el rechazo. Luego debemos invertir los papeles.

También se deberá hablar sobre qué motiva a una persona o al grupo a presionar a los demás, sobre la necesidad de pertenecer a un grupo, sobre la envidia, el miedo al rechazo...

Esta actividad puede ser un buen entrenamiento para cuando el adolescente tenga que afrontar realmente estas situaciones.

Debemos hacer saber a nuestros hijos que hay situaciones en la vida en las que debe exigir que se respeten sus opiniones y decisiones.

Cuando hay un consumo reiterado de drogas por parte del adolescente, la familia necesita siempre ayuda profesional.

La familia debe emitir un mensaje claro y firme: "El consumo de la sustancia o sustancias debe cesar de inmediato". La forma más eficaz de transmitir este mensaje es una conversación firme y serena cara a cara con el adolescente. Se debe huir de sermones y gritos. A partir de aquí, se debe buscar apoyo profesional con premura para establecer la terapia y el tratamiento más adecuado. Esta terapia y tratamiento se establece según la sustancia o sustancias que se consumen, la edad, el tiempo de consumo, el deterioro en la salud de la persona, etc.

4_ Conductas de riesgo en la adolescencia

¿Qué podemos hacer los padres para ayudarles?

Ayudarles a desarrollar factores de protección frente a las drogas, como son: que se sientan seguros, independientes, que asuman sus responsabilidades y que sepan tolerar sus frustraciones.

Cuando la normativa familiar es excesivamente autoritaria, relajada o variable, se hace difícil la interiorización por los niños de unas pautas de comportamiento claras.

- Si aplastamos con nuestra autoridad: el adolescente se siente humillado y tratará de salirse con la suya, se pondrá más desafiante y violento. No dará resultado.
- Si los padres ceden para que no haya problemas: así tampoco se ayuda al adolescente, pues es crítico y sabe que está sujeto, como todo el mundo, a unas determinadas normas.

Las normas tienen que ser explicadas y razonadas desde muy pronto, para que poco a poco el niño y después el adolescente las acepte y las reconozca. Debemos

LOS PADRES Y LA EDUCACIÓN PARA LA SALUD. Trabajo con las familias

dialogar con nuestros hijos sobre cómo esperamos que se comporten, qué hacer para llevar a cabo este tipo de comportamiento y las consecuencias de actuar o no actuar de esa manera. Debemos asegurarnos que nuestro hijo tenga claro que no debe experimentar con el alcohol u otras drogas. Las reglas familiares verbalizadas o escritas van a ayudar al adolescente a decir "no" a las drogas y a desarrollar un sentido de responsabilidad. Se ha demostrado que los niños y adolescentes que tienen pautas de actuación definidas, con límites claros, razonables y en la medida de lo posible negociados, actúan de manera más responsable.

Deben existir límites y normas claras, así como las consecuencias de no cumplirlas. Cada familia tendrá sus normas.

Es importante que ambos padres estén convencidos de lo que hacen y no se contradigan. Es importantísimo que siempre digan lo mismo.

Estimular la creciente autonomía a medida que el niño va aumentando de edad. El adolescente debe alcanzar gradualmente la independencia respecto a su familia y las normas familiares deben ayudar a conseguirlo.

Estimular la responsabilidad de los hijos y ayudarles a madurar fomentando su autoestima. Para ello hemos de:

- Darles la oportunidad de tomar sus propias decisiones. Hay muchas cosas que los hijos pueden decidir, sobre todo las que les atañen a ellos directamente. Seguro que lo harán muy bien.
- Es importante que el adolescente tenga responsabilidades. Programarles tareas, serán sus obligaciones en casa. Tienen que estar claras las tareas que tienen asignadas cada miembro de la familia. Los adolescentes que tienen quehaceres en la casa saben que están haciendo algo importante para ayudar, aprenden a verse a sí mismos como personas útiles y parte integrante de un grupo. Cumplir con sus obligaciones también les produce una sensación de logro.
- No hacer las cosas que les corresponden a ellos. Si lo hacemos nosotros no les dejamos aprender. Tenemos que correr el riesgo de que nuestros hijos se equivoquen y dejarles hacer las cosas por sí solos.
- Valorar sus avances y logros. Estimular los éxitos. Es importante fijarnos en lo que el hijo hace bien y reconocérselo. Debemos estimular los éxitos de los adolescentes. Debemos buscar éxitos incluso en pequeños asuntos y elogiar a nuestro hijo a menudo. Los elogios ayudan al adolescente a desarrollar sentimientos positivos. La valoración no significa darle un premio material por aprobar el curso. El mejor regalo es un elogio, el reconocimiento de su esfuerzo o de su trabajo.
- Elogiar el esfuerzo, no sólo el logro. Debemos hacer saber a nuestro hijo que no siempre tiene que ganar, que es necesario e importante plantearse metas, pero intentar y tratar de dar lo mejor de uno mismo es ya un hecho positivo.
- Manifestarle verbalmente nuestra aceptación y cariño. Es necesario sentirse amado. Si él sabe y oye que es querido aumentará su seguridad.

No hay que sentir vergüenza de expresar nuestros sentimientos de cariño. Los besos, los abrazos y los "te quiero" ayudan a los hijos a sentirse bien consigo mismos.

Es muy importante que el adolescente se encuentre apoyado y entendido en la familia, que no tenga que buscar este apoyo fuera de casa.

- Crear expectativas ajustadas a sus capacidades. No debemos esperar de un hijo más de lo que él puede dar pero tampoco menos. Debemos ayudar a nuestros hijos a marcarse metas realistas.
  - Si esperamos más, si las expectativas son muy altas se sentirá frustrado e incapaz y nosotros también.
  - Si se espera menos le estamos menospreciando, le faltará estímulo para emprender nuevas actividades.
- No comparar el esfuerzo de nuestro hijo con el de los demás. Siempre habrá adolescentes mejores o peores estudiantes que nuestro hijo, más o menos inteligentes, más o menos creativos, hábiles, simpáticos o buenos deportistas. Nuestro hijo debe saber que un buen esfuerzo tiene el mismo mérito que conseguir un premio.
- Cuando corrijamos a nuestro hijo debemos criticar el acto, no a él. Un comentario irreflexivo puede hacer mucho daño a nuestro hijo, debemos fijarnos muy bien en la forma de reprender a nuestro hijo. No debe sentirse atacado ni definido como "malo por naturaleza". Un ejemplo positivo sería: "Subirse a la tapia es peligroso, pudiste haberte hecho daño, no lo vuelvas hacer", en cambio uno negativo es: "No debiste subirte a la tapia ¿No tienes sentido común?".

Les podemos ayudar con nuestra propia conducta para que tengan un modelo basado en la solidaridad y el respeto a las personas y a la vida.

- Cambiar nuestra actitud hacia las drogas legales (tabaco, alcohol) y reducir su consumo, para dar ejemplo. No se debe olvidar que los padres son un modelo a imitar por sus hijos.
- Fomentar en nosotros mismos y en nuestros hijos una vida sana, en la que la salud, la comunicación, la reflexión y el deporte sean importantes.

La amenaza y el monólogo o el interrogatorio deben desaparecer, debemos dialogar con los hijos. Lo verdaderamente importante es informar en positivo y crear vías de comunicación con los adolescentes.

Comprensión y diálogo ante el "mal humor" de los adolescentes

La variación del estado anímico del adolescente es normal y tiene la explicación en los cambios hormonales que se están produciendo y en la inseguridad que le supone la entrada en un mundo y en una edad desconocida. El adolescente puede pasar en cuestión de minutos de la cólera a la autocompasión, del entusiasmo a la apatía, de ser enormemente generoso a resultar sorprendentemente egoísta. Estas emociones son desproporcionadas a los ojos de los mayores y a los ojos de él, lo cual aumenta su inseguridad y su descontento.

5_ Prevención de la drogadicción en adolescentes

Diez reglas para la prevención de la drogodependencia reglas muy sencillas y plenas de sentido común. Han sido elaboradas por el doctor Robert Du Pont, ex-director del Instituto Nacional sobre el Abuso de Drogas de Estados Unidos:

- Establecer un patrón de conducta familiar acerca del uso de sustancias. Dichas reglas deben ser comunicadas antes de la pubertad y recordadas con frecuencia. Los chavales deben saber cuáles son las expectativas de sus padres para cuando sean adolescentes: que no fumen ni ingieran bebidas alcohólicas, ni usen marihuana ni otras drogas.
- Establecer consecuencias por no cumplir las reglas. El incumplimiento de esas reglas ha de traer consigo una "penalización" que deben saber de antemano, y han de ser mantenidas por los padres. Incluso pueden haber sido negociadas con los propios hijos de forma previa (no usar el teléfono, fines de semana sin salir con los amigos,...)
- Dedicar una porción de tiempo todos los días para conversar con los hijos acerca de sus vidas, sus sentimientos, sus ideas. Hay que hablar con ellos y escucharles sin interrumpirles. De esa forma conoceremos sus puntos de vista, sus experiencias y lo que sienten. El silencio y la falta de respuestas pueden formar parte de esa conversación, no es necesario tener la respuesta, sino escuchar atentamente, respetando sus experiencias y sentimientos.
- Ayudar a los hijos a que establezcan objetivos personales. Estas metas pueden ser académicas, deportivas o sociales. Los objetivos deben ser a corto plazo (este mes) y a largo plazo (un año a dos). Es importante enseñar a los hijos a tolerar sus inevitables fracasos, enseñándoles que son oportunidades para crecer y no para desanimarse.
- Conocer a los amigos de los hijos. Y a las familias de estos. Estar con ellos y conocerse. Los amigos van a ser de trascendental importancia en la evolución de un adolescente.
- Ayudar a los hijos a que se sientan bien con respecto a sí mismos y sus éxitos, pequeños y grandes. Hay que alegrarse por sus logros, haciendo una educación positiva, y entusiasmándose por todo aquello que les atrae. De esa forma favoreceremos su autoestima.
- Debe haber un sistema establecido para la resolución de conflictos. En ocasiones los hijos no están conformes con las normas de casa, y se ha comprobado que la mejor forma de mantener la autoridad, en esas situaciones, es cuando los padres se mantienen abiertos a escuchar las peticiones de los hijos, estando abiertos a nuevos aprendizajes y adaptándose a los cambios.
- Hablar acerca del futuro de los hijos desde una edad temprana y frecuente. Los hijos deben saber qué esperan los padres de ellos, y ellos de sus padres. Han de ser conscientes que llegará el momento de su

autonomía y de su independencia familiar. Hasta entonces la autoridad de los padres ha de ser ejercida en beneficio de sus hijos.
- Los padres deben disfrutar de la presencia de los hijos. Deben trabajar con los hijos para que el hogar sea un lugar positivo para todos. Eso significa trabajo en equipo y respeto mutuo.
- Ser padres metidos en la vida de sus hijos. Es importante hacer preguntas a los hijos, saber dónde están y con quién. Los hijos deben saber por qué los padres se "meten" en sus vidas: porque se trata del trabajo de ser padres y porque se les quiere. Este aspecto es importante que los hijos lo asimilen para evitar la sensación de que se les invade la intimidad.

6_El perfil del adolescente de alto riesgo

- Amigos íntimos que usan droga.
- Conducta rebelde antisocial.
- Tendencia al retraimiento y a la agresividad.
- Pobre interés por el estudio (fracaso escolar).
- Baja autoestima.
- Insensibilidad a las sanciones.
- Pobre empatía con los demás.
- Frecuentes mentiras.
- Poco control de los impulsos.
- Alcoholismo familiar.
- Situación familiar conflictiva.

7_Hablando de sexo con nuestros hijos

Josep Cornellà i Canals, Presidente de la Sociedad de Psiquiatría Infantil de la Asociación Española de Pediatría, socio de honor de la Sociedad Española de Medicina de la Adolescencia, fue presidente durante 8 años de la Sociedad Española de Medicina de la Adolescencia de la Asociación Española de Pediatría. Contesta preguntas muy interesantes en el artículo "Hablando de sexo con nuestros hijos" en www.adolescenciasema.org, apartado publicaciones, artículos de interés para padres y educadores:

> *«Se sabe que casi un 70% de los adolescentes no habla con sus padres sobre cuestiones referentes al sexo. Muchos padres creen que sus hijos no quieren tratar con ellos estos temas, cuando la realidad es bien distinta. El problema está en la falta de comunicación por una falta de confianza. Los padres son los primeros y principales agentes de la educación de sus hijos, deben también asumir el deber y la responsabilidad de hablarles sobre sexualidad. Sin miedos, sin tabúes, desde una valoración positiva de la sexualidad como dimensión de nuestra personalidad y expresión de nuestro ser».*

LOS PADRES Y LA EDUCACIÓN PARA LA SALUD. Trabajo con las familias

¿Cuándo podemos hablar de sexualidad? Cuando la situación sea propicia. Debemos huir de los momentos solemnes. La conversación más tranquila y en el lugar más insospechado será mucho más enriquecedora para padres e hijos. A menudo recomiendo utilizar un viaje en coche. El hecho de no tener que aguantarse mutuamente la mirada alivia muchos miedos y tensiones. Otras veces podremos iniciar una conversación a partir de un episodio visto en televisión o una película. Se trata aquí de utilizar estos medios con fines educativos.

¿Qué temas podemos tratar? Todos, en función de la edad y del grado de madurez de los hijos. Se puede empezar interesándose por los aspectos anatómicos y fisiológicos que se han explicado en la escuela para ir entrando en materia. Habrá que estar preparados para responder a todas las preguntas que nos puedan plantear. El silencio es un gran destructor de la confianza. Pero tampoco es bueno anticiparse a lo que todavía no preocupa al hijo.

¿Cómo podemos hablar de sexualidad? Con naturalidad, aprovechando las noticias que la actualidad nos brinde y siendo capaces de comentar experiencias comunes. Con el debido respeto a la intimidad, de los padres y de los hijos, y sin querer entrar en detalles cuando el hijo habla de pequeñas experiencias en el mundo de la sexualidad. Pero, sobre todo, conviene evitar las bromas de mal gusto o la ridiculización de situaciones por las que el hijo puede pasar.

¿Y si me siento incómodo? Reconozcámoslo. No hay mejor ejercicio educativo que reconocer ante los hijos las propias limitaciones. Porque lo cierto es que los hijos leen con asombrosa facilidad nuestros pensamientos y conocen nuestras incomodidades. No se pierde la confianza de los hijos si se reconoce la propia incomodidad y las lagunas educativas que el padre tuvo en su momento (eran otros tiempos, ¡tan lejanos para el adolescente!).

¿Conviene hablar también de los temas más negativos? En el momento actual, no podemos dejar de hablar sobre el riesgo del sexo. Sin dejar los aspectos positivos de la sexualidad humana, convendrá, con tacto y delicadeza, abordar temas como pueden ser las agresiones sexuales, las enfermedades de transmisión sexual, etc. Y en este punto conviene asegurarse que el hijo, especialmente al llegar a la adolescencia, ha recibido una correcta información.

¿Desde qué valores éticos? La conducta sexual, al igual que toda conducta humana, debe discurrir por unos cauces éticos apropiados. Conviene no olvidarlo. Pero conviene, a la vez, simplificarlo para que sea más asequible al hijo. Y estos valores éticos pueden resumirse en dos. El primero es el principio de universalidad: "Lo que no quieras para ti no lo quieras para otro". Y el segundo es el principio de la finalidad. Un acto humano (también si se engloba dentro de la sexualidad) será bueno o malo según sus consecuencias para la propia persona y para los demás.

Y finalmente, buscar los recursos pertinentes. Desde conferencias, libros, folletos o videos, al consejo del experto. La educación sexual de los hijos puede parecer compleja, pero, merece la pena. Si no son los padres quienes educan, hay otros elementos a su alrededor dispuestos a sustituir esta función paterna y, ciertamente, desde otra óptica.

Para finalizar con este apartado llevaremos a cabo una actividad en la que tendremos que realizar un análisis y posterior reflexión de este artículo con las familias.

8_ La familia ante los trastornos de la conducta alimentaria

8.1_Consejos para la prevención desde la familia

- Se deben enseñar y motivar los hábitos alimenticios saludables desde la más tierna edad y ser constantes en nuestro mensaje. Sin olvidarnos también de enseñar a tener una actitud realista acerca de la comida y la imagen del cuerpo.
- Es muy conveniente realizar las comidas en familia, a ser posible nunca en solitario, aprovechándolas para establecer comunicación y cariño.
- El miedo a la obesidad en ocasiones hace que muchas familias comiencen también a influir en sus hijos/as obligándoles casi con imposición a visitar a pediatras y a restringir su alimentación, debemos ser muy cautelosos y compresivos.
- Valorar a los hijos sin tener en cuenta su peso. Si es necesario modificar su alimentación, pues precisan perder peso por razones de salud, se debe hacer, pero siempre con un estricto control médico. Debemos evitar las observaciones negativas respecto a un posible exceso.
- Reforzar la autoestima de los hijos. Debemos hacer que se sientan bien y que se sientan motivo de satisfacción para su entorno. No debemos centrar los reconocimientos en las cuestiones físicas.
- Debemos ayudarles a desarrollar su sentido crítico respecto a la moda de la delgadez en la publicidad, donde suele identificarse siempre con el éxito.
- La familia debe estar atenta a las siguientes situaciones:
  - La chica o chico intenta comer cada vez menos o saltarse algunas comidas poniendo excusas.
  - Muestra preocupación continua por la comida.
  - Se queja con frecuencia de su imagen corporal y se describe como gorda/o.
  - Hay una pérdida de peso llamativa.
  - Tendencia al autodesprecio y baja autoestima.
  - Comienza a desarrollar rituales: corta la comida en trozos pequeños, los "marea" por el plato, come despacio y al final siempre dice que está llena/o.
  - Come mucho a escondidas.
  - Siempre va al baño después de las comidas.
  - Especial atención ante las bailarinas, gimnastas, atletas, deportistas y modelos.
  - Comienza a comprar productos para adelgazar, laxantes...

- Se aprecia debilidad física.
- Signos de ejercicio físico agotador.
- Su estado de ánimo se vuelve irregular y tiende a volverse irritable.
- Es muy sensible a la crítica y muy compulsiva/o.
- Deja de realizar actividades y de quedar con los amigos. El aislamiento y la incomunicación siempre son signos que alertan de que existe un problema.
- En la chica se retrasa o retira la menstruación.

○ Es preciso saber que la preocupación continua por la comida en este tipo de trastornos alimentarios se convierte en algo obsesivo, la persona no puede dejar de hacerlo con el consiguiente sentimiento de confusión que la lleva irremediablemente a estados de ansiedad y de depresión.

○ Lo más importante que la familia y los amigos pueden hacer para ayudar a una persona con anorexia y/o bulimia es ofrecerles mucho cariño y vigilarles. Quererlos es no ceder a los ruegos del paciente con un trastorno de la conducta alimentaria. Estas personas ruegan y mienten para evitar comer y aumentar de peso, ellos niegan rotundamente tener un problema.

8.2_¿Qué hacer cuando se ha descubierto?

La anorexia y la bulimia son dos trastornos de la conducta alimentaria muy graves y es muy difícil que la familia sola pueda afrontar el problema. La Anorexia Nerviosa y la Bulimia Nerviosa pueden llegar a provocar un deterioro mental y físico irrecuperable, pudiendo llegar a ser mortal.

Siempre se debe acudir al médico de atención primaria o al pediatra, según la edad, para que éste le derive al especialista, le diagnostique y le prescriba el tratamiento adecuado. Dentro de la sanidad privada, están las asociaciones de lucha contra este tipo de trastornos y los psicólogos privados especializados. Para obtener información sobre estos últimos contamos con los Colegios Oficiales de Psicólogos de cada ciudad.

Se recomienda siempre que la familia se ponga en contacto con alguna asociación de afectados y familiares para recibir más información, asesoramiento familiar y apoyo.

Las familias, cuando acuden a una asociación necesitan, en primer lugar, ayuda para entender la enfermedad, aprender a convivir con ella y superar los sentimientos de culpa. Deben tener valor, entereza y serenidad para poder colaborar con los médicos formando un verdadero equipo para conseguir una evolución mejor del paciente.

A través de la voz del grupo también es más efectivo realizar acciones reivindicativas para conseguir una mejor asistencia médica y psicológica de los afectados, así como sensibilizar a la sociedad sobre este tipo de enfermedades y denunciar si llega el caso a los medios de comunicación por la utilización de mensajes inapropiados.

El tratamiento de estos trastornos de la conducta alimentaria duran años, es necesario un trabajo multidisciplinar para conseguir que la persona aprenda a afrontar sus problemas sin destruirse a sí misma. En este tratamiento siempre es necesaria la implicación de la familia.

Tanto la anorexia como la bulimia tienen la misma causa que desencadena la enfermedad: la ansiedad. La persona con Bulimia Nerviosa calma la ansiedad comiendo, come y se siente culpable, se puede decir que tapan sus problemas con comida. La persona con Anorexia Nerviosa, en cambio, lo hace con restricción, con ausencia de comida. Ambas no son capaces de expresar sus sentimientos y esto genera una angustia vital, un vacío que trastorna y controla su vida.

Las personas con anorexia y/o bulimia se sienten a salvo, seguras y cómodas con su enfermedad. El miedo mayor es aumentar de peso y es visto como una pérdida de control.

El personal sanitario reeduca, acompaña y ayuda a los pacientes a reaprender a comer y a contrarrestar los agobios que la ingesta les produce. Algunas veces los padres, de forma rotativa, acompañan desde el ingreso a los pacientes y otras veces tienen la autorización de visitarlos cuando estos hayan mejorado algo.

En el tratamiento, lo que se pretende es establecer un orden adecuado de prioridades. Deben aprender a habar de sus inseguridades y sus miedos. El "vacío" que sienten deben llenarlo con amigos, con compañía y cariño.

Es la "enfermedad del autoengaño", estas personas se engañan a sí mismas y no confían en nadie, muestran una cara distinta de lo que son. Otro sentimiento que experimentan es que "amargan la vida a los demás", se sienten descontroladas... pero con la terapia se intenta que todo se ponga en su sitio. Se deben olvidar de su imagen para trabajar el interior (por esto tienen prohibido mirarse en el espejo y en casa todas los espejos están quitados o tapados). En el tratamiento se intenta conseguir también que puedan contar con los demás, que no se aíslen y que tengan la capacidad de poder pedir ayuda cuando la necesiten. Que puedan comunicar sus sentimientos y que sepan respetar a los que les rodean.

La prevención y la detección precoz de la anorexia y la bulimia son piezas clave para evitar que estos trastornos alimentarios progresen.

9_ Los peligros de internet. Cómo podemos proteger a nuestros menores

Los padres deben controlar la información que los niños y jóvenes consultan en internet para evitar que influencias negativas afecten a su salud. La prevención y la vigilancia son fundamentales.

Los padres deben ser conscientes que en internet nuestros niños y jóvenes encuentran sin ningún problema páginas muy peligrosas como:

- Páginas pro anorexia y pro bulimia.
- Páginas que fomentan los contactos de riesgo entre los jóvenes, como las relaciones sexuales sin protección, que están contribuyendo al aumento de contagio de enfermedades de transmisión sexual y embarazos no deseados.
- Páginas que fomentan el consumo de drogas.
- Páginas que fomentan el acoso escolar.
- Páginas con contenido violento.
- Poder contactar con desconocidos.
- Pornografía.
- Incitación al odio racial.

Recomendaciones:
- Situar el ordenador conectado a la red, en una habitación accesible a toda la familia.
- El adolescente no debe tener conexión a internet sin software actualizado de control parental.
- Explicar a los hijos los peligros de la red.
- Establecer normas de uso de Internet: hay que limitar el tiempo que se debe dedicar a la Red, además de aconsejar que no abran archivos desconocidos y limitar páginas web que se pueden visitar.
- Ayudar a los hijos a mantener su información personal protegida: es importante explicarles que no deben facilitar sus datos personales ni en páginas web sospechosas ni en correos electrónicos con remitentes desconocidos. No deben publicar su imagen en la red. Explicarles que sus datos en Internet pueden ser accesibles para millones de personas y los fines no siempre son buenos.
- Consultar con frecuencia el historial de internet del equipo: este seguimiento puede ayudarnos a conocer qué páginas visita nuestro hijo y sus actividades más recientes.
- Proteger las contraseñas de los hijos: ayudarles a crear una contraseña que no sea demasiado fácil y recomendarles que nunca la compartan.
- Familiarizarse con los programas que utilizan los jóvenes.
- Dedicar tiempo a los hijos mientras están conectados: es bueno navegar con los menores, enseñarles webs interesantes y compartir gustos.
- Debemos tener presente que en la casa de sus amigos quizá no se han tomado medidas para que los ordenadores impidan el acceso de los niños a contenidos inapropiados para su edad. Se debe hablar con los otros padres de los peligros de la red.
- Si los niños son pequeños, no debemos permitirles entrar en chats o canales de conversación sin estar un adulto presente.
- Debemos conocer las direcciones de correo de los amigos de nuestros hijos.
- Consultar las páginas de la UE dedicadas a la protección de los menores en internet. Existen programas gratuitos de protección para el menor.

- Si se encuentran contenidos ilegales (pedofilia, terrorismo, páginas pro anorexia y pro bulimia, etc.) mientras se navega, se debe dar parte a la policía de inmediato.

Para evitar que los menores entren en páginas con contenidos poco apropiados para su edad, disponemos de varias opciones: instalar un navegador específico o utilizar un software de control parental junto con nuestro navegador habitual. Ambos sistemas precisan de una actualización periódica.

Información del OCU (Organización de Consumidores y Usuarios):

- «*Navegadores específicos*: es posible instalar a un ordenador un navegador concebido específicamente para niños, en lugar de utilizar los generales como Internet Explorer o Mozilla. Entre estos navegadores para pequeños destacan Magic Desktop de Easybits o Kids Browser de Kidrocket, que sólo permiten el acceso a unas páginas determinadas, las que se encuentran en su "lista blanca". El inconveniente es que la navegación queda muy limitada, por lo que sólo son adecuados para niños hasta 10 años de edad.
- *Software de control parental*: otra opción es utilizar un software de control junto con su navegador habitual. En este grupo, destacamos CyberPatrol de la empresa Surf Control y Web Filter de Optenet. Estos programas permiten el acceso a cualquier página, excepto las que se encuentran en una lista negra de determinados contenidos, aunque algunos también ofrecen la opción de la lista blanca. Así se facilita una navegación más amplia que con los navegadores dedicados. Son la mejor solución a partir de los 10 años.

Además, si se dispone ya de un paquete de protección para su ordenador, debemos saber que las funciones de control parental de algunos programas como Bitdfender o TrendMicro pueden ser una buena alternativa».

13 BASES PARA LA IMPLANTACIÓN DEL PROGRAMA DE EDUCACIÓN PARA LA SALUD. Institutos de Educación Secundaria

1_ Espacio en el que se desempeña la actividad

El programa debe impartirse en el IES, en las aulas respectivas de cada curso o como crea conveniente la dirección del centro (en otras aulas, la biblioteca...).

Serán necesarias horas de despacho, para poder atender de forma individualizada a preguntas y poder asesorar al adolescente que lo solicite.

2_ Temporalización del programa

Cada año se estudia con el IES la temporalización del programa: número de horas por curso y posibles fechas. El Programa de Educación para la Salud se presenta y se coordina cada curso escolar con el psicólogo orientador, responsable del departamento de Orientación del IES.

Para abordar el programa completo se necesitan 210 horas a repartir entre 1º ESO y 1º Bachiller.
- 40 horas para Educación Nutricional.
- 40 horas para Anorexia Nerviosa y Bulimia Nerviosa.
- 40 horas para la Educación Afectivo-Sexual.
- 40 horas para la Educación en la Prevención de las Drogodependencias.
- 20 horas para los temas varios.
- 20 horas para Primeros auxilios.

- 10 horas para la tolerancia, solidaridad, convivencia, autoestima y asertividad.

Factores de riesgo: en el medio educativo, factores de riesgo individuales, de la relación del individuo con el grupo, familiares y socioculturales. Son trabajados durante el desarrollo de cada uno de los temas anteriores.

Además se realizarán 70 sesiones informativas y formativas a padres[1], a repartir según conveniencia durante la estancia del adolescente en el IES. La familia, una vez que sus hijos reciban esta formación en el IES, deberán ser ellos con su tesón y con su cariño quienes ayuden a sus hijos a no perder esas habilidades, valores, actitudes y hábitos saludables.

3_ Metodología (3 métodos de enseñanza)

3.1_Clase Magistral

Será una exposición informal con la intervención de los alumnos. Se proporcionará información veraz, rigurosa y científica, con la intención de producir una reflexión comprensiva del tema tratado. Intentando mantener en todo momento el interés de los alumnos e ir adaptando el discurso a las necesidades de la situación a medida que transcurre la clase. Para captar la atención y adoptar el discurso a las necesidades de la situación, se usará lo que se denomina "comentarios familiares de fácil comprensión" como son los ejemplos y narraciones que completarán el marco de la estructura de la clase. El alumno puede participar pudiendo interrumpir las explicaciones (siempre con respeto y orden, pidiendo la cesión de la palabra) y formular preguntas y comentarios.

La Clase Magistral, como método de enseñanza, nació con la misma universidad. Como en cualquier otro tema, existen defensores y detractores; mi experiencia trabajando con adolescentes me lleva a la conclusión de que son necesarias. Si se conocen y se saben aplicar sus técnicas son muy efectivas. Por supuesto depende mucho de la habilidad del docente.

Recomendaciones de los expertos: *«El profesor deberá introducir bien las lecciones; organizarlas convenientemente, desarrollarlas con voz clara y confiada, variar el enfoque y la entonación, acompañarlas con abundantes contactos visuales con los que escuchan, ilustrarlas con ejemplos significativos, resumirlas de manera apropiada»*.

Los expertos identifican 3 acciones que facilitan desarrollar la Clase Magistral de manera eficiente:

- «En la planificación y preparación de la clase, se identifican aspectos importantes: la clara definición de los objetivos, en la que se debe precisar lo que se espera que los alumnos sepan o sean capaces de hacer como resultado del proceso de enseñanza-aprendizaje. La definición

---

1. Véase propuesta para el desarrollo del programa de familias.

de los temas (coherencia, estructura lógica, profundidad), las actividades que deben realizar los estudiantes, el material didáctico que se emplea y el proceso de enseñanza y evaluación».
- «La presentación de los contenidos, debe primar una comunicación efectiva capaz de lograr el entendimiento del tema desarrollado y permitir realizar el feedback».
- «La fijación de los conocimientos, labor que se desarrolla a través de ejercicios complementarios, tareas y trabajos prácticos, entre otros».

3.2_Discusión o trabajo en grupo

Las técnicas de dinámica de grupo son medios que facilitan el aprendizaje y, en consecuencia, llegar al conocimiento. Favorecen la comunicación, enseñan a vivir y a convivir, tratan acerca de la adquisición de capacidades, habilidades y aptitudes, y consolidan la interpretación realista de lo estudiado teóricamente en clase.

Descripción que hacen los expertos del grupo: *«El grupo es un lugar o ambiente humano donde se ubica al individuo para que la fuerza o potencia del grupo le permita el aprendizaje, le permita pasar de la inmadurez a la madurez, de la dependencia a la independencia, del sometimiento a la libertad, del conocimiento memorístico al conocimiento crítico».*

La formación de grupos de trabajo se hará con chicos y chicas tanto por separado como conjuntamente, con el fin de fomentar un clima de seguridad, confianza, sin limitaciones, que favorezca la comunicación del grupo y facilitando que cada chica y chico exprese sus temores, inquietudes, dudas y desconocimiento respecto al tema a tratar. Debemos formar un grupo donde todos puedan participar en la discusión e intercambio de ideas.

Trabajo con los alumnos:
- Seminarios. Se realizarán reuniones donde se harán lecturas y discusión del contenido de los textos, haciendo intercambio de ideas.
- Estudio de casos con su análisis y discusión posterior. Ejemplo: se pide a los alumnos que hagan una lectura detenida del caso, se les pregunta cómo resolverían ellos las situaciones problemáticas contestando a las cuestiones planteadas, debiendo llegar a un consenso dentro del grupo. Poner en común todos los grupos y extraer conclusiones.
- Actividades básicas de clasificación y de análisis. Realización de fichas, análisis de mitos en torno a la pubertad, análisis de situaciones detectando cuáles comportan riesgos (transmisión del SIDA, intoxicaciones...), observación del entorno y comentarios de textos.
- Actividades básicas de aplicación y resolución de problemas. La técnica de resolución de problemas consiste en una estrategia con unos determinados pasos para encontrar solución a cualquier tipo de problema con el que nos encontremos. Se define un problema como *«(...)*

un fracaso para encontrar una respuesta eficaz ante una situación determinada». 8 pasos para la resolución de problemas:
- *Paso 1:* darse cuenta de que hay un problema: los sentimientos negativos son el primer indicador de que hay un problema: ira, preocupación, tristeza, etc.
- *Paso 2:* pararse y pensar. Definir cuál es el problema.
- *Paso 3:* decidir un objetivo: decidir lo que queremos que ocurra.
- *Paso 4:* pensar en la mayoría de las soluciones posibles. Podemos seguir la técnica de la Tormenta de Ideas o brain-storming.
- *Paso 5:* pensar en las consecuencias de cada solución: pensar en lo que ocurriría si se pusieran en práctica, identificando las ventajas e inconvenientes para cada solución ideada.
- *Paso 6:* escoger la mejor solución: empezar por la más sencilla o con la que se piensa que va a salir bien.
- *Paso 7:* hacer un plan paso a paso para llevar a cabo la solución.
- *Paso 8:* valorar los resultados. Consiste en poner en práctica esa solución y comprobar si se cumple el objetivo. Si no estamos satisfechos de los resultados, tendremos que escoger otra posible solución, hacer el plan para llevarla acabo, ponerla en práctica y comprobar si ocurre lo que queremos. Es decir repetir los pasos 6, 7 y 8 hasta cumplir el objetivo.

○ Otras actividades: debates, mesas redondas, role-playing, brain-storming, phillips 6.6, subgrupos de discusión, preguntas anónimas, frases incompletas, planteamiento de casos prácticos, realizar posters, collages, ver documentales, películas.

- **Debate**: es una *«(...) técnica apropiada para el intercambio de ideas y puede contribuir a promover la tolerancia puesto que cada participante tiene la oportunidad de exponer su punto de vista y de considerar el de los demás. La técnica consiste en que las personas que tengan posturas diferentes ante un tema expongan sus argumentos ante la clase, teniendo el resto que posicionarse».* La clave está en la argumentación.

    El moderador debe equilibrar los tiempos de exposición de cada parte del debate, conducirlo, guiarlo y estimularlo, pudiendo aclarar confusiones o contradicciones, pero nunca debe participar en el debate dando sus propios puntos de vista. Gana el debate quien mejor argumente su postura, no eleve la voz, escuche pacientemente, rebata de una a una las opiniones contrarias, no se burle en ningún momento sino que muestre respeto, y hable pausadamente de forma breve y concisa.

- **Role-playing**: esta técnica, que también se conoce como dramatizaciones o escenificación de situaciones reales, consiste en que dos o más personas representen una situación o caso concreto de la vida real actuando según el papel que se les ha asignado. Es ponerse en el lugar de la otra persona para poder comprender lo más íntimamente posible una conducta o situación. Si en lugar de evocarla sólo mentalmente, se asume el rol y se revive dramáticamente la situación, la comprensión íntima resulta mucho más profunda y clara.

El objetivo citado se logra no sólo en quienes representan los roles, sino en todo el grupo que actúa como observador participante por su compenetración en el proceso. Lo que se busca es que los actores trasmitan al grupo la sensación de estar viviendo el hecho como si fuera en la realidad.

Se trata de representar situaciones de la vida real con la finalidad de entrenar habilidades necesarias para afrontarlas adecuadamente. *«En la representación se debe procurar la naturalidad, el realismo, la expresividad y la adecuación al papel atribuido».*

- **Brain-storming** (lluvia o tormenta de ideas): es una herramienta de trabajo grupal que facilita el surgimiento de nuevas ideas sobre un tema o problema determinado, puede ser una forma muy efectiva de generar montones de ideas para luego determinar qué idea o ideas presentan la mejor solución. El brain-storming resulta más provechoso cuando se hace en grupos de entre 8 y 12 personas y en un ambiente relajado. Si los participantes se encuentran relajados, expandirán más sus mentes y producirán más ideas creativas. Las reglas básicas son: una vez planteado el problema o asunto, los participantes proponen libremente ideas sin que el resto las evalúe, critique o descalifique. La evaluación y la crítica inhiben la creatividad. Por lo tanto, suspender el juicio sobre las ideas que se dicen y anotarlas todas alienta a los presentes a decir cosas que, de otro modo, hubieran reprimido. Todas las ideas se anotan de inmediato. En el brain-storming, la calidad se obtiene a través de la cantidad. Los participantes deben proponer la mayor cantidad posible de ideas. Seguramente, desde el análisis racional posterior, la mayoría resultará inviable. Sin embargo, es posible que alguna propuesta, a priori imposible, con la colaboración de otras, se transformen en una valiosa innovación y pueda ser aplicable. Está permitido usar la idea de otro como inspiración para las propias, agregando o modificando algo.

    Pasado un cierto tiempo (que se estipula antes de empezar), finaliza la etapa de creación y se analizan las ideas con actitud racional y crítica a fin de elegir las que nos parecen viables. Luego, se las selecciona y se traza un plan de acción.
- **Phillips 6.6**: esta técnica de dinámica de grupos se basa en la organización grupal para elaborar e intercambiar información mediante una gestión eficaz del tiempo. Promueve rápidamente la participación de todos los miembros del grupo. *«El procedimiento consiste en dividir la clase en grupos de seis personas, para que discutan durante seis minutos una cuestión y saquen sus conclusiones. Una vez finalizado el tiempo se asigna a cada grupo un minuto para que su portavoz exponga los resultados del debate y se inicia una discusión de las conclusiones con toda la clase».*

3.3_Aprendizaje individual

El aprendizaje individual está dirigido a la autoevaluación.

Principios generales de las actividades a realizar con los alumnos

- Estimular la discusión activa entre los alumnos.
- Dirigir los debates para asegurar que los puntos principales son tratados y que toda información errónea es corregida.
- Animar y reforzar positivamente a los alumnos para participar en todas las actividades.
- Siempre que sea posible, intentar tratar las cuestiones o problemas sugeridos por los alumnos.
- Potenciar la participación de los alumnos.

Normas básicas

- A todos se les debe dar la oportunidad de participar.
- Hablar de uno en uno. En clases grandes es necesario hacer que levanten la mano para evitar que hablen varios al mismo tiempo.
- Todos son libres de expresar sus opiniones o participar en las actividades de clase sin estar sujetos a críticas.
- Nadie debe ser obligado a participar si realmente no quiere, aunque todo el mundo debe ser animado a hacerlo.
- Todo lo que se trate en clase debe considerarse confidencial.

No se debe olvidar nunca que en el trabajo con el adolescente debemos estructurar un discurso positivo y útil sobre el mundo adolescente, y nunca como una colección de problemas. La adolescencia es hoy un tiempo largo en el que hay que dedicarse a ser adolescente.

4_ Recursos materiales y grupos de población específica a la que se dirige la actividad

Los materiales necesarios para la realización de las actividades son: ordenador y proyector de presentaciones desde PowerPoint o retroproyector para la exposición de transparencias. Para transmitir documentales se necesita ordenador y proyector o televisión y DVD.

En referencia al grupo de población específica a la que se dirige la actividad son los alumnos entre 12 y 18 años y sus familias.

5_ Evaluación

Después de cada clase se realiza una evaluación/memoria donde se puntúan entre otras cosas los conocimientos previos, la participación, la actitud, el interés y el grado de empatía.

BASES PARA LA IMPLEMENTACIÓN DEL PROGRAMA DE EDUCACIÓN PARA LA SALUD. Institutos de ESO

Una vez impartido el programa de Educación para la Salud de ese curso escolar, se pasa a los adolescentes un cuestionario de preguntas cerradas y una abierta para la opinión personal y estudios de casos hipotéticos, donde se pueden evaluar los conocimientos, habilidades, valores y actitudes adquiridos por el alumno. También se realizarán trabajos en grupo dentro de la evaluación.

Se pedirá a los alumnos que aporten sugerencias y propuestas para futuras intervenciones.

La opinión personal, sugerencias y propuestas serán analizadas con el departamento de Orientación del IES y con los tutores de los respectivos cursos.

Es necesario realizar una evaluación previa a la intervención y una evaluación posterior. La evaluación previa nos proporcionará información fundamental para conocer cuál es el punto de partida y cómo se modifican determinados aspectos al final de la intervención. La evaluación final del proceso nos permite conocer si los objetivos propuestos se han alcanzado. El estudio comparativo del antes y del después permitirá medir de forma objetiva la eficacia del programa.

La evaluación algunos meses/años después es importante para determinar el fenómeno recuerdo.

Nos va a ofrecer unos datos esenciales no sólo para mejorar las actividades en marcha, sino también para la planificación, programación y toma de decisiones futuras.

••• PROPUESTAS DE ACTIVIDADES DE TRABAJO EN GRUPO a realizar con los/as adolescentes

1_ Normas básicas para organizar los menús

Hay que rectificar malas tendencias y comer bien para estar sanos ahora y en el futuro.

Resumen que se elabora y se trabaja con los adolescentes para que lo compartan con sus familias.

- Las legumbres deben ser el plato principal de la comida 2-3 veces por semana. Para reducir la flatulencia se aconseja tomar de postre un yogur.
- Ingerir semanalmente pescado (sin olvidar el azul).
- Evitar el exceso de productos ricos en colesterol: grasas de origen animal, vísceras, embutidos y bollería.
- El consumo de carne debe ser en cantidades moderadas, preferentemente carnes magras y formando parte de platos a base de verduras/hortalizas y cereales. Como recomendación general se debe ingerir 4 veces por semana (2 veces carne roja y otras 2 carne blanca).
- 4 huevos a la semana resulta una ración aconsejable para la mayoría de la población adolescente.
- No olvidar los yogures, la miel y los frutos secos. Alimentos muy saludables y que gustan a la mayor parte de la población. Lo frutos secos tienen sustancias antioxidantes, aceites saludables y son ricos en esteroles vegetales, vitaminas y minerales como hierro, magnesio, zinc, cobre, potasio, fósforo, calcio, vitamina E, ácido fólico y otras vitaminas del grupo B, además se les atribuye propiedades anticancerígenas, antioxidantes y protectoras del aparato cardiovascular.

Reducen el colesterol total y aumentan el nivel de la lipoproteína protectora HDL (colesterol bueno). El yogur proporciona microorganismos vivos capaces de mejorar el equilibrio de la flora intestinal.
- Es muy importante variar mucho de alimentos y aprovecharse siempre al máximo de los productos de temporada. Esa es la clave para asegurar un soporte equilibrado de nutrientes.
- Empezar el día con un buen desayuno, debemos recordar que es la comida más importante del día. El desayuno saludable debe tener cereales, producto lácteo y fruta. Un buen desayuno nos ayuda en la concentración y en la memoria. Un ejemplo puede ser: zumo de frutas (naranja, granada...), un tazón de leche con cacao en polvo y cereales de desayuno y miel. Se puede completar o variar si nos apetece con: una tostada de pan con un chorro de aceite de oliva, tomate, jamón, queso..., una tostada de pan con mermelada y frutos secos y un yogur.
- Para merendar y a media mañana un bocadillo, yogur, fruta, frutos secos, vegetales crudos (zanahorias, tomate). No se debe abusar de la bollería (pastas, bollos, pasteles, etc.) ni de las margarinas y mantequillas.
- No conviene saltarse una comida y luego comer más cantidad en otra, hay que realizar 5 comidas al día (desayuno, media mañana, almuerzo, merienda y cena), nuestro cuerpo asimila mejor una comida regular que una gran cantidad de una sola vez.
- El aceite de oliva es imprescindible para conseguir una dieta protectora de diversas enfermedades, desde las cardiacas hasta la diabetes. Aceite de oliva para cocinar, aliñar, sobre una tostada de pan, en el bocadillo...
- Elevar el nivel vitamínico con alimentos crudos: en cada comida fruta y/o verduras/hortalizas crudas (lechuga, tomate, zanahoria). Como mínimo se debe tomar 3 piezas de fruta al día y al menos 2 raciones de verduras/hortalizas, una de ellas cruda (al menos en la comida y cena tomar verduras/hortalizas).
- Potenciar en nuestra dieta los hidratos de carbono de absorción lenta: el pan, el arroz, el maíz, la pasta, las legumbres, las patatas, son la base de una dieta saludable y protectora de muchas enfermedades. Una ración de estos alimentos debe estar presente en cada comida.
- Consumir un producto lácteo (leche, queso, yogur, etc.) en tres comidas al día como mínimo, debemos aportar la dosis necesaria de calcio, si no se hace, el propio organismo irá extrayendo calcio de los huesos para atender sus necesidades. Debemos formar bien nuestros huesos y luego conservarlos.
- Beber con frecuencia: agua, zumos de frutas, infusiones y caldos vegetales. Nuestro cuerpo necesita 2l de agua al día.
- Una dieta rica en legumbres, verduras/hortalizas, cereales integrales y frutas nos ayuda a prevenir la aparición del cáncer y otras muchas enfermedades.

PROPUESTAS DE ACTIVIDADES DE TRABAJO EN GRUPO a realizar con los/as adolescentes

1.1_ Actividad: diseñar un menú saludable al gusto del adolescente

	LUNES	MARTES	MIÉRCOLES	JUEVES	VIERNES
DESAYUNO	Zumo de frutas, leche, cacao, miel y cereales	Zumo de frutas, leche, cacao, miel y cereales	Tostadas con jamón. Yogurt y una fruta	Frutas, leche, cacao, miel y cereales	Zumo de frutas, leche, cacao, miel y cereales
MEDIA MAÑANA	Bocadillo de tortilla de patatas	Bocadillo de queso	Bocadillo de chocolate	Bocadillo de queso	Bocadillo de jamón con aceite
ALMUERZO	Arroz blanco con salsa de tomate, pollo con ensalada y postre lácteo	Lentejas. Calamares a la romana con ensalada y un yogurt	Pasta con verduras, queso y tomate. Una chuleta y fruta	Garbanzos refritos con jamón, pescado con vegetales crudos y fruta	Tomates, espárragos, maíz, arroz y aceitunas. Carne guisada y fruta
MERIENDA	Yogurt con macedonia de frutas y frutos secos	Fruta con helado	Queso fresco, miel y frutos secos	Yogurt con uvas pasas, dátiles y frutos secos	Yogurt con fruta y chocolate
CENA	Puré de verduras/hortalizas con queso. Croquetas al gusto y fruta	Sopa de pasta, tortilla de verduras y queso y una fruta	Pizza con vegetales y macedonia de frutas con yogurt	Verduras gratinadas con bechamel. Tortilla de patatas y zumo de frutas	Empanadilla de queso, verdura, patatas y fruta

2_ El placer de comer

Los alimentos nos aportan los nutrientes y la energía necesaria para mantener la salud. Pero también nos alimentamos por placer, comer nos gusta y todos tenemos nuestros alimentos preferidos. En nuestra sociedad muchos momentos de alegría los celebramos comiendo: un cumpleaños, una boda, una fiesta etc.

Realizar la siguiente pregunta a los adolescentes: "¿por qué está tan rica la comida?". La respuesta está en los 5 sentidos, pues todos contribuyen a que podamos disfrutar de la comida.

- *Vista*: la forma de los alimentos, su aspecto, su color… todo esto lo percibimos con nuestros ojos. La vista nos ofrece la primera impresión de lo que vamos a comer, que puede ser favorable o desfavorable.
- *Olfato*: los aromas de la comida. Olemos la comida casi de forma instantánea. El olfato es muy importante para valorar si un plato nos gusta o no.
- *Tacto*: la textura del alimento y su temperatura son también muy importantes. En invierno nos agrada una taza de leche caliente y sin embargo en verano lo que nos apetece es un helado.
- *Oído*: hay alimentos que son especiales por los sonidos agradables que emiten. Por ejemplo el "crec" de las patatas fritas.
- *Gusto*: este sentido es el que está más directamente relacionado con la alimentación. En la lengua están las papilas gustativas, gracias a ellas

apreciamos que sabor tiene el alimento y si nos agrada o no. Los 5 sabores: dulce, amargo, saldo, ácido y umami[1] se pueden apreciar con las distintas partes de la lengua. El sabor amargo principalmente en la parte posterior, los sabores dulce y salado principalmente en la parte anterior y los sabores ácido y umami son captados principalmente en los laterales y zona intermedia (aunque estudios recientes indican que su distribución es más uniforme de lo que se creía).

¿Qué pasa si no comemos bien?, si ésto ocurre tenemos más riesgo de sufrir obesidad, anemia, anorexia, bulimia, caries, falta de concentración en clase, falta de energía para hacer deporte, etc. Realmente merece la pena comer bien.

Ante la frase "las verduras no me gustan", vamos a poner en práctica nuestros 5 sentidos y vamos a elaborar platos ricos con verduras: canelones con verduras, un arroz con verduras, pizzas con verduras, una tortilla de espárragos etc. Seguro que los aromas que emiten estos platos junto con su textura, su forma, su color... nos van agradar. ¡Realmente estas verduras van a estar deliciosas!

2.1_Actividades

El anuncio publicitario

Proponer a los alumnos la realización de un anuncio publicitario con el objetivo de convencer a los jóvenes de lo importante que es comer bien y hacer ejercicio físico. Para llevar a cabo este proyecto se deberán seguir los pasos siguientes:
- Formar grupos de trabajo de entre 3 y 5 personas.
- Pensar en el titular y el texto explicativo.
- Elegir las técnicas a utilizar para dar forma a las imágenes y los textos del anuncio: dibujos, fotografías, tipo de letra etc. Es importante combinar bien los colores.

Compruebo lo que he aprendido

Se pide a los adolescentes que confeccionen una lista de actividades y hábitos saludables y otra de actividades o hábitos que puedan perjudicarle.

	1.
	2.
	3.
Es saludable	4.
	5.

---

1. El sabor umami es el quinto sabor detectado por la lengua, mucho menos conocido por la población general que los 4 sabores básicos. Umami es un vocablo de origen japonés que significa "sabor gustoso". Representa el sabor procedente de la combinación de ciertos aminoácidos. Depende principalmente de la concentración de ácido glutámico. Este sabor se encuentra principalmente en alimentos con un alto contenido en aminoácidos como los alimentos cárnicos

PROPUESTAS DE ACTIVIDADES DE TRABAJO EN GRUPO a realizar con los/as adolescentes

Capítulo 14

	6.
	7.
No es saludable	1.
	2.
	3.
	4.
	5.
	6.
	7.

3_ Higiene personal

3.1_ Actividad: el cuestionario anónimo

Chico o chica:	
Edad:	
¿Cuántas veces a la semana te duchas o bañas?	menos de 2 veces
	entre 2 y 4
	entre 5 y 6
	cada día
¿Te duchas después de hacer deporte?	si
	no
¿Cuántas veces a la semana te lavas el pelo?	menos de 2 veces
	entre 2 y 4
	entre 5 y 6
	cada día
¿Te lavas las manos después de ir al WC?	si
	no
¿Te lavas las manos antes de comer?	si
	no
¿Cuántas veces a la semana te lavas los pies?	menos de 2 veces
	entre 2 y 4
	entre 5 y 6
	cada día

¿Cada cuanto tiempo te cambias la ropa interior?	entre 2 y 4 veces a la semana
	entre 5 y 6 veces a la semana
	cada día
¿Cuántas veces al día te lavas los dientes?	nunca
	1 vez al día
	2 veces al día
	3 veces al día (tras el desayuno, almuerzo y cena)
	más de 3 veces al día
CHICA: durante la menstruación....	no cambio las normas de higiene personal
	me lavo más el pelo
	me lavo menos el pelo
	no me lavo el pelo
	aumento la frecuencia de la ducha
	disminuyo la frecuencia de la ducha
	me lavo más a menudo los genitales

Se elaborarán conjuntamente unas normas básicas de higiene.

4_ Seminario

Temas escogidos:
- *Modelos que imitan los jóvenes*: la mayoría de los modelos que imitan los jóvenes son los que muestran los medios de comunicación que tienden a utilizar el sexo con fines comerciales, donde el coito ocupa el lugar central, donde desde el primer encuentro se obtiene un placer, un orgasmo y una satisfacción extraordinaria, transmitiendo una imagen de la conducta sexual, bastante alejada de la realidad.
- *La actitud responsable*: la propuesta por parte de alguno de los miembros de la pareja de utilizar el preservativo debe ser una señal de madurez y de responsabilidad y no de forma negativa. Adoptar medidas de prevención frente a embarazos no deseados es una actitud responsable.
- *La planificación*: la planificación de la anticoncepción en general y en cada relación y momento, conlleva la importancia de disponer del preservativo antes de iniciar la relación sexual, porque el no tenerlo, la imprevisión, puede dar lugar a que se mantengan relaciones sexuales no protegidas.
- *Cambios llamativos en los últimos años en los consumidores de sustancias psicoactivas*: el patrón de policonsumo cada vez más generalizado, la precocidad en el inicio del uso de algunas sustancias y la relación, cada vez más estrecha, entre éste y los espacios y tiempos de ocio.

PROPUESTAS DE ACTIVIDADES DE TRABAJO EN GRUPO a realizar con los/as adolescentes

- Las drogas y el comportamiento de riesgo.
    - Las drogas y los accidentes: las drogas provocan alteraciones en la conducta, por lo que los accidentes son extremadamente frecuentes. Accidentes de tráfico, accidentes laborales, accidentes en los lugares de ocio, en los centros de estudios, en el hogar, etc.
    - Las drogas y los embarazos no deseados y las ETS: con las drogas la percepción de riesgo disminuye, aumenta la desinhibición sexual y disminuyen los mecanismos de control.
- El perfil de los consumidores adolescentes.
    - Suelen tratarse de adolescentes más o menos estructurados que realizan alguna actividad normalizada (estudian o trabajan).
    - Conviven con su familia y dependen de ella.
    - En su mayoría son policonsumidores.
    - Existe poca percepción de riesgo respecto a las sustancias que toman.
    - Hay percepción de control, pues consideran que la pauta de consumo centrado en el fin de semana no genera dependencia.
    - Al percibir el consumo de drogas como un fenómeno muy extendido en su generación, consideran que este hecho autojustifica su propio consumo.

5_ Valorar la individualidad

Para realizar este ejercicio seguiremos los siguientes pasos:
- Hablar en clase sobre el tema de la individualidad, hablar sobre las cosas que hacen a una persona única y especial.
- Hablar de personas queridas por nosotros: la abuela, el mejor amigo… Preguntar a los alumnos que es lo que hace a estas personas únicas y especiales, dejarles hablar…
- Preguntar también a los alumnos que es lo que les gusta sobre sí mismos, dejarles hablar…
- Mencionar tanto el profesor como otros alumnos cualidades que tienen ciertas personas de clase. Por ejemplo "eres un buen amigo y tienes un gran sentido del humor, tienes pasatiempos interesantes y resulta agradable hablar contigo".
- Hablaremos los unos de los otros mencionando las cualidades buenas que todos poseemos y que nos hacen ser únicos y especiales.

6_ El significado de la amistad

Para llevar a cabo este ejercicio se pedirá a los alumnos que trabajen en grupo de 5 ó 6 personas, cada grupo elaborará una lista acerca de las cualidades de lo que es ser un amigo y lo que es no serlo y luego, para terminar, se pondrán en común el contenido de las mismas e identificaremos entre todos las características en las cuales estamos todos de acuerdo. Ejemplos que pueden aparecer en la lista:

¿Qué es ser un amigo?	El que entiende cuándo uno tiene un problema y quiere ayudar
	Aquel a quien le gustas tal y como eres
	El que está contigo cuando los demás se burlan de ti o tienes problemas
¿Qué es ser un amigo?	Un amigo no te juzga por tu forma de vestir o porque no actúes como los demás
	Un amigo no trata de que hagas cosas que te van hacer daño o a crear problemas (beber alcohol...)
	Un amigo no desaparece cuando hay problemas

7_ Analizamos situaciones

Lee detenidamente cada una de las siguientes situaciones e indica cuáles de ellas comportan algún riesgo de transmisión del SIDA.[2]

Situación 1	El sábado pasado Inés y Raúl asistieron a una fiesta, son novios desde hace meses y se sentían muy atraídos. Al término de la fiesta Inés y Raúl tuvieron una relación sexual con coito en una de las habitaciones de la casa donde se celebró la fiesta. Ninguno de los dos utilizó método anticonceptivo.
Situación 2	María y Patricia se conocieron en un campamento para jóvenes con diabetes. Ambas tienen que inyectarse diariamente insulina. Hoy se han ido a la playa y María ha olvidado su pluma de insulina[2] por lo que Patricia decide que puede utilizar la suya.
Situación 3	Mario es portador de los anticuerpos del SIDA, sin embargo, no ha desarrollado la enfermedad. Mantiene relaciones sexuales con coito, aunque ha introducido el uso sistemático del preservativo en éstas.
Situación 4	Pablo acudió esta mañana al hospital para donar sangre, ya que oyó por la radio que se necesitaba sangre.
Situación 5	Alicia es portadora de los anticuerpos del SIDA. Comienza a desarrollar la enfermedad. Mantiene relaciones sexuales con coito pero utiliza de forma sistemática las pastillas anticonceptivas.
Situación 6	Eva desde hace tiempo desea hacerse un tatuaje y colocarse un piercing. Una amiga le habla de un sitio donde lo hacen. Se acerca para conocer el sitio y preguntar el precio, el precio es muy bueno pero el sitio no parece muy profesional. Los materiales a utilizar (agujas...) no están en sus bolsas precintados, pregunta si el material es de un solo uso, le dicen que no, que se fíe, que lo limpian ellos. Eva piensa: "lo limpiaran bien, no voy a tener la mala suerte de contagiarme de algo". Eva decide hacerse el tatuaje y colocarse el piercing.

---

2. El método convencional de administración de insulina, era extraer de un un vial la insulina e inyectarla en la capa subcutánea de la piel con una jeringa desechable. Actualmente hay nuevos sistemas de administración, como las plumas de insulina. Las plumas de insulina son unos dispositivos a modo de bolígrafo, provistos de un depósito y de una aguja en la punta para poder inyectarla. La mayor parte de los pacientes con diabetes de tipo 1 se administran su insulina con estos dispositivos, por su comodidad y porque permiten una dosificación más precisa que las jeringas, especialmente a dosis bajas.

PROPUESTAS DE ACTIVIDADES DE TRABAJO EN GRUPO a realizar con los/as adolescentes

8_ La lista de palabras[3]

Para llevar a cabo esta actividad, los alumnos tendrán que confeccionar una lista de palabras relacionadas con la sexualidad que se consideran vulgares. Paralelamente se hace una lista de palabras equivalentes del lenguaje no vulgar.

A continuación los alumnos deberán fijarse y reflexionar sobre como se utilizan los vulgarismos para hacer expresiones obscenas, peyorativas o insultantes. La síntesis final será: gracias al lenguaje podemos dar una valoración positiva o negativa de la sexualidad.

9_ Conductas de riesgo de contagio del VIH[4]

Se pedirá a los alumnos que expresen conductas tanto que comportan un riesgo de contagio del VIH, como conductas que no. Una vez extraídas las de riesgo, se reflexiona y se analiza cuales son las medidas preventivas que se deben utilizar.

10_ Conocimiento del SIDA en personas cercanas[5]

El objetivo es evaluar el conocimiento que tienen nuestros allegados sobre aspectos generales del SIDA, para ello elaboramos en clase un cuestionario de tres o cuatro ítems sobre aspectos generales del SIDA: origen, vías de transmisión, diferencia entre portador y enfermo, métodos preventivos, etc. Una vez confeccionado, cada miembro del grupo realizará esta pequeña encuesta entre amigos, familiares y conocidos y posteriormente se expondrán los resultados obtenidos y se discutirán.

11_ Análisis de un programa de TV[6]

Se elige un programa de televisión que pueda ver la mayoría de los alumnos y se les pide que hagan un análisis crítico remarcando los puntos siguientes:
- Si las relaciones que se establecen son igualitarias y respetuosas.
- Si las personas se comunican bien.
- La comunicación oral y la no oral (gestos, posturas, miradas...).

Síntesis final: la importancia del diálogo y el respeto mutuo en las relaciones con las otras personas.

---

3. Aramburu, P. y Julià, E. **Sexualitat i Afectivitat**. Barcelona: Diputació de Barcelona; 1995.
4. Ver nota 3.
5. Material educativo editado por el Plan Nacional de Sida de Cantabria, Gobierno de Cantabria. Consejería de Sanidad Consumo y Servicios Sociales, Dirección General de Salud Pública y Consumo. Plan Regional de SIDA.
6. Para más información consultar Aramburu, P. y Julià, E. **Sexualitat i Afectivitat**. Barcelona: Diputació de Barcelona; 1995.

12_ Entrevista. La experiencia maravillosa de ser madre[7]

Para llevar a cabo este ejercicio se le pedirá a una embarazada que un día venga al aula. Los alumnos, en grupos junto con el profesor, prepararán las preguntas que quieran hacer a la invitada. Para terminar se comentará y reflexionará sobre los aspectos más importantes de la entrevista.

13_ La afectividad en la sexualidad[8]

Para completar este ejercicio hay que contarles a los alumnos el siguiente supuesto: Alberto y Carmen se gustan desde hace unos meses. Nunca se lo han dicho el uno al otro, pero hablan, se observan y salen con el grupo de amigos. Un día ambos asisten a una fiesta y allí Alberto invita a Carmen a bailar, al terminar la fiesta Alberto la acompaña a casa y se despiden con un beso y con la intención de volver a verse.

Una vez explicado este relato, el profesor deberá preguntarles a los alumnos que piensan ellos que sentirán tanto Alberto como Carmen tras la gran experiencia que han vivido. Una vez contestada la pregunta el profesor les indicará que para terminar con este ejercicio deberán de confeccionar una redacción de cómo se sienten cuando les gusta una chica o un chico y que en la misma deben incluir una reflexión sobre las diferentes emociones que sentimos por otras personas, distinguiendo entre deseo, atracción, enamoramiento y amistad.

13.1_Los casos hipotéticos[9]

Hipótesis 1	Laura y Pedro son una pareja de novios de 15 y 16 años respectivamente, que hace un año y medio que salen juntos. Los dos estudian 3º de la ESO y viven con sus padres y hermanos, ninguno de ellos tienen ingresos económicos propios. Aprovechando una excursión mantienen una relación sexual con coito. Al mes siguiente Laura da positivo en el test de embarazo.
Hipótesis 2	Elena tiene 15 años, está en 4º de la ESO, es una gran deportista, juega en el equipo de baloncesto de su instituto, tiene intención de elegir el Bachillerato de Humanidades, le gustaría ejercer un trabajo que le permitiera viajar y conocer otras gentes y otras culturas, se dibuja en el futuro como una mujer activa, emprendedora, independiente y autosuficiente. Hace un mes ha conocido a Juan. Él ya está en Bachillerato, coincidieron en un campeonato de baloncesto, desde entonces se ven todos los fines de semana, están a gusto juntos, comparten muchas aficiones, cada vez se llaman más entre semana para contarse las incidencias de su vida diaria. Pasa el tiempo y para verano planifican irse juntos a un campus de baloncesto. Al comienzo del curso siguiente Elena se ha quedado embarazada.

---
7. Ver nota 6.
8. Casado Muñoz, R; Corral Muñoz, MI; Criado Rodríguez, E; Gómez González, M. J; González Blanco, N; González Lázaro, A. M *et al.* **Nuevos Adolescentes, aprender a vivir**. ALEZEIA, Asociación de Educación para la Salud. Ministerio de Trabajo y Asuntos Sociales, Real Patronato sobre Discapacidad, 3ª edición; 2002.
9. Ver nota 8.

PROPUESTAS DE ACTIVIDADES DE TRABAJO EN GRUPO a realizar con los/as adolescentes

Se dividirá la clase en grupos. Una vez realizada la división se lanzarán las siguientes preguntas: ¿cómo cambiará la vida de los dos si deciden tener el hijo?, ¿Continuaran estudiando?, ¿Cómo mantendrán a su hijo?, ¿Se casarán?, ¿Cómo cambiará la vida de los dos si deciden no tener el hijo?, ¿Tú que harías en su caso?

14_ Planteamiento de un caso[10]

María y Juan tienen 17 años y han decidido tener relaciones sexuales con coito, pero María está preocupada porque cree que deben utilizar preservativo, pero no sabe que piensa Juan, así que decide hablar con él directamente.

Ante esta situación Juan podría tener dos actuaciones:

	ACTUACIÓN DE JUAN	ROLE-PLAYING	REFLEXIÓN
Situación A	Juan está de acuerdo con ella.	Diálogo entre María y Juan.	¿Dónde conseguirán los preservativos? ¿Cómo los utilizarán?
Situación B	Juan no está de acuerdo con María, no quiere utilizar el preservativo.	Discusión entre María y Juan.	¿Qué decisión toman finalmente?

15_ Conocer los métodos anticonceptivos no basta

La sociedad en general está poniendo muchos medios para que los adolescentes conozcan los métodos anticonceptivos y sobre todo el preservativo, por ser el único método anticonceptivo que protege de embarazos no deseados y de Enfermedades de Transmisión Sexual (como el SIDA).

Pero conocer los métodos anticonceptivos no evita los embarazos no deseados y las Enfermedades de Transmisión Sexual. Cada año en España, hay nuevos embarazos no deseados y nuevos casos de adolescentes infectados por el VIH.

Preguntar a los alumnos cuales son las causas y las soluciones según ellos.

15.1_Causas

- La conducta sexual pertenece a un tipo de conductas denominadas pasionales o emocionales, no suelen guiarse por un proceso de toma de decisiones y planificación previa, como por ejemplo comprarse una casa, en la que si hay una planificación y una toma de decisiones previas.
- El adolescente con frecuencia prefiere la improvisación. Son encuentros inesperados, el adolescente muchas veces se deja guiar por el principio del placer, por el coito espontáneo.
- El gusto por el riesgo y la aventura.
- Su creencia de invulnerabilidad, que los hace pensar que a ellos no les va a pasar nada y que los problemas se resuelven fácilmente.

---
10. Aramburu, P. y Julià, E. **Sexualitat i Afectivitat.** Barcelona: Diputació de Barcelona; 1995.

- Su inexperiencia.
- Carecer de información correcta.
- Conseguir un preservativo es revelar a una persona adulta (farmacéutico, dependiente de un supermercado...) que se tiene o se va a tener relaciones coitales. Es importante la existencia de máquinas dispensadoras.
- No se habla con la pareja de la anticoncepción (por miedo, vergüenza...).

15.2_Soluciones

- Tener información correcta, desarrollar habilidades, valores y actitudes como herramientas necesarias para afrontar estas situaciones y salir con éxito de ellas.
- No a la improvisación.
- Comunicación: los jóvenes deben aprender a comunicarse, la negociación. Llegar a un acuerdo con tu pareja para no correr riesgos. Si se aprende a negociar, a comunicarse, el impulso no les convertirá en padres prematuros o en enfermos (ETS).
- Habilidades:
  - Saber colocarse correctamente el preservativo.
  - Desenvolverse con éxito al ir a una farmacia o a un centro comercial para comprar preservativos.
  - Poder decir "sin preservativos ¡no gracias!".

16_ Conductas de riesgo reforzantes por sí mismas

- Algunos jóvenes elogian a sus parejas por no utilizar preservativo, asociándolo a una muestra de amor y de confianza.
- Consumo de sustancias psicoactivas (alcohol, cannabis, éxtasis, cocaína...). Con estos tóxicos la percepción del riesgo disminuye pues aumenta la desinhibición sexual y disminuyen los mecanismos de control.

17_ Aprender a plantear prácticas sexuales sin riesgo

Uno de los valores más extendidos entre los jóvenes es sexo igual a penetración, de ahí que en muchas ocasiones ante la falta de medidas preventivas (preservativo) el joven sólo vea dos alternativas, la penetración sin preservativo o la abstinencia.

En esta actividad se buscará aprender a plantear prácticas sexuales placenteras sin riesgo, para ello se dividirán los alumnos en grupos de 6 personas durante 6 minutos, para describir prácticas sexuales que produzcan placer sin penetración y sin riesgo. Posteriormente un portavoz de cada grupo las expondrá a la clase. Para terminar se realizará una discusión de las conclusiones con toda la clase.

En esta actividad, como en todas, la utilización precisa y correcta del vocabulario es muy importante.

18_ Sin preservativo ¡no gracias![11]. Role-playing

El objetivo es desarrollar habilidades de negociación para plantear a la pareja el uso del preservativo, para ello un chico y una chica actuarán como una pareja que mantienen una conversación sobre usar o no el preservativo. El chico no es partidario de usarlo expresando múltiples razones (incomodidad, artificialidad...), ella intentará convencerlo de las ventajas de su uso para ambos.

Una vez que finaliza el ejercicio, el resto del grupo da su opinión sobre lo que le ha parecido el ejercicio y los aspectos que podrían mejorarse. Posteriormente se realizará otro juego de roles similar con una pareja homosexual.

19_ Desarrollar habilidades asertivas[12]. Role-playing

Una persona hará de farmacéutico medio sordo y no muy convencido de servir el producto que le piden. Otra persona hará de chico/a joven que va a la farmacia para comprar una caja de preservativos. Dos personas más harán de público que acude a la farmacia a por otras cosas, uno estará ya presente y el otro entrará después. Estas dos personas interpretarán el papel de dos adultos que murmuran entre sí al ver al chico/a joven que pide preservativos.

Se trata de interponer trabas para ir poniendo a prueba la habilidad del joven a la hora de conseguir lo que quiere, sin ser agresivo ni ponerse ansioso.

El resto del grupo anotará las estrategias conversacionales, para en una discusión posterior, ver de que modo se podría mejorar.

20_ Métodos anticonceptivos

El método anticonceptivo más aconsejable para el adolescente es aquel que es aceptado por la pareja, tolerado, bien utilizado y que proteja tanto de embarazos no deseados como de las ETS.

Se presentarán los distintos métodos anticonceptivos para reconocerlos, discutir sus ventajas e incovenientes y analizar cada uno de estos métodos en relación con los adolescentes.

21_ Cuestionario de fotografías

Para realizar este ejercicio se recopilarán fotos muy variadas: de un niño, de un anciano, una modelo, un deportista, una señora africana, un señor indio etc. Es decir, deben ser fotografías de personas de diversas razas, edades, profesiones y status.

---
11. Material educativo editado por el Plan Nacional de SIDA de Cantabria, Gobierno de Cantabria. Consejería de Sanidad Consumo y Servicios Sociales. Dirección General de Salud Pública y Consumo. Plan Regional de SIDA.
12. Ver nota 11.

El objetivo es comprobar la tendencia a emitir juicios diagnósticos frente al virus del SIDA por características externas. El ser humano tiende a analizar a los demás y a establecer diagnósticos, inicialmente, en función de sus características externas. Frente a las ETS, un aspecto externo "bueno" justifica en múltiples ocasiones la emisión de conductas de riesgo, (por ejemplo: ausencia de síntomas de enfermedad, belleza, obesidad, limpieza...) y reduce la percepción de riesgo.

Se realizará la siguiente pregunta: ¿creéis que las personas que aparecen en las fotografías pueden tener el virus del SIDA? Los alumnos deben decir sí, no, o no sé, a cada una de ellas y explicar el porqué de esa respuesta. Debemos intentar detectar que juicios diagnósticos se han emitido para llegar a esas conclusiones.

Conclusión a la que debe llegar el alumno: por el aspecto físico no podemos saber si una persona es portadora del VIH o no. La respuesta correcta a cada fotografía es "no sé".

22_ Campaña de prevención del VIH/SIDA

Analizar la campaña publicitaria: "Condonéate. Placer sin riesgos", organizada por el Consejo de Juventud de España y subvencionada por el Ministerio de Sanidad.

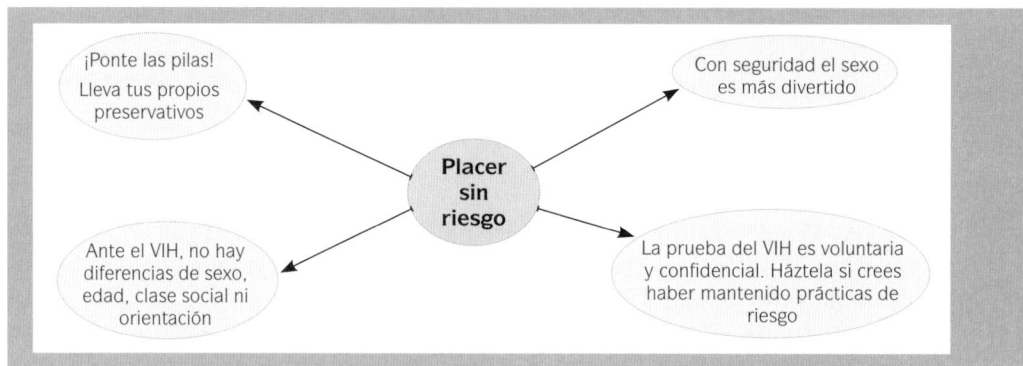

Crear el eslogan de una futura campaña de publicidad de prevención del VIH/SIDA. Debatir sobre que imágenes, personajes y diálogos se podrían poner en la campaña, para llegar con más acierto aún a los jóvenes.

23_ La aceptación de los riesgos

Pasar un breve cuestionario sobre la aceptación de riesgos. Señalar que no se recogerá esta hoja y que nadie conocerá su contenido. Una vez pasado un tiempo prudencial para que los alumnos completen el ejercicio, se les preguntará:

- ¿Cuántos de vosotros habéis respondido afirmativamente al menos a una de las preguntas del test?[13]
- ¿Conocéis a alguna persona joven que haya tenido un accidente? (Se les pedirá que describan lo ocurrido).
- ¿Éstos jóvenes eran diferentes a vosotros, más vulnerables? ¿Por qué?
- ¿Conocéis personas con problemas de dependencia a las drogas?
- Según vosotros, cuando estas personas probaron por primera vez las drogas, ¿decidieron convertirse en dependientes? ¿Por qué ha ocurrido?

A pesar de que conocemos la posibilidad de que una persona se convierta en drogodependiente, no la consideramos sobre nosotros mismos: "yo no me engancharé jamás, puedo parar cuando quiera".

24_ Criterios para valorar las actividades de ocio[14]

Los adolescentes deben saber valorar si las actividades de ocio que han elegido son adecuadas a sus necesidades, prestando especial atención a aspectos como: salud, peligrosidad y conflictividad, para concienciar al alumnado sobre esto, el profesor les preguntará en que se fijan a la hora de elegir una actividad y acto seguido les dejará debatir un rato.

Tras esto deberán enumerar aquellas actividades en las que han ocupado su tiempo libre durante el pasado fin de semana e indicarán aspectos positivos o negativos para cada una de ellas.

A continuación se trabajará con los alumnos los criterios para valorar las actividades de ocio: diversión (¿es divertida?), sensaciones (¿es una actividad emocionante?), conocimiento (¿se aprenden cosas nuevas?), experiencias (¿permite tener experiencias interesantes?), amistad (¿se hace amigos? ¿permite relacionarse con otros?), peligrosidad (¿puede resultar peligrosa?), viabilidad (¿existe posibilidad de realizarla?), dinero (¿es muy cara?) y salud (¿es perjudicial para la salud?).

Normalmente en lo que se fija el adolescente a la hora de elegir una determinada actividad es si resultará divertido o no, si lo pasarán bien. Pero además de esto han de considerar otras cuestiones aún más importantes, como son los riesgos que implica esta actividad y las posibles consecuencias derivadas de su práctica.

Podemos encontrar interesantes propuestas para el ocio, pero lo más importante es que contamos con amigos, salud e imaginación. No nos podemos dejar llevar por la apatía o por formas de ocio tan limitadas que delimiten nuestras posibilidades de disfrutar, pero siempre, valorando las posibles consecuencias indeseables derivadas de cada opción.

---

13. A menudo, no somos conscientes del peligro que corremos en ciertas circunstancias. Pensamos que nada grave nos va a suceder. Tal creencia lleva a adoptar conductas de alto riesgo, sin preocuparse de las posibles consecuencias. Por ejemplo los accidentes de tráfico son la primera causa de mortalidad entre los jóvenes. No sólo muerte, también secuelas irreversibles, paraplejías, tetraplejías.
14. Luengo Martín, M. A; Gómez Fraguela, J. A; Garra López, A; Romero Triñanes, E; Otero López, J. M. **Construyendo Salud**. Universidad de Santiago, Ministerio de Educación y Cultura, Ministerio Sanidad y Consumo, Ministerio del Interior; 1998.

25_ Ayuda mutua

En la adolescencia, son los propios amigos/as quienes se perciben como los mejores confidentes, por ello es muy importante la ayuda entre los adolescentes. El apoyo y la ayuda que puede proporcionar un amigo es muy apreciado por la persona que lo necesita.

Para realizar este ejercicio preguntaremos a los alumnos ¿cuáles son, a su juicio, los principales indicadores que pueden revelar que una persona tiene problemas con las drogas?

Una vez que ellos hayan contestado, se les explicará que estos indicadores no reflejan necesariamente abuso de drogas, pues pueden estar provocados por otras situaciones pero sí nos pueden poner en la pista del problema.

Los indicadores son:

- Perdida de apetito.
- Adelgazamiento llamativo en poco tiempo.
- Falta de energía.
- Cambios de humor.
- Disminución de la capacidad de concentración, disminución de la atención.
- Deterioro del rendimiento escolar.
- Perdida de interés por los amigos o por los acontecimientos sociales.
- Deficiente higiene personal, apariencia abandonada.
- Alteraciones del sueño.
- Depresión.
- Problemas legales.
- Dificultades académicas.
- Perdida de empleo.
- Problemas conyugales o de relación con la pareja.
- Cansancio crónico.
- Amigos nuevos desconocidos, ajenos a su entorno habitual y con indicadores como los descritos.
- Desaparición de dinero en casa.
- Tendencia a aislarse.
- Cambios de humor sin motivación aparente.
- Necesidad urgente de dinero.
- Dinero de procedencia desconocida.
- Agresividad.
- Mentiras.
- Evita a las personas desconocidas.
- Desconfianza.
- Euforia.
- Irritabilidad.
- Depresión.
- Ansiedad.

PROPUESTAS DE ACTIVIDADES DE TRABAJO EN GRUPO a realizar con los/as adolescentes

25.1_Caso hipotético 1

Jorge sabe con certeza que su mejor amiga, Bego, abusa de las drogas. A menudo la ha visto consumirlas. Discuten por ello con frecuencia.

Hoy hablando con él, Bego le explica su desánimo y su incapacidad para dejar de consumir. Tiene que hacer frente a un número mayor cada vez de problemas que se siente incapaz de resolver. Confiesa que le gustaría dejar las drogas, pero no sabe como, por ello le pide a Jorge que le ayude.

Ante esta situación Jorge deberá responder de la siguiente forma:
- Hacer saber a la otra persona que se está preparado/a para escuchar y ayudar.
- Demostrar que se presta atención.
- No interrumpir mientras habla.
- Empatizar con la persona.
- No moralizar ni sermonear.
- No minimizar el problema diciendo: "esto no es grave, ya pasará" o "no es para tanto".
- Apoyar, lo que no significa hacerse cargo del problema. Apoyar sólo es acompañar, estar.
- Discreción. Esta persona se ha confiado a una persona, no a su grupo de amigos.
- Saber derivar. Se debe animar a la persona a ponerse en contacto con organismos especializados para pedir ayuda.

Si se es incapaz de ayudar, hay que ser honesto y reconocerlo animando a nuestro amigo/a a que pida ayuda.

Para completar el ejercicio el alumnado analizará y reflexionará sobre el supuesto explicado.

25.2_Caso hipotético 2[15]

Antonio es un fumador de 20 cigarrillos diarios, tiene 45 años y comenzó a fumar a los 15. Ha notado que en los últimos meses tose de forma habitual, que si corre para llegar al autobús se cansa fácilmente y tarda en recuperase. Ha intentado muchas veces dejar de fumar pues está convencido que gran parte de sus males son debidos al tabaco, pero, verdaderamente, nunca ha hecho un serio intento de abandono. Ahora está más convencido: tiene que dejar de fumar. Acude a su médico y tras un adecuado tratamiento y con su esfuerzo personal consigue abandonar el tabaco.

A los 3 meses de dejar el tabaco, Antonio ha dejado de toser, sube las escaleras de su trabajo con mayor agilidad, juega al fútbol con sus hijos con más resistencia. Parece que las comidas son más sabrosas. Su oficina y su despacho están ahora más limpios. Hasta incluso se da cuenta del color amarillento que habían tomado las cortinas y las blancas paredes.

---
15.   Jiménez Ruiz C. A. Unidad de tabaquismo, Hospital Princesa de Madrid. Saludalia.com; 2000.

Cuando Antonio lleva un año sin fumar se siente feliz por una doble razón, por un lado siente que ha dejado de ser dominado por un cigarrillo y por otro, ha ahorrado una considerable cantidad de dinero que le permitirá mejorar sensiblemente las vacaciones veraniegas de toda su familia.

Lo que Antonio no sabe es que si hubiere seguido fumando, en este momento o en el futuro próximo, muy probablemente padecería una bronquitis crónica o un cáncer de pulmón que con toda seguridad no le iba a permitir disfrutar convenientemente de sus merecidas vacaciones.

Para completar el ejercicio el alumnado analizará y reflexionará sobre el supuesto explicado.

26_ Alcohol y tabaco como ritual de ingreso en la sociedad adulta, la presión del grupo

La primera parte de este ejercicio será debatir y reflexionar los siguientes textos[16]:

- «El inicio y mantenimiento del consumo de alcohol depende de cómo sea la influencia del entorno, reflejada especialmente por el comportamiento del grupo de iguales y la actitud de la familia, la situación concreta en la que se produce así como las características y recursos personales».
- «La primera ocasión de consumo de alcohol no es, casi nunca, el resultado de una decisión personal, sino que suele ser la respuesta a una invitación. El adolescente ya sabe lo que puede esperar del alcohol, y además, la experiencia suele ser positiva porque le habrá servido para identificarse, para ser uno más del grupo. Este resultado positivo favorece nuevas ocasiones, especialmente si el consumo de alcohol es algo habitual en el grupo. Irán apareciendo esas nuevas oportunidades, y poco a poco, el consumo se hará algo cotidiano».
- «El hábito de consumo de alcohol no se forma de la noche a la mañana, sino que es una suma de conductas de consumo que, en la mayoría de los casos, comienzan por inercia, sin una reflexión previa dentro de un entorno favorecedor».
- «Pasado el consumo ocasional, es frecuente que los adolescentes y jóvenes mantengan, dentro del grupo de iguales, un nivel alto de consumo de alcohol. Este nivel tiende a moderarse y estabilizarse a medida que el joven construye su propia personalidad, se hace más independiente del grupo de iguales y desarrolla su propio autocontrol. Pero conviene tener presente que esta moderación de consumo no ocurre en todos los casos y la probabilidad de que se produzca es menor cuanto más elevado es el nivel de consumo en la adolescencia y la juventud».

---

16. Fernández Hernández, C.; Fresnillo Poza, G.; Fresnillo Poza, L.; Robledo de Dios, T.; Poza Fresnillo, A. **Prevención del consumo de alcohol y tabaco**. Madrid: Ministerio del Interior, Ministerio de Educación y Cultura, Ministerio de Sanidad y Consumo; 1999.

> **PROPUESTAS DE ACTIVIDADES DE TRABAJO EN GRUPO a realizar con los/as adolescentes**

- «La cantidad de alcohol consumida por un adolescente parece depender de la cantidad que ingieran los compañeros, por lo que la voluntad de dominio o control sobre la propia ingesta se somete a la presión grupal».
- «El cigarrillo marca en muchos adolescentes el acceso psicológico al mundo de los adultos. El fumar fortalece su autoestima porque lo relacionan como símbolo de dureza, rebeldía, precocidad, masculinidad, intrepidez y aventura».
- «El hábito de fumar está más extendido entre las chicas que entre los chicos. Esto es indicativo de la feminización que el hábito de fumar ha experimentado en los últimos años en la sociedad española[7]».
- «Fumar por primera vez suele ser una experiencia bastante desagradable, el olor, sabor... provoca una reacción de defensa del organismo (tos, vómitos...). Fuera del cigarro existen aspectos que suavizan esta experiencia, como es sentirse igual e integrado con el grupo de amigos o sentirse más adulto».
- Para muchas personas, ofrecer un cigarro es interpretado como signo de cortesía.

Para realizar la segunda parte de esta actividad se deberá reflexionar sobre los siguientes testimonios[26]:

- «Soy un poco tímido. Con el alcohol observé ya a los 14 años que me volvía extrovertido y eufórico. Me gustaron esos efectos, por lo que cada vez que asistía a una reunión social, a una discoteca o cualquier cosa así, bebía para desinhibirme y poder relacionarme con los demás».
- «Empecé a beber a los 13 ó 14 años cuando aún vivía en el pueblo. Lo hacía con los amigos para alegrarnos y pasarlo bien. A los 17 años me trasladé a Madrid a trabajar. Tuve algunos problemas con mis padres. Empecé a beber con más continuidad, siendo después en la mili donde acabé de hacerme un enfermo alcohólico».
- «Empecé a beber los 13 ó 14 años. Era tímido, con ciertos cortes y complejos de inferioridad, por lo que para relacionarme con los amigos y sentirme con ellos, empecé a beber frecuentemente».
- «Es importante intentar buscar ayuda y sobre todo entre personas que han vivido tu misma experiencia con la bebida. Es importante también indagar por qué y las circunstancias que te llevaron al alcohol».

Para terminar este apartado se leerán detenidamente las siguientes frases para analizar y valorar si son verdaderas o falsas[26]:

- «El alcohol no es considerado por los jóvenes como una droga más».
- «Los jóvenes necesitan el alcohol para pasarlo bien, eso es lo que creen ellos».
- «Las copas a veces resultan mucho más caras de lo que te has gastado en el bar».
- «El alcohol no cura todas las heridas».
- «El alcohol no hace amigos».

27_ ¿Cuánto alcohol consume un bebedor?

El grado alcohólico es el porcentaje de etanol contenido en una bebida para un volumen dado de la misma. Cuando decimos que una botella de vino contiene 12 grados alcohólicos queremos decir que en un 1 litro de ese vino hay 120ml de alcohol puro (12% de etanol). Para saber la cantidad de alcohol puro de una bebida puede utilizarse la fórmula siguiente:

$$\text{Gramos de alcohol} = \frac{\text{capacidad en ml} \times \text{graduación alcohólica} \times 0.8 \text{ (peso específico del etanol)}}{100}$$

Ejemplo: en media botella de vino (500ml) hay 48 gramos de alcohol puro. Gramos de alcohol: 500x12x0.8/100 = 48gr

Otro método que se utiliza para calcular el consumo de alcohol es el basado en unidades. Cada unidad equivale a 8-10 gramos de alcohol. Debemos de disponer de una tabla de equivalencias.

¿Cuanto alcohol es demasiado?
- Se debe saber que no hay un límite de seguridad de consumo de alcohol en menores de edad. En menores la cantidad de alcohol debe ser 0.
- En adultos existen unos límites de consumo considerados seguros, como orientación general, y que tienden a ser cada vez más restrictivos. Por lo que la OMS y el Ministerio de Sanidad hacen suyos el siguiente mensaje: «Alcohol, cuanto menos mejor».

28_ Bebedor pasivo

Bebedor pasivo es aquella persona que se encuentra inmersa en situaciones en las que hay alguien consumiendo alcohol de forma irresponsable.

Reflexionar sobre posibles situaciones:
- Por ejemplo un alcohólico que maltrata a sus hijos.
- Accidente de tráfico...

29_ Los efectos del alcohol

Para hablar de los jóvenes y el alcohol pediremos a los alumnos que cuenten en clase cada uno de ellos, lo que ha visto con sus propios ojos en un fin de semana, en las fiestas de su pueblo, etc.

Pedirles a continuación que escriban un pequeño texto sobre lo que opinan de los jóvenes y el alcohol. Que a continuación, formen grupos de cuatro personas y junten las frases más representativas de lo que han escrito. Una persona de cada grupo hace la exposición al resto de la clase.

Una vez juntadas todas las frases las analizaremos y se intentará que lleguen a una reflexión final.

30_ El titular de prensa

"Mueren cuatro jóvenes de entre 18 y 21 años tras saltarse un semáforo y chocar con otro vehículo a las 4:50 de la mañana. El coche donde viajaban las víctimas circulaba a gran velocidad. El conductor del turismo alcanzado, un joven de 23 años, sufre traumatismo craneoencefálico severo y su acompañante, una joven de 20 años, fracturas vertebrales muy graves tras ser despedida por la luna delantera de su vehículo al no llevar puesto el cinturón de seguridad".

Consecuencias de este accidente:
- Muerte.
- Traumatismo craneoencefálico severo => Coma permanente.
- Fracturas vertebrales muy graves => Hemiplejía (parálisis parcial) o tetraplejia (parálisis completa).

Preguntas que se les realizarán a los alumnos:
- ¿Accidentes tan terribles como este, es una noticia infrecuente, rara, o todo lo contrario, titulares como estos se leen en la prensa casi todas las semanas?
- ¿Alguno de vosotros conoce algún familiar o conocido que haya sufrido algo parecido?
- ¿Qué opinión tenéis de los elementos: jóvenes, alcohol, madrugada y velocidad como causales de accidente de tráfico?
- ¿Conocéis algún portador de minusvalías por accidente de tráfico?
- ¿Podría haberse evitado? ¿Cómo?

Una vez contestadas todas las preguntas, analizaremos las respuestas de los alumnos y se intentará que lleguen a una reflexión final.

31_ El eslogan publicitario. Plan Nacional sobre Drogas

En 1982 la DGT realizó un anuncio publicitario donde aparecía Stevie Wonder diciendo: *«Si bebes no conduzcas»*. Esta campaña, cuyo eslógan contra el alcohol no ha perdido vigencia, es un claro ejemplo de la fuerza y permanencia que un buen eslogan puede tener entre la población.

Para realizar la primera parte de este ejercicio se les pedirá a los alumnos que hagan de publicistas y elaboren 5 eslóganes referentes a la prevención de accidentes de tráfico destinados a jóvenes menores de 21 años. Cuando se haya terminado se realizará un cartel con todos ellos y se pondrá en el tablón de anuncios del centro.

Para la segunda parte de este ejercicio se pasará a analizar las campañas de publicidad del Plan Nacional sobre Drogas realizadas en años anteriores:

- A tope sin drogas. Estés donde estés, estudies lo que estudies, salgas con quien salgas, hagas lo que hagas, practiques lo que practiques y te lo montes como te lo montes. Recuerda: siempre hay nuevas formas de divertirse.
- Abre los ojos. Las drogas pasan factura.
- Piensa por ti. Sin dudas, sin drogas.
- Funcionamos sin drogas: viajamos sin drogas, nos enrollamos sin drogas, soñamos sin drogas, nos lo montamos sin drogas, alucinamos sin drogas, nos divertimos sin drogas. ¿Por qué? Porque las drogas no funcionan y nosotros sí: funcionamos en la amistad, en la comunicación, en el deporte. Funcionamos consiguiendo metas, con imaginación y diversión. Y lo mejor de todo "funcionamos sin drogas".

Una vez analizados todos los eslóganes los alumnos crearán el lema de una futura campaña publicitaria del Plan Nacional sobre Drogas, para ello debatirán sobre que imágenes, personajes y diálogos se podrían poner en la campaña para llegar con más acierto aún a los jóvenes.

32_ ¿Cómo rechazar una droga?

Situación A	Estáis hablando de la película que acabáis de ver en el cine. El líder del grupo ofrece a todo el mundo, uno por uno, un cigarrillo. Vosotros vais rechazando el cigarrillo.
Situación B	Estáis en una discoteca bailando. El líder del grupo ofrece a alguien una pastilla de éxtasis y el resto del grupo piensa que esa persona que rechaza la pastilla debería cogerla. El grupo entero ejerce presión sobre esta única persona. Uno por uno, todos serán esa persona que está siendo presionada.

Una vez leídas estas dos situaciones el profesor dará una serie de orientaciones y ejemplos para rechazar de forma convincente y firme un ofrecimiento de drogas. Es muy importante ser asertivos.

ORIENTACIONES	FORMAS DE RECHAZAR
• Decir claramente lo que se quiere. • No herir a los demás con lo que se dice. • No mostrarse indeciso cuando se diga lo que se quiere. • Ser espontáneo/a. • Mirar a la persona con la que se está hablando.	• Mantenerse firme en el rechazo. • Rechazar y dar una razón. • Rechazar y ponerse en desacuerdo con las razones que la persona dé. • Rechazar y hacer un chiste. • Rechazar y dejar las cosas claras.

Para cada uno de los role-playing se deberá elegir una forma diferente de rechazar el ofrecimiento de drogas, una vez hecho se pasará a discutir con el grupo las siguientes preguntas: ¿Te ha parecido fácil o difícil rechazar?, ¿estuvieron convincentes?

33_ Algo fundamental: el miedo

En este ejercicio cada alumno deberá leer la siguiente entrevista y reflexionar sobre el contenido de la misma:

PROPUESTAS DE ACTIVIDADES DE TRABAJO EN GRUPO a realizar con los/as adolescentes

14 Capítulo

AL PROBARLA PIERDES ALGO FUNDAMENTAL: EL MIEDO

«¿Cómo entras en contacto con ella?

Estaba en un pub, en el pueblo, y el dueño me invitó. Fue cuando la probé. Es la primera vez y lo tienes muy en cuenta porque es cuando le pierdes el miedo y el respeto. Una vez que lo pruebas, ya has perdido algo fundamental: el miedo. A partir de ahí te vienen, te ofrecen y no dices que no. La segunda vez pasaron varios meses y después fue más a menudo: fines de semana, días de fiestas, Navidades y después para cada fiesta tenías que ir con cocaína, porque sin ella no había nada.

¿Cuándo te das cuenta de que algo va mal?

Cuando comencé a depender para todo de ella. Al final estaba a diario con ella. Ha habido momentos en que he estado "colocado" a diario e incluso había noches salvajes en las que me "metía" hasta cuatro gramos, cerca de 300 euros. Últimamente, antes de entrar aquí, me metía tres gramos en tres horas. Era obsesivo.

En 1995 comencé a ir al Hospital Provincial. Mi familia ya lo sabía. Pero de decir: "tengo este problema", a "quiero solucionarlo", hay una gran diferencia.

¿Has intentado dejarlo en otra ocasión?

El año pasado estuve en un centro de Huelva, pero no me fue bien. No estaba muy convencido, pero por hacer caso a mi familia me fui. En la última temporada de estar en el centro consumía. Hay muchos trucos para pasar los controles y contrarrestar la coca. Lo hacía y no me pillaban.

¿Qué pasa por tu cabeza cuando te ves así?

Una frustración y una decepción muy grande. Ahora tengo en mi cabeza los 14 años de mi vida que he perdido y no me los va a dar nadie. Eso me deprime mucho y me llega al alma. Son cosas que no se van a recuperar y te ves con 29 ó 30 años y no has hecho nada. Tienes muchas dudas.

Ahora, gracias a Dios, porque los médicos ni quienes me han ayudado saben como tengo aún salud y me queda inteligencia, no sé; ahora quiero estudiar, hacer el curso de acceso a la Universidad, pero lo que más pena me da es el tiempo que he perdido, y cada día quizás piense más en eso que he perdido. Sé que tengo que mirar para adelante, que es una fase que ha pasado.

¿Hay drogas blandas y drogas duras?

¿Cuáles son las blandas? ¿El alcohol y el hachís? Con la falta de alcohol un hombre puede llegar al delirium tremens y morir. Creo que no hay droga dura o blanda. Lo duro son los años de consumo. Es como cuando se intenta dejar el tabaco. Te afecta menos al metabolismo pero también hay adicción.

¿Llegas a Proyecto Hombre después del centro de Huelva?

Regresé de Huelva en julio del año pasado. Allí oí hablar de Proyecto Hombre pero no sabía que había uno en Almería. Mi hermano me dijo de meterme aquí. Estaba trabajando de camarero, pero tenía dolores musculares y de cabeza, ibuprofeno arriba y abajo, vomitaba sangre, estaba ya totalmente demacrado, y la verdad es que entré sin esperanzas. ¿Y qué me van a hacer aquí? Si iba a entrar y consumía, y el día antes de entrar aquí, consumía. ¿Pero qué me van a hacer? Y mira, ahora cada día con más fuerza.

La sensibilidad que corre por aquí no la ves por ningún lado. Somos todos iguales, hayas estado con problemas de cárcel o sea cual sea tu aspecto. Aquí somos todos iguales, hasta los terapeutas. Cuando ves a un chaval que sube a nivel 2 y ves, tanto a voluntarios como compañeros, la alegría que eso da, eso es muy emotivo. Hay un chaval que lleva siete meses en nivel 1. Yo llevo dos meses y pico. No hay fecha de niveles. Es cuando uno consigue sus objetivos en cada nivel. La honestidad es lo básico. El problema que ahora tengo que superar es la responsabilidad. La mayoría nos hemos guiado por los gustos y la vida está llena de responsabilidades. Tengo que hacer cosas mínimas que no percibías antes como hacer la cama o poner la mesa.

Y con tu familia ¿qué tal?

Ahora estoy tomando confianza con ellos. No había nada. Dormía, comía o no aparecía en varios días por mi casa. Todo era juerga. Somos cinco hermanos y yo no aportaba nada. Eso crea mal ambiente. Y ahora, con tres meses que llevo aquí, están encima tuyo y hacen lo que tengan que hacer para que yo salga bien.

En nivel 2 te dan un poco más de confianza pero hay que hacer seguimiento. Toda seguridad es poca. Somos los mejores embaucadores y embusteros que conozco. Antes me levantaba y me preguntaba cómo podría hacerlo para consumir y si no metía la mano en un lado o en otro, pero lo lograba. Si hubiera usado ese ingenio para otra cosa, sería rico.

¿Y a partir de ahora?

Lo tengo muy claro, pero tengo mucho miedo. Creo que es un año de vida que quizás pierda pero es para ganar muchos más. Y la amistad es muy importante para esto. Ahora hay personas que me enseñan a ver una flor y yo antes la pisaba. Ahora me paro a ver las pequeñas cosas que tiene la vida y creo que son muy importantes».

(Entrevista a Raúl, adicto a la cocaína desde hace 15 años. Extraído de www.proyectohombre.es)

34_ Razones y riesgos

34.1_Las razones del consumo de drogas

El profesor lanzará al alumnado la siguiente pregunta: *«¿Cuales creéis que son las razones del consumo de drogas?»*, acto seguido les dejará contestar. Una vez que hayan terminado se les dirá la lista de las principales razones del consumo de drogas entre los jóvenes según los comités de expertos.

- *Búsqueda de placer, de euforia, de tranquilidad.* Las drogas al actuar en nuestro Sistema Nervioso Central (SNC), hay algunas que pueden ser fuente de excitación y de energía y otras depresoras del SNC que dan tranquilidad.
- *Curiosidad.* Querer explorar, experimentar y querer estar a la última.
- *Alteraciones psicológicas.* En esta etapa de desarrollo humano que es la adolescencia se dan sentimientos de: ansiedad, aburrimiento y de depresión que forman parte del desarrollo normal (el adolescente se hace muchas preguntas, se cuestiona muchas cosas y no encuentra las respuestas). Estos sentimientos son mal vividos y hay adolescentes que buscan en las drogas la respuesta, la solución y que lógicamente nunca encuentran.

  El consumo de drogas es en ocasiones una respuesta a la timidez y la falta de confianza en sí mismo.
- *Presiones sociales.* Es difícil resistirse a las presiones de tu grupo, pues en la adolescencia es necesario pertenecer a un grupo, sentirse aceptado y hacer lo mismo que los otros.
- *Disponibilidad de las sustancias.* Sobre todo de las legales alcohol y tabaco.
- *Falta de información adecuada*: se necesita información veraz y científica.
- *Falta de habilidades, valores y actitudes.*

34.2_Los riesgos del consumo de drogas

En este apartado el profesor lanzará otra pregunta al alumnado *«¿Cuales creéis que son los riesgos del consumo de drogas?»*, acto seguido les dejará contestar. Una vez que hayan terminado, se comentarán y se ordenarán los riesgos que ellos han dicho para a continuación completarlos si fuese necesario.

- Riesgos sociales.
  - Mal rendimiento escolar, expulsión de la escuela.
  - Dificultades para conseguir o mantener un empleo.
  - Pérdida de amigos.
  - Problemas familiares.
  - Altercados con la justicia (denuncias, antecedentes penales).

- Endeudamientos.
- Accidentes de tráfico.
- Accidentes laborales.
- Delincuencia.
- Prostitución.
- Etc...

○ Riesgos psicológicos.
- Dependencia psicológica, se necesita la droga para todo, para divertirse, para aliviar la tensión, para ligar... para vivir en definitiva. La persona se hace esclava de la droga.
- Ansiedad, depresión.
- A medio y largo plazo el consumo de drogas puede desencadenar problemas psicológicos permanentes.
- Psicosis.
- Ideas suicidas: la desorganización mental puede conducir a la persona al suicidio.
- Etc...

○ Riesgos físicos.
- Hepatitis, SIDA, cirrosis hepática, bronquitis crónica, cáncer, hemorragia cerebral...
- Taquicardia, hipertensión, hipertermia.
- Arritmias cardiacas.
- Convulsiones.
- Alteraciones de memoria. Dificultad de concentración.
- Fatiga excesiva.
- Perdida de apetito.
- Problemas de funcionamiento sexual.
- Insomnio, irritabilidad...
- Aborto, mortalidad fetal, malformaciones en el feto...
- Etc...

35_ Anorexia y Bulimia[17]

35.1_Anorexia: caso hipotético

«Ana estudia 1º de Bachillerato y desde que comenzó el curso escolar ha perdido mucho peso. Es una chica disciplinada y se levanta una hora antes cada día para acudir al gimnasio con su padre, antes de ir al instituto. Destaca en su clase por sus altas calificaciones. Es responsable y obediente. Su madre cuida su alimentación y acude a diferentes tratamientos estéticos. Su padre es una persona exigente con su familia.

---

17. Ambos casos han sido extraídos de www.masqueunaimagen.com

PROPUESTAS DE ACTIVIDADES DE TRABAJO EN GRUPO a realizar con los/as adolescentes

Capítulo 14

Hace unas semanas recibieron una llamada del instituto, puesto que en clase de Educación Física, Ana sufrió una bajada de tensión y se desmayó. Su tutora asegura que últimamente su rendimiento ha disminuido y que se ha aislado mucho de sus compañeras.

A la hora de las comidas Ana parte en pequeños trozos lo que le sirven, para luego esparcirlos por el plato y comer a penas dos o tres. Se queja de que no tiene hambre, o de que lo que le ponen en el plato es mucho. Su madre le ha encontrado restos de comida en bolsillos de su ropa. No se puede estar quieta y realiza movimientos con las piernas sin ninguna finalidad.

Todo empezó cuando sus padres decidieron mandarla el verano pasado a Reino Unido. Allí, debido a su mala alimentación, aumentó 6 kilos de peso. Al volver a España, en clase, varios compañeros le dirigieron comentarios negativos sobre su aspecto. Ana estuvo llorando durante varios días, nada parecía consolarle, hasta que decidió poner remedio a esa situación. Su madre no le puso inconvenientes a la hora de iniciar una dieta, le recomendó una de las muchas que ella había seguido y en dos meses su peso descendió significativamente. Entonces sus amigas empezaron a decirle lo guapa y delgada que estaba, incluso un chico se interesó por ella, y Ana se sintió profundamente recompensada. Pero al mismo tiempo surgió la idea de seguir perdiendo peso para estar aún más atractiva y el miedo a defraudar a toda esa gente que empezaba a creer en ella.

En este momento a Ana se le ha retirado la menstruación, está sumamente irritable, evita salir de casa, tiene un miedo horrible a ganar peso y cuenta de forma obsesiva las calorías de todo lo que come, aún estando muy delgada, se ve gorda, se le cae el pelo y está siempre cansada.

En su cabeza hay un sólo objetivo: perder peso, aún a costa de su salud. Ella siente que al menos ha conseguido algo en la vida: está delgada, si deja de estarlo, ¿qué le quedaría?»

Tras la lectura de este supuesto el alumnado deberá analizar el texto y reflexionar sobre el contenido del mismo.

35.2_Bulimia: caso hipotético

«Mónica está desconcertada. Se propone cada día hacer una dieta y perder los 10 kilos que asegura que le sobran, sin embargo es incapaz de conseguirlo. Su peso oscila, a veces pierde un par de kilos, para a la semana recuperar esos dos y alguno más. Su madre se ha dado cuenta de que en los armarios desaparece la comida, las galletas, el chocolate y la bollería a penas duran un par de días. Sin embargo no sabe qué pensar, puesto que su hija está a dieta y no come esas cosas. Mónica es hija de padres separados y su madre por cuestiones de trabajo, no llega a casa hasta bien entrada la tarde.

Durante su infancia, Mónica fue una chica delgada, pero cuando alcanzó la menarquia su cuerpo cambió y engordó. Desde entonces empezó a luchar contra la báscula, a ir de un endocrino a otro buscando la forma de perder peso rápidamente y sin sacrificio.

Hace unos meses una compañera de facultad le confesó que después de las comidas, a veces, vomitaba. Ella estaba muy delgada y a Mónica le pareció una fantástica idea, así podría comer lo que quisiera y bajar de peso. Decidió seguir con su dieta y de vez en cuando comer bollos y chucherías, para a continuación vomitarlos.

Lamentablemente, la ansiedad no tardó en aparecer y el ansia por comer empezó a controlar su vida. Los atracones se hacían más frecuentes y aunque vomitaba, su peso no descendía, por lo que Mónica ponía en marcha dietas más y más hipocalóricas, que hacían que el hambre y la obsesión por comer la desbordaran.

Mónica ha llegado a vomitar hasta 5 veces en un mismo día, a pesar de observar que estaba sangrando cuando lo hacía, o que su garganta estaba muy irritada y se mareaba con mucha facilidad. El dentista le ha dicho que tiene 6 caries más que el año pasado.

Cuando discute con alguien, está aburrida, o en época de exámenes, lo primero que piensa es en comer para después vomitarlo, es la única forma que conoce para eliminar sus estados emocionales negativos. Ha desarrollado un miedo exagerado hacia la comida, hay muy pocos alimentos con los que se siente segura.

Mónica se odia, a veces incluso se ha llegado a lastimar. Oculta sus cicatrices con camisetas de manga larga, aún en pleno verano. Sólo conocen su problema su novio y una amiga íntima. Mónica cree que su único problema es que está obesa y que a los médicos deben ir las personas que están esqueléticas, no ella».

Tras la lectura de este supuesto el alumnado deberá analizar el texto y reflexionar sobre el contenido del mismo.

36_ Recomendaciones para una vida saludable[18]

- Divide tu ingesta diaria en 5 comidas.
- No te saltes comidas, lo único que consigues es tener más hambre y ansiedad en la siguiente.
- Intenta comer sentado, en compañía y sin prisas.

---

18. Se deben transmitir mensajes a la familia y al adolescente sobre las pautas que indirectamente protejan de los Trastornos de la Conducta Alimentaria (TCA): alimentación saludable y realizar al menos una comida en casa al día con la familia, facilitar la comunicación y mejorar la autoestima, evitar que las conversaciones familiares giren compulsivamente sobre la alimentación y la imagen y evitar bromas y desaprobaciones sobre el cuerpo, el peso o la forma de comer de los/as niños/as y adolescentes. Fuente: Ministerio de Sanidad (2009): **Guía Práctica Clínica sobre TCA**.

- Procura tener una alimentación variada.
- Bebe 2 litros de agua al día.
- Realiza una dieta solamente si es necesario porque tienes sobrepeso, y siempre asesorado/a por un profesional. Cualquier dieta muy restrictiva no nos va a ayudar a hacer cambios en nuestros hábitos alimenticios que puedan perdurar después de terminarla.
- Incluye alguna actividad física en tu vida cotidiana.
- Busca como objetivo hacer deporte, divertirte, que adelgazar no sea tu objetivo. Hazlo en compañía y si es necesario, porque el deporte lo requiere, con un buen entrenador/a.
- Seguro que hay alguna parte de tu cuerpo que no te gusta, pero no debes obsesionarte por cambiarla. Eres mucho más que un cuerpo y tu entorno te quiere como eres.
- Intenta superarte día a día pero no busques la perfección, ya que es imposible conseguirla y por ello te sentirás mal. Ponte metas realistas que puedas conseguir.
- En la vida no podemos controlar todo, hay cosas que no dependen de nosotros/as.
- Intenta pararte a pensar antes de tomar decisiones sobre que es lo más adecuado o lo menos. Si nos apresuramos lo que podemos conseguir es que no nos sintamos bien por la decisión tomada y empecemos las cosas y no las acabemos.
- Hay metas, a lo largo de nuestra vida que no vamos a poder conseguir, pero cada paso que damos nos ayuda a crecer. A ganar nos acostumbramos rápido pero a perder cuesta más, a nadie le gusta.
- Se consciente de que como humanos tenemos límites, y a la hora de asumir responsabilidades tenemos que tenerlo en cuenta. Podemos delegar tareas, seguro que los demás pueden hacerlo tan bien como nosotros/as.
- Expresa tus opiniones y tus sentimientos. Los demás no pueden adivinar lo que pensamos si no se lo decimos.
- Tan importante es tú opinión como la de los demás.
- El hecho de tener opiniones diferentes no significa que nos vayan a rechazar, todos aprendemos de diferentes puntos de vista.
- Trata a los demás con el respeto.
- No impongas tus opiniones y escucha a los demás.
- No dejes que todas las imágenes que nos llegan desde los medios de comunicación te afecten. La mayoría de los cuerpos perfectos que nos enseñan no son reales, muchos están modificados por ordenador o son fruto de la composición de las mejores partes del cuerpo de diferentes modelos. Así es fácil conseguir el cuerpo perfecto.

37_Estrategias publicitarias[27, 30]

Para promover actitudes positivas hacia el producto anunciado, las agencias publicitarias utilizan distintas estrategias. "Los publicistas saben que los anuncios deben atraer la atención, provocar el deseo y desencadenar la acción de compra. En un anuncio nada se deja al azar, cada elemento está pensado para lograr que el producto se venda". Si se analizan críticamente, se verá que los argumentos más utilizados en la publicidad dirigida a los adolescentes son:

- Técnica:
    - Popularidad: te hará más popular.
    - Seducción: es importante para que alguien del sexo opuesto se sienta atraído por ti.
    - Madurez: significa que eres maduro.
    - Juventud: significa que eres joven y atractivo.
    - Sofisticación: es parte de la vida moderna, elegante y sofisticada.
    - Diversión: es un ingrediente para pasarlo bien.
    - Aventura: eres arriesgado, te gusta lo desconocido.
    - Solidaridad: colaboras con los más necesitados.
- Estrategias:
    - Presentan información parcial sobre el producto, exagerando sus virtudes y obviando o minimizando sus defectos.
    - Asociar el producto con elementos agradables para el destinatario del anuncio (por ejemplo un tipo de música, una situación cómica).
    - Asociar el producto con modelos con determinadas características: elegancia, belleza, fama, poder... para que la gente los imite utilizándolo.
    - Asociar el producto a personajes que explícita o implícitamente experimentan los supuestos beneficios de su uso (por ejemplo en las series de televisión aparecen los personajes consumiendo determinados productos).
    - Dotar al producto de valores añadidos, beneficios que el producto por sí mismo no aporta (prestigio, distinción, amistad, éxito...).

El profesor dividirá la clase en grupos y se les pedirá que identifiquen anuncios de televisión en el que se utilice alguna de estas estrategias. A continuación que realicen una descripción (texto, imágenes, música, etc...), los argumentos utilizados, la impresión creada, etc.

15 PROPUESTAS PARA EL DESARROLLO del programa de alumnos

El material que en esta obra se presenta ha sido incorporado dentro del currículo escolar en el marco de la Educación para la Salud. Ha sido aplicado y evaluado durante 8 cursos en el contexto escolar demostrando su eficacia y generando un alto interés en los adolescentes y sus familias. Debe ser trabajado de forma continuada desde 1º de la ESO a 1º de Bachillerato.

Pilares del programa:

- Educación Nutricional.
- Anorexia Nerviosa y Bulimia Nerviosa.
- Educación Afectivo-Sexual.
- Prevención de las drogodependencias.
- Temas varios.
- Primeros auxilios.
- Tolerancia, solidaridad y convivencia.
- Factores de riesgo: factores de riesgo en el medio educativo, factores de riesgo individuales, de la relación del individuo con el grupo, familiares y socioculturales.
- Autoestima y asertividad.

Todos y cada uno de los temas del programa, deben ser tratados en los diferentes años académicos, (1º, 2º, 3º, 4º ESO y 1º Bachillerato), para una adquisición progresiva de conocimientos, habilidades, valores y actitudes. Adaptando el contenido a las necesidades del alumno según su edad.

No obstante el tema Educación Afectivo-Sexual se trabajará con más intensidad con los adolescentes de entre 13 y 15 años, ya que a partir de esta edad suelen tener su primera relación sexual. Antes de los 16 años los adolescentes deben haber recibido la mayor parte del programa, aunque su formación en el mismo, continuará hasta terminar 1º de Bachiller.

En el tema de Prevención de las Drogodependencias, debemos tener en cuenta los datos proporcionados por nuestro diagnóstico inicial de la comunidad donde se mueven nuestros alumnos, (drogas más consumidas, edad de inicio en el consumo de las distintas sustancias, etc.). En términos generales (según **ESTUDES** 2008) se puede recomendar:

En 1º y 2º de la ESO trabajaremos con más intensidad alcohol y tabaco, en 2º de la ESO debemos comenzar a intensificar las actuaciones preventivas en torno al cannabis, para poder en 3º de la ESO abordarlo en profundidad, la edad de inicio se sitúa en los 14,6 años. La edad de inicio en el consumo de cocaína se sitúa en 15,3 años por lo que debemos comenzar a abordar este tema ya en 3º de la ESO, para abordarlo en profundidad en 4º de la ESO. También iremos abordando las otras sustancias guiándonos de los datos obtenidos en el diagnóstico inicial, sin olvidar, que la formación de los alumnos no termina hasta finalizar 1º de Bachillerato y no debemos excluir ninguna droga en el trabajo a realizar cada curso.

En cada curso escolar debemos poder detectar características personales de nuestros alumnos que pueden incrementar el riesgo de tener problemas, lo que hemos denominado "factores de riesgo individuales": baja autoestima, poca tolerancia a la frustración, falta de autonomía, falta de responsabilidad, dificultad para manejar la ansiedad, escaso sentido crítico, determinados sistemas de valores, dificultad para resolver conflictos y dificultad en la toma de decisiones, así como también, los factores de riesgo propios de la relación del individuo con el grupo, los factores de riesgo familiares y los socioculturales. Trabajar estos temas con todo el grupo cada año de forma progresiva, pero también intensificar el trabajo con el alumno que lo necesité de forma individualizada. No debemos olvidar que disponemos de la ayuda del departamento de orientación del IES, de los tutores así como del resto de profesores.

16 PROPUESTAS PARA EL DESARROLLO
del programa familiar

Mediante una carta a las familias, se les cita en el IES para informarles del Programa de Educación para la Salud que van a recibir sus hijos durante su estancia en el instituto, y la necesidad de la implicación de las familias para conseguir los objetivos establecidos.

En la primera reunión se acuerda el horario más cómodo para las familias y las fechas disponibles. Además se les informará de que su parte educativa constará de 70 horas a repartir de la siguiente forma:

- 52 horas de formación en los temas trabajados con los alumnos:
  - 8 horas para Educación Nutricional.
  - 8 horas Anorexia Nerviosa y Bulimia Nerviosa.
  - 8 horas para la Educación Afectivo-Sexual.
  - 8 horas para la Educación en la Prevención de las Drogodependencias.
  - 4 horas para los temas varios.
  - 4 horas Primeros auxilios.
  - 4 horas para trabajar la Tolerancia, Solidaridad y Convivencia.
  - 4 horas para trabajar factores de riesgo: en el medio educativo, factores de riesgo individuales, de la relación del individuo con el grupo, familiares y socioculturales.
  - 4 horas para trabajar la Autoestima y la Asertividad.

- 5 horas para ver lo más representativo de las actividades de discusión o trabajo en grupo[1].
- 3 horas para hablar del material audiovisual que se trabajan con los alumnos y ver parte de ellos.
- 10 horas para trabajar el programa específico para las familias.

---

[1]. Véase Propuestas de actividades de trabajo en grupo a realizar con los adolescentes.

ANEXO I

1_ Evaluación-memoria

	EVALUACIÓN				
	Muy mal/ Muy poco	Mal/ Poco	Regular	Bien/ Bueno	Muy bien/ Muy bueno
Motivación general de la clase					x
Participación general de la clase				x	
Actitud e interés demostrado por los adolescentes ante los temas a tratar					x
Conocimientos iniciales de los adolescentes		x			
Grado de entendimiento de los conocimientos trasmitidos					x
Evaluación del grado de empatía ¿se ha creado un ambiente de empatía y los adolescentes se han sentido escuchados y comprendidos?					x
¿Estiman los adolescentes útil la información facilitada?					x
¿Verbalizan los adolescentes la necesidad de ampliar y reforzar el programa de Educación de Educación para la Salud en años sucesivos?					x
¿Han hecho uso los adolescentes de la hora de tutoría para responder consultas individualizadas?				x	

2_ Evaluación de horas para consultas individualizadas

Las consultas individualizadas más demandadas son:
- La menarquia.
- La dismenorrea.
- El acné.
- Las primeras relaciones sexuales.
- Preservativo que se queda en el interior de la vagina.
- Tratamiento postcoital.
- Chicas que quieren comer bien pero tienen miedo a engordar.

- Efectos secundarios del cannabis.
- Efectos secundarios de la cocaína.

Los alumnos que suspenden el cuestionario de evaluación o que han dejado más de 3 preguntas sin contestar, son citados en horas de despacho para revisar el cuestionario y aclarar las dudas.

Alumnos que no han podido asistir a alguna clase y han solicitado poder ser atendidos en una hora de despacho, o en algún recreo, para que se les explique lo más importante de esa sesión.

Gracias al grado de empatía creado en las horas de despacho se pueden detectar problemas importantes que preocupen a los adolescentes. En caso de ser competencia de otro profesional del centro, son derivados al departamento correspondiente.

3_ Casos con los alumnos

3.1_Caso 1

H. 12 años, con un expediente académico excelente. El último trimestre su rendimiento baja notablemente y se muestra triste y aislado. Gracias a las clases de Educación Afectivo-Sexual y ser atendido en una hora de despacho por petición del mismo, H. verbaliza su problema. Sus padres se están separando y él no entiende por qué su padre les ha abandonado por otra mujer. H. es un adolescente muy maduro y necesita una explicación por parte de su padre el cual no ha querido dársela.

Le pregunto a H. si se encuentra mejor después de haber hablado de esta situación y me comenta que sí. Se comenta a H. que siempre que quiera hablar conmigo no dude en buscarme por el instituto y que si su familia en cualquier momento quiere hablar conmigo, o con el departamento de Orientación, que no olviden que pueden hacerlo.

Se estudia el caso con el departamento de Orientación, para que la psicóloga pueda valorar la situación de H. y también con otros profesores del instituto, ya que alguno de ellos conoce a la familia de H. desde primaria.

3.2_Caso 2

R. 15 años, tras las clases de Prevención en las Drogodependencias, en una hora de despacho me expone que conoce personas que toman LSD y que después de las clases ya sabe lo que les pasa. Algunos de ellos han sufrido reapariciones espontáneas de la experiencia alucinógena sin consumo de la sustancia (*flash-back*) y están asustados.

Se pide a R. que trasmita la información a estas personas, que sea agente de salud. Que les informe que es una de las sustancias químicas más potentes que se conoce y que produce una gran desestructuración a nivel cerebral. Estas personas necesitan ayuda especializada.

Le facilito a R. teléfonos y direcciones de interés y le informo que si me necesita que no dude en contar conmigo.

3.3_Caso 3

G. 16 años. En una hora de despacho viene a hablar conmigo para exponerme que un grupo de conocidos (que no son sus amigos), consume cocaína esnifada, y que un sábado hace aproximadamente un mes, él consumió media raya de cocaína.

G. me comenta que al día siguiente estaba muy arrepentido y que después de las clases de drogodependencias está asustado por el riesgo tan absurdo que había corrido.

G. me pregunta con insistencia «*si por un casual mis padres me llevan al médico, éste podría descubrir que he consumido cocaína*». Este miedo es uno de lo motivos que ha empujado a G. a venir a hablar conmigo.

Explico a G. que no debe consumir drogas por su propia salud, que esta vez ha tenido suerte, y que es posible que la próxima no sea así, además le digo que si algún día necesita ayuda que no dude en pedírmela.

Le pido que me explique que fue lo que le empujó a hacerlo. Él me comenta que sobre todo la curiosidad y la presión de las personas de este grupo.

G. me pide absoluta confidencialidad y confianza en él pues nunca más volverá a suceder. Me asegura que él y sus amigos no van a volver jamás a estar con ese grupo de personas. Es consciente que estar con esa gente sólo le va a traer problemas.

G. y yo hablamos largo tiempo y me asegura que ha comprendido los problemas que acarrean las drogodependencias, insiste que confíe en él, que está seguro que no volverá a suceder.

Le facilito teléfonos y direcciones de interés y le agradezco la confianza, le confirmo una vez más que si me necesita no dude en contar conmigo.

4_ Evaluación de la opinión personal de los adolescentes

La valoración que podemos hacer de la opinión personal de los adolescentes es excelente, pues el 98% de ellos expresa que ha estado muy bien, que han aprendido mucho, y que les ha resuelto muchas dudas. Expresan cosas tan importantes como:
- He aprendido a decir: "no".
- Ojalá vengas el año que viene para darnos más información.
- Tengo amigos a los cuales debo transmitir esta información pues la necesitan.

- He aprendido muchas cosas y me ha hecho reflexionar.
- Este programa debiera darse en otros IES, pues conozco gente que necesita esta información.
- Este Programa de Educación para la Salud va a ayudar a mucha gente.
- Te agradezco esta información pues son cosas que antes nadie me había explicado.
- Me ha interesado mucho estas clases pues creo que es una oportunidad única y pueda que no la vuelva a tener.
- He aprendido mucho en estas clases y tengo nuevos propósitos.
- Estas clases me han parecido muy interesantes, han resuelto muchas dudas que tenemos los jóvenes.
- He aprendido a cuidar mi salud.
- Estas clases me han hecho reflexionar mucho y ver algunas cosas con más claridad.
- Todo lo que me decían mis padres me entraba por un oído y me salía por el otro, gracias a este programa que ellos también han recibido, hablo con ellos y les hago mucho más caso.
- Nunca nadie me había explicado estas cosas con tanta exactitud. Me ha gustado que pudiera consultar cosas en el recreo que me interesaba mucho saber. No me apetecía hacer la consulta delante de mis compañeros.
- Ha sido genial, mis amigos van a dejar de fumar y yo no voy a volver a beber los fines de semana. Este programa se debe dar en todos los IES.
- Me han gustado mucho todas las clases. He aprendido como actuar cuando alguien me ofrece tabaco o una copa, me siento más segura.
- Pienso que estas clases se deben dar en todos los IES, mucha gente comete errores porque está muy mal informada y en ocasiones es engañada.
- He decidido dejar de fumar.
- Me han gustado mucho las clases de drogodependencias y conseguiré que mucha gente no consuma.
- En estas clases todos hemos aprendido un poco para nuestra vida, ahora y en el futuro. Yo en particular he aprendido muchas cosas, una muy importante es a decir "no" sin enfadarme y a aceptar también bien un "no" como respuesta.
- Todas estas clases me servirán mucho para mi vida. Hablaré de todos estos temas con amigos que no tienen estas clases, pues no estudian en este Instituto.

Si con este programa de Educación para la Salud hemos logrado implicar a los adolescentes en este proyecto de prevención y les hacemos agentes de salud, el resultado no podría ser mejor.

5_ Preguntas/dudas muy frecuentes[1]

- *Cuando estoy estresado fumar me relaja.* El organismo del fumador tiene dependencia a la nicotina, por este motivo al obtenerla la persona se relaja. Pero la nicotina es un estimulante que aumenta la frecuencia cardiaca, la presión arterial y la adrenalina. Después de unas semanas de dejar el tabaco la persona está menos nervioso y aprende a relajarse sin fumar.
- *¿Engordaré si dejo de fumar?* Hasta un 80% de las personas que dejan de fumar engordan un promedio de 3-5Kg. Esto ocurre principalmente debido a dos causas: la nicotina tiene una función lipídica (destrucción de grasas) y anorexígena (quita el hambre). Al dejar de fumar la nicotina desaparece del organismo y en consecuencia esta acción de lipólisis deja de realizarse, por otro lado, el incremento de ingesta se debe a que desaparece la acción anorexígena de la nicotina y a que la persona busca la satisfacción de recompensa mediante la toma de alimentos, para luchar con la satisfacción que sentían con el consumo del cigarrillo. Lo que se recomienda para combatir esta ganancia de peso, es reducir de 200-400 calorías al día e incrementar la práctica de ejercicio físico. Esta ganancia de peso se puede perder sin problemas.
- *De algo hay que morirse.* El fumar no mata rápidamente, las enfermedades relacionadas con el tabaco a menudo causan años de sufrimiento. Cuando se dice que el tabaco acorta la vida no estamos hablando de unos meses, sino de años.
- *¿Voy a dejar el único placer que me queda?* Dejar de fumar ofrece placeres mayores, recuperar el gusto y el olfato (la comida huele y sabe mejor), ganar capacidad para hacer deporte y aumentaran los días en que uno se encuentra mejor.
- *Es tarde, llevo fumando demasiado tiempo.* Merece la pena dejarlo a cualquiera edad pues siempre se obtiene beneficios, se tiene menos flemas y tos y se reduce el riesgo de muerte por enfermedades relacionadas con el tabaco.
- *Mi abuelo fumó como un carretero toda su vida y vivió hasta los 90 años.* Algunas personas son menos susceptibles a los prejuicios del tabaco, pero esto no significa que no les dañe. El riesgo de morir mucho antes es muy grande.
- *Fumo cigarros bajos en nicotina y alquitrán.* Con este tipo de cigarrillos se fuma más a menudo o más profundamente para compensar su bajo contenido, al final la absorción es equivalente.

---

1. Material educativo de Fernández Hernández, C.; Fresnillo Poza, G.; Fresnillo Poza, L.; Robledo de Dios, T.; Poza Fresnillo, A. **Prevención del consumo de alcohol y tabaco.** Madrid: Ministerio del Interior, Ministerio de Educación y Cultura, Ministerio de Sanidad y Consumo; 1999. Consultar apartado 2.2 Prevención del tabaquismo en jóvenes.

- *¿Y si reduzco el número de cigarrillos al día?* No hay un nivel de consumo seguro y reducir el consumo a veces, es más difícil que dejar de fumar completamente. Es muy fácil volver a los niveles de consumo previos.
- *¿No es más peligrosa la contaminación que fumar?* En el humo del tabaco la concentración de algunas sustancias tóxicas es 400 veces superior a los límites aceptados internacionalmente. Se ha demostrado que el tabaco es responsable del 30% de los cánceres diagnosticados, mientras que la contaminación ambiental causa un 2%.
- *No tengo suficiente fuerza de voluntad para dejar el tabaco.* A veces hace falta varios intentos, pero todos los días muchos fumadores lo consiguen. Podemos pedir ayuda para dejar de fumar en nuestro centro de salud.
- *Yo lo intenté una vez y volví a caer.* Sólo uno de cada cuatro fumadores consigue dejarlo a la primera. Mucha gente lo intenta más de una vez antes de conseguirlo.
- *Cuando dejé de fumar estaba irritable y nadie me soportaba.* El síndrome de abstinencia es muy notable entre 1-4 semanas, tiene síntomas muy claros durante ese periodo, pero pasado éste, hay beneficios para todos, se supera la dependencia física, se gana autocontrol y se está menos nervioso que cuando se fumaba.

6_ Evaluación de las sesiones informativas y formativas a padres

A los padres de los alumnos que iban a recibir el programa de Prevención y Promoción de la Salud se les envió una carta a sus domicilios, comunicando el contenido del programa y explicándoles que la implicación de las familias es fundamental para poder alcanzar los objetivos deseados, por lo que creíamos conveniente tener sesiones informativas y formativas con las familias interesadas.

Las sesiones realizadas con las familias resultaron muy efectivas, los asistentes demostraron gran interés y agradecimiento por la formación recibida y los objetivos propuestos se han cumplido.

El número de asistentes fue reducido el primer año, no superando entre 18 y 25 personas por sesión, de unas 70 familias que se citan en cada ocasión. A partir del primer año de trabajo continuado con las familias, estas han ido viendo los resultados del programa, se comenzaban a abrir vías de comunicación con sus hijos al tener formación en estos temas y se formaba un grupo de apoyo entre ellos, donde han podido intercambiar experiencias, miedos, preocupaciones, éxitos y fracasos, por lo que otras muchas familias se unieron a nosotros. Se han alcanzando cifras de 40 asistentes por sesión.

Los estudios empíricos demuestran que las familias están dispuestas a participar en las actividades preventivas que se realizan en los centros escolares, pero no a dedicar mucho tiempo (no más de hora y media o dos horas semanales) a las mismas. Son las madres las que participan más.

La dirección del instituto y el departamento de Orientación se han visto gratamente sorprendidos del alto número de asistentes, pues en otras convocatorias realizadas por el instituto el número de asistentes es muy inferior. El resultado es muy positivo y nos reafirma que ha habido un vacío muy importante en este ámbito y que los temas a tratar son de gran interés para ellos.

Los padres son el apoyo social más importante que tienen los adolescentes y se debe fomentar la comunicación y comprensión entre ellos.

La implicación de las familias en los Programas de Prevención y Promoción de la Salud es fundamental para poder alcanzar los objetivos deseados, debemos seguir trabajando, pues aún nos queda a todos, mucho trabajo por realizar.

ANEXO II

1_ Resultados gráficos[1]

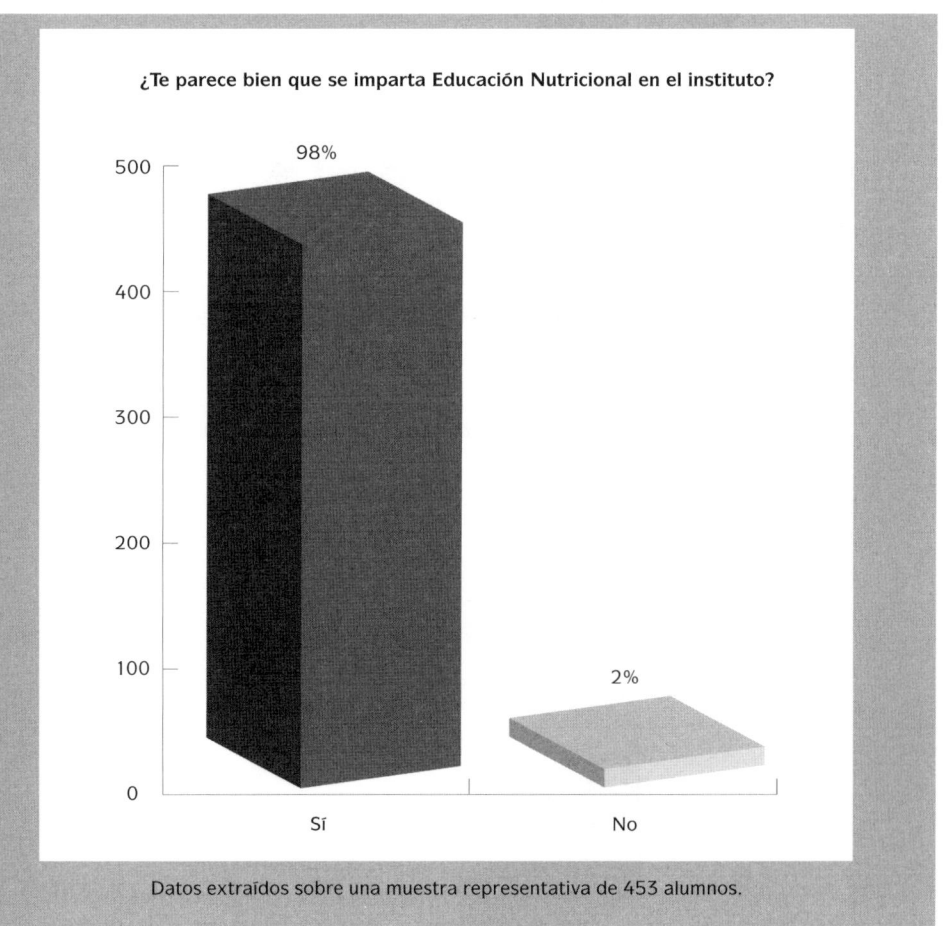

¿Te parece bien que se imparta Educación Nutricional en el instituto?

Sí 98% — No 2%

Datos extraídos sobre una muestra representativa de 453 alumnos.

---
1. Datos obtenidos de alumnos de entre 12 y 18 años, pertenecientes a cursos de entre 1º de ESO y 1º de Bachillerato.

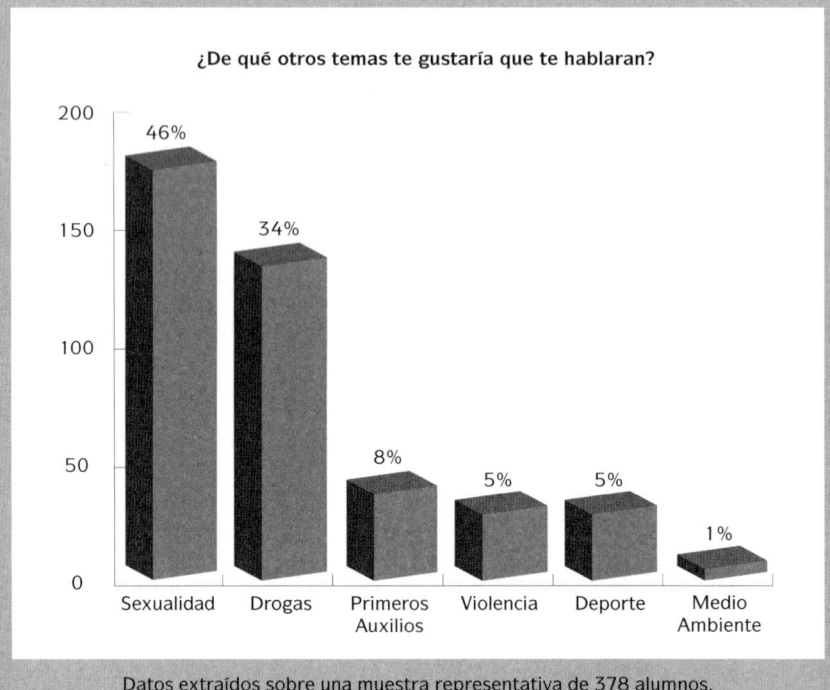

Datos extraídos sobre una muestra representativa de 378 alumnos.

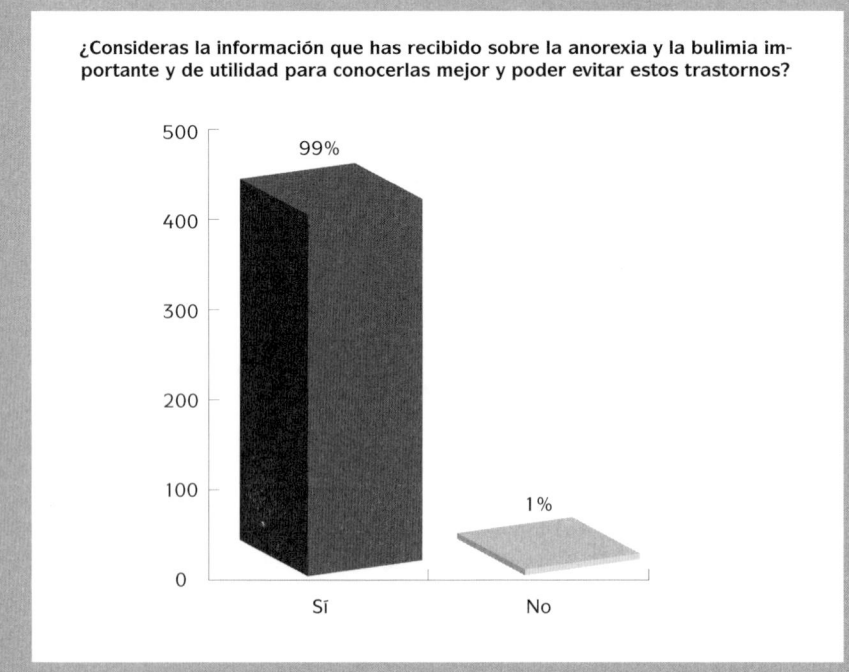

Datos extraídos sobre una muestra representativa de 442 alumnos.

ANEXO II

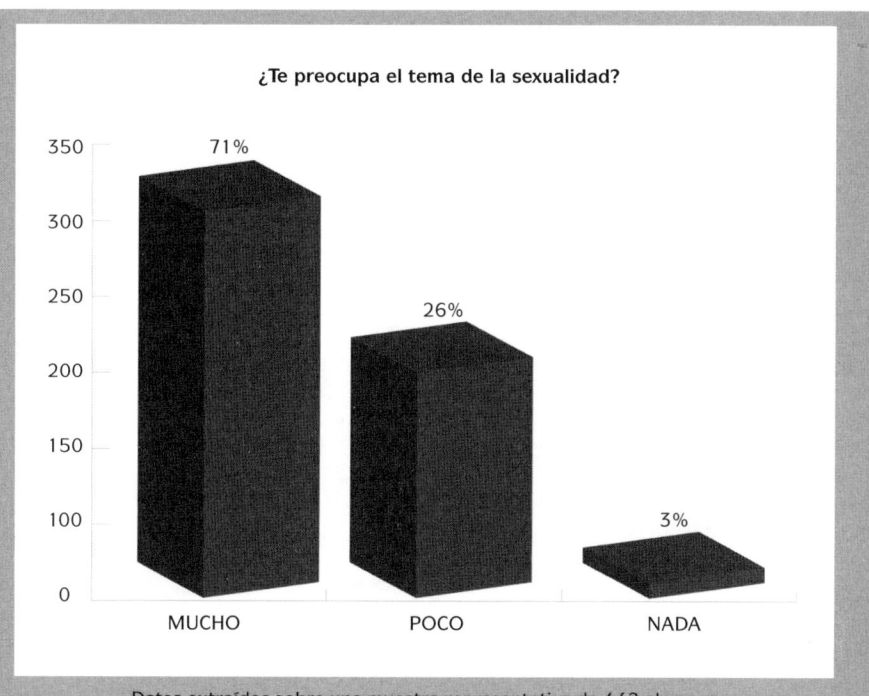

Datos extraídos sobre una muestra representativa de 442 alumnos.

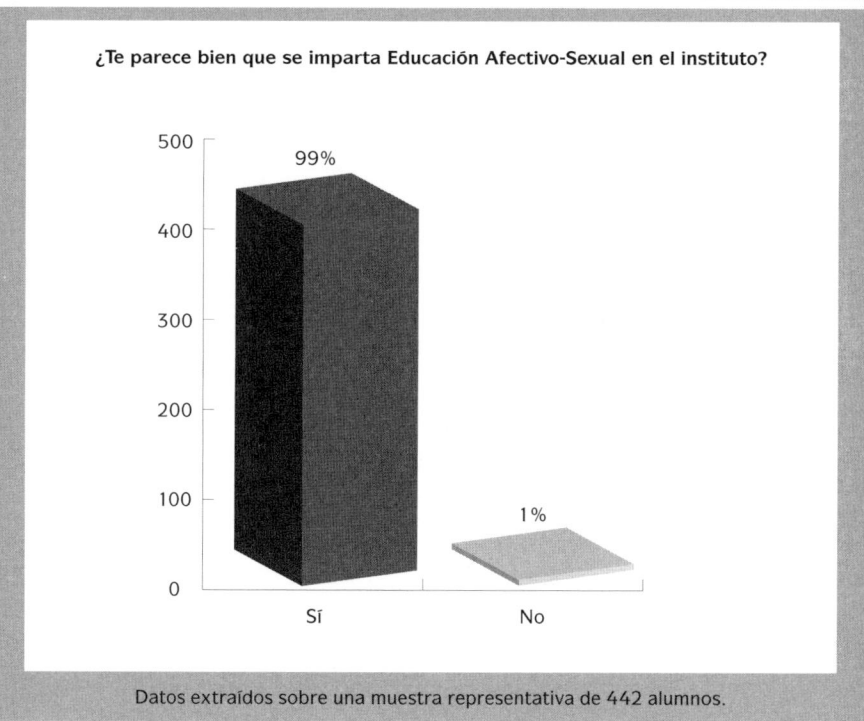

Datos extraídos sobre una muestra representativa de 442 alumnos.

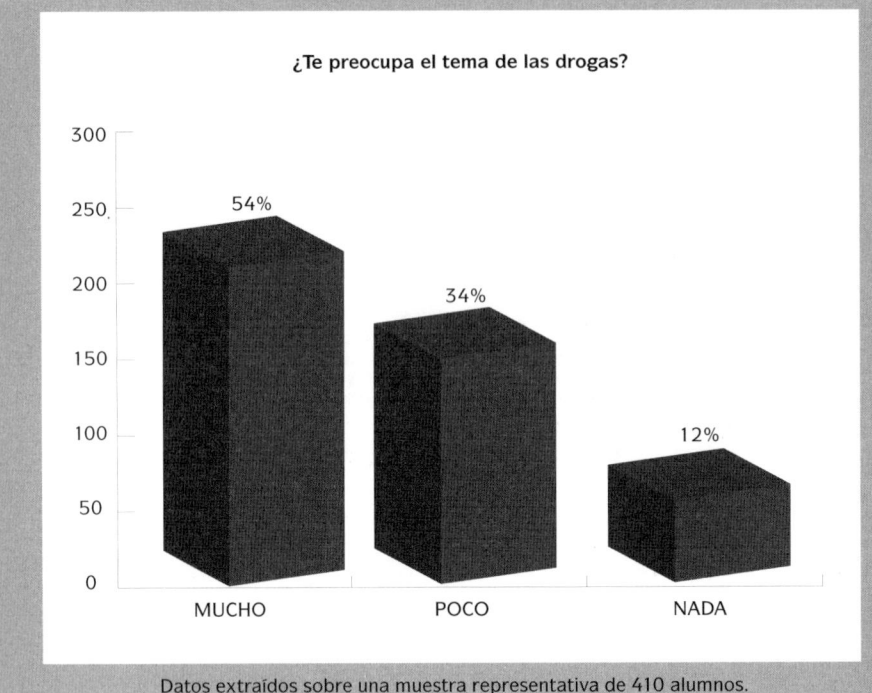
Datos extraídos sobre una muestra representativa de 410 alumnos.

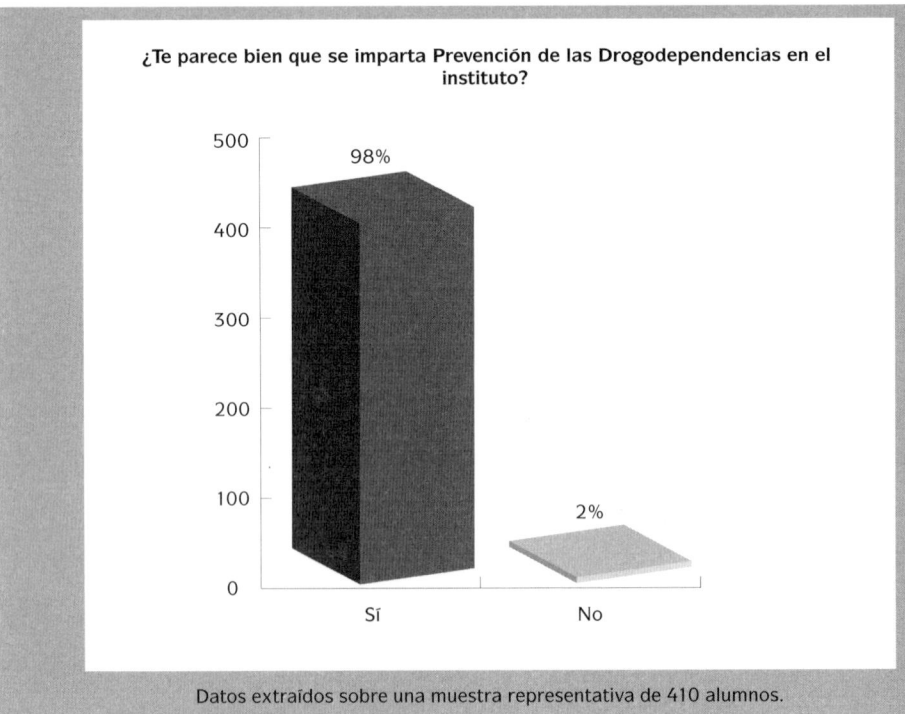
Datos extraídos sobre una muestra representativa de 410 alumnos.

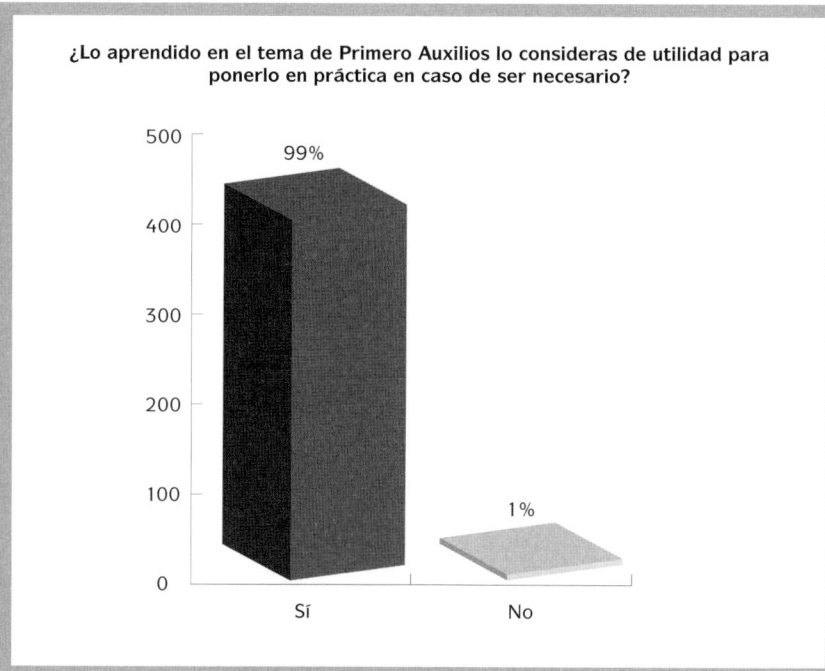

ANEXO III

1_ Hablar en público. Algunas claves para el éxito

A todos nos asusta hablar en público, aunque no hay fórmulas mágicas los expertos nos dan consejos que nos pueden ayudar, unas reglas de oro, para hacer más llevadera y eficaz la comunicación:

- *Preparación antes de salir.* No hay peor situación que llegar a una presentación o dar una exposición en público sin haberse preparado. Se debe dominar el tema, debemos documentarnos sobre todos los términos que se van a usar. Otro punto importante a destacar, es que debemos ensayar nuestra presentación, dedicamos muchas horas a preparar el contenido de nuestras intervenciones y a elaborar presentaciones muy visuales, pero no las ensayamos lo suficiente, lo que sumado al nerviosismo natural resta eficacia al mensaje.
- *Seleccionar adecuadamente el material.* Debemos revisar el material y asegurarnos que sea: conciso, relevante y que no esté saturado con números y estadísticas.
- *Presencia física y postura.* La presencia es sumamente importante, debemos llegar vestidos según la ocasión y según el tipo de público.
  Desde cómo caminamos al entrar en la sala, hasta la postura con la que nos plantamos ante el público, todo está comunicando, hay que adoptar una postura anclada, apoyados en el suelo con los dos pies y con la espalda erguida.
- *Los gestos adecuados y los gestos parásitos.* Los gestos reflejan nuestro estado de ánimo y en ocasiones pueden traicionarnos. Los hacemos de manera inconsciente. Debemos aprender a gesticular de modo que brazos y manos dibujen las palabras y subrayen el significado que queremos darles. Tener un bolígrafo en la mano o tocarse el pelo o un anillo, son gestos parásitos que no aportan nada y despistan. Si se tiene la posibilidad de grabar la presentación, podemos aprender mucho de los gestos o movimientos repetitivos que debemos corregir. Se debe evitar por ejemplo, caminar de un lado para otro o jugar con cosas en las manos, pues todo ello indica nerviosismo.
- *La respiración, cómo hablar sin ahogarse.* Los nervios normales de dirigirse a un auditorio se traducen en una respiración alta, lo que

provoca un ritmo acelerado y una voz baja. La clave es practicar la respiración abdominal.
- *La voz y la cara.* Debemos usar un tono grave, hablar claro y articuladamente (no es lo mismo que lentamente) y hacer pausas. La voz aguda, rápida e ininterrumpida transmite la impresión de ansiedad. Hablar claro y en un tono algo más grave obliga a articular las palabras y ayuda a evitar el temblor de voz. La expresión de la cara es muy importante, no debemos olvidar que la cara refleja nuestras emociones, es importante reflejar emociones pero debemos controlarlo.
- *Mirar a la audiencia.* Mirar a la audiencia de frente, como se mira a una persona con quien estamos conversando. Incluso cuando se utilizan diapositivas, se debe mantener la sala con algo de luz para poder mirar a los oyentes. Se debe evitar hablar mirando sólo o a una persona en concreto en vez de al público en general.
- *Eficaz manejo de las pausas y los silencios.* Hay que utilizar pausas y silencios que crean expectativa y suspense y mantienen en vilo la concentración auditiva del público.
- *Prepararse ante las preguntas.*
  - Se tiene que estar preparado para las preguntas. El ejercicio que se recomienda es: poner la presentación en la pantalla y sentarse como si fuéramos parte de la audiencia. ¿Qué preguntaríamos? ¿Qué temas creemos que el público pedirá ampliar? ¿Qué se está asumiendo que ellos ya saben? ¿Qué palabras serán difíciles de comprender? luego anotar estas preguntas y preparar las respuestas. Se debe ir preparado por si llega alguien que "sabe mucho" y pregunta de todo.
  - Nos podemos encontrar que nadie hace preguntas, por lo que siempre debemos tener preparada alguna para poder romper el silencio. Una estrategia para ello es comenzar diciendo: «una pregunta que me hacen frecuentemente es...».
  - Debemos manejar el turno de preguntas y tomar preguntas de todas las partes de la sala. No debemos dejar que una persona monopolice el tiempo. Podemos repetir la pregunta para aquellos de la audiencia que no la han podido oír, de paso, esto también nos puede ayudar a organizar mentalmente la respuesta.
  - Si se desconoce la respuesta, no se debe tener reparo en decir que no tenemos la contestación ahora, pero que con mucho gusto la buscaremos y se la daremos.
- *Poner las reglas.* Cuando se inicia la presentación se puede indicar las reglas que regirán la presentación. Principalmente debemos indicar si se aceptan preguntas durante o al final de la presentación o por temas.
- *Conocer a la audiencia y el lugar.* No se puede llegar a una presentación sin saber a quién va a ir dirigida, se debe investigar quienes asis-

tirán. Se debe visitar al menos una vez el lugar donde se hará la presentación, si no se puedes antes, se debe tratar de llegar una hora o media hora antes. Esto permitirá probar el equipo, luces, ubicación, etc.
- *Micrófono.* Debemos asegurarnos de que el micrófono funciona correctamente antes de iniciar la exposición. Si es fijo, se debe evitar que la audiencia se quede sin sonido cuando se gira la cabeza a un lado o hacia la diapositiva que está detrás.
- *No abusar del puntero.* No se debe utilizar en exceso. Debiera utilizarse sólo para diapositivas de tablas o gráficos y casi nunca para las de texto. Se debe apoyar la mano en el antebrazo opuesto para evitar el temblor, que siempre es amplificado por la distancia. Apagar el puntero láser cuando no se use, o nos encontraremos a la audiencia mirando a un punto luminoso que se mueve por las paredes.
- *Acabar a tiempo.* Acabar puntualmente. Dar las gracias a la audiencia y sonreír.
- *Cómo superar el nerviosismo.* Existen algunos recursos que son de gran ayuda:
  - Debemos estar convencidos de que, prácticamente todos los ponentes, se ponen nerviosos.
  - Reírnos de las propias equivocaciones e incluso comentar amablemente con la audiencia algunos de los gazapos o traspiés que hemos tenido en algunas de nuestras presentaciones y reírnos de ellas con los oyentes.
  - Interaccionar con los oyentes. Preguntar a la audiencia y dialogar con ellos ayuda a tranquilizar los nervios.
- *Siempre tener una solución alternativa.* Llevar copias impresas de la presentación, llevar una copia en una memoria USB y en un CD, llevar una extensión eléctrica, un adaptador para toma eléctrica, un puntero láser, lápices de repuesto, etc. Mientras más cubiertas estén las posibilidades, mejor.

Dar una presentación no es fácil si no se prepara, los imprevistos pueden surgir en cualquier momento. El éxito reside en dominar el tema y combinar este dominio con una preparación en todos los aspectos que rodean la presentación.

2_ Elementos físicos en la comunicación oral: manos y cuerpo

- *Las manos*: han de ser usadas para apoyar nuestra comunicación, que sean expresión confirmatoria de lo que queremos decir.
- *La postura corporal*: en muchas ocasiones el hablar de pie o sentado no va a depender de nosotros, no obstante en determinadas circunstancias podemos alterar lo previsto, por ejemplo, si estamos sentados y parte del público no nos ve, es importante levantarnos.
  Tanto en la posición de pie como en la de sentado hay que evitar las "formas no comunicativas" como son:

- Las formas rígidas: es necesario que el orador/a muestre vida y la vida está en el movimiento.
- Las formas derrumbadas: hay que evitar las actitudes laxas y encorvadas, el aspecto abatido y la falta de entusiasmo no ayuda a la comunicación.

○ Las reglas para la posición sentada son:
- Sentarse cómodamente, sin recostarse sobre la mesa ni desaparecer tras ella hundiéndose en la silla.
- Mantener siempre los brazos sobre la mesa.
- Si los pies o piernas están a la vista del público, evitar movimientos raros que distraigan la atención.
- Evitar las manos cerradas, los brazos o piernas cruzadas.

○ Las reglas para la posición de pie son:
- No permanecer inmóvil cual estatua, hay que moverse con naturalidad.
- No dar nunca la espalda al público mientras se habla.
- En una charla cuyo objetivo sea movilizar a la gente a alguna acción, conviene hablar siempre de pie.
- Controlar los movimientos del cuerpo y desplazarse de vez en cuando.

3_ Diez consejos para convencer a la audiencia

○ Se debe distinguir claramente el objetivo y la intención del mensaje que se va a dar: información, persuasión o ambas.
○ Distribuir el contenido de la presentación en tres partes bien diferenciadas: introducción, cuerpo y conclusión.
○ Limitar el número de temas clave a siete o a menos por cada presentación. Una buena presentación exige organización, brevedad y un uso cuidado de la lengua.
○ Utilizar un lenguaje adecuado con el público, empleando sustantivos y verbos que doten de fuerza y dinamismo al texto. Evitar la voz pasiva.
○ Expresar una idea en cada elemento utilizando frases cortas en lugar de oraciones compuestas.
○ Es recomendable ser creativo y sustituir palabras por ilustraciones. Una ilustración despierta el interés y transmite la información más rápido.
○ Utilizar gráficos, tablas y diagramas para que los datos puedan ser contrastados fácilmente.
○ En el momento de la presentación hay que dar la imagen de estar relajado y seguro, aunque se esté nervioso. Se debe vocalizar con claridad y evitar hablar de forma entrecortada.
○ Es muy recomendable tener un vaso de agua a mano para utilizarlo en caso de que se seque la boca, o simplemente para cuando se necesita una excusa para pensar en la siguiente idea.

- Nunca se debe admitir que se está nervioso y disculparse por ello. Si se nos olvida algo, lo mejor es seguir adelante y mencionarlo cuando lo recordemos.

4_ Las cinco reglas de la buena comunicación

- Hablar en términos que interesen a los oyentes.
- Demostrar aprecio, ser honrado y sincero.
- Identificarse con el auditorio.
- Hacer participar al público.
- Demostrar humildad.

5_ Puntos básicos a tener en cuenta para realizar una presentación eficaz

- Elementos claves.
  - Estudiar previamente audiencia y entorno.
  - Preparar posibles preguntas y obstáculos.
  - Introducción atractiva e impactante. Los primeros 30 segundos son claves.
  - La presentación hay que hacerla con pasión, entusiasmo y sobre todo con convencimiento en lo que se dice.
  - Conclusión impactante. Es la impresión final que se lleva el oyente (de 30 a 60 segundos).
- Audiencia y entorno. Preguntas y obstáculos.
  - Ordenador, power point, proyector…
  - Láser y controlador de diapositivas.
  - Luces, sonido y *lay-out*.
  - Conocer a los oyentes: edad, conocimientos previos…
  - Porqué asisten, que quieren saber y que inquietudes tienen.
  - Nacionalidades.
  - Que esperan de la presentación.
  - Posibles preguntas y barreras. Preparar respuestas y anticiparse ante los temas conflictivos.
  - En que les tenemos que impresionar.
  - Que mensaje y conclusión queremos que se lleven.
- Antes de empezar calentar la voz.
- Respirar 5 minutos para relajar.
- Introducción. Una buena introducción tiene los siguientes elementos:
  - Usar un "titular" para capturar atención.
  - Promesa/Suspense: al final de la presentación veremos…
  - Frase impactante: "los abortos en España se han duplicado en una década".

- Se puede también explicar una historia o un cuento.
- Se pueden usar citas (frases de alguien conocido).
- Lanzar preguntas al auditorio: "¿alguien me puede decir cuanto...?".
- Evitar pedir disculpas, hacer chistes e ir directo al tema.
○ Contenido.
- Deberemos realizar la exposición con pasión, entusiasmo y convencimiento. Nosotros somos el experto.
- No admitir que se está nervioso ni disculparse por ello.
- Poner cuidado y atención en el volumen que empleamos, el tono de voz, la velocidad y las pausas.
- Ir haciendo resúmenes de lo que se va explicando.
○ Conclusión. Una buena conclusión es la que cierra el círculo («*como dije al inicio hemos visto...*»). También se puede emplear el cierre del político (con frases impactantes). Es muy importante evitar las divagaciones y hacer una conclusión sin fondo.

La conclusión final es la impresión que se lleva el oyente, por lo que debe ser clara, concisa e impactante.

BIBLIOGRAFÍA

1_ Obras de referencia

1. Pineda, S.; Aliño, M. **El concepto de adolescencia. Manual de prácticas clínicas para la atención integral a la salud de la adolescencia.** La habana, Cuba: Ministerio de salud pública; 1999: 15-23. www.aps.sld.cn/bvs/materiales/manual_practica/capitulo%20I.pdf
2. González Fernandez-Conde, M. M; Manzano García, M; Moya de la Calle, M.; Gómez Marcos, M. A.; Morán Corredera, M. J.; García Mellado, J. **Guía de Atención al Adolescente en Atención Primaria de la Salud.** Sociedad Castellano y Leonesa de Medicina Familiar y Comunitaria; 2004.
3. Luengo, M. A.; Romero, E.; Gómez, J. A.; Guerra, A.; Lence, M. **La prevención del consumo de drogas y la conducta antisocial en la escuela: análisis y evaluación de un programa;** 1999: 5, 8, 12, 13, 14, 108-110.
4. Noeema, A.; Orvill A., Enaam Abou-Youseef; Persaud, V.; Leonhardy, K.; King, L. y cols. **Orientaciones estratégicas para el fortalecimiento de los servicios de enfermería y partería.** Organización Mundial de la Salud, Ginebra 2002: 1, 2, 9, 22, 27, 28-39, 45.
5. Resolución WHA54.12 Organización Mundial de la Salud. 54ª Asamblea Mundial de la Salud. **Fortalecimiento de la Enfermería y la Partería.** Ginebra 21 de mayo de 2001.
6. Fernandez, S.; Nebot, M.; Jané, M. *Evaluación de la efectividad de los programas escolares de prevención del consumo de tabaco, alcohol y cannabis. ¿Qué nos dicen los meta-análisis?* **Rev. Esp. Salud Pública** 2002; 76(3): 175-187.
7. Alonso, D.; Freijo, E.; Freijo, A. **Actuar es posible. La prevención de las drogodependencias en la comunidad escolar.** Ministerio del Interior. Delegación del Gobierno Plan Nacional sobre Drogas; 1996.
8. Barrueco, M.; Vicente, M.; Garavís, J. L.; García. J.; Blanco, A.; Rodríguez, M. C. **Prevención en el tabaquismo en la escuela: Resultados de un programa realizado durante 3 años.** Arch. Bronconeumol 1998; 34(7): 323-328.

9. Barrueco, M.; Hernandez-Mezquita, MA, Cordobilla, R.; Flores, S.; Vega M. T.; Garrido, E.; Jiménez C. **Prevención del tabaquismo en los centros escolares**. Arch. Bronconeumol 1998; 34(10): 496-499.

10. Otead, L. F.; Lancaster, T. *Interventions for preventing tobacco sales to minors* (Cochrane Review). In: **The Cochrane Library**, Sigue 3, 2000. Oxford: Update Software.

11. Thomas, R.; Busby, K. *School based programmes for preventing smoking* (protocol for a Cochrane Review). In **The Cochrane Library**, Issue 3, 2000. Oxford: Update Software.

12. **Resolución sobre la promoción de la salud y la salud escolar**. Segundo Congreso Mundial de la Internacionalidad de la Educación. Julio 1998. www.ei-ie.org/educ/aids/Resolucion%201998.doc.

13. Rosselló, M. J. **La importancia de comer sano y saludable**, 1ª edición, Barcelona: Plaza Janés; 2006.

14. **Informe sobre jóvenes**. Organización Mundial de la Salud (OMS) 2004. www.who.int/child-adolescent.

15. Botija Yagüe, M. P.; Jiménez Leal, R; López Asensio, S. *La entrevista clínica. El médico de familia y el adolescente*. El *Médico* 2004: 35-49.

16. Martínez, F. *La prevención del abuso de drogas en Castilla y León: Análisis descriptivos de los programas desarrollados entre 1986 y 1998*. **Adicciones** 2001; 13(3): 263-277.

17. US Public Health Service. *Manual de medicina clínica preventiva*. Edición española de la 2ª edición de **The Clinican's Handbook of Preventive Services**, International Medical Publishing, Inc.; 1999.

18. **Anorexia Nerviosa. Guía de información y prevención**. Instituto Nacional de Salud; 1995.

19. Cobranes, J. A.; Gil, L.; Gómez Candela, C.; Gual, P.; Julián, R.; Ponce de León, C.; San Sebastián, J. **Protocolo de Atención a Pacientes con Trastorno del Comportamiento Alimentario dirigido a Médicos de Atención Primaria**. Ministerio de Sanidad y Consumo; 2000.

20. *Guía de Atención al Adolescente* en **Atención Primaria de Salud**; 2004.

21. De Pablo Lazano, J. L.; Builrada, C.; Ros Rahola, R.; Lete Lasa, I. **Manual de Salud Reproductiva en la adolescencia. Aspectos básicos y clínicos**. San Sebastián: Grupo de trabajo sobre Salud Reproductiva en la Adolescencia de la SEC; 2001.

22. OMS. **Declaración de Yakarta sobre promoción de la salud en el siglo XXI**. Yakarta; 1997.

23. Amarilla Gundin, M. **El menor maduro ante la salud reproductiva y la anticoncepción de emergencia**; 2004. (EDITORIAL), (CIUDAD).

24. Villaseñor Sierra, A.; Caballero Hoyos, R.; Hidalgo San Martín, A.; Ignacio Santos-Preciados, J. **Conocimiento objetivo y subjetivo sobre el VIH/

SIDA como predictor del uso del condón en adolescentes. Salud pública en Mexico 2003: 45, (sup1) S73-S80.
25. Gómez Marcos, M. A.; Manzano García M.; Moya de la Calle, M. *Prevención del VIH/SIDA en la adolescencia*. Sociedad Castellano Leonesa de Medicina de Familia. **Guía de atención al adolescente en atención primaria de salud**. Valladolid 2004: 119-142.
26. Casado Muñoz, R.; Corral Muñoz, M. I.; Criado Rodríguez, E.; Gómez González, M. J; González Blanco, N.; González Lázaro, A. M.; *et al*. **Nuevos Adolescentes, aprender a vivir**. ALEZEIA, Asociación de educación para la salud. Ministerio de Trabajo y Asuntos Sociales, Real Patronato sobre Discapacidad, 3ª edición; 2002.
27. Luengo Martín, M. A.; Gómez Fraguela, J. A.; Garra López, A.; Romero Triñanes, E.; Otero López, J. M. **Construyendo Salud**. Universidad de Santiago, Ministerio de Educación y Cultura, Ministerio Sanidad y Consumo, Ministerio del Interior; 1998.
28. Aramburu, P.; Julià, E. **Sexualitat i Afectivitat**. Barcelona: Diputació de Barcelona; 1995.
29. Material educativo editado por el Plan Nacional de Sida de Cantabria, Gobierno de Cantabria. Consejería de Sanidad Consumo y Servicios Sociales, Dirección General de Salud Pública y Consumo. Plan Regional de SIDA.
30. Fernández Hernández, C.; Fresnillo Poza, G.; Fresnillo Poza, L.; Robledo de Dios, T.; Poza Fresnillo, A. **Prevención del consumo de alcohol y tabaco**. Madrid: Ministerio del Interior, Ministerio de Educación y Cultura, Ministerio de Sanidad y Consumo; 1999.
31. Roselló, M. J. **Comer para crecer**, 1ª edición. Barcelona: Plaza Janés; 2001.
32. Roselló, M. J. **Comida sana**, 3ª edición. Barcelona: Plaza Janés; 2002.
33. Roselló M. J. **Comida amiga**, 1ª edición. Barcelona: Plaza Janés; 1999.
34. Ortega R. M.; Requejo, A. M.; André P. y cols. **Tendencias de consumo de alimentos en niños en función de sus hábitos de desayuno**. Nutr Clin 1995:71:31-38.
35. Serra, L. I.; Aranceta, J.; Tojo, R. **Objetivos nutricionales para la población española**. Consenso de la Sociedad Española de Nutrición Comunitaria. Grupo de trabajo sobre objetivos nutricionales para la población española. Ed. Médica Interamericana. Madrid 2001: 345-351.
36. Gutiérrez, M.; Martínez, M.; García-Ramos, E.; Capote, L.; Rodríquez, J.; De Armas, C.; *et al*. **Guía de Educación Sexual para adolescentes. Formación a Formadores**. Santander: Consejería de Sanidad, Consumo y Servicios Sociales; 1999.
37. Cifrián, C. **Las Enfermedades de Transmisión Sexual**. Aragón: Ministerio de Asuntos Sociales. Gobierno de Aragón; 1995.

38. Martínez, P.; Oriana, A.; Cifrián, C.; Huertas, M. **Chicas adolescentes**. Madrid: Ministerio de Trabajo y Asuntos Sociales, Instituto de la mujer; 1999.
39. ONUSIDA/OMS. **Situación de la epidemia del SIDA**. Diciembre 2004. ONUSIDA/04.45S
40. ONUSIDA/OMS. **Informe mundial de SIDA 2004**. Cuarto informe mundial. (versión española, julio 2004). Serie de informes técnicos ONUSIDA/4.16S.
41. **La sociedad frente a las drogas. 10 pasos para ayudar a su hijo a decir "no" al alcohol**. Santander: Ayuntamiento de Santander. Concejalía de Servicios Sociales; 1993.
42. Curso de primeros auxilios de la Mutua Montañesa Cantabria; 2007.
43. Moreno, L. A.; Rodríguez J. *Nutrición en la adolescencia*. En Hernández, A. G. **Nutrición Humana en el Estado de Salud. Vol III**. Editorial medica panamericana. 2005: 382-385.
44. Mayo, B.; Delgado, S. *Probióticos y Salud*. En **Alimentación Nutrición y Salud (ANS)**. Instituto Danone; Volumen 10, N°3, 2003: 61-70.
45. Requena Rolanía, T.; Peláez Martínez, C.; Guijarro Herráiz, C.; Velasco Arribas, M. *Alimentos probióticos y salud intestinal*. **Alimentación Nutrición y Salud (ANS)**. Instituto Danone; Volumen 16, N°2, 2009: 47-53.
46. FAO/WHO. **Guidelines for the evaluation of probiotics in food**. 2002; ftp://ftp.fao.org/es/esn/food/wgreport2.pdf.
47. **Boletín Oficial del Estado**. RD 179/2003, de 14 de febrero, por el que se aprueba la Norma de Calidad para el yogur o yogurt. BOE 2003; 42: 6448-50.
48. *Diálogos de Nutrición Nestlé*. Abril 2006, noviembre 2006 y abril 2007.
49. Khayat D. **La biblia contra el cáncer**. 1ª edición, Madrid: Ediciones Temas de Hoy; 2011.
50. **Embarazo y tabaco**. Gobierno de Cantabria. Consejería de Sanidad y Servicios Sociales; 2010.
51. **Ginecología de la adolescencia**. Unidad de ginecología de la adolescencia, Servicio de ginecología de Dexeus, Barcelona; 2006.
52. Mendieta, S.; Martín, E.; Berterame, S. **Las drogas de uso recreativo**. Universidad Internacional Menéndez Pelayo, Santander; 2003.
53. Brage Serrano, R.; Trapero Gimeno, I.; Sarriá Chust, B. **Medicamentos I. Principios generales del uso racional del medicamento**. Departament d'infermeria. Máster de farmacoterapia para enfermería. Postgrau Universitat de Valencia; 2011.
54. Mañes Vinuesa, J.; Soler Quiles, C.; Soriano del Castillo, J. M.; Moltó Cortés, J. C.; Blesa Jarque, J. **Nutrición y dietética**. Facultat de farmàcia. Máster en Educación Sanitaria a Pacientes. Postgrau Universitat de Valencia; 2011.

55. Benbrahim Fikri, N.; Domínguez Bara, L.; Jiménez Soriano, E.; Minguet Marimón, F.; Colomer Tena, M.; Ballester Murall, E. **Educación Sanitaria en Pediatría**. Facultat de farmàcia. Máster en Educación Sanitaria a pacientes. Postgrau Universitat de Valencia; 2011.
56. Estañ Yago, L.; Morales Olivas, F. J.; Sarría Chust, B. **Educación Sanitaria en enfermedades del sistema metabólico y el aparato respiratorio**. Facultat de farmàcia. Máster en Educación Sanitaria a Pacientes. Postgrau Universitat de Valencia; 2011.
57. Díaz López, J. A; Ortíz Belda J. L; Sales Orts, R; Brage Serrano, R; Fernández Garrido, J; Sánchez, V; Tormo Maicas, V. **Farmacoterapia III**. Departament d'infermeria. Máster de farmacoterapia para enfermería. Postgrau Universitat de Valencia; 2011.
58. Forner Navarro, L.; Morales Olivas, J. M.; Gorgues Zamora, J., Esteban Sanchis, J. G.; Sebastián Antón, J. **Educación Sanitaria para viajeros y grupos especiales**. Facultat de farmàcia. Máster en Educación Sanitaria a Pacientes. Postgrau Universitat de Valencia; 2011.
59. Johansson, I. *Leche y salud oral*. Nestlé Nutrition Institute. **Workshop Series Pediatric Program Volume 67. Leche y productos lácteos en la nutrición humana.** Nestec, S. A, Suiza; 2010: 15-16.
60. Molgaard, Ch.; Larnkjoer, A.; Arnberg, K.; Fleischer Michaelsen, K. *Leche y crecimiento en niños: efecto del suero de leche y la caseína*. **Nestlé Nutrition Institute. Workshop Series Pediatric Program Volume 67. Leche y productos lácteos en la nutrición humana.** Nestec, S. A, Suiza; 2010: 17-19.
61. Gibson Robert, A. *La grasa de la leche y sus consecuencias para la salud*. Nestlé Nutrition Institute. **Workshop Series Pediatric Program Volume 67. Leche y productos lácteos en la nutrición humana.** Nestec, S. A, Suiza; 2010: 53-54.
62. Savaiano, D. *Intolerancia a la lactosa: un riesgo innecesario para la baja densidad ósea*. Nestlé Nutrition Institute. **Workshop Series Pediatric Program Volume 67. Leche y productos lácteos en la nutrición humana.** Nestec, S. A, Suiza; 2010: 41-46.
63. Condeminas Poch, C.; Díaz-Guerra Millán, A. **Bioquímica y fisiología de la nutrición**. Máster en Nutrición y Salud. Universitat Oberta de Catalunya; 2011.
64. Gonzalez Fernández-Conde, M. M.; Manzano García, M.; Moya de la Calle, M.; Gómez Marcos, M. A.; García Mellado. J. A. **La prevención de conductas de riesgo en la adolescencia**. Escuela de Ciencias de la Salud. Madrid: 2008.

2_ Webs de referencia

- Página web del Ministerio de Sanidad, Política Social e Igualdad.
  - www.mspsi.es

- Sociedad Española de Medicina de la Adolescencia (SEMA).
  - www.adolescenciasema.org
- Instituto de la juventud (INJUVE).
  - www.injuve.es
- Asociación Española de Pediatría.
  - www.aeped.es
- Asociación de pediatría extrahospitalaria de la provincia de Alicante.
  - www.apepa.org
- Fondo de Naciones Unidas para la Infancia (UNICEF)
  - www.unicef.org
- Páginas web tema Educación Nutricional.
  - Agencia Española de Seguridad Alimentaria y Nutrición (AESAN): www.aesan.msc.es
  - www.naos.aesan.msps.es.
  - www.nestle.es.
  - www.nestle.es/nutricion
  - www.aeped.es/protocolos/nutricion/index.htm
  - Sociedad Española de Investigación en Nutrición y Alimentación en Pediatria: www.seinap.org
  - www.alimentacionynutricion.org
  - www.5aldia.com Teléfono de información 902 30 25 30.
  - www.mapa.es/es/alimentacion/pags/consumo/consumo.htm
  - www.estudioavena.es
  - www.estudioevasyon.com
  - www.dieta-mediterranea.com
  - Base de datos Española de Composición de Alimentos (BEDCA): www.bedca.net
  - Instituto Nacional de Consumo: www.consumo-inc.es
  - Sistema de Información Nacional de Agua de Consumo (SINAC): http://sinac.msc.es
- Páginas web tema Educación Afectivo-Sexual:
  - Atención al niño y al adolescente en Asturias: www.aepap.org
  - Sociedad Española de Contracepción: www.sec.es
  - Fundación Española de Contracepción: www.fundaciondecontracepcion.es
  - Organización Mundial de la Salud: www.who.int
  - Ministerio de Educación: www.mec.es
  - Junta Castilla y León: www.jcyl.es
  - Grupo de estudio de SIDA: www.gesida.seimc.org
  - Fundación para la investigación y la prevención del SIDA en España: www.fipse.es

- Información sobre VIH/SIDA: www.infosida.es
- Asociación Española de Ginecología y Obstetricia: www.aego.es
○ Páginas web tema Prevención en las Drogodependencias:
    - Observatorio Español sobre Drogas y Observatorio de las drogas y toxicomanías, informe anual 2008: el problema de las drogodependencias en Europa: www.pnsd.mcd.es
    - Portal de Salud Pública de la Unión Europea: www.health.europa.eu
    - Plan nacional sobre drogas: www.pnsd.msc.es
    - Fundación de ayuda contra la drogadicción: www.fad.es
    - Organización Mundial de la Salud: www.who.int
    - Proyecto Hombre: www.proyectohombre.es Teléfono: 902 88 55 55.
    - Sociedad Española de Toxicomanías (SET): www.setox.org
    - Federación Española de Municipios y Provincias (FEMP): www.femp.es
    - Observatorio Europeo de las Drogas y Toxicomanías (OEDT): www.emcdda.europa.eu
    - www.Stop-drogas.com
    - www.laantidroga.com
    - Instituto para el estudio de las adicciones. Ministerio de Sanidad, Política Social e Igualdad: www.lasdrogas.info.
    - National Institute on Drug Abuse (NIDA): www.drugabuse.gov
○ Páginas web tema Trastornos de la Conducta Alimentaria:
    - www.protegeles.com
    - www.masqueunaimagen.com
    - www.anaymia.com
    - www.stopobsesion.com
    - Associació contra l'Anorèxia i la Bulímia (Cataluña): www.acab.org
    - Asociación en defensa de la atención a la anorexia nerviosa y bulimia: www.adaner.org
    - Federación Española de asociaciones de ayuda contra la anorexia y bulimia nerviosa: www. feacab.org:
    - Asociación Española para el estudio de los trastornos de la conducta alimentaria: www. aeetca.com:
○ Otras páginas web de interés:
    - www.protegeatushijos.com
    - www.espalda.org
    - www.cancer.org
    - Nacional Cancer Institute: www.cancer.gov
    - Asociación Española Contra el Cáncer. www.aecc.es
    - Boletín oncológico del área sanitaria de Teruel: www.boloncol.com
    - Observatorio Europeo de Cáncer (disponible en francés e inglés): http://eu-cancer.iarc.fr
    - Academia Española de Dermatología y Venereología: www.aedv.es -www.aedv.es/euromelanoma/

- Agencia Española de Medicamentos y Productos Sanitarios: www.aemps.es
- Comité de Aerobiología de la Sociedad de Alergología: www.polenes.com
- Red Española de Aerobiología: www.uco.es/rea/
- Asociación Española de Alérgicos a Alimentos: www.aepnaa.org
- Asociación de Intolerantes a la Lactosa España (ADILAC): www.lactosa.org
- Sociedad Española de Patología Digestiva (SEPD): www.sepd.es
- Sociedad Catalana de Alergia e Inmunología Clínica: www.scaic.org
- Clínica Universitaria de Navarra, área de salud: www.cun.es
- Sociedad española de diabetes: www.sediabetes.org
- American diabetes association: www.diabetes.org
- Manual Merck, información médica para el hogar: www.msd.es/publicaciones/mmerck_hogar
- www.vademecum.es
- Medline plus. Información de salud: www.salud.nih.gov
- Consejo General de Colegios Oficiales de Médicos de España: www.cgcom.org
- Consejo General de Colegios Oficiales de Enfermería de España: www.cge.enfermundi.com
- Instituto Nacional de Estadística: www.ine.es
- Consejo de la Juventud de España: www.cje.org

WITHDRAWN